Peter Müller/Gerhard Büttner/Roman Heiligenthal/Jörg Thierfelder

Die Gleichnisse Jesu

Peter Müller
Gerhard Büttner
Roman Heiligenthal
Jörg Thierfelder

Die Gleichnisse Jesu

Ein Studien- und Arbeitsbuch für den Unterricht

Calwer Verlag Stuttgart

Bildnachweis: S. 85 aus: F. Fichtl, Bilder zum Kirchenjahr. © Verlag Herder, Freiburg 1978. – S. 96 © Jünger, Offenbach. – S. 100 © Sieger Köder, Der gute Hirte. – S. 105 aus: E. Lessing (Hg.), Der Mann aus Galiläa. © Verlag Herder, Freiburg, 5. Aufl. 1977. – S. 120 © Rosemarie Müller, Selters-Münster. – S. 126 © Sieger Köder, Vision des Jesaja. – S. 128 beide Abb. © Erhard John, Ulm. – S. 140, 141, 142, 143, 145 © Stefan Heiland, Zaberfelder Kunstkabinett, Zaberfeld. – S. 151, 152 aus: Katharina Kraus, Die Massai Bibel, 1985, Belser AG für Verlagsgeschäfte & Co.KG, Stuttgart. – S. 185 © VG Bild-Kunst, Bonn 2002.

ISBN 3-7668-3765-6

© 2002 by Calwer Verlag Stuttgart
Alle Rechte vorbehalten. Wiedergabe, auch auszugsweise,
nur mit Genehmigung des Verlags
Einbandgestaltung: Karin Sauerbier, Stuttgart
Grafik: Karl Heinz Thiel, Frankfurt a. M.
Satz und Repro: SatzTeam Berger, Ellwangen/Jagst
Druck und Verarbeitung: AZ Druck und Datentechnik, Kempten

Inhalt

Vorwort 9

Schön und anspruchsvoll: Die Gleichnisse 11

Die Gleichnisse in der Exegese 16
Die lange Herrschaft der allegorischen Auslegung 17
Gleichnis, nicht Allegorie! 19
Die ureigenste Stimme Jesu in konkreter historischer Situation 23
Das Gleichnis als Sprachgeschehen 26
Das Gleichnis als Metapher 29
Das Gleichnis als autonomes Kunstwerk 33
Das Gleichnis als kommunikative Handlung 34
Das Gleichnis als Spiel 38
Gegenwärtige Tendenzen 40
Einsichten und Konsequenzen 44

Gleichnisse im Religionsunterricht 48
Von der Evangelischen Unterweisung bis zur Symboldidaktik –
Ein Überblick 48
    Evangelische Unterweisung 48
    Hermeneutischer Religionsunterricht 50
    Thematisch-problemorientierter Religionsunterricht 52
    Weitere Lösungsansätze 54
    Gleichnisse im Rahmen der Symboldidaktik 58
    Ab wann soll man Gleichnisse behandeln? 60
Heutige Schwerpunkte 63
    Orientierung an der Praxis – Stundenmitschnitte 64
    Gleichnisinterpretation im Licht der Entwicklungspsychologie 64
    Elementarisierung 68

**Die Deutung der Gleichnisse und der Wirklichkeit –
Ein integratives Konzept** 74
Warum eigentlich Gleichnisse im Religionsunterricht? 74
Exegetische und religionspädagogische Konvergenzen 76
Empirische Forschung 76
Verstehensmöglichkeiten und altersmäßige Zuordnung 77
Elementarisierung in der Gleichnisdidaktik 78
Auswahl der zu behandelnden Gleichnisse 79
Gliederung der Arbeitsschritte 81

Ein Präzedenzfall:
Die sich durchsetzende Saat (Mk 4,3–9.13–20) 82
   Elementare Strukturen 83
   Elementare Erfahrungen 86
   Elementare Zugänge 91
   Elementare Wahrheit 92
   Das Gleichnis in seinem Zusammenhang 93
   Zusammenfassung 98

Verlieren und Finden (Lk 15,1–7; Mt 18,10–14) 100
   Elementare Strukturen 100
   Elementare Erfahrungen 104
   Elementare Zugänge 106
   Elementare Wahrheit 108
   Unterrichtliche Konkretionen 108

Gleichnisse vom Reich Gottes 110
   Die Vorstellung vom Reich Gottes 110
      Exegetische Erkenntnisse 110
      Religionspädagogische Verlegenheiten und Chancen 112
   Das Gleichnis vom Senf (Mk 4,30–32) 118
      Elementare Strukturen 118
      Elementare Erfahrungen 120
      Elementare Zugänge 123
      Elementare Wahrheit 124
      Unterrichtliche Konkretionen 125
   Schätze entdecken (Mt 13,44–46) 127
      Elementare Strukturen 127
      Elementare Erfahrungen 129
      Elementare Zugänge und elementare Wahrheit 132
      Unterrichtliche Konkretionen 135

Zu neuen Erfahrungen herausgefordert 137
   Das Gleichnis vom Vater und seinen beiden Söhnen (Lk 15,11–32) 137
      Elementare Strukturen 139
      Elementare Erfahrungen 146
      Elementare Zugänge 149
      Elementare Wahrheit 150
      Unterrichtliche Konkretionen 153
   Von den Arbeitern im Weinberg (Mt 20,1–16) 155
      Elementare Strukturen 156
      Elementare Erfahrungen 161
      Elementare Zugänge 162
      Elementare Wahrheit 168
      Unterrichtliche Konkretionen 169

Vom Tun der Barmherzigkeit –
Der barmherzige Samaritaner (Lk 10,25–37) 172
    Elementare Strukturen 173
    Elementare Erfahrungen 176
    Elementare Zugänge 181
    Elementare Wahrheit 183
    Unterrichtliche Konkretionen 183
Die Parabel vom betrügerischen Verwalter (Lk 16,1–9) 187
    Elementare Strukturen 187
    Elementare Erfahrungen 191
    Elementare Zugänge 195
    Elementare Wahrheit 196
    Unterrichtliche Konkretionen 196

Die Gleichnisse – schön und anspruchsvoll 197

Glossar 201
Literaturverzeichnis 210
Stellenverzeichnis 218
Abkürzungen 220
Autorenregister 222

Vorwort

Von Voltaire (1694–1778) stammt folgender Gedanke: »Die nützlichsten Bücher sind diejenigen, welche den Leser zu ihrer Ergänzung auffordern« (Philosophisches Wörterbuch, Vorrede). Diesen Satz bereits im Vorwort eines Buches zu zitieren scheint zwar etwas verfrüht – ist in einem Buch zu den Gleichnissen aber vielleicht doch passend. Denn von Anfang an nehmen die Gleichnisse ihre Hörerinnen und Hörer, ihre Leser und Leserinnen in einen Prozess des Verstehens und der Auslegung mit hinein. »Womit sollen wir das Reich Gottes vergleichen und in welches Gleichnis sollen wir es fassen?«, fragt Jesus nach Mk 4,30 und schließt damit seine Gesprächspartner in die Bemühung ein, ein Bild für die Gottesherrschaft zu finden.

Das vorliegende Gleichnisbuch ist eine Gemeinschaftsarbeit von Neutestamentlern und Religionspädagogen. Wir haben uns bemüht, ein abgestimmtes Vorgehen zu entwickeln, bei dem die Fragen und Antworten der Gleichnisexegese und der Religionspädagogik von Anfang an zueinander in Beziehung treten und sich gegenseitig bereichern. Daraus ist ein integratives Arbeitskonzept entstanden, das im Kapitel »Die Deutung der Gleichnisse und der Wirklichkeit« im Einzelnen dargelegt wird.

Der Untertitel »Ein Studien- und Arbeitsbuch für den Unterricht« weist darauf hin, dass dieses Buch sowohl für das Studium der Gleichnisse und ihrer Auslegungsgeschichte gedacht ist als auch als Hilfe für die Vorbereitung des Unterrichts. Verschiedene Hilfsmittel erschließen das Buch (die dazu gehörenden Symbole sind auf S. 15 zu finden): Zu den einzelnen Kapiteln wird jeweils die wichtigste Literatur angegeben, nach jedem Abschnitt werden die Ergebnisse stichwortartig zusammengefasst und verschiedentlich finden sich im Text auch Fragen, die zur eigenen Arbeit anregen. Am Ende des Buches helfen einige Register zum schnellen Auffinden der benutzten Literatur, bestimmter Autoren und einzelner Gleichnisse oder anderer Bibelstellen. Im Glossar werden wichtige Fachbegriffe erklärt.

Zwar konnten wir nicht alle Gleichnisse im Detail behandeln; aber zu den ausführlich behandelten Gleichnissen werden immer unterrichtliche Konkretionen angeboten, und das vorgeschlagene Arbeitskonzept vermittelt grundlegende Einsichten, die auch auf die hier nicht behandelten Gleichnisse angewandt werden können. Insofern bedarf das Buch tatsächlich der Ergänzung durch Leserin und Leser. Wir hoffen, dass sich die folgenden Darlegungen für das eigene Verstehen der Gleichnisse und für den Unterricht als anregend erweisen.

Peter Müller
Gerhard Büttner
Roman Heiligenthal
Jörg Thierfelder

Schön und anspruchsvoll: Die Gleichnisse

Die Gleichnisse sind schön und anspruchsvoll, anspruchsvoll und schön – und manchmal auch ganz schön schwer.

(1) Schön sind sie ohne Zweifel. Da ist das Bild vom kleinen Samenkorn, das langsam wächst und sich entfaltet, einen Trieb bildet, kleine Blättchen, das zur Sonne strebt, groß wird, zum ansehnlichen Strauch, in dem Vögel ihre Nester bauen können. Und da sind Schulkinder, im Kreis sitzend, jedes von ihnen mit einem Samenkorn in der Hand. In ihren Gedanken malen sie bunte Bilder von dem, was aus diesem Körnchen alles werden kann. Schön ist auch die Geschichte von dem Schaf, das sich verirrt hat, dem der Hirte nachgeht, bis er es gefunden hat, und der sich freut, dass es wieder da ist. So sehr freut er sich, dass er seine Freude mit Nachbarn und Freunden teilt. Es gibt die merkwürdige Geschichte von den Arbeitern, die unterschiedlich lang im Weinberg arbeiten und am Ende doch alle den gleichen Lohn empfangen, den der Weinbergsbesitzer so bemisst, weil er gütig ist. Schülerinnen und Schüler sind zuerst entrüstet über diese Ungerechtigkeit, bis ihnen aufgeht – oder aufgehen kann –, dass es in dieser Geschichte nicht um eine Gerechtigkeit geht, die sich in Euro und Cent berechnen lässt, sondern um das, was Menschen wirklich brauchen und was Gott ihnen schenkt.

Dieses Gleichnis von den Arbeitern im Weinberg (Mt 20,1–16) ist eine beeindruckende Geschichte. Eine leichte, ohne Schwierigkeiten einleuchtende und eingängige Geschichte ist es allerdings nicht. Man muss gewissermaßen erst durch Entrüstung und Widerspruch hindurch lesen, ehe sich die Güte des Weinbergbesitzers sehen lässt. Ähnlich verhält es sich mit anderen Gleichniserzählungen. Ein Sohn lässt sich sein Erbe ausbezahlen und führt damit ein rauschendes Leben, bis alles aufgebraucht ist; heruntergekommen und im Elend geht er in sich, kehrt zurück – und wird vom Vater ohne jedes Zögern und voller Freude aufgenommen (Lk 15,11–32). Eine schöne Geschichte ganz ohne Zweifel, aber wiederum keine einfache. Und schon die bekannte Überschrift »Vom verlorenen Sohn« steht durchaus in Frage: Ist nicht von zwei Söhnen die Rede? Welcher von beiden jedoch ist der verlorene? Könnte es nicht auch der Ältere sein, falls er bei seiner Weigerung bleibt, das Fest der Freude mitzufeiern? Die Geschichte endet ja offen. Oder sollte man die Erzählung das Gleichnis vom liebenden Vater nennen? Oder das Gleichnis von der Einladung zum Fest? Je nachdem, wie man die Überschrift wählt, verlagert man auch den inhaltlichen Schwerpunkt des Gleichnisses, der offenbar nicht einfach und unverrückbar feststeht, sondern sich in verschiedener Weise darstellen kann. Und sogar dies gibt es im Neuen Testament, dass Jesus Geschichten von »unmoralischen Helden« erzählt[1], wie z. B. von dem »klugen Verwalter«, der nach unserem Empfinden viel eher ein krimineller Verwalter ist (Lk

---

1 Vgl. Schramm / Löwenstein, Helden.

16,1–13). Das Erstaunliche daran ist, dass Jesus von ihm und von anderen nicht zur Abschreckung erzählt, sondern so, dass es von dem anstößigen Verhalten dieser »Helden« etwas zu lernen gibt.

Gleichnisse sind nicht einfach nur schöne, leicht verständliche und leicht zu vermittelnde Geschichten. Sie sind mehr als das, gute Geschichten nämlich, bedeutende und eindrucksvolle Geschichten. Sie erschöpfen sich nicht darin, eingängige Handlungsabläufe vorzustellen und vertraute Erwartungen zu erfüllen. Sie haben Widerhaken, sie bleiben nicht beim gewohnten Gang der Dinge, sie stellen Erfahrungen auf den Kopf. Bei dem so genannten Gleichnis vom »Schalksknecht« (Mt 18,23–25) kann man dies leicht erkennen, wenn man den Schluss probeweise abändert:

Fassung 1: Darum gleicht das Himmelreich einem König, der mit seinen Knechten abrechnen wollte. Und als er anfing abzurechnen, wurde einer vor ihn gebracht, der war ihm zehntausend Zentner Silber schuldig. Da er's nun nicht bezahlen konnte, befahl der Herr, ihn und seine Frau und seine Kinder und alles, was er hatte, zu verkaufen und damit zu bezahlen. Da fiel ihm der Knecht zu Füßen und flehte ihn an und sprach: Hab Geduld mit mir; ich will dir's alles bezahlen. Aber der Herr hatte kein Erbarmen mit ihm und verkaufte ihn, seine Frau und seine Kinder, um wenigstens den Erlös zu haben.

Fassung 2: Darum gleicht das Himmelreich einem König, der mit seinen Knechten abrechnen wollte. Und als er anfing abzurechnen, wurde einer vor ihn gebracht, der war ihm zehntausend Zentner Silber schuldig. Da er's nun nicht bezahlen konnte, befahl der Herr, ihn und seine Frau und seine Kinder und alles, was er hatte, zu verkaufen und damit zu bezahlen. Da fiel ihm der Knecht zu Füßen und flehte ihn an und sprach: Hab Geduld mit mir; ich will dir's alles bezahlen. Da hatte der Herr Erbarmen mit diesem Knecht und ließ ihn frei, und die Schuld erließ er ihm auch. Da ging dieser Knecht hinaus und traf einen seiner Mitknechte, der war ihm hundert Silbergroschen schuldig; und er packte und würgte ihn und sprach: Bezahle, was du mir schuldig bist! Da fiel sein Mitknecht nieder und bat ihn und sprach: Hab Geduld mit mir; ich will dir's bezahlen. Da erbarmte sich der Knecht seines Mitknechts, ließ ihn frei und erließ ihm die ganze Schuld.

Beide Fassungen beschreiben Erwartungen des Üblichen. Im ersten Fall erweist der König seinem Knecht kein Mitleid, im zweiten Fall ist der Knecht, der Erbarmen erfährt, auch seinerseits barmherzig gegenüber dem Mitknecht. Beide Fassungen bewegen sich im Rahmen üblicher Erwartungen, wobei die erste eher die Erfahrung beschreibt, die zweite märchenhafte Wünsche widerspiegelt. Das Gleichnis selbst verfährt dagegen nicht so einlinig. Es verbindet Einzelepisoden, die durch ihre Zusammenstellung die üblichen Erwartungen durchbrechen.

Andere Gleichnisse enden offen und geben gerade dadurch zu denken. Sie entlassen Leserinnen und Leser nicht einfach in das Wohlgefallen an einer schönen Geschichte, sondern werden zu Fragen, zu Anweisungen, manchmal zu Provokationen. Wer die Gleichnisse liest, bleibt nicht unbeteiligter Beobachter, sondern gerät lesend in sie hinein, wird in die erzählte Geschichte verstrickt[2], und es ist durchaus offen, wie er aus der Geschichte wieder herauskommt. Gerade dadurch zeichnen sich die Gleich-

---

2 Vgl. Schapp, In Geschichten verstrickt.

nisse aus, dass sie diejenigen, die sie lesen oder hören, in eine Geschichte hineinnehmen und zum Teil dieser Geschichte werden lassen.

(2) So sind Gleichnisse kleine, kunstvolle, mitunter recht schwierige Erzählungen. Aus diesem Grund ist es nicht verwunderlich, dass schon sehr früh, schon im Neuen Testament selbst, die Geschichte der Auslegung der Gleichnisse beginnt[3] und bis in unsere Gegenwart hinein anhält. Besonders im 20. Jahrhundert hat sich die Auslegungsgeschichte in viele Richtungen verzweigt, und es ist nicht immer einfach, allen Verästelungen zu folgen.

Auf der einen Seite ist von einer Vielfalt verschiedenster Auslegungsmodelle innerhalb der wissenschaftlichen Exegese zu sprechen. So fragte beispielsweise Joachim Jeremias in seinem einflussreichen Gleichnisbuch nach der ureigensten Verkündigung und dem Sitz der Gleichnisse im Leben Jesu zurück und sah hierin die zentrale Bemühung der Gleichnisauslegung, während bald darauf Ernst Fuchs die Auffassung vertrat, dass die Historizität der Gleichnisse gerade nicht als Auslegungskriterium dienen könne. Und während Adolf Jülicher die Herleitung der Gleichnisse von der Metapher strikt abgelehnt hatte, gab Hans Weder Jahrzehnte später seinem Gleichnisbuch den Titel »Die Gleichnisse Jesu als Metaphern«. Soll man die Gleichnisse denn nun als Metaphern verstehen oder als Allegorien, bieten sie einen einfachen, leicht verständlichen Lehrsatz an oder nehmen sie die Lesenden in ein Sprachgeschehen hinein, sind sie ureigenste Worte Jesu oder vielfältig überarbeitete Tradition frühchristlicher Gemeinden, sind sie als »Aha-Erlebnis« zu verstehen, als »disclosure« oder als Sprechakt, als Spiel, als Drama, als Therapie? Es ist nicht einfach, die Übersicht zu behalten.

Auf der anderen Seite kommen die eigene Geschichte mit den Gleichnissen und die Erfahrungen der Schüler/innen im Unterricht hinzu. Von der eigenen Grundschulzeit her tragen wir viele Allegorisierungen mit uns herum. Dass der Vater im Gleichnis vom verlorenen Sohn »eigentlich« Gott ist und der jüngere Sohn der Sünder, der aber seine Sünde eingesehen hat und sie bereut, dass der Hirte im Gleichnis vom verlorenen Schaf »eigentlich« Jesus selbst meint, der uns als den verirrten Schafen wie ein guter Hirte voller Güte nachgeht, dass in Mk 4,3–9 »eigentlich« wir dazu ermahnt werden, den Samen des Wortes Gottes nicht zu ersticken unter dem Streben nach Geld und Gut oder den Sorgen ums eigene Wohlergehen, solche und ähnliche Übertragungen sind uns von unserer Lerngeschichte her vertraut – und begegnen uns aufs Neue in der Rezeption der Gleichnisse durch die Schülerinnen und Schüler. Ein Gleichnis zu »kennen« heißt demnach, es »auflösen« zu können, und eben dieses Lösen des Rätsels kommt Kindern entgegen: Nun wissen sie, wie es geht, wie es »richtig« und was mit dem Gleichnis gemeint ist. Und auch für Lehrende sind die so verstandenen Gleichnisse eine leicht zu bewältigende Aufgabe, die keine didaktisch-methodischen Probleme bietet. So verwundert es nicht, dass in der Schule bei Lernenden wie Lehrenden die Gleichnisse als gut fasslicher und leicht zu bewältigender Unterrichtsstoff gelten. Die Fragen an diese eingängige Unterrichtserfahrung stellen sich jedoch unüberhörbar, wenn man sie mit der wissenschaftlichen Erforschung der Gleichnisse konfrontiert: An welchem Aus-

---

3 Vgl. hierzu die Auslegung von Mk 4,3–9 in Mk 4,13–20; siehe unten, S. 93ff.

legungsmodell sollen die Lehrkräfte in der Schule sich denn nun orientieren? Welche Rolle soll beispielsweise die historische Information spielen (die doch von manchen als unabdingbar notwendig, von anderen als nur wenig bedeutsam angesehen wird)? Kann das, was im Rahmen einer hermeneutischen Diskussion als »Sprachgeschehen« bezeichnet wird, Schülerinnen und Schülern in Grund- oder Hauptschule überhaupt vermittelt werden? Wie soll im Religionsunterricht die Offenheit der Gleichnisse und die Abkehr vom einfachen »richtig« oder »falsch« beim Verstehen Kindern und Jugendlichen nahe gebracht werden, wo es im Gesamtsystem der öffentlichen Schule doch um das Vermitteln von Lerninhalten und das Einhalten von Lehrplänen geht? Dass zu den Gleichnissen von Anfang an das Problem des Verstehens der Gleichnisse, einschließlich einer langen Auslegungsgeschichte, dazugehört, macht die Behandlung dieser Geschichten im Religionsunterricht nicht eben leichter.

(3) Wenn es aber bei den Gleichnissen nicht um ein »richtiges« oder »falsches«, sondern um ein ahnendes Lesen geht, um ein Verstehen im Sinne der Transparenz, so liegt auf der Hand, dass damit bestimmte Fähigkeiten vorausgesetzt werden: die Fähigkeit zum Übertragen, zum Einnehmen einer anderen Perspektive, zum Hinter-die-Dinge-Sehen, zum bildlichen und symbolischen Ausdruck. Damit ergibt sich als ein weiteres Problem für die Behandlung von Gleichnissen im Unterricht die Frage, ob Schüler und Schülerinnen in der Grundschule und ab welchem Alter sie in der Sekundarstufe I überhaupt dazu in der Lage sind, Gleichnisse in dieser Perspektive zu betrachten. In der Tat beschreiben die Texte ja nicht nur das, was »der Fall ist«. Sind die Kinder in der Grundschule aber in der Lage, eine solche die Wirklichkeit überschreitende Rede überhaupt zu verstehen? Können sie metaphorische Rede in der ihr eigenen Bewegung nachvollziehen? Müssen sie nicht nahezu zwangsläufig in einem vordergründigen Verständnis der Gleichnisse stecken bleiben, das schon zufrieden ist, wenn es eine einigermaßen einleuchtende Erklärung gefunden hat? Üblicherweise macht man in diesem Zusammenhang darauf aufmerksam, dass die Fähigkeit, zwischen einem Bild oder einer erzählten Geschichte und der damit veranschaulichten Sache zu unterscheiden, nicht vor dem formal-operationalen Denken und damit nicht vor etwa dem 11. bis 12. Lebensjahr zu erwarten sei. Die Gleichnisse können nach dieser Auffassung also bis etwa zu diesem Alter zwar als Geschichten gelesen, aber eben nicht *als Gleichnisse* verstanden werden. Auf der anderen Seite werden seit einiger Zeit Gedanken zum Philosophieren mit Kindern vorgetragen, die gerade in den Kindern ideale Partner für das philosophische Gespräch sehen. Kinder, sagt Ludwig Freese, »besitzen einen ausgeprägten Sinn für das Rätselhafte und Staunen Erregende, für Ungereimtheiten und Perplexitäten, ihr Denken ist spielerisch, risikofreudig, offen, noch nicht festgelegt und eingeengt durch konventionelle Antworten, sie besitzen spekulative Fantasie und, was schwer zu fassen ist, bisweilen tiefere Ahnungen, metaphysische ›Wahrheitswitterungen‹«[4]. Lassen sich diese Vorstellungen aus der Philosophiedidaktik auf die Gleichnisdidaktik übertragen? Auch bei den Gleichnissen bleibt manches ja ungereimt, manches offen, und vieles durchbricht die konventionellen Antworten.

---

4 Freese, Kinder S. 90; vgl. auch Matthews, Gespräche

Schön und anspruchsvoll: Die Gleichnisse 15

Oder wird hier ein Idealbild kindlichen Verstehens konstruiert, das aus der Perspektive von Erwachsenen den Verlust der Fantasie betrauert? Dass die Frage, ab welchem Alter Gleichnisse in der Schule behandelt werden können, seit Jahrzehnten kontrovers diskutiert wird, zeigt jedenfalls schon an, dass hier ein zentrales Problem der Gleichnisdidaktik verhandelt wird.

(4) Mit diesen Hinweisen ist ein Rahmen abgesteckt, innerhalb dessen sich die Überlegungen in diesem Buch bewegen. Zu den Gleichnissen gehört von Anfang an das Problem des Verstehens dazu. Deshalb werden im folgenden Kapitel zunächst die verschiedenen Verstehenswege nachgezeichnet, die sich in der exegetischen Bemühung um die Gleichnisse ergeben haben. Dieser Überblick über die Auslegungsgeschichte ist wichtig, um einzelne Interpretationen in Kommentaren, aber auch in Schulbüchern nachvollziehen und einordnen zu können. Im Religionsunterricht ist die Exegese aber nicht die einzige Bezugsgröße. Die Religionspädagogik mit ihren verschiedenen Versuchen, die biblische Tradition und die Situation von Schülerinnen und Schülern miteinander zu verknüpfen, gehört ebenso dazu. Deshalb befassen wir uns im Kapitel *Gleichnisse im Religionsunterricht* mit den Gleichnissen unter religionspädagogischer Perspektive. Darin liegt überhaupt die Besonderheit dieses Buches, dass es von Exegeten und Religionspädagogen gemeinsam konzipiert ist. Wir haben ein Auslegungsmodell zu entwickeln versucht, das exegetische und religionspädagogische Erkenntnisse von Anfang an in Beziehung zueinander setzt. Es handelt sich also weder um ein exegetisches Gleichnisbuch, das am Schluss einen religionspädagogischen Ausblick bietet, noch um ein Unterrichtswerk, das am Anfang exegetische Grundlagen darlegt. Wir haben vielmehr versucht, in den verschiedenen Teilen und insbesondere in der Behandlung der einzelnen Gleichnisse exegetische und religionspädagogische Fragestellungen konsequent aufeinander zu beziehen.[5]

Bei der Benutzung des Buches sollen einige Hinweise und Zeichen helfen. Sie machen auf wichtige Literatur aufmerksam, heben Zusammenfassungen hervor oder regen dazu an, über bestimmte Fragen nachzudenken. Die Hinweise haben folgende Bedeutung:

Der Pin-Stift zeigt eine Zusammenfassung oder eine wichtige Aussage an.

Die Bücher verweisen auf Literatur, die in dem entsprechenden Abschnitt verwendet wurde oder die zur Weiterarbeit dient.

Fragezeichen im Text leiten dazu an, die vorgetragenen Gedanken selbst weiterzuentwickeln.

5   Im Kapitel *Die Deutung der Gleichnisse und der Wirklichkeit* gehen wir ausführlich auf diesen Zusammenhang ein.

Die Gleichnisse in der Exegese

Jedes Verstehen ist zeitgebunden. Das gilt auch für das Verstehen von Gleichnissen, und zwar sowohl für deren wissenschaftliche Auslegung als auch für ihre Behandlung im Religionsunterricht. In der wissenschaftlichen Diskussion gab und gibt es zu der Frage, wie die Gleichnisse zu verstehen sind, sehr unterschiedliche Positionen, die sich bisweilen sogar gegenseitig ausschließen. Diese Positionen werden in der Regel in einer ausgefeilten Fachsprache vorgetragen. Aber diese Wissenschaftssprache darf nicht darüber hinwegtäuschen, dass auch die Exegetinnen und Exegeten geprägt sind von den Verstehensbedingungen der jeweiligen Zeit und der zugehörenden Menschen. »Wissenschaft sagt nie: ›So ist es‹, sondern nur: ›So stellt es sich uns auf dem Stand der Forschung dar‹. Und das heißt im Klartext: ›auf dem Stand unseres derzeitigen Wissens und Irrens‹«[1].

Unterschiedliche Positionen hat es auch bei der Behandlung von Gleichnissen im Religionsunterricht gegeben. Darin spiegeln sich zum Teil die verschiedenen exegetischen Zugänge zu den Gleichnissen. Zum Teil stehen aber auch eigene, genuin religionspädagogische Fragestellungen im Hintergrund. Dazu gehört zum Beispiel die Frage, ab welchem Alter man die Gleichnisse im Unterricht behandeln könne, schon in der Grundschule oder erst dann, wenn bei den Schüler/innen eine abstrakte Denkfähigkeit erreicht ist. Unabhängig von solchen Einschätzungen sehen aber viele Religionspädagogen die Gleichnisse Jesu als »eine neutestamentliche Textgruppe von besonderer didaktischer Relevanz«[2] an, und es verwundert deshalb nicht, dass sie im Religionsunterricht eine vielseitige, wenn auch durchaus unterschiedliche Verwendung gefunden haben.

Im Folgenden geht es zunächst um einen Überblick über die verschiedenen exegetischen Zugangsweisen zu den Gleichnissen. Wir stehen mit unserem Denken und Verstehen immer »auf den Schultern« derer, die vor uns die Gleichnisse bedacht haben. Mit einem solchen Forschungsbericht verbindet man in der Regel die Vorstellung einer langweiligen Pflichtlektüre, vor allem deshalb, weil darin die unterschiedlichsten Wege und Irrwege der Forschung dargestellt werden. Aber ein Forschungsbericht ist in Wirklichkeit etwas sehr Lohnendes. Er hilft uns dazu, das eigene Verstehen der Gleichnisse in Beziehung zu setzen zu früheren Verstehensbemühungen.

Forschungsüberblicke finden sich in vielen Büchern. Hier sei nur auf folgende Arbeiten hingewiesen:
- Weder, H., Gleichnisse, S. 11–98
- Kähler, C., Gleichnisse, S. 98–111
- Erlemann, K., Gleichnisauslegung, S. 11–217.

1 Theißen/Merz, Der historische Jesus, S. 5.
2 Sorger, Gleichnisse, S. 7.

Der Aufsatz von Kähler gibt einen knappen Überblick über die Gleichnisforschung, das Buch von Erlemann eine umfassendere Einführung sowie eine Darstellung des gleichnistheoretischen Ansatzes und der Methodik der Gleichnisauslegung.

Die religionspädagogischen Positionen folgen im nächsten Kapitel.

Die lange Herrschaft der allegorischen Auslegung

Selbst wer den Begriff allegorische Auslegung nicht kennt, ist mit dieser Art der Auslegung doch vertraut. Ihr zufolge ist beispielsweise mit dem Vater im Gleichnis vom verlorenen Sohn eigentlich Gott gemeint und mit dem jüngeren Sohn der Sünder, der seine Sünde bereut und zu Gott zurückkehrt. Das heißt: Der Text hat eine wörtliche, aber daneben noch eine andere, »eigentliche« Bedeutung, die es herauszufinden gilt. Dieses Verstehensmodell nennt man die allegorische Auslegung, und es hat die Geschichte der Gleichnisinterpretation lange und nachhaltig, bis zum Ende des 19. Jahrhunderts ganz überwiegend, geprägt. Unter Allegorie[3] versteht man eine »Anders-Rede«, eine ›Verschieden-Rede‹[4], einen Text also, der neben der wörtlichen Bedeutung noch einen anderen Sinn hat. Die allegorische Auslegung, also die Deutung von Texten in einem anderen Sinn als dem buchstäblichen, bezeichnet man als Allegorese. Die Allegorese ist im antiken Griechenland als Auslegungsverfahren für Texte entwickelt worden. Mit ihrer Hilfe konnte man den alten Werken der großen Dichter, etwa des Homer, für die eigene Gegenwart eine Bedeutung geben. Die Dichtungen der Alten hatten nicht nur einen wörtlichen Sinn, der etwas über die Vergangenheit aussagte, sondern ebenso eine übertragene Bedeutung, die für die Gegenwart wichtig war. So hat man beispielsweise die Gedichte Homers im Sinne einer »ethischen Allegorese« als Aussagen über Tugend und Gerechtigkeit gelesen und damit in das Verstehen einer späteren Zeit hineinnehmen können. Die allegorische Auslegung von Texten hat über das hellenistische Judentum[5] schon früh Eingang in das Christentum gefunden. Origenes (185–254 n. Chr.) macht dann die Allegorese zu dem christlichen Auslegungsverfahren schlechthin. In seinem Werk »De principiis« schreibt er[6]:

---

3 Griechisch: *allegoria*, von *allo agoreuo* = anders (als offen, als auf dem Marktplatz, der Agora) reden.
4 Die übliche Belegstelle findet sich bei dem antiken Rhetoriker Quintilian (ca. 35–100 n. Chr.). Er schreibt in seinem Werk ›Ausbildung des Redners‹ (VIII 6,44): »Die Allegorie ... zeigt (drückt aus) etwas durch Worte, etwas anderes durch den Sinn, sogar manchmal durch das Gegenteil«.
5 Hier ist besonders Philo von Alexandrien (ein Zeitgenosse Jesu) zu nennen. In seiner Schrift »De confusione linguarum« bemerkt er: »Du darfst ... nicht (annehmen), dass in den heiligen Gottessprüchen diese oberflächliche und triviale (Lehre) aufgezeichnet sei, vielmehr (ist es) der verborgene Sinn, auf welchen die deutlichen Worte hinweisen«.
6 IV. Buch, 2.4,24.

Die heiligen Schriften haben »nicht allein den Sinn ..., der offenbar zutage liegt, sondern auch einen anderen, der den meisten verborgen ist. Denn was aufgeschrieben ist, sind die äußeren Gestalten von gewissen Geheimnissen und Abbilder von göttlichen Dingen. Darin ist die gesamte Kirche einer Meinung: dass das ganze Gesetz geistlich ist ..., dass jedoch der geistliche Gehalt des Gesetzes nicht allen bekannt ist, sondern nur jenen, denen die Gnade des heiligen Geistes im Wort der Weisheit und der Erkenntnis geschenkt wird« (I, Vorwort, 8). Im Kapitel »Wie man die göttlichen Schriften lesen und verstehen soll« führt er aus: »Dreifach ... muss man sich die ›Sinne‹ der Schrift in die Seele schreiben: Der Einfältige soll von dem ›Fleische‹ der Schrift (= ihrem buchstäblichen Sinn) erbaut werden ..., der ein Stück weit Fortgeschrittene von ihrer ›Seele‹ (= moralischer Sinn), und der Vollkommene ... erbaut sich aus ›dem geistlichen Gesetz‹ (= allegorischer Sinn). ... Wie nämlich der Mensch aus Leib, Seele und Geist besteht, ebenso auch die Schrift, die Gott nach seinem Plan zur Rettung der Menschen gegeben hat.«

Diese Vorstellung eines mehrfachen Schriftsinns, dessen geistliche Bedeutung über den buchstäblichen Sinn hinausgeht, ist in der Folgezeit noch zu der Konzeption vom vierfachen Schriftsinn ausgebaut worden (nämlich dem buchstäblichen Sinn, dem Glaubenssinn, dem moralischen und dem endzeitlichen Sinn) und hat in dieser Form die Bibelauslegung bis in die Neuzeit hinein geprägt. Aus dem Textabschnitt von Origenes kann man die grundlegenden Aspekte der allegorischen Deutung jedoch schon gut erkennen:

Allegorische Auslegung

- Im biblischen Text ist eine tiefe, göttliche Wahrheit verborgen. Die Auslegung wird von dem Ziel geleitet, diese Wahrheit ans Licht zu bringen.
- Diese Wahrheit ist nicht allen ohne Weiteres zugänglich. Sie muss entdeckt werden. Nur derjenige Ausleger kommt jedoch der göttlichen Wahrheit auf die Spur, der sich von Gottes Geist leiten lässt. Dies führt zu der Überzeugung, dass eine solche Auslegung nur in der durch den Geist gelenkten Kirche möglich ist.
- Der buchstäbliche Sinn ist zwar nicht unwichtig, aber dem geistlichen Tiefensinn untergeordnet. Deshalb wird der literarischen Gestalt des Textes oder seinem erzählerischen Gehalt keine eigenständige Aufmerksamkeit gewidmet.
- Hinzu kommt noch ein weiterer Grundzug der Allegorese (der in dem kleinen Abschnitt von Origenes nicht genannt ist): Da in dem Text göttliche Wahrheit verborgen ist, muss man genau auf die Details achten. Jedes einzelne Textelement kann (unabhängig von der Struktur des buchstäblichen Textes) eine solche Wahrheit andeuten.
- Die Leitfrage der allegorischen Auslegung ist also: Von welcher Wahrheit bzw. von welchen Wahrheiten spricht der Text und welche Bedeutung liegt darin für die eigene Gegenwart?

Prinzipiell konnten alle biblischen Texte allegorisch gedeutet werden (beispielsweise Geschichts- und Gesetzestexte aus dem Alten Testament). Bei den Gleichnissen legte sich die Allegorese wegen der bildhaften Sprache aber besonders nahe. Ein gutes Beispiel bietet die allegorische Auslegung der Beispielgeschichte vom Samaritaner bei Origenes[7]:

---

7 Origenes, in Lucam homiliae 34,3.

»Der da ›hinabgestiegen ist‹ bedeutet Adam, Jerusalem das Paradies, Jericho die Welt, die Räuber bedeuten die feindlichen Mächte, der Priester das Gesetz, der Levit die Propheten, der Samariter Christus, die Wunden den Ungehorsam, das Reittier den Leib des Herrn ... die Herberge die Kirche, weil sie alle, die einzutreten wünschen, aufnimmt. Ferner, die zwei Denare bedeuten den Vater und den Sohn, der Herbergsvater den Leiter der Kirche, dem die Verwaltung obliegt. Die Ankündigung des Samariters, er werde wiederkommen, bedeutet die Wiederkunft des Heilands.«

Auf diese Weise kann jedes Detail der Erzählung allegorisch gedeutet werden und bekommt damit seinen »eigentlichen« Sinn. Die allegorische Auslegung hat ihren Platz bis zum Ende des 19. Jahrhunderts unangefochten behaupten können.

Gleichnis, nicht Allegorie!

So sehr die Allegorese die Gleichnisauslegung durch die Jahrhunderte hindurch prägte, so eindeutig kann ihr Ende festgelegt werden. Es wird eingeläutet durch die Arbeit von Adolf Jülicher und festgeschrieben durch die Forschungen von Rudolf Bultmann.

(1) Das zweibändige Werk »Die Gleichnisreden Jesu« von *Adolf Jülicher* (Tübingen 1886 und 1898) markiert den Einschnitt. Seine ausdrückliche Absicht ist der »Kampf gegen die allegorisierende Auslegung von Jesus-›Parabeln‹«[8]. Denn bei der Verwechslung von Parabel und Allegorie handele es sich um den »durchgängigen Grundirrtum der gesamten abendländischen Kirche«[9].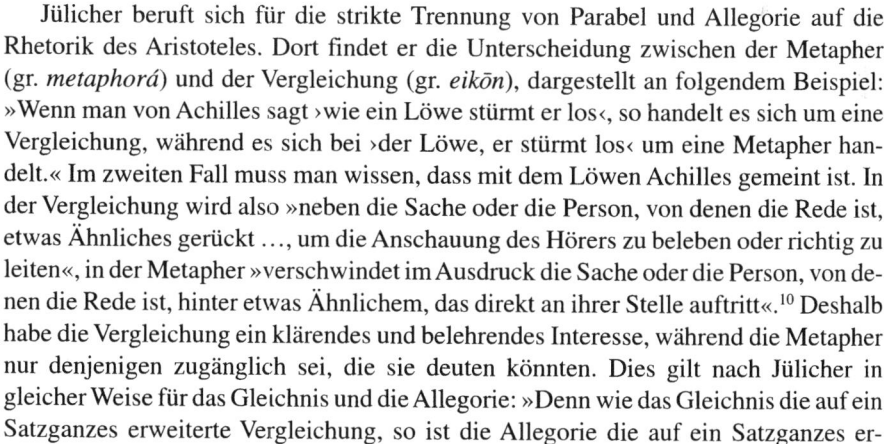

Jülicher beruft sich für die strikte Trennung von Parabel und Allegorie auf die Rhetorik des Aristoteles. Dort findet er die Unterscheidung zwischen der Metapher (gr. *metaphorá*) und der Vergleichung (gr. *eikōn*), dargestellt an folgendem Beispiel: »Wenn man von Achilles sagt ›wie ein Löwe stürmt er los‹, so handelt es sich um eine Vergleichung, während es sich bei ›der Löwe, er stürmt los‹ um eine Metapher handelt.« Im zweiten Fall muss man wissen, dass mit dem Löwen Achilles gemeint ist. In der Vergleichung wird also »neben die Sache oder die Person, von denen die Rede ist, etwas Ähnliches gerückt ..., um die Anschauung des Hörers zu beleben oder richtig zu leiten«, in der Metapher »verschwindet im Ausdruck die Sache oder die Person, von denen die Rede ist, hinter etwas Ähnlichem, das direkt an ihrer Stelle auftritt«.[10] Deshalb habe die Vergleichung ein klärendes und belehrendes Interesse, während die Metapher nur denjenigen zugänglich sei, die sie deuten könnten. Dies gilt nach Jülicher in gleicher Weise für das Gleichnis und die Allegorie: »Denn wie das Gleichnis die auf ein Satzganzes erweiterte Vergleichung, so ist die Allegorie die auf ein Satzganzes er-

---

8   Zitiert wird nach der Neuauflage, Darmstadt 1976, Band I, S. 50. Das griechische Wort *parabole* bezeichnet im Neuen Testament die Gleichnisse Jesu.
9   Band I, S. 243.
10 Band I, S. 52.

20 *Die Gleichnisse in der Exegese*

weiterte Metapher«[11]. Das Gleichnis ist für Jülicher also Verständigungsmittel und dient der Belehrung und Unterweisung.

Bei den Parabeln Jesu handelt es sich nach Jülicher um wirkliche Gleichnisse. Jesus habe kein Mittel des Wortes unversucht gelassen, »um das Wort seines Gottes an und in die Herzen seiner Hörer zu bringen, nur die Allegorie, die nicht verkündigt, sondern verhüllt, die nicht offenbart, sondern verschließt, die nicht verbindet, sondern trennt, die nicht überredet, sondern zurückweist, diese Redeform konnte der klarste, der gewaltigste, der schlichteste aller Redner für seine Zwecke nicht gebrauchen«[12]. »Jesu Parabeln waren auf sofortige Wirkung berechnet, Kinder des Augenblicks, tief eingetaucht in die Eigenheit der Gegenwart«.[13] Daraus erwächst die Aufgabe der historischen Auslegung der Gleichnisse. Zwar haben nach Jülicher bereits die Evangelisten allegorische Züge in die Gleichnisse eingetragen (etwa in Mk 4,11); wenn man die Texte aber von diesen Zutaten befreie, habe man es mit der klaren und zum Einverständnis ermunternden Rede Jesu zu tun. Wie nirgends sonst in der Überlieferung der Evangelien könne man in den Gleichnissen die klare Verkündigung Jesu erkennen[14]: Jedes seiner Gleichnisse vermittle einen bestimmten Gedanken, eine in einem Satz zusammengefasste Wahrheit mit Hilfe eines konkreten Bildes. Die Gleichnisse Jesu seien demnach didaktisch ausgerichtete Illustrationen religiöser Grundwahrheiten. Ihre Klarheit zeigen sie nach Jülicher auch im Aufbau. Als die beiden unentbehrlichen Bestandteile eines Gleichnisses erkennt Jülicher die Sache, die beleuchtet werden soll, und das Bild, das zur Erhellung der Sache beiträgt. Zwischen beiden gebe es (anders als bei der Allegorie) nur einen einzigen Vergleichspunkt, in dem Sache und Bild übereinstimmten. Dieses »Dritte« bezeichnet er als *tertium comparationis*.

Das umfangreiche Werk Jülichers ist mit diesen Hinweisen natürlich nur angedeutet. Seine grundlegenden Aussagen sind:

Gleichnisse, keine Allegorien! Die Auslegung von Adolf Jülicher

- Die Parabeln Jesu sind weder Metaphern noch Allegorien, sondern wirkliche Gleichnisse. Sie wurden zwar bereits von den Evangelisten allegorisiert, man kann in vielen Fällen aber die ursprünglichen Gleichnisse noch erkennen.
- Die Gleichnisse Jesu müssen deshalb historisch nach der Situation befragt werden, in der sie gesprochen wurden.
- Die Gleichnisse sind einfach. In ihnen erkennt man Jesus als klaren und schlichten Lehrer. Sie dienen zur Belehrung und Unterweisung. Ihre Bedeutung liegt in der klaren Wahrheit, die sie aussprechen, und in dem Lehrer der Menschheit, der sie gesprochen hat. Sie sind Illustrationen religiöser Grundwahrheiten.
- In jedem Gleichnis geht es um einen einzigen Gedanken. Er ist das tertium comparationis, in dem Sach- und Bildhälfte übereinstimmen.
- Jülicher fragt also nach den ursprünglichen Gleichnissen Jesu zurück. In ihnen sucht er nach den einfachen religiösen Grundwahrheiten des Lehrers Jesus.

---

11 Band I, S. 58.
12 Band I, S. 117f.
13 Band I, S. 91.
14 Band I, S. 150.

In der radikalen Frontstellung gegen die allegorische Auslegung liegen Größe und Grenze von Jülichers Werk. Er hat in der Tat die Gleichnisse von der dicken Schicht von Staub befreit, die sich in der jahrhundertelangen Allegorese auf sie gelegt hatte[15]. Die Grenze seiner Arbeit liegt aber darin, dass er mit seiner starken Abwehr der Allegorie zugleich manche Türen zum Verstehen der Gleichnisse zuschlägt. Dies ist aus der Forschungssituation heraus verständlich, in der er stand. Jülichers Lektüre der Gleichnisse war stark geprägt von dem Versuch der liberalen Theologie des 19. Jahrhunderts, sich von kirchlich-dogmatischer Bevormundung zu befreien. Diesem Zweck diente die Hervorhebung der Klarheit und Schlichtheit der Lehre Jesu, die später dogmatisch verfremdet worden sei. Auf diese Weise konnte man den Menschheitslehrer Jesus dem kirchlichen Christus entgegensetzen, und deshalb war für Jülicher die Unterscheidung zwischen Gleichnis und Allegorie so grundlegend wichtig. Auch wenn hieran schon bald darauf Kritik geübt wurde[16], konnte sich diese angesichts der bahnbrechenden Bedeutung von Jülichers Werk doch erst später entfalten.

(2) Unterstützt wurde die außerordentliche Wirkung von Jülichers Werk durch die formgeschichtliche Arbeit an den Gleichnissen, die vor allem mit dem Namen *Rudolf Bultmann* und seinem Buch »Die Geschichte der synoptischen Tradition«[17] verbunden ist. Bultmann geht einen anderen methodischen Weg als Jülicher. Während Jülicher anhand antiker Texte eine Gleichnistheorie entwirft und diese auf das Neue Testament bezieht, geht Bultmann von den neutestamentlichen Texten selbst aus. Seiner Auffassung nach geben die neutestamentlichen Texte in ihrer heutigen Gestalt (etwa im Markusevangelium) keine historisch zutreffende Darstellung des Lebens Jesu. Denn das Markusevangelium »ist das Werk eines in der Gemeindetheologie stehenden Verfassers, der die ihm überkommene Tradition nach den Gesichtspunkten des Gemeindeglaubens ordnet und bearbeitet«[18]. Die einzelnen Traditionsstücke sind aber nach bestimmten Formmerkmalen gestaltet (Wundergeschichten, Streitgespräche etc.), und zwar deshalb, weil sie in immer wiederkehrenden, typischen Situationen des frühen Christentums weitergegeben wurden (z. B. in Predigt oder Taufunterweisung). Diese typischen Situationen nennt Bultmann *Sitz im Leben*. Wenn man nach den Gleichnissen Jesu zurückfragt, muss man deshalb nach den Formgesetzen der Gleichnisse und ihrem Sitz im Leben fragen. Auf diese Weise kann man sich dem ursprünglichen Gleichnis Jesu annähern und spätere Ergänzungen als Bildung der christlichen Gemeinde identifizie-

---

15 So formuliert Jeremias, Gleichnisse, S. 15f.
16 Die radikale Trennung von Vergleich und Metapher wurde bereits von Paul Fiebig (Die Gleichnisreden) in Frage gestellt. Fiebig erkannte, dass die Gleichnisse oft mit feststehenden Metaphern arbeiten, und sprach von »Parabeln mit Beimischung von Allegorie« (ebd., S. 98). Auch die Konzentration auf einen einzigen Vergleichspunkt hat Fiebig bereits kritisch hinterfragt. Zunehmend hat man auch erkannt, dass Jülichers Deutung von Aristoteles in manchen Punkten sehr einseitig ist. So hebt Aristoteles in seiner Rhetorik (III, 4) etwa hervor, dass der Unterschied zwischen Vergleich und Metapher nur gering sei und dass beide in vergleichbarer Weise benutzt werden könnten.
17 Göttingen 1967, Erstauflage 1921.
18 Geschichte, S. 1.

22 *Die Gleichnisse in der Exegese*

ren.[19] Beim Erarbeiten des ursprünglichen Gleichnisses ist nach Bultmann besonders das so genannte *Unähnlichkeitskriterium* wichtig: »Wo der Gegensatz zur jüdischen Moral und Frömmigkeit und die spezifisch eschatologische Stimmung, die das Charakteristikum der Verkündigung Jesu bilden, zum Ausdruck kommt, und wo sich andererseits keine spezifisch christlichen Züge finden, darf man am ehesten urteilen, ein echtes Gleichnis Jesu zu besitzen«[20]. Der Sache nach stimmt er Jülicher zu: »Am klarsten formuliert man m. E. das Wesen des Gleichnisses und der Parabel im Unterschied von der Allegorie so, dass sie die Übertragung eines (am neutralen Stoff gewonnenen) Urteils auf ein anderes, zur Diskussion stehendes Gebiet fordern. In der Allegorie handelt es sich nicht um Urteilsübertragung, sondern um geheimnisvolle oder fantastisch spielende Verkleidung eines Sachverhalts«[21]. Auch für Bultmann hat das Gleichnis argumentative Funktion.[22]

Die von Jülicher begründete und von Bultmann formgeschichtlich durchgeführte Abgrenzung des Gleichnisses von Metapher und Allegorie bestimmt in der Folgezeit die Gleichnisinterpretation grundlegend. Bleibende Bedeutung hat auch die Aufteilung der Gleichnisse in verschiedene Kategorien gewonnen. Ausgangspunkt ist die grundlegende Unterscheidung von Vergleich und Metapher:

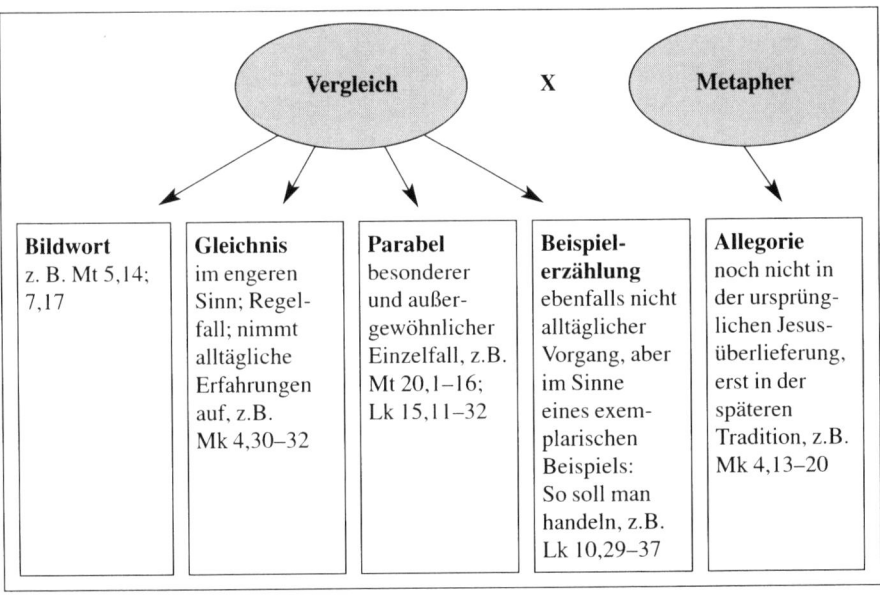

---

19 Geschichte, S. 6.
20 Geschichte, S. 222.
21 Geschichte, S. 214.
22 Geschichte, S. 195. 207ff.

Auch andere für die Gleichnisauslegung bis heute wichtige Begriffe gehen auf Jülicher und Bultmann zurück. Dazu gehört die Unterscheidung einer *Bild-* und einer *Sachhälfte* mit dem tertium comparationis als verbindendem Element. Bultmann macht darüber hinaus auf bestimmte Formelemente und Erzähltechniken der Gleichnisse aufmerksam: Die Knappheit der Erzählung, die szenische Zweiheit, die reiche Verwendung der direkten Rede, das so genannte *Achtergewicht* (das Wichtigste wird am Schluss geschildert), die Begrenzung der Personen auf wenige Akteure oder Gruppen, die knappe Zeichnung der Charaktere.[23] Auch wenn die spätere Kritik die Gleichnisinterpretation von Jülicher und Bultmann in Frage gestellt hat, hat sich die von ihnen eingeführte Terminologie doch weithin durchgesetzt und wird auch heute noch häufig verwendet.

Die ureigenste Stimme Jesu in konkreter historischer Situation

Die folgende Phase der Gleichnisauslegung ist dadurch gekennzeichnet, dass sie bei den formgeschichtlichen Erkenntnissen zu den Gleichnissen nicht stehen bleiben will. Ihre Absicht ist es, über einen allgemeinen »Sitz im Leben« der Gleichnisse hinauszukommen und nach den konkreten historischen Situationen zu fragen, in denen Jesus seine Gleichnisse sprach.[24]

(1) In Deutschland hat vor allem das Buch von *Joachim Jeremias* »Die Gleichnisse Jesu« außerordentlich starke Wirkung gehabt (erste Auflage 1947). Er stimmt Jülichers Kritik an der allegorischen Auslegung zu, aber: »Jülicher hat nur die halbe Arbeit getan«[25]. Es gehe den Gleichnissen nicht um die Verkündigung allgemeiner Wahrheiten und religiöser Humanität. Vielmehr müsse man nach den *konkreten* Situationen im Leben Jesu fragen. Mit dieser Forderung unterscheidet er sich zugleich von Bultmann und dessen formgeschichtlichem Ansatz. Jeremias fragt also nach der »einmaligen, oft unvorhergesehenen Lage«, in der Jesus seine Gleichnisse sprach. Denn die Gleichnisse Jesu fordern Jeremias zufolge eine Antwort auf der Stelle. So habe jedes Gleichnis seinen eigenen, unverwechselbaren Ort im Leben Jesu, und die Aufgabe besteht darin, diesen Ort und damit den ursprünglichen Sinn der Gleichnisse Jesu zurückzugewinnen. Denn in ihnen haben wir es mit der *ipsissima vox* zu tun, mit der ureigensten Stimme Jesu.[26] Die

---

23 Geschichte, S. 203ff.
24 In England ist diese Forschungsrichtung vor allem mit dem Buch von Charles Harold Dodd »The Parables of the Kingdom« verbunden. Wenn man die Gleichnisse streng historisch auslegt, muss man nach Dodd ihren eschatologischen Charakter berücksichtigen. Den eschatologischen Charakter der Verkündigung Jesu versteht Dodd aber in einem eigenwilligen Sinn: In der Verkündigung Jesu stehe das Reich Gottes nicht nur unmittelbar bevor, sondern es sei bereits da (»It is not merely imminent, it is here«, S. 49). Jesus spreche also in seinen Gleichnissen nicht von etwas Zukünftigem, sondern von der Gegenwart, seine Eschatologie sei demnach eine bereits realisierte Eschatologie (»realized eschatology«). Diese Vorstellung prägte die Gleichnisdeutung von Dodd insgesamt in erheblichem Maß.
25 Jeremias, Gleichnisse, S. 14.
26 Gleichnisse, S. 18.

ursprünglichen Situationen der Gleichnisse aber sind nach Jeremias vielfach Kampfsituationen, es gehe um »Rechtfertigung, Verteidigung, Angriff, ja Herausforderung: die Gleichnisse sind nicht ausschließlich, aber zum großen Teil Streitwaffe«[27]. Jesus verkünde seine Gleichnisse angesichts der bevorstehenden endzeitlichen Entscheidung, der eschatologischen Krisis[28], sie seien Verteidigung seiner frohen Botschaft für die Sünder.[29]

Allerdings seien die Gleichnisse von der frühen Christenheit im Prozess der Weitergabe zugleich verändert worden. Sie haben deshalb nach Jeremias einen zweifachen historischen Ort, zum einen in der Wirksamkeit Jesu, zum anderen im Leben der Urkirche. Indem man (mit Hilfe verschiedener Umformungsgesetze) nach Spuren der Veränderung zwischen Jesus und der Urkirche sucht, könne man den ursprünglichen Sinn der Gleichnisse zurückgewinnen. Möglich sei dies, weil man bei den Gleichnissen Jesu »auf besonders festem historischen Grund« stehe; »sie sind ein Stück Urgestein der Überlieferung«; in ihnen schimmere das Aramäische als Muttersprache Jesu durch[30], und auf Schritt und Tritt spiegelten sie Jesu »Frohbotschaft, den eschatologischen Charakter seiner Predigt, den Ernst seines Bußrufes, seinen Gegensatz gegen den Pharisäismus mit besonderer Klarheit« wider. Deshalb sei die Rückfrage nach Jesus sowohl möglich als auch notwendig: »Zurück zur ipsissima vox Jesu, heißt die Aufgabe! Welch großes Geschenk, wenn es gelingt, hier und da hinter dem Schleier das Antlitz des Menschensohnes wiederzufinden! Auf Sein Wort kommt alles an! Erst die Begegnung mit Ihm gibt unserer Verkündigung Vollmacht!«[31] Jeremias verbindet also die historische Rückfrage mit der theologischen Substanz: Theologisch bedeutsam ist nur das, was sich historisch als Jesu eigenes Wort erweisen lässt. Deshalb muss man hinter die Allegorisierung der Gleichnisse zurück und nach der ipsissima vox Jesu fragen.

Die konsequent historische Auslegung: Joachim Jeremias

- Die Gleichnisse sind, wenn man sie von späteren Ergänzungen befreit, authentische Jesuszeugnisse. Ihre Aussage, ihre Absicht und ihr Gewicht für die Verkündigung Jesu sollen erfasst werden.
- Die Bedeutung der Gleichnisse liegt darin, dass wir es bei ihnen mit den Worten Jesu selbst, mit der ipsissima vox, zu tun haben. Die grundlegenden methodischen Fragen zielen darauf, möglichst nahe an die eigenen Worte Jesu heranzukommen.
- Wichtig ist dies, weil hier der Menschensohn selbst zu Wort kommt. D.h.: Die historische Rekonstruktion hat unmittelbar theologische Bedeutung.
- Die Gleichnisse Jesu vermitteln keine allgemeinen Wahrheiten, sondern sind konkrete Botschaften in bestimmten Situationen.
- Insbesondere bei Jeremias ist hervorgehoben, dass es sich häufig um Situationen von Auseinandersetzung und Kampf handelt, in denen die Gleichnisse gesprochen wurden. Dementsprechend sind für ihn die Gleichnisse Kampfmittel.

---

27 Gleichnisse, ebd.
28 Gleichnisse, S. 169.
29 Gleichnisse, S. 144.
30 Gleichnisse, S. 7.
31 Gleichnisse, S. 114.

(2) *Eta Linnemann* hat mit ihrem Buch »Gleichnisse Jesu«[32] die konsequent historische Auslegung in einem wichtigen Punkt ergänzt. Sie knüpft an Jeremias, aber auch am argumentativen Charakter der Gleichnisse bei Jülicher und Bultmann an. Zur Ursprungssituation eines Gleichnisses gehören für sie nicht nur der Sprecher, sondern auch diejenigen, die es hörten: »Das Gleichnis ... ist eine Weise der Rede. Seine Ursprungssituation ist die Unterredung, das Gespräch«[33]. »Was der Erzähler mit einem ... Gleichnis sagte, hat man erst dann erfasst, wenn man weiß, was das Gleichnis in jener konkreten Situation den ursprünglichen Hörern zu verstehen gab.«[34] Vor diesem Hintergrund entwickelt Linnemann ihre zentrale These der *Verschränkung*: »In der Parabel verschränkt sich das Urteil des Erzählers über die fragliche Situation mit dem der Hörenden«[35]. Zwar seien die Gleichnisse überwiegend an Gegner gerichtet, es gehe ihnen aber nicht darum, diese ad absurdum zu führen, sondern vielmehr ihr Einverständnis zu gewinnen, ihnen ein neues Verstehen zu eröffnen: »Ein geglücktes Gleichnis ist ein Ereignis, das die Situation entscheidend verändert. Es schafft eine neue Möglichkeit, dass der Angeredete mit dem Redenden über den Gegensatz hinweg ins Einverständnis kommen kann. Diese Möglichkeit beruht darauf, dass der Erzähler die Angelegenheit, die zwischen ihm und seinen Zuhörern strittig ist, neu zur Sprache bringt und dadurch ein neues Verständnis eröffnet.«[36] Das Phänomen der Verschränkung sei ein Sprachgeschehen, da hier Entscheidendes durch das Wort geschehe. Wer ein Gleichnis wagt, »der will, dass seine Zuhörer über den tiefen Gegensatz hinweg mit ihm ins Einverständnis kommen. ... Reicht der Gegensatz ... bis in die Tiefe der Existenz hinab, dann kann der Erzähler der Parabel das Gemeinsame, auf das er zurückgreifen muss, nur in den ursprünglichen Zügen der Sprache finden. Er ist angewiesen auf die Kraft der Sprache. ... Nur wenn der Mensch den ursprünglichen Zügen der Sprache zu folgen vermag, hat sein Wort Gewalt.«[37] Linnemanns Gleichnisinterpretation gehört forschungsgeschichtlich zur historisch orientierten Auslegung. Mit ihren Ausführungen zur Verschränkung und zum Einverständnis der Hörer weist sie jedoch darüber hinaus. »Das Gleichnis spricht zu dem, der ihm entspricht«, schreibt Ernst Fuchs, der Lehrer Linnemanns, im Vorwort zu ihrem Buch. Mit seinem Namen ist eine neue Phase der Gleichnisauslegung verbunden.

---

32 Erste Auflage 1961. Hier wird zitiert nach der 4. Auflage, Göttingen 1966.
33 Linnemann, Gleichnisse, S. 27.
34 Gleichnisse, S. 31.
35 Gleichnisse, S. 35.
36 Gleichnisse, S. 38.
37 Gleichnisse, S. 40.

Das Gleichnis als Sprachgeschehen

In der exegetischen Diskussion ist diese Phase vor allem mit den Namen Ernst Fuchs und Eberhard Jüngel verbunden.

(1) *Ernst Fuchs* grenzt sich in seinen Arbeiten[38] deutlich von der bisherigen Gleichnisauslegung ab. Sein Ansatzpunkt liegt bei Überlegungen zur Sprache. Zum Wesen der Sprache gehört nach Fuchs, dass sie »Einlass gewährt«. Sprache sei nicht bloße Beschreibung von etwas Seiendem, sondern sie werde zum Ereignis. Fuchs erläutert dies mit der Bruder-Anrede: »Der Andere wird doch nicht bloß Bruder genannt, weil er es ist, sondern er wäre es nicht, wenn ich ihn nicht so nennte. Indem ich ihn Bruder nenne, mache ich ihn zwar nicht dazu, aber ich lasse ihn als Bruder bei uns ein, indem ich mich auf diese Gemeinschaft mit ihm einlasse. Dieses Ereignis ist gerade dasjenige Geschehen, auf das es in der Sprache ankommt. ... So erschließt sich gerade in der Sprache selbst das konkrete Hic et Nunc. ... Die Bedeutungen des Seienden liegen nicht schon immer bereit, sondern sie sind ihrerseits geschichtlich und deshalb an das Ereignis der Sprache gebunden.«[39]

Die Sprache ist für Fuchs also nicht bloß Verständigungsmittel, sondern in und mit ihr kommt das Sein als Ereignis zur Sprache. Mit der Sprache werde aber nicht nur Wirklichkeit geschaffen, sondern in der Sprache komme die Wirklichkeit zu ihrer Wahrheit, die Sprache erst bringe die Wahrheit mit sich.[40] Dies gelte besonders für die Sprache des Glaubens: »Im Sinne des Glaubens ist es das Mögliche, das dem Wirklichen sprachlich zu seiner Wahrheit verhelfen und sich so als es selbst, das Werdende, aussprechen will«[41]. Dieses Mögliche, das uns als Wahrheit anspricht, »ist die Zukunft Gottes, die (nahe) Basileia. Sie ist das Werdende, das sich als Kommendes und nur so Gegenwärtiges ausspricht. Die Sprache, die jenes Werdende aussprechen will, ist wesentlich analogische Sprache. Deshalb ist die ›auffallendste Besonderheit der neutestamentlichen Sprache‹ folgerichtig die Analogie«[42]. Nur die analoge Sprache kann nach Fuchs das Kommende als gegenwärtig ansprechen: Die Zukunft Gottes als Ereignis geschieht dort, »wo es geschieht, in größerer Nähe, als alle direkte Rede sie je ausdrücken könnte«[43].

Ausgehend von der Analogie untersucht Fuchs nun die Gleichnisse Jesu und kommt zu anderen Bewertungen als Jülicher und Bultmann. Denn: »Die Analogie spricht sich mit Vorliebe in der Metapher aus«[44]. Während Jülicher und Bultmann die *Metapher* als Vorstufe der Allegorie bestimmten, ist nach Fuchs die Metapher von der Allegorie streng zu unterscheiden. Die Allegorie setze einen geheimen Sinn des von ihr

---

38 Hier sind berücksichtigt: Fuchs, Hermeneutik, außerdem Aufsätze aus dem Sammelband Fuchs, Zur Frage nach dem historischen Jesus.
39 Frage, S. 426f.
40 Hermeneutik, S. 132.
41 Hermeneutik, S. 211.
42 Hermeneutik, S. 212.
43 Hermeneutik, S. 217.
44 Hermeneutik, S. 212.

Bezeichneten voraus, während die Metapher mit den Bezeichnungen spiele und zu Umschreibungen herausfordere.[45] Gleichnis und Parabel seien deshalb vom Wesen der Metapher her zu verstehen.[46] Davon sei auch die Wahrheit der Gleichnisse berührt, denn wahr sei ein Gleichnis dann, wenn es ein Sprachereignis ist, d. h. wenn sich in ihm das ereigne, was es ansagt. Das Sprachereignis der Gleichnisse beziehe sich aber nicht auf irgendeine von Menschen geschaffene Sprache. Es gehe vielmehr um die Sprache, aus der der Mensch geboren sei[47], um die Sprache Gottes. Deren Grundzug sei die Liebe. In der Sprache der Liebe, die in den Gleichnissen Jesu hörbar werde, komme die Sprache im eigentlichen Sinn zu sich selbst. Die Gleichnisse seien demnach wahr, weil in ihnen die Sprache der Liebe, die Sprache Gottes, zum Ereignis werde.

Vor diesem Hintergrund setzt Fuchs sich mit der herrschenden Gleichnisinterpretation auseinander. Die Historizität kann für ihn nicht (wie bei Jeremias) das Auslegungskriterium der Gleichnisse sein. Die Verkündigung Jesu erschließe sich nicht mit einer rein historischen Rückfrage, sondern habe hermeneutische Bedeutung; sie eröffne eine Bewegung des Verstehens über Jesu Gegenwart hinaus. Die Gleichnisse weisen nach Fuchs einen Überschuss auf: In ihnen komme mehr zur Sprache als nur das, was in einer bestimmten historischen Situation gesagt werden muss. Der bestimmte historische Ort eines Gleichnisses sagt deshalb nach Fuchs für die Auslegung eines Gleichnisses wenig aus – und wird von ihm auch nicht behandelt. Ebenso lehnt er die Auffassung Jülichers ab, in den Gleichnissen gehe es um die Darlegung allgemeiner Wahrheiten.[48] Wer Gleichnisse hört, solle nicht belehrt, sondern zur Einstimmung in die Sprache der Wahrheit geführt werden: Gleichnisse sagen das Reich Gottes an und fordern zu einer eigenen Stellungnahme heraus.[49] Deshalb ist nach Fuchs auch die Unterscheidung von Bild- und Sachhälfte aufzugeben. Denn diese Unterscheidung führe zu einem Verständnis der Gleichnisse als Belehrung. Als Sprachereignisse seien die Gleichnisse aber viel eher Erzählung und gewissermaßen kleine Theaterstücke. Wer sich darauf einlässt, erfährt nach Fuchs das Gleichnis als Geschenk.

(2) Auch für *Eberhard Jüngel* ist die Verkündigung Jesu als ein Sprachgeschehen zu verstehen. In seinem Buch »Paulus und Jesus«[50] zeigt er dies an den Gleichnissen. Wenn Jesus im Gleichnis von der kommenden Gottesherrschaft spreche, handele es sich nicht lediglich um eine äußerliche sprachliche Form, zu der die Gottesherrschaft als Inhalt erst noch hinzutreten müsste. Deutlicher als Fuchs hebt er hervor, dass Form und Inhalt sich nicht voneinander trennen lassen. Die *Basileia* sei keine These, die unabhängig von ihrer sprachlichen Gestalt verifiziert werden könne. Daraus ergibt sich für Jüngel der Leitsatz der Gleichnisinterpretation: »Die Basileia kommt im Gleichnis als Gleichnis zur Sprache. Die Gleichnisse Jesu bringen die Gottesherrschaft als

---

45 Hermeneutik, S. 213.
46 Hermeneutik, S. 222f.
47 Hermeneutik, S. 63.
48 Hermeneutik, S. 219.
49 Hermeneutik, S. 222.
50 Erste Auflage 1962. Hier wird zitiert nach der 3. Auflage, Tübingen 1967.

Gleichnis zur Sprache«[51]. Es kennzeichne die Sprache wie das Wesen des Gleichnisses, dass es sammle. »Das Gleichnis sammelt einzelne Anschauungselemente bzw. Erzählungszüge auf einen Punkt hin, der als Pointe des Gleichnisses dieses zum Vornhinein bestimmt. Gerade aber so sammelt das Gleichnis den Menschen, den es anspricht. Es sammelt ihn selbst (ein Zerstreuter könnte kein Gleichnis verstehen!) und führt so den Gesammelten auf die ihn ansprechende Pointe zu, die zur jeweiligen Pointe seiner Existenz werden soll.«[52]

Aus diesem Grund seien weder die Unterscheidung von Sach- und Bildhälfte noch die Suche nach einem tertium comparationis dem Gleichnis wirklich angemessen. Gleichnisse haben nach Jüngel keine Hälften, deren eine jeweils erst durch die andere verstehbar gemacht werden müsste. Gleichnisse sammeln vielmehr durch ihre analogische Kraft einzelne Erzählzüge auf die *Pointe* des Gleichnisses hin. Die Erzählzüge und die Pointe sind also nach Jüngel eng aufeinander bezogen: »Das Gleichnis lebt in allen Einzelzügen von seiner Pointe, aber die Pointe kommt ohne diese Einzelzüge nicht zum Zuge«[53]. Dem entsprechen auch zwei aufeinander bezogene Tendenzen des Gleichnisses. Da die Einzelzüge auf die Pointe hin gesammelt seien, habe das Gleichnis eine entbergende Tendenz. Und umgekehrt: da die Pointe die verschiedenen Einzelzüge brauche, habe das Gleichnis eine verbergende Tendenz. Das Verbergen geschehe aber nicht um des Verbergens willen, sondern mit entbergender Absicht.[54] Was in den Gleichnissen zur Sprache komme, sei ganz da (also entborgen), aber als Gleichnis (also verborgen). In diesem Wechselspiel von Verbergen und Entbergen werde die Differenz zwischen Gott und Welt gewahrt. Deshalb seien eigentlich alle Gleichnisse *Kontrastgleichnisse*.[55] Deshalb könne aber auch alles aus der Welt angesprochen werden und dazu dienen, im Gleichnis die kommende Gottesherrschaft zur Sprache zu bringen. Denn im Gleichnis erscheine »die Schöpfung in einem neuen Licht, im Lichte der das Alte beendenden Gottesherrschaft, während die Gottesherrschaft ihrerseits in der Sprache des Alten zum Gleichnis wird«[56].

Während Jesu eigenes Verhalten seine Verkündigung gleichsam kommentierte, musste die Gemeinde nach Jesu Tod auf diesen Kommentar verzichten. Statt dessen habe die Gemeinde begonnen, die Gleichnisse nun ihrerseits zu kommentieren, indem sie sie mit Anwendungen und Deutungen versah. Dabei büßten nach Jüngel die Gleichnisse zwar oft einiges von der ihnen eigenen analogischen Kraft ein und ihre Pointen wurden zum Teil verstellt. Diese Anwendung der Gleichnisse durch die frühen Christen habe aber auch dazu geführt, dass die Gleichnisse überhaupt überliefert wurden und bis heute ihre eigene Kraft entfalten können.

---

51 Jüngel, Paulus, S. 135.
52 Paulus, S. 136.
53 Paulus, S. 137. Gleichnisse sind also nicht allegorisch auszulegen, weil die einzelnen Elemente auf die vom Ende her erscheinende Pointe bezogen sind (ebd.).
54 Paulus, S. 137.
55 Kontrastgleichnis bezieht sich hier allerdings nicht, wie bei Jeremias, auf den Kontrast etwa zwischen kleinem Anfang und großem Ende, sondern auf den grundlegenden Unterschied zwischen Gott und Welt.
56 Paulus, S. 138.

(3) Das Auslegungsmodell, das bei Fuchs und Jüngel hervortritt, kann man als hermeneutisches Modell bezeichnen. Es geht dabei nicht um die historische Rekonstruktion der Gleichnisse, sondern um ihr hermeneutisches, d. h. die Hörenden ansprechendes und zum Verstehen anreizendes Potenzial. Damit wird ein neuer Auslegungsschwerpunkt gesetzt, der sich sowohl von Jülichers Trennung von Vergleich und Metapher als auch von dem historischen Auslegungsmodell abgrenzt. Die oben schon angedeutete Kritik an Jülicher tritt nun deutlicher hervor und geht ins Prinzipielle. Angeregt ist dieses Modell durch philosophische Überlegungen zum Wesen der Sprache. Folgende Aspekte sind besonders wichtig:

Hermeneutische Auslegung von Fuchs und Jüngel

- Gleichnisse werden als Sprachereignisse verstanden. Dies bedeutet: Sie belehren nicht über das Gottesreich, sondern sagen es an, sprechen es zu und fordern so zu einer Stellungnahme heraus. Darin liegt ihre Bedeutung und ihre Wahrheit.
- In den Gleichnissen als Sprachgeschehen liegt ein Überschuss an Sinn. Deshalb können sie über ihre ursprüngliche Situation hinaus Menschen ansprechen.
- Die spezifische Form der Gleichnisse ist nicht von ihrem Inhalt zu trennen. Das Gottesreich kommt nur als Gleichnis zur Sprache. Die Metapher ist für Gleichnis und Parabel die charakteristische Sprachform.
- Der Bezug zur Metapher führt dazu, dass die Unterscheidung von Bild- und Sachhälfte und die Suche nach dem tertium comparationis aufgegeben wird.
- Die grundlegende Fragestellung der hermeneutischen Auslegung ist: Was stoßen die Gleichnisse mit ihren Bildern und ihrer Sprache an, welchen Verstehensprozess eröffnen sie?

Das Gleichnis als Metapher

Das Verstehen der Gleichnisse als Sprachgeschehen bringt eine Abkehr von der Position Jülichers mit sich, die in der Folgezeit noch deutlicher hervortritt. Unter dem Einfluss der Metapherntheorie in Sprach- und Literaturwissenschaft wird nun die Herleitung der Gleichnisse von der Metapher ausführlicher begründet.

(1) Für die Herleitung der Gleichnisse von der Metapher haben die Arbeiten von  *Paul Ricœur* besondere Bedeutung.[57] In Abgrenzung zur antiken Rhetorik (in der die Metapher als uneigentliches Wort verstanden wurde, das aber prinzipiell in eigentliche Rede übersetzt werden konnte) versteht er die Metapher nicht vom Wort her, sondern vom Satz; die metaphorische Redeweise ersetze nicht lediglich Wörter, sondern mache Aussagen.[58] Wenn man etwa dichterisch von »grünen Nächten« spricht, kann man nicht einfach das Wort grün durch ein anderes, eigentlich gemeintes Wort ersetzen; Nächte können nicht grün sein, wenn grün eine Farbe ist. Die Metapher ziele aber nicht auf das wörtliche Verständnis, sondern darauf, »einen sinnwidrigen Widerspruch in einen

---

57 Vor allem »Stellung und Funktion der Metapher in der biblischen Sprache«.
58 Stellung, S. 47.

sinnvollen Widerspruch zu verwandeln«[59]. Die Metapher komme zu einer Sinnerweiterung; sie gebe dort Sinn, wo das wörtliche Verständnis den Sinn gerade in Frage stellen müsste. Indem sie Dinge nebeneinander stelle, die nicht zusammengehören, ermögliche sie einen neuen Blick auf die Dinge. Die Metapher habe also schöpferische Kraft. Daraus zieht Ricœur zwei Konsequenzen: »Erstens sind die wahren Metaphern unübersetzbar. ... Dass sie unübersetzbar sind, heißt nicht, dass man sie nicht umschreiben kann; aber die Umschreibung ist unendlich und erschöpft die Neueinführung von Sinn nie. ... Zweite Konsequenz: die Metapher ist keine Ausschmückung der Rede; sie hat nicht bloß emotionalen Charakter: sie bringt eine neue Information mit sich«[60]. Die dichterische, metaphorische Sprache stelle somit »eine neue Vision der Wirklichkeit« vor Augen, die sich nicht an dem üblichen Wortgebrauch festmachen lasse, sondern diesen überschreite und erweitere. Deshalb kann man nach Ricœur von »metaphorischer Wahrheit« sprechen, weil nämlich die Metapher einen neuen Anspruch auf die Wirklichkeit erhebt: »Die dichterische Sprache sagt nicht wörtlich, was die Dinge sind, sondern metaphorisch, als was sie sind; gerade auf diese schiefe Weise sagt sie, was sie sind«[61].

Ricœur wendet dies nun auf die Gleichnisse an. Die Sprache der Gleichnisse gehe über ihre eigene Grenze hinaus und erweitere dadurch die Sprache und die Wirklichkeit.[62] Dies treffe sich mit der anderen Beobachtung, dass in den Gleichniserzählungen oft eine z.T. erhebliche Extravaganz festzustellen sei: Die Erzählungen fallen aus dem Rahmen des allgemein Üblichen heraus (etwa im Verhalten des Arbeitgebers in Mt 20, 1ff). Diese Extravaganz füge sich zusammen mit der grenzüberschreitenden Metapher zu einem neuen Bild von der Welt, das anders sei als die »vorhandene«, das an unsere Einbildungskraft appelliere und neue Dimensionen für die Welt eröffne.[63]

---

59 Stellung, S. 47.
60 Stellung, S. 49.
61 Stellung, S. 49f.
62 Stellung, S. 66.
63 Stellung, S. 70. Nun kann man Einbildungskraft kaum beschränken. Ebenso wenig kann man die Gleichnisse auf eine bestimmte Anwendung reduzieren. Dieser Gedanke ist besonders in dem Buch von Robert W. Funk »Language, Hermeneutic, and the Word of God« (New York 1966; ein Auszug aus dem Buch findet sich im Sammelband von Harnisch) ausgeführt. Zum Wesen des Gleichnisses gehört für ihn das auf Zukunft hin offene Ende, das sich nicht in einer einzigen Deutung erschöpft. Insofern lasse sich das Gleichnis nicht verbrauchen (S. 24): Metaphern können unbegrenzt weiterleben (S. 33). Die Metapher öffne sich »einer Vielzahl von Situationen, ganz unterschiedlichen Hörerkreisen und der Zukunft. Sie verstellt die Zukunft nicht, sondern sie erschließt sie; sie lädt ein zu ereignisreicher Aktualisierung, kommt darin aber nicht zur Ruhe. Metaphern können unbegrenzt weiterleben, da die Bedeutungskonstellation, die sie heraufbeschwören, sowohl von ihrer offenbarenden Kraft abhängt *als auch* von der Wahrnehmungsfähigkeit des Geistes, der ihnen begegnet« (ebd.).
Dominic Crossan unterscheidet in seinem Buch »In Parables« (New York 1973) zwischen der didaktischen und der poetischen Funktion der Metapher. Die didaktische Metapher diene der Illustration und sei ohne Substanzverlust in »eigentliche« Sprache zu übersetzen. Im Übrigen verbindet Crossan die didaktische Metapher mit der Allegorie – und stellt damit Jülichers Position genau auf den Kopf. Die poetische Metapher beziehe sich dagegen auf etwas, das so fremd oder neu sei, dass man es nur mit Hilfe von Metaphern überhaupt

(2) *Hans Weder* nimmt in seinem Buch »Die Gleichnisse Jesu als Metaphern«[64] diese Gedanken auf. Metapher und Gleichnis bezeichnet er als analoge Sprachphänomene.[65] Wie Ricœur erkennt er die sprachliche Grundform der Metapher nicht im (ausschmückenden) Wort, sondern in der Aussage, im Satz, zu dem mindestens ein Subjekt, ein Prädikat und eine Kopula (eine Verbindung) gehören.

> Weder illustriert dies (wie Jülicher) am Beispiel »Achill (Subjekt) ist (Kopula) ein Löwe« (Prädikat). Die Kopula (ist, verhält sich wie etc.) ist dabei nicht im identifizierenden Sinn zu verstehen. Achill ist natürlich kein Löwe. Die Metapher beschreibt ihn aber als Löwen neu. Die Kopula ›ist‹ darf also nicht einfach wörtlich verstanden werden. »Das ›ist‹ ist gleichzeitig ein wörtliches ›ist nicht‹ und ein metaphorisches ›ist wie‹.«[66] Diese Grundform findet sich nach Weder nun auch bei den Gleichnissen, wobei an die Stelle des Prädikates die Gleichniserzählung insgesamt tritt, also: Die Gottesherrschaft (= Subjekt) – verhält sich wie (= Kopula) – Gleichniserzählung (= Prädikat).

Wie in der Metapher zwischen dem Subjekt und Prädikat eine semantische Spannung bestehe, so bei den Gleichnissen zwischen Gottesherrschaft und Erzählung.[67] In diesem Sachverhalt liege die Fähigkeit der Metapher begründet, »semantische Neuerungen mit sich zu bringen«[68]. Sie wirke sinnstiftend. Zwei verschiedene Sinnhorizonte (Gott und Welt) träten nebeneinander und verwandelten dadurch die vertraute Welt im Gleichnis. Die Sprache werde nicht als bloße Reproduktion des Wirklichen verstanden, sondern sie beschreibe und schaffe dadurch die Wirklichkeit neu.[69] Dabei komme die Welt, wie wir sie kennen, immer zum Vorschein, aber doch so, dass der Blick für Neues geschärft werde und vom Neuen her auf das Bekannte falle. Die Gleichnisse bringen demnach die neu beschriebene und ins Leben gerufene Wirklichkeit mit Gott zusammen und schaffen auf diese Weise mit der Welt und in der Welt Raum für Gott.[70]

Gleichnisse haben deshalb nach Weder keine illustrierende Funktion und können nicht in eigentliche Rede ›übersetzt‹ werden; denn die Metapher sei selbst eine besondere Form der eigentlichen Rede. Die im Gleichnis zur Sprache kommende Wahrheit könne gar nicht anders als bildlich gesagt werden. Gleichnisse können nur als Gleichnisse zur Sprache kommen. Die bildliche Sprache sei für das Gleichnis eine wesenhafte Sprachform. Deshalb könne man Gleichnisse zwar nacherzählen oder nachspielen, nicht aber im strengen Sinn übersetzen oder interpretieren. Viel eher sei das Gleichnis eine Einladung zum Mitreden und Weiterreden.[71]

---

    zur Sprache bringen könne. Um eben solche poetischen Metaphern handele es sich auch bei den Gleichnissen Jesu. Ihre sprachliche Form zielt nach Crossan auf Teilhabe, auf Partizipation.
64 Erste Auflage Göttingen, 1978. Hier wird zitiert nach der 4. Auflage, Berlin 1990.
65 Weder, Gleichnisse, S. 59.
66 Gleichnisse, S. 54, im Anschluss an Ricœur.
67 Gleichnisse, S. 60.
68 Gleichnisse, S. 63.
69 Gleichnisse, S. 76.
70 Gleichnisse, S. 83.
71 Gleichnisse, S. 64ff.Stellenverzeichnis

Hieraus ergeben sich für Weder bestimmte Konsequenzen: Da die Unterscheidung von Bild- und Sachhälfte die Übersetzbarkeit eines Bildes in eine Sache voraussetze, Gleichnisse sich aber weder in allgemeine noch in existenzielle Wahrheiten übersetzen ließen, sei diese Unterscheidung aufzugeben: Gleichnisse lassen sich nicht »auf einen Begriff bringen« und sind kein didaktisches Mittel. Sie seien auch kein Mittel im Kampf gegen die Kritik an der Botschaft Jesu, sondern im Gegenteil selbst frohe Botschaft, indem sie die Gottesherrschaft ansagen. Weiterhin sei die Suche nach einem tertium comparationis aufzugeben, weil es nicht irgendetwas Drittes gebe, das zwischen Gottesherrschaft und dem Erzählten vermittle. Und schließlich verbiete es sich auch, die historische Realität zum Wahrheitskriterium für die Gleichnisse zu erheben.[72]

Allerdings ist die Frage nach dem historischen Jesus für Weder durchaus von Belang: Jesu Gleichnisse und sein Verhalten gehören für ihn eng zusammen. »Das Verhalten Jesu ist in dem Sinne der Rahmen seiner Verkündigung, als es die in der Verkündigung hergestellte Nähe der Basileia kommentiert. Während das Verhalten Jesu also Kommentar seiner Gleichnisverkündigung ist, ist diese Explikation seines Verhaltens.«[73] Aus diesem Grund gehören auch die Gleichnisse Jesu und ihre nach Ostern vollzogene Interpretation zusammen: Die Gleichnisse von der Gottesherrschaft wurden zu Gleichnissen über Jesus, weil nach der Auferweckung Jesu die Nähe Gottes zur Welt nicht mehr ohne sie ausgesagt werden konnte. Dies führte zu einer christologischen Deutung der Gleichnisse, die nach Weder als die einzig angemessene zu bezeichnen ist. Die schon im Neuen Testament selbst festzustellende Wirkungsgeschichte der Gleichnisse dürfe deshalb nicht als allegorisches Beiwerk abgetan werden. Vielmehr gelte: »Die Gleichnisse Jesu haben eine Geschichte und machen Geschichte«[74]. Deshalb sei beides notwendig, ihre Rekonstruktion mit Hilfe redaktions- und traditionsgeschichtlicher Methoden (= analytischer Arbeitsgang) und das Verfolgen ihrer Wirkungsgeschichte (= synthetischer Arbeitsgang).[75]

Zusammengefasst treten bei dem metapherntheoretischen Ansatz der Gleichnisauslegung vor allem die folgenden Aspekte hervor:

Metapherntheoretische Auslegung bei Ricœur und Weder

- Die Gleichnisse sind ihrem Wesen nach von der Metapher her zu erklären. Grundform der Metapher ist nicht das ausschmückende Wort, sondern die Aussage.
- Als metaphorische Texte beziehen sich die Gleichnisse nicht auf eine »gemeinte« Sache. Sie sind selbst »eigentliche« Rede, wenn auch auf einer anderen Ebene als die benennende Sprache. Es handelt sich um »poetische« Texte im wörtlichen Sinn (gr. *poiein* = machen, schaffen): Gleichnisse sind Sprachereignisse und schaffen Wirklichkeit und Bedeutung. Sie haben ein theoretisch unerschöpfliches hermeneutisches Potenzial.
- Die in den Gleichnissen sich ereignende Wirklichkeit steht in Spannung zu der altbekannten und erfahrenen Wirklichkeit. Diese Spannung ist produktiv, indem sie ein Überschreiten des Faktischen in Richtung auf das Mögliche anstößt.

---

72 Gleichnisse, S. 63–67.
73 Gleichnisse, S. 95.
74 Gleichnisse, S. 73.
75 Gleichnisse, S. 74.

- Deshalb müssen und können Gleichnisse nicht übersetzt werden. Man kann jedoch ihre inneren sprachlichen Strukturen aufdecken, man kann sie umschreiben und in die eigene Lebenspraxis hineinnehmen.
- Die leitende Frage ist deshalb auch hier (wie bei der hermeneutischen Auslegung): Was stoßen die Gleichnisse mit ihren Aussagen an, wozu fordern sie heraus?
- Unterschiedlich bewertet wird die Frage nach der Möglichkeit des historischen Rückgriffs auf die Jesusgleichnisse. Zwar tritt sie (gegenüber Jeremias) generell zurück angesichts der Bedeutung, die der Sprache der Gleichnisse und ihrer Text-Autonomie zukommen. Bei Weder wird die historische Rückfrage ausdrücklich gestellt und in den Rahmen der Verkündigung und des Verhaltens Jesu eingeordnet.

Das Gleichnis als autonomes Kunstwerk

In eine andere Richtung weist die Arbeit von *Dan Otto Via* »Die Gleichnisse Jesu. Ihre literarische und existentiale Dimension« aus dem Jahr 1970.[76] Sie ist stark von der literaturwissenschaftlichen Debatte geprägt und greift metapherntheoretische Ansätze auf, setzt aber einen anderen Akzent. Die Grundthese ist in dem häufig zitierten Satz aus der Einleitung zu finden: Viele Gleichnisse sind im strengen Sinn als literarische Werke anzusehen; sie sind »genuine Kunstwerke, reale ästhetische Objekte«[77]. Diese These deutet verschiedene Aussagen an: Als literarische Texte haben die Gleichnisse nach Via keinen unmittelbar notwendigen Zusammenhang mit der historischen Situation. Sie sind autonom, unabhängig von ihrem Autor, da sie im literarischen Werk einen neuen Zusammenhang eingegangen sind.[78] Und sie sind ästhetische Objekte, weil sie nicht auf etwas außerhalb ihrer selbst verweisen, sondern auf das, was in ihnen zur Sprache kommt.[79] Die einzig wichtige Überlegung gelte deshalb unter literaturkritischer Perspektive »dem inneren Sinn des Werkes selbst«[80]. Die Gleichnisse seien nicht Illustration einer Idee oder Einkleidung einer Pointe und schon gar keine Allegorie[81]: Sie sind sprachliche Kunstwerke und haben als solche einen Bedeutungsüberschuss.

Inhaltlich geht es nach Vias Auffassung in den Gleichnissen zentral um das Existenzverständnis des Menschen.[82] Diese Frage verdichte sich in den dem Menschen grundsätzlich gegebenen (ontologischen) Möglichkeiten des Gewinnens und des Verlierens der Existenz. Diese Möglichkeiten seien in den Gleichnissen mit Hilfe jeweils bestimmter Existenzen (ontisch) konkretisiert: Der »verlorene Sohn« beispielsweise gewinne seine Existenz, der »unbarmherzige Knecht« verliere sie.[83] Dabei

---

76 Die Originalausgabe ist 1967 in Philadelphia erschienen.
77 Via, Gleichnisse, S. 9.
78 Gleichnisse, S. 78.
79 Gleichnisse, S. 87
80 Gleichnisse, S. 79. 86.
81 Gleichnisse, S. 72. 33.
82 Gleichnisse, S. 44. 51. 56 und öfter.
83 Via nennt die Gleichnisse, die vom Verlieren der Existenz sprechen, tragisch, die anderen, die das Gewinnen der Existenz zum Thema haben, komisch (in Anlehnung an die griechische Tragödie bzw. Komödie).

zeige sich die Unausweichlichkeit des je gewählten Existenzverständnisses.[84] Das Existenzverständnis sei damit die hermeneutische Verbindung zwischen Erzähler und Hörer. Die Gleichnisse bringen nach Via ein Existenzverständnis als geschehende Existenz zur Sprache. Erste Aufgabe der Gleichnisinterpretation sei es deshalb, die existenzialen Implikationen innerhalb des Gleichnisses herauszuarbeiten. Da sich nun das in den Gleichnissen angesprochene Existenzverständnis im Glauben oder Unglauben ausdrücke, da zudem bestimmte Figuren in den Gleichnissen »nebenbei, aber unausweichlich auf Gott« zeigten, da immer wieder Elemente des Außerordentlichen die Dimension des Göttlichen ansprächen und da die Gleichnisse insgesamt in die Verkündigung Jesu von der Gottesherrschaft hineingehörten, muss nach Via die literaturkritische Betrachtungsweise der Gleichnisse durch eine theologisch-existenziale ergänzt werden.[85] Seine Position kann man folgendermaßen zusammenfassen:

Gleichnisse als autonome ästhetische Kunstwerke nach Via

- Als Kunstwerke sind die Gleichnisse autonom; sie sind unabhängig von einer bestimmten historischen Situation und einem bestimmten Autor. In ihrem literarischen Kontext sind sie neue Verbindungen eingegangen.
- Als Kunstwerke sind die Gleichnisse ästhetische Objekte. Die Aufmerksamkeit ist deshalb auf die sprachliche Struktur und den inneren Sinn des Gleichnisses selbst zu richten. Als ästhetische Objekte entfalten sie weitergehende Wirkung.
- In den Gleichnissen kommt in grundlegender Weise ein Existenzverständnis zur Sprache.
- Bei der Auslegung der Gleichnisse kommt es darauf an, ihre ästhetische Kraft freizulegen und damit ein Weiterwirken zu ermöglichen.
- Die grundlegende Frage zielt hier also auf das Verstehen des Gleichnisses in seiner sprachlichen Gestalt und deren möglichen Wirkungen, unabhängig vom historischen Kontext. Via verbindet diesen Zugang mit einer existenzial-theologischen Interpretation; häufig wird sein Ansatz aber ohne diese Interpretation aufgenommen.

Das Gleichnis als kommunikative Handlung

Von Vias Position ist vor allem die Vorstellung der Gleichnisse als Kunstwerke und ästhetische Objekte vielfach zitiert worden, die als solche Wirkung entfalten. Wirkung wird aber entfaltet im Hinblick auf Adressaten. Dieser kommunikative Aspekt rückt in einer weiteren Linie der Gleichnisauslegung in den Mittelpunkt des Interesses. Natürlich hat man diesen Aspekt auch schon in früheren Modellen bedacht (etwa bei Jülicher und Linnemann). Nun aber rückt er in den Vordergrund, angestoßen durch die Auseinandersetzung mit neueren philosophischen, kommunikations- und sprachwissenschaftlichen Theorien.

---

84 Gleichnisse, S. 110.
85 Gleichnisse, S. 95f.

(1) *Tullio Aurelio* hat in seiner Arbeit »Disclosures in den Gleichnissen Jesu« aus dem Jahr 1977 die Gleichnisse mit der disclosure-Theorie von I. T. Ramsey in Verbindung gebracht. Diese Theorie geht davon aus, dass die religiöse Sprache keine deskriptive, sondern eine evokative Sprache ist: Sie ruft etwas hervor, sie erschließt etwas, sie führt zu einem »Aha-Erlebnis«, zum Fallen des sprichwörtlichen Groschens, zu Einsicht und Engagement (dies alles ist in dem Begriff *disclosure* zusammengefasst). Eine zuvor unpersönliche Situation wird persönlich. Gerade die religiöse disclosure zeichne sich dabei durch persönlichen Einsatz aus, durch Entscheidung (commitment).[86] Aurelio verbindet diese evokative Funktion der Sprache mit der Metapher und folgert: In der Metapher wird eine Einsicht des Autors zur Aufforderung an einen Anderen, »die Wirklichkeit so anzusehen, wie sie der Autor selber sieht«[87]. Die Metapher sei »eine hypothetische Interpretation der Wirklichkeit oder ein Versuch, eine Geschichte (a) aus der Perspektive einer Geschichte (c) zu sehen (›sehen als ...‹), um eine gemeinsame Geschichte durch eine Einsicht entstehen zu lassen. Diese dritte Geschichte (b) aber ist aus dem Zusammenhang von (a) und (c) nicht loszulösen.«[88] Innerhalb dieses Zusammenhangs erkläre der Bildspender den Bildempfänger, der Bildempfänger qualifiziere und kontrolliere den Bildspender.[89] Es wäre deshalb nach Aurelio verfehlt, die Gleichniserzählung als Bildhälfte anzusehen und nach einem tertium comparationis zwischen Bild- und Sachhälfte zu suchen, weil dies die Einheit des Gleichnisses zerstören würde. Die disclosure, das Aha-Erlebnis, sei gerade auf diese Einheit bezogen.

Vor diesem Hintergrund versteht Aurelio die Gleichnisse als Kommunikationsakte, die disclosures vermitteln wollen. Er bezieht sich hier auf die so genannte Sprechakttheorie von Austin und Searle. Sie besagt unter anderem, dass mit sprachlichen Äußerungen nicht nur Sachverhalte beschrieben, sondern auch Handlungen durchgeführt werden, wie z. B. in den Aussagen »ich verspreche dir«, »ich warne dich«, »ich lobe dich« etc.[90] Gleichnisse sind in dieser Perspektive als »exercitive Sprechakte« zu verstehen[91], in denen der Sprecher zu zeigen versucht, »was er gesehen hat, damit der Hörer dasselbe sieht«[92]. Sie wollen das Reich Gottes weder beweisen noch argumentativ unterstreichen, sondern es sehen lassen.[93] Jesus will die Hörer der Gleichnisse zu einer disclosure bringen, »d. h. zur selben Einsicht und zu demselben Engagement, die er sel-

---

86 Disclosures, S. 32.
87 Disclosures, S. 52.
88 Disclosures, S. 53.
89 Die Unterscheidung von Bildspender und Bildempfänger geht vor allem auf den Literaturwissenschaftler Harald Weinrich zurück (»Semantik der kühnen Metapher«). Sie hat in vielen neuen Untersuchungen zu den Gleichnissen die Begriffe Bild- und Sachhälfte abgelöst, weil diese als zu statisch erkannt worden sind (vor allem wenn man sie wie Jülicher auf eine allgemeine Wahrheit hin pointiert). Bildspender und -empfänger stehen demgegenüber in stärkerem gegenseitigen Austausch und beschreiben den Prozesscharakter des metaphorischen Vorgangs.
90 Z. B. Austin, Theorie, S. 28f.
91 Vgl. zur Unterscheidung verschiedener Klassen von Sprechakten: Theorie, S. 168ff.
92 Aurelio, Disclosures, S. 71.
93 Disclosures, S. 106.

36 *Die Gleichnisse in der Exegese*

ber hatte«[94]. Hinter den einzelnen disclosures in den Gleichnissen gehe es deshalb immer um eine »Urdisclosure«, nämlich um Jesus selbst, denn: »›Verstehen‹ will ... mehr besagen als ›einsehen‹. ›Verstehen‹ heißt zur disclosure kommen, also einsehen und sich engagieren. Dadurch partizipiert der Hörer an der disclosure Jesu und tritt in eine positive Beziehung mit ihm. Die positive Beziehung mit Jesus kann man ›Nachfolge‹ Jesu nennen, oder ›Jüngerschaft‹, oder ›Glaube‹ oder endlich ›Gemeinschaft‹ mit Jesus.«[95] In dieser Beziehung zu Jesus entdeckten die Nachfolger Jesu zugleich die einzigartige Beziehung Jesu zum Gottesreich; deswegen seien die Gleichnisse ihrem Wesen nach Offenbarung. Eine ethische oder existenziale Deutung der Gleichnisse allein reiche nicht aus.[96]

(2) Auch *Edmund Arens* stellt in seiner Arbeit »Kommunikative Handlungen« ein Konzept der Gleichnisinterpretation vor, in dem das kommunikative Handeln Jesu in und mit seinen Gleichnissen erfasst werden soll. Er versteht die Gleichnisse Jesu als Sprachhandlungen, die durch drei Elemente konstituiert werden: »Sie sind Handlungen eines Sprechers in Bezug auf seine Hörer mittels Texten, die zugleich eine Sache thematisieren«[97]. Bei der Gleichnisauslegung sei von dieser Dreidimensionalität von Sprecher/Hörer, Text und Sache auszugehen. In den herkömmlichen Auslegungsmodellen seien dagegen immer nur Teilbereiche angesprochen: Historisch orientierte Konzepte konzentrierten sich auf die Verbindung von Sprecher- und Sachdimension, hermeneutisch orientierte Konzepte auf das Verhältnis von Hörer und Sache, linguistisch und literaturwissenschaftlich orientierte Konzepte auf den Zusammenhang von Text und Sache.[98] Die Berücksichtigung aller drei Dimensionen findet Arens am ehesten bei Linnemann, Fuchs und Crossan; daneben sind für ihn von herausragender Bedeutung die Sprechakttheorie und die Theorie des kommunikativen Handelns von Jürgen Habermas. Diese Theorien will er auch auf Texte ausgedehnt wissen. In Texten werde der Kommunikationsvorgang zwischen Subjekten vergegenständlicht.[99] Grundanliegen einer pragmatischen (auf Sprechhandlungen bezogenen) Gleichnistheorie sei es deshalb, »die Gleichnisse als textuale Kommunikationselemente Jesu in Bezug auf seine Adressaten über eine in ihnen thematisierte Sache zu begreifen«[100].

Vor diesem Hintergrund werden die Gleichnisse Jesu vorgestellt »als 1) fiktionalmetaphorische Texte, 2) Kommunikationselemente zwischen Subjekten und 3) als Thematisierung der Gottesherrschaft«[101]. »Als fiktional-metaphorische Texte durchbrechen sie die Alltagswirklichkeit, d. h. die bestehende und sanktionierte gesellschaftliche Konstruktion der Wirklichkeit, auf die sie treffen, und schaffen in sich imaginativ eine neue Wirklichkeit, die die Hörer zur Partizipation einlädt und herausfordert.«[102]

---

94   Disclosures, S. 122.
95   Disclosures, S. 137.
96   Disclosures, S. 258.
97   Arens, Handlungen, S. 13.
98   Handlungen, S. 329ff.
99   Handlungen, S. 49.
100 Handlungen, S. 13.
101 Handlungen, S. 16f.
102 Handlungen, S. 333f.

Als Kommunikationselemente konfrontierten die Gleichnisse »das Wirklichkeitsverständnis der pharisäischen Opponenten mit ihren Hinweisen auf die Gottesherrschaft und der mit ihr hereinbrechenden Wirklichkeit«. Jesus handelt somit »auf seine Hörer zu und geht daran, den Konflikt dadurch zu lösen, dass er seinen Opponenten sein Wirklichkeitsverständnis und seine Handlungsorientierung narrativ einsichtig zu machen versucht«[103]. Als Thematisierung der Gottesherrschaft bringen die Gleichnisse »die Wirklichkeit Gottes und seine Basileia, das gegenüber menschlicher Herrschaft radikal Neue, in ›indirekter‹ und ›praktischer‹ Rede ein und weisen Gottes Wirklichkeit als die pharisäische Wirklichkeitsauffassung und Handlungsorientierung radikal überholende auf«[104].

Insgesamt lassen sich nach Arens die Gleichnisse Jesu als innovatorische Sprachhandlungen beschreiben, in denen der Inhalts- und der Beziehungsaspekt miteinander verbunden seien.[105] Darüber hinaus stellten sie eine »narrative Argumentation« und eine »quasi-diskursive Rede« dar.[106] In den erzählerisch verfremdeten Darstellungen sollen sich die pharisäischen Opponenten selbst wiedererkennen und zugleich mit dem menschenfreundlichen Gott konfrontiert sehen. Jesus verfolge mit den Gleichnissen »das Ziel nicht nur eine Apologie seiner Praxis, sondern der konsensuellen Beilegung des zwischen ihm und seinen pharisäischen Opponenten bestehenden Konflikts«[107].

Im kommunikationstheoretischen Auslegungsmodell sind vor allem folgende Aspekte wichtig:

Das Gleichnis als kommunikative Handlung

- Die Gleichnisse haben eine grundlegende kommunikative Intention und Funktion.
- In den Gleichnissen wird Sprache zum Handeln. Gleichnisse sind Sprechakte Jesu. Die genauere Beurteilung der Sprechakte ist unterschiedlich; auf der einen Seite können sie als nicht darstellend und nicht argumentativ, sondern als Eröffnung einer disclosure verstanden werden, auf der anderen Seite als narrative Argumentation und quasi-diskursive Rede.
- Der Charakter der Gleichnisse als Sprechakte wird mit ihrer metaphorischen Sprache verbunden. Die Gleichnisse laden zur Kommunikation ein, indem sie das übliche Verständnis der Wirklichkeit aufbrechen und mit einer neuen Sicht konfrontieren.
- Wichtig ist in diesem Auslegungsmodell vor allem die Frage nach der Kommunikation, die durch das Gleichnis angestoßen wird. An der sprachlichen Struktur der Gleichnisse kann man erkennen, dass sie handlungsorientiert und verständigungsorientiert sind. Aufgrund der sprachlichen Struktur kann man nach der kommunikativen Situation fragen.

---

103 Handlungen, S. 346.
104 Handlungen, S. 329.
105 Handlungen, S. 333f. 353f.
106 Handlungen, S. 357ff.
107 Handlungen, S. 358. Bedauerlich ist, dass Arens die Pharisäer eher in dunklen Farben beschreibt, um davon die Konfrontation mit dem menschenfreundlichen Gott abzuheben.

Das Gleichnis als Spiel

Georg Eichholz hat 1961 einen Aufsatz mit dem Titel »Das Gleichnis als Spiel«. veröffentlicht. Bei einer Durchsicht der formgeschichtlichen Erkenntnisse zu den Gleichnissen fällt ihm auf, wie stark das Vokabular des »Spiels« hervortritt: »Wir sprechen von Szenen und Figuren, von führenden Rollen und Nebenrollen, von straffem Handlungsablauf«[108]. Die einzelnen Figuren spielten im Gleichnis die ihnen zugewiesenen Rollen, und die Wahl und Profilierung wie auch die Anordnung und Gestaltung der Szenen hätten Spielcharakter.[109] Die Gleichnisse würden mit ihren Einzelszenen und Szenenfolgen, ihren Monologen und Dialogen, ihren führenden Rollen und Nebenrollen inszeniert.[110] Und auch darin sei das Gleichnis als Spiel zu verstehen, dass es sich an Hörer wende und zur Anfrage an deren eigene Existenz werde; sie würden gewissermaßen dazu aufgefordert, das Gleichnis zu Ende zu spielen.[111]

Diese Auffassung ist erst im Zusammenhang mit der metapherntheoretischen Auslegung der Gleichnisse stärker in den Vordergrund getreten und wird vor allem bei *Wolfgang Harnisch* aufgenommen.[112] Wenn man den argumentativen Charakter der Gleichnisse hervorhebe, verkenne man die den Gleichnissen eigentümliche Mittelbarkeit und Indirektheit der Sprache.[113] Für die Metapher als indirekte Rede sei »ein eigentümliches Schweben charakteristisch«. Sie sei »auf einen Kontext angewiesen, von dem her sich das metaphorisch Gesagte erschließt und seine Eindeutigkeit gewinnt«. Es handle sich um anspruchsvolle, den Hörer provozierende und beteiligende Rede. »Die Metapher bringt den Hörenden in *Bewegung,* indem sie anderes nennt und damit eine neue Einstellung zum eigentlich Gesagten herbeiführt«, und ihre Wirkung hänge dementsprechend davon ab, ob sich der Gesprächspartner auf die sprachliche Zumutung einlasse und die Bewegung mitvollziehe.[114] Die Metapher eröffne sozusagen einen Spielraum, in dem sie um das Einverständnis des Hörers werbe, ohne ihn von vornherein festzulegen. Dieser Spielraum ermögliche es, vom Gleichnis als von einem »Drama in Kleinstform« zu sprechen.[115] Die Dramatisierung lasse sich aber nicht auf bestimmte Situationen eingrenzen. Die Aussagekraft der Gleichnisrede Jesu sei nicht durch bestimmte Situationen determiniert, in ihnen treffe vielmehr das Zu-Sagende als Fremdes, Neues und Anderes nicht nur eine bestimmte historische Situation, sondern sage »etwas zu dem und über den Menschen« schlechthin.[116]

Die Vorstellung vom Gleichnis als Drama in Kleinstform hat Harnisch in »Die Gleichniserzählungen Jesu« noch weiter ausgeführt. Die Parabel Jesu »gibt sich als ästhetisches Objekt zu erkennen. Sie ist ein poetisches Kunstwerk: die Miniaturausgabe

---

108   Eichholz, Gleichnis, S. 310.
109   Gleichnis, S. 315.
110   Gleichnis, S. 319.
111   Gleichnis, S. 323.
112   Sprachkraft, 1974, hier zitiert nach Harnisch, Gleichniserzählungen, S. 398f.
113   Sprachkraft, S. 398f.
114   Sprachkraft, S. 409f.
115   Sprachkraft, S. 410f.
116   Sprachkraft, S. 407.

eines in Erzählung gefassten Bühnenstücks mit stilisiertem Handlungsgefüge und eigenwilliger Figurenanordnung«[117]. Deshalb sei es verfehlt, von dem Bild zu sprechen, das das Gleichnis vor Augen male (oder von einer Bild- und Sachhälfte). Gleichnisse erzählten vielmehr Geschichten. Insbesondere träfe dies auf die neutestamentlichen Parabeln zu, mit denen Harnisch sich schwerpunktmäßig befasst. Er erkennt in ihnen einen dramatischen Aufriss mit einer Szenenfolge; die reiche Verwendung der direkten Rede entspreche ebenso den Erfordernissen der dramatisch konzipierten Handlung wie deren geradlinige Entwicklung und eine typisierte Figurenkonstellation.[118] Mit Hilfe der metaphorischen Sprache stiften sie neue Sinnbezüge: »Der Reiz einer metaphorischen Aussage beruht gerade darauf, dass ein Wort oder mehrere Termini in semantisch fremder Umgebung erscheinen, ohne dass man darauf gefasst war. Die Metapher verfremdet also die konventionell geprägte Sprache auf überraschende Weise.« Sie tue dies jedoch nicht so, dass sie auf etwas »Eigentliches« verweise, sondern sei selbst eigentliche Rede, »die dank einer sprachlichen Verfremdung ansprechend wirkt«.[119] Dadurch entstehe eine Spannung zwischen der Geschichte des Bestehenden und einer fiktional entworfenen Geschichte von der Überbietung des Bestehenden. Es gehe bei der Parabel also um die »Diskrepanz von zwei Geschichten, die durch die Bewegung einer dramatischen Handlungsfolge, also im Rahmen eines Erzählzusammenhangs, in Szene gesetzt und dadurch bewusst gemacht wird«[120]. »Wie die Regieangaben eines Drehbuches fordern die narrativen Signale des Wirklichen, die sich in der erzählten Welt der Jesusparabel abzeichnen, den Hörer auf, eine auf den Kontext seiner Erfahrung gemünzte Geschichte zu entwerfen«, die die Hörer/innen mit ihrer Erfahrung des Faktischen realisierten. Die mit dieser Geschichte unverträglichen Anklänge des Möglichen und Außergewöhnlichen provozierten jedoch eine andere Geschichte und stellten damit nicht nur die Geschichte des Faktischen in Frage, sondern auch die eigenen Erfahrungen damit. Die Parabeln als »religiöse Form poetischer Rede« zeichnen sich nach Harnisch nicht durch die Intensität der Verfremdung aus, sondern dadurch, dass sie die Sphäre des Möglichen mit der Gottesherrschaft identifizieren: »Das Wort der Parabel vollendet sich im Hörer, sofern ihm dort ein Glaube korrespondiert, der entdeckt, dass durch die im Medium einer narrativen Fiktion nahe gebrachte Möglichkeit Gott auf sich aufmerksam macht«[121]. Bei der Gleichnisauslegung im Sinne des Spiels geht es also vor allem um folgende Aspekte:

Das Gleichnis als Spiel bei Eichholz und Harnisch
- Die Gleichnisse lassen einen dramatischen Aufbau erkennen. Sie sind sozusagen Dramen in Kleinstformat.
- Gleichnisse beziehen die Hörer in das Spiel ein und eröffnen einen Spielraum. Sie tun dies, indem sie Geschichten des Bestehenden mit Geschichten von der Überbietung des Bestehenden verknüpfen und dadurch im Faktischen das Mögliche aufscheinen lassen.

---

117 Harnisch, Gleichniserzählungen, S. 12.
118 Gleichniserzählungen, S. 20ff.
119 Gleichniserzählungen, S. 138. 140.
120 Gleichniserzählung, S. 155.
121 Gleichniserzählungen, S. 167.

- Auf diese Weise setzen die Gleichnisse die Hörer/innen in Bewegung und beziehen sie in ihr Spiel ein.
- Die grundlegenden Fragen dieser Deutung richten sich auf die Sprache und den Aufbau der Gleichnisse und ihre Beziehung zum Hörer. Das Drama ist ein Modell, mit dessen Hilfe diese verschiedenen Größen in Beziehung gesetzt werden.

Gegenwärtige Tendenzen

Die gegenwärtige Diskussion um eine das Wesen der Gleichnisse sachgemäß aufnehmende Interpretation weist verschiedene Tendenzen auf.

(1) Zum einen werden weitere Verstehensmodelle ins Spiel gebracht. Dies ist etwa bei *Christoph Kählers* Versuch der Fall, die Gleichnisse Jesu als Therapie zu verstehen. In Aufnahme der neueren Forschungsgeschichte ist auch sein Ausgangspunkt die Metapher, deren Funktion er in dreifacher Weise umschreibt: »Gleichnisse wie Metaphern verdichten in unersetzlicher Weise Aussagen über das, was der Fall ist. Damit übernehmen sie kognitive Funktionen. ... Zugleich entsprechen sie offenbar dem Spieltrieb und dem ästhetischen Vergnügen, indem sie mit der in den Zwängen der Begriffssprache fixierten Welt in ungewohnter bis provokativer Weise umgehen. ... Sie stellen damit offensichtlich eine kreative Form des Protestes gegen Sprachlosigkeit und zweideutiges Schweigen dar. ... Regelmäßig enthalten sie schließlich einen doppelten Appell an den Zuhörer, sich einerseits auf ein kooperatives Verhältnis zum Sprecher als Voraussetzung für das Verständnis« und andererseits auf ein entsprechendes Tun einzulassen.[122] Kreative Metaphern könnten deshalb als Modell für unbekanntes Terrain dienen, ihnen eigne poetische Qualität, sie seien kleine Kunstwerke und Entwürfe möglicher Welten.[123] Als solche haben sie nach Kähler therapeutische Funktion: »Wenn ich nach einem zutreffenden Modell für die kommunikative Funktion der Gleichnisrede suche, dann liegt mir weniger das Sprachspiel der Professoren in der Akademie und auch nicht das des Lehrers in der Schule nahe, sondern vielmehr das des Arztes und Therapeuten im Umgang mit dem Patienten bzw. Klienten.« Metaphern und Gleichnisse werden demnach verstanden als »Phänomen heilender Rede«.[124] Von einem therapeutischen Sprachgeschehen geht Kähler dann aus, »wenn es sich wahrscheinlich machen lässt, dass eine Parabel, ein Gleichnis im engeren Sinn oder eine Wortmetapher ... in kreativer Weise die konventionelle Sprache (samt deren eingeschliffenen Metaphern) übersteigt, ... damit des aktuellen interpretativen Nachvollzugs der Hörer bedarf ... und eine Situation beschreibbar ist, in die hinein die kreative Metapher eine Botschaft trägt, die in existenziellen Konflikten Lösungen anbietet«[125]. Kähler nimmt mit dieser Auffassung einer-

---

122 Kähler, Gleichnisse, S. 35.
123 Gleichnisse, S. 40.
124 Gleichnisse, S. 46. Einen textpsychologischen Ansatz vertritt Leiner, Psychologie; Aussageabsicht der Gleichnisse ist für ihn die Veränderung von Einstellungen, wozu sie sich der Steuerung von Emotionen als Mittel bedienen.
125 Gleichnisse, S. 55.

seits Erkenntnisse zur Funktion der Metapher in der Psychotherapie auf, andererseits aber auch die exegetische Beobachtung, dass zwischen den Heilungen Jesu und seiner Verkündigung Querverbindungen bestehen.[126]

(2) An dem Beitrag Kählers wird zum zweiten aber auch eine Tendenz deutlich, verschiedene Zugänge zu den Gleichnissen Jesu in einem integrativen Konzept zu verbinden.[127] Hierzu gehört ein erneutes Beachten älterer Ansätze, die nach Kähler zu einseitig interpretiert worden sind. Dies gelte für Jülichers Ansatz ebenso wie für die Rückfrage nach Jesus, die Jeremias (wenn auch überpointiert) stellte[128], und insbesondere für die kommunikationstheoretischen Ansätze (Aurelio, Arens), die trotz mancher Schwächen versuchten, den pragmatischen Aspekt der Kommunikation zwischen Sprecher und Hörer aufzunehmen[129]. Die Versuche dagegen, Gleichnisse als autonome Kunstwerke zu verstehen, machten allerdings diese Texte gewissermaßen zu »Gleichnissen ohne Hörer«[130], wenngleich Kähler in diesem Ansatz die grundlegende Bedeutung der Metapher mit Recht hervorgehoben sieht. In Abgrenzung und Aufnahme von vorhandenen Auslegungsmodellen ergeben sich demnach verschiedene Schritte bei der Gleichnisauslegung[131]: »Unabdingbar bleibt die klassische text-, literar- und formkritische Analyse der Texte in überlieferungskritischer Hinsicht«. Dann müsse »eine sorgfältige poetische Nachzeichnung des vermutlich primären Gleichnistextes ... folgen, um die Pointe auf der Bildspenderseite zu erfassen« (so mit Via, Harnisch u. a.). Weiter »schließt sich mit unaufgebbarem Recht die Frage Jüngels an, was die Gleichnisse über Gott, Welt und Mensch zu verstehen geben«, ebenso (mit Jüngel, Weder u.a.) die Frage an den Sprecher der Gleichnisse: Warum sagst du das? Hierzu gehört auch die Suche nach vergleichbaren Texten aus der sonstigen Verkündigung Jesu. Und schließlich ist nach Kähler die Hörerperspektive zu berücksichtigen mit der Frage, »was der Sprecher dem Hörer zumutet, wozu er ihn bewegen will«. Insgesamt »hat die methodisch reflektierte Auslegung der Gleichnisse neben dem Interesse am Ausgangspunkt der Überlieferung auch das Spiel mit den Erzählelementen des Textes und den ›Verbrauch‹ der Texte zu bedenken.« Das bedeutet auch, »dass das allegorisierende Spiel mit der vorgegebenen Bildwelt einen nahezu zwangsläufigen Prozess darstellt, der nicht puristisch zensiert werden kann«[132].

(3) Bestandteil eines integrativen Konzeptes ist der Rückgriff auf ältere Auslegungsmodelle, wie er neben Kähler auch in der Untersuchung von *Eckhard Rau* vollzogen wird. Sie versteht sich »über weite Strecken als Auseinandersetzung mit Adolf

---

126 Deren genaues Verhältnis sieht er freilich noch als ungeklärt an, vgl. Gleichnisse, S. 221.
127 Vgl. hierzu auch Erlemann, Gleichnisauslegung, S. 50: »Was bislang fehlt, ist der Versuch, die verschiedenen Ansätze auf ihre Integrierbarkeit zu prüfen, um so in Richtung auf einen neuen Standard zu kommen.«
128 Gleichnisse, S. 2–4. 64.
129 Gleichnisse, S. 11–17.
130 Gleichnisse, S. 7–11.
131 Die folgenden Zitate finden sich in Gleichnisse, S. 69–75.
132 Gleichnisse, S. 74f.

Jülicher, dessen Position mehr Recht hat, als mancher seiner heutigen Kritiker wahrhaben will«[133]. Auch der historische Ansatz von Jeremias ist nach Rau erneut aufzugreifen. Zwar hat er »das Maß an Autonomie, das das Gleichnis hat, erheblich unterschätzt. Doch scheint es mir außerordentlich problematisch zu sein, das Interesse an zeitlosen Strukturen, am Sprachgeschehen oder an der menschlichen Existenz mit der Relativierung oder gar Preisgabe des historischen Ortes erkaufen zu wollen. Zu entwickeln ist vielmehr eine Position, die die Suche nach der Wahrheit des Gleichnisses mit seiner konsequenten Historisierung verbindet.«[134] Ästhetische Schönheit, sprachliche Originalität und theologische Bedeutung der Gleichnisse dürfen nach Rau nicht gegen ihre Verwurzelung in der jüdischen Welt Palästinas ausgespielt werden. Er vertritt vielmehr die These, dass die Gleichnisse Jesu in der spätisraelitischen Religion und indirekt auch in der hellenistisch-römischen Rhetorik verwurzelt seien. Damit greift er auf Jülicher und dessen Kritiker Paul Fiebig zurück, deren Positionen er freilich im Umfeld der neueren Gleichnisdiskussion jeweils modifiziert. Die Einbettung der Gleichnisse Jesu in ihren zeitgenössischen Rahmen bedeute jedenfalls eine »konsequente Historisierung«: »Denn so wenig es erlaubt ist, ihren Sinn auf den ursprünglichen Sinn zu reduzieren, so wenig kann bestritten werden, dass der Exeget primär den Sinnhorizont zur Zeit ihrer Entstehung zu rekonstruieren hat. Dazu ist es notwendig, die Frage nach den form- und traditionsgeschichtlichen Voraussetzungen in der spätisraelitischen Literatur- und Religionsgeschichte zu stellen. Dazu ist es weiter notwendig, den soziokulturellen Hintergrund der drei Faktoren des Sprechers, seines Hörers und der Situation, in der sich beide gegenüberstehen, zu analysieren. Und dazu ist es schließlich notwendig, auch den Ort innerhalb der Jesusüberlieferung im ganzen zu bestimmen.«[135] Verbunden ist dieser Versuch eines konsequent historischen Verständnisses der Gleichnisse mit einer kritischen Durchsicht des metapherntheoretischen Ansatzes. Denn die Gleichnisse haben zwar nach Rau eine metaphorische Dimension, die durchaus »in das Zentrum dessen führt, was ein Gleichnis ist«; Gleichnisse sind jedoch keine ausgeweiteten Metaphern, sondern eine »erzählende bzw. besprechende Kleinform, die ein bestimmtes Merkmal mit der Metapher teilt«[136], jedoch nicht unabhängig von ihrem historischen Ort verständlich gemacht werden kann. Bei der Gleichnisinterpretation sind nach Rau vielmehr drei Aspekte zu berücksichtigen, nämlich die dem Gleichnis vorausliegende Situation, das Gleichnis selbst mit seinem Eröffnungssatz, der Entfaltung eines dramatischen Geschehens und der am Schluss formulierten Pointe und schließlich die Aufforderung an den Hörer, »die Realität des Kontextes im Lichte der Klarheit zu sehen, die die Pointe des Gleichnisses auf den Begriff gebracht hat. Und das zeigt: Gleichnisse haben prinzipiell eine pragmatische Zuspitzung. Sie wollen in die Praxis des Lebens eingreifen.«[137]

---

133 Rau, Reden, S. 12.
134 Reden, S. 13.
135 Reden, S. 395f.
136 Reden, S. 72.
137 Reden, S. 101f.

(4) Der Hinweis auf die Praxis des Lebens führt wiederum stärker an die Frage nach den Rezeptionsbedingungen der Gleichnisse heran, ein Aspekt, der bereits von Linnemann thematisiert und in den kommunikationstheoretischen Arbeiten ebenfalls aufgegriffen worden ist. Neuerdings hat *Dieter Massa* den Versuch unternommen, die Gleichnisse dadurch zu verstehen, dass er nach den Verstehensbedingungen auf Seiten der Rezipienten fragt. Diese Fragestellung ist von der Diskussion um die Rezeptionsästhetik in Literaturwissenschaft und Exegese beeinflusst. Das Verstehen eines Gleichnisses ist demzufolge als ein Akt kognitiver Sprachverarbeitung zu verstehen, der sich zwischen den Textsignalen der Gleichnisse auf der einen und den textuellen und außertextuellen Wissensbeständen der Rezipienten abspielt. Die Interpretation eines Gleichnisses lässt sich dieser Auffassung nach nicht in erster Linie an der Aussageabsicht seines Autors gewinnen, sondern nur in Verbindung der Textsignale mit den Verstehensbedingungen der Rezipienten. Die Bedeutung eines Gleichnisses wird unter dieser Perspektive in einem kreativen Akt gewonnen, in dem sich der Text und die Wissensbestände und Spachkonventionen der Leserinnen und Leser miteinander verbinden[138].

Diese verschiedenen Aspekte der neuesten Entwicklung der Gleichnisinterpretation lassen sich folgendermaßen zusammenfassen:[139]

Neueste Entwicklungen

- Die neuesten Modelle der Gleichnisauslegung sind ohne die vorausgegangene Konzeptionsdebatte nicht verständlich. Sie greifen jeweils bestimmte, durchaus auch ältere Positionen auf, akzentuieren sie neu und beziehen dabei Erkenntnisse aus anderen Wissenschaftsbereichen (vor allem aus Philosophie, Literaturwissenschaft, Kommunikationstheorie, Psychologie) mit ein. Gegenüber der Ausschließlichkeit, mit der bestimmte theoretische Ansätze in der Auslegungsgeschichte vertreten worden sind (z. B. die ästhetische Autonomie der Gleichnisse oder ihre streng historische Auslegung), zeigt sich in der gegenwärtigen Diskussion mehrfach das Bestreben, unterschiedliche Ansätze auf ihre Vermittelbarkeit und Integrationsfähigkeit hin zu überprüfen. Wie in den früheren Phasen der Gleichnisforschung werden aktuelle Anregungen aus Nachbarwissenschaften zum Verständnis der Texte herangezogen.
- Daneben kommt es zu einem stärkeren Rückgriff auf ältere Positionen. Ältere Fragestellungen werden insbesondere mit der metapherntheoretischen Auslegung verbunden.
- In diesen Bemühungen lässt sich der Ansatz zu einem integrativen Auslegungsmodell erkennen.
- Die grundlegende Fragestellung ist: Worin liegen die jeweiligen Stärken der einzelnen Auslegungsmodelle? Kann man sie miteinander kombinieren?

---

138 Massa, Verstehensbedingungen.
139 In diesem Überblick können nur die großen Linien aufgezeigt werden. Zur genaueren Information sei auf Erlemanns Buch zur Gleichnisauslegung hingewiesen. Vgl. auch das Schaubild ebd., S. 52.

Einsichten und Konsequenzen

Der Überblick über die verschiedenen Positionen in der Gleichnisauslegung zeigt, wie sehr die einzelnen Interpretationsmodelle abhängig sind von bestimmten Fragestellungen und Forschungssituationen ihrer jeweiligen Zeit. Das gilt für Jülichers einflussreiches Werk ebenso wie für die folgenden, auf ihm aufbauenden oder sich von ihm abgrenzenden Entwürfe. Die Vorstellung vom Gleichnis als autonomem Kunstwerk setzt eine bestimmte literaturwissenschaftliche Debatte voraus, das »Lob der Metapher«[140] hat Vorgänger in Sprachphilosophie und -wissenschaft, die Auslegungsmodelle von Aurelio und Arens sind beeinflusst von der Kommunikationstheorie, tiefenpsychologische Denkmodelle sind wirksam in der Bezeichnung der Gleichnisse als therapeutischer Redeform, usw. Es ist in der Tat so, dass auch die wissenschaftliche, auf Überprüfbarkeit angelegte Auslegung der Gleichnisse Jesu immer beeinflusst ist von der jeweiligen Forschungssituation und bestimmten Zeitfragen.

Aus dieser Einsicht kann man Konsequenzen ziehen, zunächst in exegetischer, dann aber auch in religionspädagogischer Hinsicht. In exegetischer Perspektive wird es darauf ankommen, bei den einzelnen Positionen nicht in erster Linie auf ihre zeit- und situationsbedingten Engführungen zu achten, um sich davon abzugrenzen, sondern vielmehr auf die weiterführenden Elemente, die sie beinhalten und von denen man lernen kann. Die hoch entwickelte Abgrenzungsmentalität im Wissenschaftsbetrieb führt bisweilen dazu, dass wichtige Ansätze anderer nicht genügend, eigene Einzelbeobachtungen dagegen überproportional betont werden. Demgegenüber führt eine aufmerksam betriebene Forschungsgeschichte zu einem tendenziell integrativen Auslegungsmodell, das die weiterführenden Erkenntnisse einzelner Positionen aufnimmt und sich vor Einseitigkeiten hütet. Ein solches integratives Auslegungsmodell deutet sich in den jüngeren Arbeiten zunehmend an und sollte weitergeführt werden. Hierzu werden nun noch einige Hinweise formuliert:

(1) Der Untersuchungsgegenstand, mit dem wir es bei den Gleichnissen zu tun haben, sind zunächst die uns in den Evangelien überlieferten Texte selbst. Alle Positionen der Gleichnisauslegung sind demgegenüber spätere Versuche, sich diesen Texten zu nähern. Jede Bemühung, ein Gleichnis zu verstehen, muss beim Text selbst beginnen, d. h. beim Achten auf die Signale, die der Text zum Verstehen gibt. Insofern ist der Text in der Tat zunächst ein autonomes »Gewebe« (lat. *textum* = Gewebe, Geflecht). Alle übrigen Überlegungen, die man daran anschließen kann, müssen sich an diesen Textsignalen bewähren. Die Gleichnisinterpretation kann also nicht bei irgendeiner modernen oder antiken Theorie ansetzen, sondern nur beim Text selbst. Zunächst steht er für sich selbst, ist als solcher zu betrachten und so gründlich und so einfühlsam wie möglich zu befragen.

(2) Textautonomie besagt, dass die Bedeutung eines Gleichnisses sich nicht einlinig und streng ausschließlich an seinen Ursprungssinn binden und darauf beschränken

---

140 So formuliert Rau, Vollmacht, S. 53ff.

lässt. Auf der anderen Seite ist der Text nicht autonom in dem Sinne, dass er in völliger Unabhängigkeit entstanden wäre und Geltung beanspruchte. So verstanden unterläge die Textautonomie der Gefahr der Enthistorisierung – und wäre gar nicht so weit entfernt von Jülichers allgemeinen Wahrheiten. Die Gleichnisse sind nur überliefert worden und in die Evangelien eingegangen, weil Menschen in diesen Erzählungen Jesu eine heilvolle Botschaft erkannten. Insofern lassen sich die Gleichnisse nicht von dem trennen, der sie erzählte. Deshalb ist die historische Rückfrage unerlässlich. Richtig ist freilich auch, dass die Gleichnisse später in den Zusammenhang der Evangelien und des biblischen Kanons eingebunden und dadurch zugleich interpretiert wurden. Die Gleichnisse haben offensichtlich verschiedene Kontexte, in denen sie hervortraten (und hervortreten). Die notwendige historische Rückfrage bezieht sich deshalb sowohl auf den Ursprungsort der Gleichnisse in der Verkündigung Jesu als auch auf ihre spätere Wirkungsgeschichte.

(3) Dass die Gleichnisse eine so breite Wirkung entfalten konnten, hängt eng zusammen mit der metaphorischen Qualität ihrer Sprache. Sprache beschreibt nicht nur, was ist, sondern hat schöpferische Qualität, poetische Kraft im ursprünglichen Sinn des Schaffenden. Dies zeigt sich im Metaphorischen in besonderer Weise. Ob man dabei das Gleichnis als disclosure bezeichnet, als Sinn stiftendes Sprachelement, als extravagante Neubeschreibung der Wirklichkeit oder eher im Sinne eines Dramas in Kleinformat, hat im Detail unterschiedliche Konsequenzen, fügt sich aber in die alle metapherntheoretischen Ansätze einigende Erkenntnis ein, dass im metaphorischen Reden eine Form der »eigentlichen« Rede vorliegt und dass die Gleichnisse etwas ansagen, was nur als Gleichnis zu sagen ist. Die bedeutungserweiternde, Bekanntes in Frage stellende und herausfordernde, schöpferische Kraft der metaphorischen Rede ist der zentrale Punkt. Indem die Gleichnisse Geschichten von der Welt, wie sie ist, mit Gott in Verbindung bringen, lassen sie ahnen, dass das, was ist, nicht alles ist. Die metaphorische Qualität der Sprache eröffnet Spielräume des Denkens, Hoffens, Glaubens und Handelns. Freilich muss man sehen, dass es auch in der Welt der Bibel längst bekannte, konventionelle Metaphern gibt, deren Bedeutungsspielraum begrenzt ist. Der Besitzer eines Weinbergs konnte schon im Alten Testament als Bild für Gott dienen und wird wegen dieser Bekanntheit verschiedentlich im Neuen Testament aufgenommen. Es ist deshalb immer darauf zu achten, auf welche Weise Metaphern in den Erzählfaden des Gleichnisses eingebunden sind und die Zuhörer in das Erzählte verstricken.

(4) Wenn die Adressaten ins Spiel kommen, liegt der kommunikative Aspekt der Gleichnisse auf der Hand. Kommunikationstheoretische Ansätze der Gleichnisinterpretation haben deshalb ein grundsätzliches Recht. Die Gleichnisse sind Texte in Kommunikation. Ob dies mit einer spezifischen Theorie, etwa der des kommunikativen Handelns, zum Ausdruck gebracht werden muss, ist eine ganz andere Frage. Solche modernen Theorien können bei antiken Texten Wesentliches ebenso auf- wie zudecken. Der kommunikative Aspekt der Gleichnisse erschließt sich eher, wenn man nach den Verstehensvoraussetzungen derer fragt, die das Gleichnis hörten und lasen. Dass Geschichten aus dem Erfahrungsbereich der Hörenden erzählt werden, zeigt die kommunikative Absicht. Hier werden Kenntnisse vorausgesetzt. Deshalb ist nach dem Er-

46 *Die Gleichnisse in der Exegese*

fahrungsbereich der Gleichnisse zu fragen. Dass diese Geschichten oft überraschende Wendungen nehmen, hat freilich ebenfalls ein kommunikatives Ziel. Denn Gleichnisse lassen etwas ahnen, sie sprechen an und erheben Anspruch, sie reizen und sind reizvoll, sie provozieren und rufen in eine neue Sicht der Wirklichkeit hinein. Beide Seiten dieses kommunikativen Prozesses sind zu beachten, das Eintreten in den Erfahrungsbereich der Adressaten wie auch der Anspruch, ihn zu erweitern und zu überschreiten.

(5) Wenn man diese verschiedenen Aspekte der Gleichnisauslegung verbindet, kommt man zu einer Verknüpfung von Einzelelementen und einem tendenziell integrativen Auslegungsmodell[141], das man etwa folgendermaßen darstellen kann:

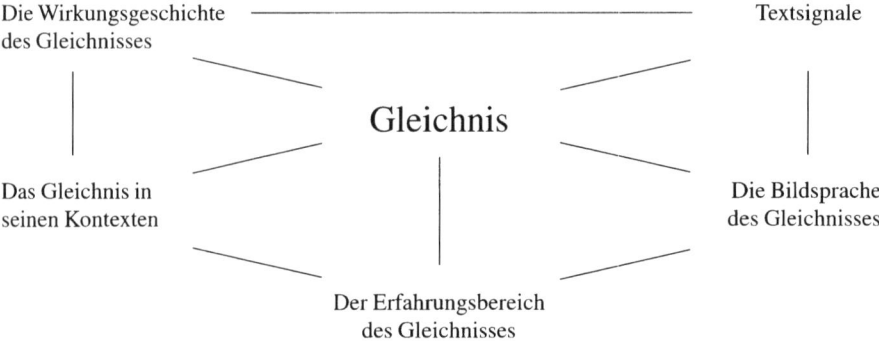

Wichtig ist dabei, dass nicht ein bestimmter Zugang die Gleichnisse umfassend beschreiben kann, sondern verschiedene Textzugänge in ihrer Kombination gewissermaßen das Gleichnis umschreiben. Dass wir den notwendigen Einsatz dieses Prozesses beim Text selbst sehen, kommt darin zum Ausdruck, dass die TEXTSIGNALE in Kapitälchen gesetzt sind. Im Prinzip gehören die verschiedenen Schritte bei diesem umschreitenden Verstehen aber zusammen und sind jeweils aufeinander bezogen. Wenn in verschiedenen Auslegungen bestimmte Aspekte stärker hervorgehoben werden als andere, dann ist das nicht zu beanstanden, solange man sich darüber im Klaren ist, dass auch die jeweils anderen Aspekte ihr Teil zum Verstehensprozess beitragen können.

(6) Dieses Auslegungsmodell verdankt sich dem Überblick über die Forschungsgeschichte. Viele Detailfragen bleiben dabei zwar unberücksichtigt. Das Modell versucht aber, die wichtigsten Aspekte der Forschungsgeschichte aufzunehmen und sie in geeigneter Form zu elementarisieren. Diese Elementarisierung zielt auf Anschlussmöglichkeiten in der Religionspädagogik. Zwar müssen in religionspädagogischer Perspektive im Blick auf die Gleichnisse auch Fragestellungen behandelt werden, die in

---

141 Vgl. hierzu das anders entwickelte, der Intention nach aber vergleichbare Schaubild bei Erlemann, Gleichnisauslegung, S. 99.

der exegetischen Diskussion keine Rolle spielen. Auf der anderen Seite kommt es darauf an, exegetische und religionspädagogische Erkenntnisse in ihrem jeweils eigenen Bezugssystem zu würdigen, sie aber gleichwohl aufeinander zu beziehen. Im folgenden Kapitel schließt sich deshalb an den exegetischen Forschungsüberblick ein Überblick über die religionspädagogischen Bemühungen um die Gleichnisse an.

Gleichnisse im Religionsunterricht

Im vorangehenden Kapitel ging es um die lange Auslegungsgeschichte der Gleichnisse mit all den verschiedenen Wegen, die die Exegese bei der Interpretation dieser Texte bisher gegangen ist. Wenn es im Folgenden um die Gleichnisse im Religionsunterricht geht, treten andere Aspekte in den Vordergrund. Denn fachwissenschaftliche Erkenntnisse gehören zwar zu den bestimmenden Faktoren unterrichtlichen Handelns, aber doch nicht sie allein. Andere Faktoren allgemein didaktischer und fachdidaktischer Art kommen hinzu. Die Behandlung der Gleichnisse im Unterricht muss deshalb auch religionspädagogisch fundiert sein.

Die Religionspädagogik ist freilich ebenso wenig wie die Exegese eine statische Größe. Sie ist stets in der Entwicklung begriffen. Die verschiedenen religionspädagogischen Konzepte in den letzten Jahrzehnten machen das unübersehbar. In diesen Konzepten geht es an wichtiger Stelle immer um die Frage, welche Rolle biblische Texte im Religionsunterricht spielen sollen. Dabei sind immer auch die Gleichnisse von Bedeutung: Zum einen gehören sie zu den zentralen Inhalten der Verkündigung Jesu und werden aus diesem Grund in den verschiedenen Lehrplänen regelmäßig zur Behandlung vorgeschlagen; zum anderen sind sie bei den Lehrenden beliebt, weil sie als anschauliche Texte von den Lernenden (scheinbar) leicht nachvollzogen werden können. Die Fragestellungen und Methoden, mit deren Hilfe die Gleichnisse bearbeitet wurden, haben sich jedoch geändert und sind sowohl von dem Wandel in der Exegese als auch von der Entwicklung der Religionspädagogik abhängig.

Folgende Bücher geben einen Überblick über die verschiedenen religionspädagogischen Konzeptionen und die Gleichnisdidaktik:
– Friedrich Johannsen, Gleichnisse im Unterricht
– Karlheinz Sorger, Gleichnisse im Unterricht
– Der Evangelische Erzieher 41/1989, Heft 5

Von der Evangelischen Unterweisung bis zur Symboldidaktik – Ein Überblick

Evangelische Unterweisung

Die Evangelische Unterweisung war die nach dem Zweiten Weltkrieg bis in die sechziger Jahre hinein bestimmende Konzeption des Religionsunterrichts. Sie zielte auf den sachgemäßen Umgang mit der Bibel als zentralem Unterrichtsgegenstand und auf die Einführung der Schülerinnen und Schüler in die christliche Gemeinde. *Kurt Frör* nannte sein Unterrichtswerk »Der kirchliche Unterricht an Volksschulen« und brachte damit das Programm der Evangelischen Unterweisung, Kirche in der Schule zu sein, auf den Begriff. Für die Behandlung der Gleichnisse schlägt er vor[1], sie zunächst in einer spannenden Erzählung darzubieten, danach die in ihnen enthaltene Glaubenslehre im Gespräch zu entfalten und sie schließlich in einer »Predigt« auf die Lernenden und die Kirche zu beziehen. Zusammengefasst wird alles mit einem Merkvers aus Bibel oder Gesangbuch.

Die von *Ludwig Gengnagel* begründete, weit verbreitete »Unterrichtshilfe für den kirchlichen Unterricht in der Volksschule« geht im vierten Band auf die Gleichnisse ein. Die theologischen Gewährsleute Gengnagels sind Jülicher mit seiner Ablehnung der Allegorie und der Unterscheidung von Bildhälfte, Sachhälfte und Vergleichspunkt auf der einen Seite, Jeremias mit seiner Betonung der ipsissima vox und der These vom zweifachen Ort der Gleichnisse auf der anderen. Gengnagel schlägt die Gleichnisse vom Schatz im Acker und der Perle (Mt 13,44f), vom Verlorenen (Lk 15,1–10. 11–32) und vom barmherzigen Samariter (Lk 10,25–37) zur Behandlung vor. Zu Mt 13,44f führt er aus:

»Die Gleichnisse geben in ihrer Bildhälfte ein dankbares Feld für die Erzählkunst und -freudigkeit des Katecheten. So gewiss die sachlichen Beziehungen des Vorgangs den Kindern anschaulich werden müssen, so sehr muss sich der Erzähler vor allem unnötigen Rankenwerk hüten und schon in der Erzählung darauf Bedacht nehmen, dass in ihr die für die nachfolgende Deutung entscheidenden Akzente hervortreten. Auch empfiehlt es sich, die aus dem Leben genommenen Vorgänge den Kindern recht einzuprägen und evtl. durch Sprechzeichnung in den einzelnen Stadien der Entfaltung festzuhalten. Außerdem wird in einer besonderen Gesprächsführung mit den Kindern heraustreten müssen, was bei der Erzählung mitzuteilen für Jesus wichtig war ... Dadurch wird der nachfolgende Analogieschluss erleichtert.«[2]

Im Unterricht werden zunächst die beiden Gleichnisse erzählt, dann wird vom Himmelreich gesprochen und davon, wie Jesus selbst dem Petrus, »Männern des Alten Bundes« und Martin Luther zu Schatz und Acker und Perle wurde. Die Gleichniseinheit zielt auf die Erkenntnis der Schüler: »Wenn Jesus uns so liebt, dass er sich uns selber schenkt, dann soll unsere Liebe zu Ihm unser Herz ganz erfüllen, so dass wir durch unser ganzes Leben ihm in Dankbarkeit nachfolgen. ›Lasset uns lieben, denn er hat uns zuerst geliebt‹«[3]! Diese Erkenntnis soll durch Sprüche und Lieder ›von der Freude‹ unterstützt werden.

Das Bild zum »Schatz im Acker« aus dem (jahrzehntelang als Religionsbuch verwendeten) »Schild des Glaubens«[4] illustriert diese Konzeption. Der Bauer, der gerade die Schatzkiste gefunden und

---

1 Unterweisung I./II. Jahrgang, S. 221.
2 Gengnagel, Unterrichtshilfe, S. 228. Der Hinweis auf den Analogieschluss zeigt, dass die Gleichnisse hier als »anwendbare« Texte verstanden werden.
3 Ebd., S. 231.
4 Der Herausgeber war Jörg Erb, die Bilder stammten von Paula Jordan.

geöffnet hat, macht einen konzentrierten Eindruck. Kniend umfasst er die Kiste, ehrfürchtig ist sein Blick auf den Schatz gerichtet, er ist ergriffen von dem, was er gefunden hat. Ein christologischer Aspekt ist durch die Sonne angedeutet, die auf anderen Bildern des Bandes als Sonne des Ostermorgens erscheint. Bild und Text zielen gleichermaßen darauf, dass Schüler/innen sich wie der Bauer dem Schatz zuwenden und ihn zu »erwerben« trachten.

Gleichnisse in der Evangelischen Unterweisung

- In der Evangelischen Unterweisung steht der biblische Text im Mittelpunkt des Unterrichts. Er ist der zentrale Inhalt.
- Dominierend ist die Gleichnisauslegung Jülichers, die aber in den Gesamtrahmen der Evangelischen Unterweisung eingefügt wird: Die Lernenden sollen im Unterricht dahin geführt werden, dass sie in den Text einstimmen.
- Die Gleichnisse sollen die Schüler/innen mit der frohen Botschaft konfrontieren und ihnen die Möglichkeit eröffnen, den Glauben in ihrem Leben einzuüben.

Nach Gengnagel werden Gleichnisse vom 4. Schuljahr an behandelt. Da eine Begründung fehlt, kann man nur vermuten, dass hierbei eigene unterrichtliche Erfahrungen im Hintergrund standen. Frör warnte vor einer zu frühen Behandlung der Gleichnisse: Sie sollten erst mit dem Erreichen der abstrakten Denkfähigkeit ab dem 6. Schuljahr behandelt werden.[5] Hier deutet sich ein Diskussionsstrang an, der die Behandlung der Gleichnisse im Religionsunterricht stetig begleitet hat, die Frage nämlich, ab welchem Alter der Schüler/innen die Gleichnisse behandelt werden können.

Hermeneutischer Religionsunterricht
Ziel des hermeneutischen Religionsunterrichts ist nicht mehr wie bei der Evangelischen Unterweisung »die Einübung in den Glauben, sondern das Verstehen unter dem Anspruch des Glaubens und auf Grund der Auslegung von Texten im Medium der Sprache«[6]. Hauptgegenstand des Unterrichts ist nach wie vor die Bibel, es geht nun aber vorrangig um ihre sachgemäße Auslegung und damit um das Verstehen der biblischen Tradition. Dementsprechend wehrt *Martin Stallmann* in seinem Werk »Die biblische Geschichte im Unterricht« den Anspruch der Evangelischen Unterweisung ab:

> Der Unterricht ahmt die Verkündigung »nicht nach, indem er ›verkündigend unterrichtet‹. In diesem Versuch ist beides missverstanden, sowohl was die Aufgabe der Verkündigung ist, wie was Unterrichten bedeutet.« Für ihn meint Unterrichten vielmehr »ein verstärktes Lehren, das auf ein Lernen zielt. Es geht um eine planvolle Anlage des Unterrichts und um ein auf Aneignung bedachtes fragendes Durchgehen, Wiederholen, Einüben und Einprägen. Das Ziel des Unterrichts ist jedenfalls ein Lernen. In ihm geht es um Kenntnisse, aber nicht um ›bloße Kenntnisse‹, sondern um ein Vertrautmachen mit den Bedingungen des menschlichen Lebens als eines auf Verstehen angewiesenen Daseins.«[7]

---

5 Frör, Wege, S. 113.
6 So Wegenast, Grundtypen, S. 269.
7 Stallmann, Geschichte, S. 127.

Vor diesem Hintergrund wird verständlich, dass Stallmann bei seiner Behandlung der Gleichnisse vom verlorenen Schaf und vom verlorenen Groschen (Lk 15,1–10) mit einer ausführlichen Exegese einsetzt, bei der er sich im Wesentlichen an Jeremias und Linnemann anlehnt[8] und dabei den ursprünglichen Umfang der Gleichnisse und die lukanischen Veränderungen herausarbeitet: »Der Evangelist berichtet also nicht eigentlich Jesu Gleichnisse, er erzählt oder wiederholt sie nicht, er bekennt sich mit ihnen zu dem, was in der Gemeinde geschieht, in der Verlorenen ihr Kommen zur Gemeinde als ihr Wiedergefundenwerden, als ihre Umkehr zu Gott und als Anwartschaft auf die Freude des Himmels zugesprochen wird. Dieses Bekenntnis ist nun eben Verkündigung, ist kerygmatische Rede. Weil kerygmatische Rede Bekenntnis ist, beruht ihre Wahrheit darauf, dass sie Antwort ist auf geschehende Anrede.«[9]

Im hermeneutischen Unterricht geht es demnach um das Verstehen des Textes, das zugleich darauf zielt, sich selbst angesichts des Textes neu zu verstehen. Dieses Sich-selbst-Verstehen ist nach Stallmann verbürgt durch Jesus. Die Gleichnisse werden im Unterricht nicht nacherzählt, sondern mit Hilfe vereinfachter Methoden erarbeitet.[10] Sie sollen zum Verstehen des Textes und mit dessen Hilfe zum Verstehen der eigenen Existenz führen. Im Schulbuch »Orientierung Religion« ist diese Konzeption, Gleichnisse zu verstehen, in einem Unterrichtswerk durchgeführt.[11] Das methodisch angeleitete Verstehen wird beispielsweise an den Gleichnissen in Lk 15,1ff deutlich. Neben dem Text und einer Reihe von Sacherklärungen finden sich zu Lk 15,1–3.8–10 folgende Fragen:

»1. Gliedert das Gleichnis.
  Einleitung – eigentliches Gleichnis – Deutung
2. Was ist das Gemeinsame zwischen Bild und Deutung?
3. Wem ist das Gleichnis erzählt worden?
4. Was erwartet Jesus von den Angeredeten?
5. Wie werden eurer Meinung nach die Angeredeten auf dieses Gleichnis reagiert haben (vgl. Mt 21,45f)?
6. Vergleicht dieses Gleichnis mit dem Gleichnis vom verlorenen Schaf.«

Als Ergebnis wird formuliert: »Jesus erzählt Gleichnisse, weil er seines Verhaltens wegen angegriffen wird. Jesus will sein Tun rechtfertigen; er will seine Gegner von der Richtigkeit seines Tuns überzeugen.« Und als diese Sequenz abschließende Aufgabe wird gefragt:

»1. Ein Gleichnis hat drei Teile. Benenne sie.
2. Woher gewinnt Jesus den Stoff für seine Bildrede?
3. In jedem Gleichnis gibt es einen Vergleichspunkt. Was ist mit diesem Begriff gemeint?
4. Wozu hat Jesus Gleichnisse erzählt?«

---

8 Stallmann, S. 108ff.
9 Stallmann, S. 114.
10 Stallmann, ebd., wendet sich kritisch gegen die Nacherzählung biblischer Geschichten im Unterricht.
11 Hrsg. von U. Becker, S. 35–50; vgl. S. 41f.

Wenn man diese Fragen liest, fühlt man sich an die Formulierung erinnert, die Siegfried Vierzig im Blick auf die Behandlung des Markusevangeliums im Unterricht geprägt hat: Der Unterricht solle zu einem »Mindestmaß an theologischer Laienbildung« führen.[12] Manchmal hat man allerdings eher den Eindruck, dass in einem solchen Unterricht die Lernenden zu »Mini-Exegeten« herangebildet werden sollen. Auf jeden Fall ist deutlich, dass die exegetischen Erkenntnisse zu den Gleichnissen zugleich die Grundstruktur des Religionsunterrichts vorprägen.

Die Frage, ab wann Gleichnisse im Unterricht behandelt werden können, wird von Stallmann nicht gestellt. »Orientierung Religion« ist freilich ein Unterrichtsbuch für das 5./6. Schuljahr. Vorgehensweise und Abstraktionsgrad im Unterrichtswerk unterstreichen diese Altersangabe.

Gleichnisse im hermeneutischen Unterricht

- Im hermeneutischen Unterricht geht es um die Bibeltexte und die uns bis heute bestimmende Tradition unter dem Aspekt des Verstehens.
- Um die Texte zu verstehen, werden die exegetischen Methoden in einer vereinfachten Form im Unterricht eingeübt.
- Das Verstehen der Texte ist jedoch nicht Selbstzweck, sondern zielt auf ein »Sich-selbst-Verstehen« angesichts der Texte.

Thematisch-problemorientierter Religionsunterricht

Einen neuen Ansatzpunkt wählt der so genannte thematisch-problemorientierte Religionsunterricht ab der Mitte der sechziger Jahre. Die traditionelle Mittelpunktstellung der Bibel wird in Frage gestellt[13], an ihre Stelle rücken die Fragen und Probleme der Schülerinnen und Schüler, die nun zum Unterrichtsinhalt werden.

Die Religionspädagogische Projektentwicklung Norddeutschland (RPN) formulierte die Aufgabe des Religionsunterrichts an öffentlichen Schulen 1970 folgendermaßen: Es geht darum, »die Fragen nach Wahrheit, nach dem Sinn und nach verantwortlichem Handeln in der konkreten Situation des Schülers und seiner Welt zu thematisieren und sie in der Auseinandersetzung mit religiösen, weltanschaulichen und politischen Überzeugungen, Traditionen und Systemen aufzuarbeiten«[14]. Biblische Texte dienen in einem solchen Konzept vor allem der Entdeckung, Formulierung und Lösung gegenwärtiger Probleme. Die Parabel vom unbarmherzigen Knecht (Mt 18,23–35) kann demnach in einer Unterrichtseinheit »Vergelten und Vergeben« eingesetzt werden und die Gleichnisse vom helfenden Freund (Lk 11,5–8) und vom Richter und der Witwe (Lk 18,1–8) in Unterrichtseinheiten zu »Vertrauen« und »Gebet«.[15] Dies führt zu einer stärkeren Verknüpfung der Texte mit dem Erfahrungsbereich der Schüler/innen. Von Anfang an war in dieser Konzeption aber die Gefahr gegeben, dass die Texte nur mit einzelnen, von bestimmten Themen her interessierenden Aspekten

---

12 Vierzig, Markusevangelium, S. 8f.
13 Programmatisch bei Kaufmann, Bibel.
14 Berg / Doedens, Globalziel, S. 208f.
15 Sorger, Gleichnisse, S. 99.

zur Sprache kamen. Diese Gefahr wurde von Vertretern des problemorientierten Unterrichts durchaus erkannt. In den »rp-modellen 13«[16] schreibt *Horst Gloy* im Vorwort:

»Problemorientierter Religionsunterricht ist ... nur dort möglich, wo Schüler spezifische Perspektiven biblischer Tradition entdeckt haben oder entdecken und in gegenwärtige Probleme und Konflikte einzutragen lernen.«
»Damit also Gleichnisse als Problemlösungsmodelle aus biblisch / theologischer Perspektive für unsere Schüler unter der Hand nicht normativen Charakter bekommen (und möglicherweise ein unartikuliertes Gefühl der manipulativen Beeinflussung hinterlassen), müssen wir die Schüler parallel zu der Konfrontation mit der Gleichnispredigt Jesu sehen lehren, was methodisch vorgeht. Wir müssen aufdecken, zu welchem Zweck, mit welcher Absicht und mit welchen Folgen Menschen derartige Erzählungen anderen Menschen erzählt haben und erzählen. Mit anderen Worten: Wenn wir unsere Schüler mit der Verkündigung Jesu konfrontieren, müssen sie unser methodisches Vorgehen (wenigstens nachträglich) durchschauen und billigen können. Sie müssen beispielsweise sehen können, dass sie in der Rolle der Hörer Jesu die Faszinationskraft seiner Gleichnisse erfahren, damit sie in distanzierter Reflexion nachvollziehen und verstehen können, wieso die Sache Jesu Menschen für sich gewinnen kann.«

Insgesamt ist die Zielperspektive für die Behandlung biblischer Texte im problemorientierten Religionsunterricht eindeutig: Sie sind in den Kontext gegenwärtiger Probleme einzuordnen. Dabei gilt generell: »In den meisten Fällen wird es nicht möglich sein, in thematisch-problemorientierten Unterrichtsvorhaben den Beitrag des christlichen Glaubens und Denkens im direkten Rückgriff auf biblische Tradition einzubringen. Denn bei einem solchen Verfahren ist kaum zu erwarten, dass die Schüler die Beschäftigung mit den biblischen Traditionsstücken als notwendiges Element von Lernprozessen, die sie für gegenwärtige und zukünftige Lebenspraxis qualifizieren sollen, akzeptieren. Dies aber muss bei den Schülern aversive Tendenzen auslösen.« In den rp-modellen werden darum verschiedene Verfahren zur Verschränkung von Situation und Tradition vorgeschlagen. »Nahezu alle Vorschläge gehen davon aus, dass sie den Schülern die Notwendigkeit der Beschäftigung mit der biblischen Tradition einsichtig zu machen versuchen, indem die Auswirkungen der von der Überlieferung ausgehenden Impulse am gegenwärtigen Verhalten Einzelner und Gruppen aufgezeigt werden. Dabei ist insbesondere auch die ... geforderte ideologie- und institutionenkritische Betrachtungsweise zu beachten.«[17] Im Blick auf die Behandlung der Parabel vom verlorenen Sohn halten Bill / Schmidt denn auch fest[18]:

»Jesus und die Theologen des NT führen uns eine Reihe von ... Konkretionen vor und fordern uns dazu auf, im Sinne der propagierten Liebe sensibel für jenen Konflikt zwischen Konvention und Mensch zu werden. Die Aufgabe, Theologie zu betreiben, heißt demzufolge für uns: Mit viel Fantasie unter den gleichen Perspektiven Konkretionen zu finden, die die beschnittenen Lebensrechte von Einzelnen bzw. von Gruppen zu entschränken und deren Lebensbedürfnisse zu verwirklichen suchen. Es kann allerdings nicht ... darum gehen, die

---

16 Bill / Schmidt, Gleichnisse, S. 11.13.
17 So Berg / Doedens, Gesichtspunkte, S. 93f.
18 Bill / Schmidt, S. 22.

biblischen Handlungsmodelle in die konkreten Konfliktfälle als Patentrezepte zu übertragen. Vielmehr geht es darum, in Orientierung an den Motiven und Perspektiven, die in den Handlungsmodellen konkret werden, soziale Kreativität angesichts gegenwärtiger Situationen des öffentlichen und privaten Lebens zu entfalten.«

Gleichnisse im problemorientierten Unterricht
- Der problemorientierte Unterricht setzt nicht beim Text, nicht bei der Tradition an, sondern bei der Situation und damit bei den Fragen und Problemen der Lernenden.
- Gleichnisse werden im Unterricht behandelt, wenn und insofern sie für die Situation der Lernenden relevant sind.
- Die Möglichkeit zur Konkretion im Blick auf die gegenwärtige Situation bestimmt die Verwendung und die Auslegung der Gleichnisse im Unterricht.

Weitere Lösungsansätze

Das Problem des problemorientierten Unterrichts, »dass die Bibel entweder als ›Lösungspotenzial‹ funktionalisiert oder ganz an den Rand gedrängt wird«[19], ließ nach Möglichkeiten suchen, die Gleichnisse und die aktuellen Fragen produktiv aufeinander zu beziehen, und zwar so, dass sowohl die Gleichnisse mit ihren Intentionen als auch gegenwärtige Fragen sachgemäß zur Sprache kommen.[20]

(1) *Erich Bochinger* übt Kritik an dem Versuch, die Gleichnisse Jesu exegetisch in ein logisches Schema (wie beispielsweise die Trennung von Bild- und Sachhälfte mit einem einzigen tertium comparationis) zu pressen. Dass das anschauliche Bild nur ein Hilfsmittel für das »eigentliche« Verstehen sei, ist für ihn ein didaktisches Missverständnis, und dass Schüler/innen erst ab dem 7. oder 8. Schuljahr über die intellektuellen Voraussetzungen zum Verstehen von Gleichnissen verfügen sollten, ein entwicklungspsychologisches.[21] Angemessener zur Kennzeichnung der Eigenart der Gleichnisse scheint ihm das Bild des Weges zu sein:

> »Jesus nimmt seine Hörer ein Stück weit mit auf seinem Weg und ruft sie damit auf einen Weg, den sie nun selbst weitergehen sollen. Er bringt die Aufmerksamkeit der Hörer in eine bestimmte Richtung. Dazu, dass sie mitgehen können, gebraucht er die verschiedensten sprachlichen Mittel.«[22]

Unter der Überschrift »Die Gleichnisse als Sprachgeschehen«[23] werden Überlegungen von Linnemann und Fuchs aufgenommen, der Abschnitt zur »Bedeutung der Situation«[24] verdankt sich den Überlegungen von Jeremias. Der eigentlich didaktische

---

19 Wegenast, Grundtypen, S. 272.
20 Sorger, Gleichnisse S. 100.
21 Bochinger, Distanz, S. 81–92.
22 Ebd., S. 92.
23 Ebd., S. 98.
24 Ebd., S. 102ff.

Akzent liegt für Bochinger aber in der »Spannung zwischen der distanzierenden und nähernden Funktion der Gleichnisse«[25]. Er fasst zusammen:

»Die angemessene Frage zur Unterrichtsvorbereitung bringt schon im Vorgriff auf das Unterrichtsgeschehen Kind und Text zusammen. Der Text erschließt sich überhaupt nur, wenn er befragt wird. Wieviel erschließende Kraft eine Frage hat, das spielt der Lehrer bei der Vorbereitung theoretisch durch. Er vergisst dabei seine Schüler nicht. Aber er legt sie auch nicht fest. Er begibt sich mit Fragen, deren erschließende Kraft er erprobt, im Voraus auf den Weg, auf den er in der Stunde die Kinder führen will. Nach der Vorbereitung ist der Lehrer gespannt, wie sich die Kinder bei dieser Arbeit zeigen werden. Wie seine Schüler verstehen können, das weiß er nicht zuvor – wenn er ein Lehrer ist, von dem sie noch etwas Weiterführendes erwarten dürfen. Seine Erfahrung bereichert seine Erwartungen ... Der Lehrer setzt also sich selbst, seine Schüler und den Stoff dem aus, dass im Vollzug unterrichtlicher Arbeit alle drei neu ans Licht kommen.«[26]

(2) Einen Versuch, an einem Gleichnis die Relevanz christlicher Überlieferung für die Gegenwart und Zukunft der Schüler aufzuzeigen, legten *Ingeborg Hiller-Ketterer* und *Jörg Thierfelder* 1972 vor. Ihr Ziel war, eine Zweiteilung des Religionsunterrichts in Problemorientierung und Bibelorientierung aufzubrechen. Die Schülerorientierung wird als grundlegendes Element des Unterrichts aufgenommen:

»Gesellschaftlich-politische Probleme dürfen nicht auf Grund von Grundschulideologien aus dem Unterricht ausgeklammert werden; sie müssen vielmehr thematisiert werden, und zwar so, dass sie bezogen sind auf die primären und sekundären Interaktionsfelder, mit denen schon Kinder befasst sind.«[27]

Zugleich versuchten die Autoren, die biblischen Texte in ihrer Eigenständigkeit wahrzunehmen und in den Unterricht einzubringen:

»Die Relevanz christlicher Überlieferung für die Gegenwart und Zukunft der Schüler kann nicht sichtbar werden, wenn der Religionsunterricht in einen problemorientierten und einen biblischen Unterricht aufgeteilt wird. Vielmehr muss sie in einem Religionsunterricht aufgewiesen werden, der bezogen ist auf konkrete biblische Texte und auf konkrete Probleme unserer gegenwärtigen und zukünftigen Gesellschaft, in die auch der Einzelne mit seinen Fragen und Schwierigkeiten untrennbar verstrickt ist.«[28]

Die Orientierung der Autoren an den exegetischen Standardwerken von Jeremias und Linnemann ist unverkennbar. In religionspädagogischer Hinsicht ist vor allem Bochinger Gewährsmann. Das Unterrichtsmodell für eine 4. Klasse trägt die Überschrift »Leistung und Gerechtigkeit im Horizont von Mt 20,1–16«.[29]

25   Ebd., S. 113.
26   Ebd., S. 176f.
27   Hiller-Ketterer / Thierfelder, Leistung, S. 28.
28   Ebd., S. 23.
29   Ebd., S. 46–73.

In der 1. Stunde geht es um das Textverstehen, und zwar besonders um den Begriff der Gerechtigkeit vor dem Hintergrund von Mt 20,1–16. In der 2. Stunde wird der leistungsorientierte Gerechtigkeitsbegriff anhand eines Leserbriefs thematisiert, der sich zugunsten von »gesunden« Kindern gegen die schulische Förderung lernbehinderter Kinder ausspricht. In der 3. Stunde werden der biblische Text und das gegenwärtige Problem aufeinander bezogen. Ein Schüler formuliert so: »Der Weinbergbesitzer will den Armen helfen, und die andern sollen froh sein, dass sie überhaupt was bekommen. Und beim Leserbrief sagt die Frau, den Gesunden soll man mehr geben, dass sie weiterkommen, aber den Armen muss man auch helfen.«[30]

Die Einheit »Gleichnisse Jesu: Wie es zugeht, wenn Gott im Spiel ist« in dem Unterrichtswerk »28 Unterrichtseinheiten ...« von *Heinz Schmidt* und *Jörg Thierfelder*[31] nimmt diese Linien auf, nun aber in größerer Distanz zu den exegetischen Vorgaben bei Jülicher. Auf die Angabe verschiedener Gleichnisformen wird verzichtet, statt dessen sprechen die Autoren im Blick auf den Verstehenshorizont der Adressaten von Beispielgeschichten. Auch die Unterscheidung von Sach- und Bildhälfte wird nicht aufgegriffen, allerdings steht Linnemanns Vorstellung vom Gleichnis als »Weise der Unterredung«[32] im Hintergrund. Grundlegend ist erneut das Bild des Weges: An Fabeln wird zunächst die Funktion von Beispielgeschichten erörtert. Die biblischen Gleichnisse werden behandelt als Versuche Jesu, die (Vor-) Urteile und das Verhalten seiner Mitmenschen zu verändern. Dabei wird die Erkenntnis herausgestellt, dass die Gleichnisse auch Zeugnisse über Jesus selbst sind. An zwei Problemstellungen (Verhalten von Erziehern – Schicksal von Straffälligen; Gruppenerwartungen – Leistung und Lohn) wird schließlich gezeigt, »wie es zugehen kann, wenn Gott im Spiel ist (Reich Gottes)«. Die Alltagswelt der Lernenden wird an mehreren Stellen angesprochen. Die gesamte Einheit ist stark kognitiv ausgerichtet.

(3) *Karlheinz Sorger* legt bei der Behandlung der Parabel vom verlorenen Sohn (Lk 15,11–32)[33] in Anlehnung an Jülicher, Jeremias und Linnemann großen Wert auf exegetisch nachvollziehbare Erkenntnisse; insbesondere weist er darauf hin, dass die Zweigipfligkeit der Parabel die Kürzung der Texte um die Schlussepisode auch in der Grundschule nicht rechtfertige. Auf der anderen Seite ordnet er den Text dem Problemfeld »Gemeinschaft und Außenseiter« zu, und zwar sowohl »in der Erfahrungswelt der Kinder« als auch in der »Gemeinschaft der Juden«. Mit der Parabel rechtfertige Jesus sein Verhalten gegenüber Außenseitern. Ein Testblatt[34] weist auf zentrale hermeneutische Gesichtspunkte hin:

»1. Wie würdest du diese Geschichte nennen?
   Der gute Vater
   Der Vater und die beiden Söhne

---

30 Ebd., S. 72.
31 S. 99–109.
32 Vgl. Linnemann, Gleichnisse, S. 27.
33 Sorger, Gleichnisse, S. 124–142.
34 Ebd., 141.

Der verlorene Sohn
Der murrende Sohn
2. Jesus erzählt diese Geschichte
allen Zuhörern
seinen murrenden Gegnern
den Kindern in der Schule
nur Zöllnern und Sündern
auch mir
3. Warum verhält sich Jesus zu den Menschen wie ein guter Vater?
Weil er die Menschen liebhat
weil Jesus nur Zöllner und Sünder mag
weil Gott gut zu uns ist wie ein Vater.«

(4) Einen eigenen Weg geht *Georg Baudler*. Unter Berücksichtigung der Metaphernforschung und des alttestamentlich-jüdischen Gebrauchs von Vergleichen und Gleichnissen sucht er nach formalen Kategorien, »mit denen der Katechet und Religionslehrer die Gleichnisse nicht als Veranschaulichung einer Lehre, sondern als Ausdruck der existenziellen Lebenserfahrung Jesu erschließen kann.« Jesus will »nicht ›beweisen‹, d.h. durch einen Vergleich rational einsichtig machen, dass das Reich Gottes im Anbrechen ist; er will vielmehr die Menschen für diese Erfahrung *öffnen*; er will bewirken, dass sie an dieser seiner *Erfahrung Anteil nehmen* und sie selber vollziehen.«[35] Vor diesem Hintergrund ist zum einen zu verstehen, dass Baudler nach der »wechselseitige(n) Erschließung der Gleichnisse und der ›inneren Biographie‹ Jesu« fragt[36] und zum anderen die Gleichnisse in verschiedene Kategorien einteilt: Dem Weckruf, dem Kampf und dem Leiden als Dimensionen des Lebens und Wirkens Jesu entsprechen die Weckgleichnisse, die Kampf- und die Passionsgleichnisse.[37] Sie sind eingeordnet in die größeren Kategorien der Vorgangs- und der Handlungsgleichnisse: Vorgangsgleichnisse stellen »neben das Geschehen der ›malkut Jahwe‹ (s.c. der Gottesherrschaft) vergleichend einen Vorgang …, der in der Natur oder im Alltagsleben im Allgemeinen immer so oder so ähnlich abläuft«, Handlungsgleichnisse stellen »neben das Geschehen der ›malkut Jahwe‹ eine dramatisch aufgestellte Handlung, die in der Art, wie in ihr das zugrunde liegende Problem gelöst und menschlich bewältigt wird, mit dem Anbrechen der Gottesherrschaft vergleichbar ist«[38]. Baudler sucht als Religionspädagoge neue Wege in der Gleichnisforschung, wobei allerdings nicht ganz ersichtlich ist, worin der Vorteil seiner Einteilung in Vorgangs- und Handlungsgleichnisse liegt. Auch die wechselseitige Erschließung von Gleichnis und ›innerer Biographie‹ Jesu ist nicht unproblematisch[39] und kann leicht in

---

35 Baudler, Jesus, S. 42.
36 Ebd., S. 137.
37 Ebd., S. 129ff.
38 Ebd., S. 91.
39 Bereits Jeremias hatte mit seinem Versuch, die Gleichnisse mit konkreten Vorgängen im Leben Jesu zu verknüpfen, manche Gleichnisse überinterpretiert. Die Rekonstruktion einer Biographie Jesu ist angesichts der Quellenlage sehr problematisch, die Rekonstruktion einer »inneren Biographie« noch weit mehr.

Verengungen hineinführen. Unabhängig davon öffnet der Ansatz bei der Erfahrung einen wichtigen Zugang zu den Gleichnissen.

Weitere Entwicklungen

- Die neueren Entwicklungen in der Gleichnisdidaktik sind durch den Versuch bestimmt, die Einseitigkeiten eines vor allem traditionsorientierten Zugangs und eines vor allem problemorientierten Zugangs zu überwinden. Text und Tradition sollen gleichberechtigt in Verbindung treten. Damit ist ein Grundproblem der Gleichnisdidaktik, darüber hinaus auch der Bibeldidaktik insgesamt angesprochen.

Gleichnisse im Rahmen der Symboldidaktik

Innerhalb der symboldidaktischen Ausrichtung der Religionspädagogik hat sich vor allem *Hubertus Halbfas* mit der Behandlung von Gleichnissen im Unterricht befasst. Er versteht die Gleichnisse als Erzählung, Metapher und Spiel und rückt die historische Frage in den Hintergrund. Pointiert geht er mit den Bemühungen der Evangelischen Unterweisung und des hermeneutischen Unterrichts ins Gericht und erinnert an das »oft verbissene Bemühen, der Gleichniserzählung ein theologisches Destilat (sic!) abzutrotzen, das als begriffliches Merkschema gern an der Tafel ›festgehalten‹ wurde. Stand anfangs eine Geschichte wenigstens auf dem Papier, so war sie am Stundenende zuverlässig um ihr narratives Leben gebracht, zerredet, von theologischen Sprüchen zerfetzt, zu Langeweile kleingemahlen: zweifellos hing dies wesentlich mit einer irreführenden Gleichnistheorie zusammen.«[40] Seine eigenen exegetischen Gewährsleute sind vor allem Ricœur, Jüngel und Weder, aber auch Via mit seiner Vorstellung vom Gleichnis als ästhetischem Kunstwerk sowie die Vorstellung vom Gleichnis als Spiel. Vor allem will Halbfas die Besonderheit der metaphorischen Sprache der Gleichnisse erfassen und den »Symbolsinn« wecken und einüben. Dazu brauche man neben den beiden Augen im Kopf ein »drittes Auge«, das die Tiefendimension der Wirklichkeit wahrzunehmen in der Lage sei.[41] Es gehe deshalb nicht um historische Erklärung der Gleichnisse, sondern darum, mit ihrer Hilfe einen neuen Blick auf die Welt und das eigene Leben zu gewinnen, gewissermaßen die Welt mit den Augen Gottes zu betrachten. Wichtig sei, »die spielerische Qualität der Metapher zurückzugewinnen« und nicht etwa zu versuchen, »eine Metapher ›erklären‹ zu wollen. ... Dazu muss die sinnliche Gestalt der Metapher wieder erfahrbar werden. Wenn wir jedem einzelnen Kind behutsam einen winzigen Senfsamen in die offene Hand legen, darauf hinweisen, ihn nicht zu verlieren und die Kinder gleichzeitig die Schwierigkeit des Umgangs mit etwas so Leichtem und Winzigem erleben lassen, dann ist zunächst einmal die Gefahr gebannt, die sinnenhafte Anschauung durch theologische Belehrung zu ersetzen.«[42] Halbfas schlägt deshalb vor, vor der Behandlung der Gleichnisse in die Besonderheiten metaphorischer Sprache einzuführen. Das Senfkorngleichnis wird auf folgende Weise entfaltet:

---

40 Halbfas, Religion in der Grundschule Band 3. Lehrerhandbuch 3, S. 49.
41 Vgl. hierzu den gleichnamigen Buchtitel von Halbfas, Das dritte Auge.
42 Halbfas, Religion, S. 549.

Bei dem Gleichnis vom Senfkorn »geht ein Mann in eine große Menschenmenge und erzählt diesem und jenem das Gleichnis vom Senfkorn neu. Und weil die meisten noch nie ein Senfkorn gesehen haben, legt er ihnen eins in die hohle Hand. Da erinnern sich alle an die Geschichte ... Als die Leute ein so kleines Ding wie das Senfkörnchen in die Hand nahmen, sahen sie, wie behutsam sie sein müssen, um das Himmelreich nicht zu verlieren. Sie erlebten aber auch, wie wirklich es ist, denn es geht um sie selbst. ›So etwas Kleines kann man tatsächlich nicht begreifen.‹ ›Dieses winzige Ding geht leicht verloren. Man muss es gut hüten.‹ ›Aus diesem winzigen Samen wächst die größte aller Gartenstauden. Das ist ein Hoffnungszeichen.‹«[43]

Der sinnenhaften Anschauung dient nach Halbfas im besonderen Maß auch der spielerische Umgang mit dem Gleichnis:

»Der Charakter des Spiels ist im Wesen des Gleichnisses als Metapher und Erzählung begründet. Es verlangt Sinn für den Umgang mit Geschichten, Freude am originellen Blick, Lust am Metaphorischen. Es bedeutet nicht, Gleichnisse müssten als Rollenspiele inszeniert werden, wenngleich sich diese Möglichkeit keineswegs verbietet. Manche Parabeln locken ja geradezu heraus, sie vom gedruckten Buchstaben in dargestellte Handlung zu übersetzen, ihre Dramatik in Dialoge zu bringen, im Gegenüber der Personen die Herausforderung zu einer eigenen Stellungnahme zu überlegen. Dieser Weg ist besonders für Kinder in der Grundschule eine Möglichkeit, dem Gleichnis nicht distanziert gegenüber zu bleiben, sondern in ihm selbst vorzukommen.«[44]

Überhaupt kommt es nach Halbfas darauf an, den Sinn für das Metaphorische, das Sehen mit dem »dritten Auge« einzuüben: »Es gibt kleine und große Gleichnisgeschichten. Die allerkleinsten sind nicht einmal richtige Geschichten, sondern ›Bildworte‹ (Metaphern) und bildliche Redensarten. Es ist nicht schwer, aus ihnen ein richtiges Gleichnis zu entwickeln. Wollen wir es versuchen?«[45] Die Frage, die sich stellt, ist freilich die nach dem Rückbezug zu der Aussageintention der Gleichnisse selbst. Dass sich ihr metaphorischer Bedeutungsüberschuss nicht in theologischen Richtigkeiten erschöpft, ist zwar sicher richtig; ebenso richtig ist aber auch, dass sich nicht jeder vom Gleichnis ausgelöste Einfall noch in Übereinstimmung mit der Aussageintention des Textes befindet.[46]

Gleichnisse in der Symboldidaktik

- Der symboldidaktische Ansatz der Gleichnisdidaktik ist exegetisch vor allem von der metapherntheoretischen Auslegung der Gleichnisse beeinflusst (Ricœur, Weder, aber auch Via mit seiner Vorstellung von den Gleichnissen als autonomen Kunstwerken). Der historische Kontext der Gleichnisse tritt in den Hintergrund. Es geht darum, auf den Bedeutungsüberschuss der Gleichnisse und damit auf ihre Tiefendimension aufmerksam zu werden.

---

43 Halbfas, Religionsbuch 3. Klasse, S. 100.
44 Halbfas, Religion, S. 550.
45 Halbfas, Religionsbuch 3. Klasse, S. 101.
46 Das trifft z. B. auf den Satz aus dem Unterrichtsbuch zu: »Als die Leute ein so kleines Ding wie das Senfkörnchen in die Hand nahmen, sahen sie, wie behutsam sie sein müssen, um das Himmelreich nicht zu verlieren.« Hier schleicht sich unter der Hand eine allegorische Gleichsetzung von winzigem Samenkorn und Himmelreich ein.

Ab wann soll man Gleichnisse behandeln?

Ab wann soll, ab wann kann man Gleichnisse behandeln? Diese Frage hat von der Evangelischen Unterweisung bis in die Gegenwart die religionspädagogische Diskussion begleitet. Frör warnte vor einer zu frühen Behandlung der Gleichnisse. Sie sollten seiner Meinung nach nicht vor dem Erreichen der abstrakten Denkfähigkeit etwa ab dem 12. Lebensjahr behandelt werden.[47] Gengnagel ging auf die Frage nicht ausdrücklich ein, behandelte in seinem Unterrichtswerk die Gleichnisse aber nicht vor dem 4. Schuljahr. Ähnliches gilt für den hermeneutischen Religionsunterricht, wie das Schulbuch »Orientierung Religion« (U. Becker) für die 5./6. Klasse zeigt.[48] Gegenüber dieser geläufigen Auffassung hält Bochinger fest:

> »Man könnte mit demselben Recht noch viel länger als bis zum 14. Lebensjahr darauf warten, dass sich die Fähigkeit einstelle, die Hintergründigkeit der biblischen Gleichnissprache zu erkennen und für die Fragen des Menschen nach sich selbst, seinem Mitmenschen und nach Gott aufgeschlossen zu sein. Sie stellt sich überhaupt nicht spontan als Ergebnis physiologischer Entwicklung ein. Wenn diese Fähigkeit sich jedoch in dem Maße verstärkt und ausweitet, als sie beim Schüler *didaktisch entwickelt wird*, dann lautet die Frage, wann der Lehrer mit seinen Bemühungen einsetzen soll. Hat man sich von der Vorstellung frei gemacht, man wisse aus der Entwicklungspsychologie ziemlich genau, wann das Kind zu solchem Erkennen fähig sei, so legt sich die unbekümmerte Antwort nahe: vermutlich im ersten Schuljahr.«[49]

Hubertus Halbfas pflichtet bei und sieht die Behandlung von Gleichnissen ab dem 1. Schuljahr vor. Ihre Behandlung erst in den oberen Grundschulklassen sei eine »missliche Verspätung«. Ermöglicht wird die frühe Behandlung von Gleichnissen durch den Verzicht auf die Unterscheidung von Bild- und Sachhälfte und durch das Verständnis der Gleichnisse als Metaphern. Diese Sicht verlange, »die Erzählungen Geschichten sein zu lassen, *in* ihnen zu bleiben, statt sie zu abstrahieren, sie keinerlei Übertragung auszusetzen. Damit gewinnen die Gleichnisse eine Zugänglichkeit, die zwar ihre eigenen didaktischen Forderungen stellt, aber jedenfalls nicht mehr eine vorrangig begriffliche Sprachfähigkeit zur Voraussetzung macht.«[50] In die Linie von Bochinger zu Halb-

---

47 Frör, Wege, S. 113.
48 Verschiedene gleichnisdidaktische Versuche leiden u. E. daran, dass sie trotz aller Kenntnis exegetischer und entwicklungspsychologischer Voraussetzungen letztlich doch am intellektuell anspruchsvollen Verstehen der Gleichnisse orientiert sind, beispielsweise Hermans, Sprachkompetenz, S. 96–114. Vgl. ders., Gleichnisse, S. 160: »Man darf »die schwierige Aufgabe einer Gleichnisdidaktik nicht unterschätzen. Die Forschungsresultate zeigen, dass Schüler durchschnittlich sehr viele Fehler beim Herstellen von Ähnlichkeiten zwischen dem ersten und dem zweiten Subjekt in Parabeln und Gleichnissen machen.« Wenn Hermans (S. 174ff) ein Curriculum für Schüler der 10. Gymnasialklasse entwickelt, liegt das in der Konsequenz dieser Sicht der Gleichnisse: Die Schüler sollen kognitive Einsichten in und Interesse für das »Reich-Gottes-Modell« erwerben und ihre kommunikative Einsicht im Analysieren von Gleichnissen erhöhen.
49 Bochinger, Distanz, S. 91f.
50 Halbfas, Religionsunterricht in der Grundschule. Lehrerhandbuch 1, S. 239.

fas sind gegenwärtig auch die Arbeiten von *Rainer Oberthür* einzuordnen, der die vielfältigen Versuche, mit Kindern philosophisches Denken einzuüben, aufgreift und religionspädagogisch umzusetzen versucht. Besonders verweist er auf die Themenbereiche »Was Dinge sagen können – Geheimnis und Symbolgehalt« und »Ist Gott Wirklichkeit – Gott ›in Frage stellen‹ und in Bildern suchen«.[51]

Die Gegenposition wird gegenwärtig vor allem von *Anton A. Bucher* vertreten. Er greift exegetisch auf Jülicher und bei der Frage nach einem entwicklungspsychologisch angemessenen Ort für die Gleichnisse auf die Erkenntnisse der kognitiven Psychologie zurück. Nach seiner Auffassung ist es »weder wünschenswert noch möglich, die Unterscheidung zwischen ›Bild- und Sachhälfte‹ preiszugeben.« »Unter einem Gleichnis soll ... ein konkret-bildhafter Text verstanden werden, bei dem aus der Bildhälfte die Sachhälfte zu erschließen ist, aus der wortwörtlichen Bedeutung die übertragene, aus dem Rhema das (theologische) Thema.«[52] Diese Erschließungsaufgabe setzt nach Bucher aber eine bestimmte Abstraktionsfähigkeit voraus. In einer empirischen Untersuchung rekonstruiert er vier Stadien des Gleichnisverständnisses am Beispiel von Parabeln. Danach wird das Stadium eines expliziten und reflektierten Verständnisses frühestens mit dem Beginn der Sekundarstufe I erreicht.

Verschiedene neuere Untersuchungen bestätigen, dass Gleichnisse von Grundschulkindern überwiegend als Geschichten und weniger in ihrem metaphorischen Sinngehalt verstanden werden. Hieraus den Schluss zu ziehen, solche Texte erst in der Sekundarstufe I zu verwenden, wäre jedoch verfehlt, und zwar aus verschiedenen Gründen. Die neuere Diskussion um die Entwicklung von Sprache und Denken sowie verschiedene Stufentheorien zur religiösen Entwicklung haben gezeigt, dass feste Altersangaben oder abrupte Übergänge zwischen einzelnen Stufen die erhebliche Variabilität des Entwicklungsstandes der Lernenden ein und derselben Klasse nicht hinreichend beschreiben können.[53] Wenn sich die Fähigkeit, die Gleichnissprache als solche zu verstehen, aber allmählich entwickelt, kann die didaktische Frage nicht lauten, ab welcher Altersstufe Gleichnisse behandelt werden können, sondern sie muss heißen: Ab wann kann man mit der Förderung einer solchen Entwicklung beginnen?[54] Dass der Beginn einer solchen Förderung bereits in der Grundschulzeit einsetzen kann, liegt auf der Hand, wobei auch hier gilt, dass die Botschaft der Gleichnisse freizugeben ist, damit sie sich dem Verstehen der Kinder »anverwandeln« kann. Dieser Gedanke wird unterstützt durch die exegetische Erkenntnis, dass eine enge Deutung mit Hilfe von Sach- und Bildhälfte und tertium comparationis den Gleichnissen nicht wirklich gerecht wird, sondern dass, was in den Gleichnissen zur Sprache kommt, nur im Gleichnis, nur in Erzählung und Bild zur Sprache kommen kann. Für Geschichten und Bilder haben Kinder aber sehr wohl ein aufgeschlossenes Ohr, und ebenso haben sie ein feines Gespür dafür, dass hinter vielen Geschichten noch mehr steckt als nur das, was die Worte sagen.[55] Denn die Kinder fra-

---

51 Oberthür, ... wer nicht fragt, S. 788.
52 Unter dem Thema versteht man den Gegenstand, den Leitgedanken eines Textes, unter Rhema den jeweiligen Satzteil, der eine neue Information enthält.
53 Bucher, Gleichnisse, S. 32f.
54 Vgl. dazu auch Simon, Gleichnisse, S. 199f.
55 Vgl. Tamminen, Entwicklung, S. 125.

gen selbst über ihren Umkreis hinaus, stoßen dabei auf viel Weltliches, das sie bisher noch nicht kannten, stoßen aber auch auf die Frage nach Gott. Buchstäblich über Gott und die Welt machen Kinder sich Gedanken. Dass Kindern in der Grundschule meist noch die sprachlichen Möglichkeiten fehlen[56], dieses »Mehr« in Worte zu fassen, schließt nicht die Ahnung aus, die sie davon haben.

> Autoren von Kinderbüchern sehen dies unbefangener als Religionspädagogen. Maurice Sendak lässt in »Higgelti Piggelti Pop!« die Hündin Jenny, die alles hat, sagen: »Ich wünsche mir etwas, was ich nicht habe. Es muss im Leben noch mehr als alles geben!« Und weil dieser Gedanke in ihr ist, weil sie über das hinaus fragt, was ist, macht sie sich auf den Weg. Und Lionnis Maus Frederick sammelt Sonnenstrahlen, Farben und Wörter und teilt sie während des Winters an seine Mäusefamilie aus. Über Grenzen hinaus fragen, Worte dafür finden, eine Ahnung davon gewinnen, was die Welt für mich bedeutet – das können Kinder in Kinderbüchern entdecken.

Diese Ahnung zu fördern und die Fähigkeit, sie in Sprache zu fassen, ist als Aufgabe bereits für die Grundschule anzusehen. Ein im Jahr 1991 dokumentiertes Forschungsprojekt »Lasst die Kinder fragen« unterstützt diese Erkenntnis gerade für den Religionsunterricht: »Die Reichweite, Ernsthaftigkeit und Tiefe der Schülerfragen ... spiegeln die kindliche Suche nach den Ursprüngen der Welt und Natur, aber auch nach denen des Lebens der Menschheit, des eigenen Ichs. Auch Suche nach Orientierung im ›Jetzt‹ des eigenen Lebens ... wird sichtbar. Zugleich richtet sich der Blick auf Zukünftiges bis hin zum Lebens- und Weltende. Der Fragehorizont übersteigt damit bei weitem das Fragepotenzial und das Fragenniveau, das im täglichen Unterricht gewöhnlich zur Sprache kommen kann.«[57] Beobachtungen zum Philosophieren mit Kindern unterstützen dies: »Kinder sind ideale Partner für das philosophische Gespräch: Sie besitzen einen ausgeprägten Sinn für das Rätselhafte und Staunen Erregende, für Ungereimtheiten und Perplexitäten, ihr Denken ist spielerisch, risikofreudig, offen, noch nicht festgelegt und eingeengt durch konventionelle Antworten, sie besitzen spekulative Fantasie und, was schwer zu fassen ist, bisweilen tiefere Ahnungen, metaphysische ›Wahrheitswitterungen‹«[58]. Oberthür wertet diesen Gedanken religionspädagogisch aus und verweist auf die Themenbereiche

---

56 Vgl. hierzu neben der bereits erwähnten Sicht von Bochinger: Sorger, Gleichnisse, S. 98; Oberthür, Kinder, S. 156. Büttner, Gleichnisse, S. 14f, fragt in Auseinandersetzung mit Bucher: »Wäre es demnach nicht gerade wichtig, durchaus an der oberen kognitiven Grenze der Schüler und Schülerinnen operierend, schon in der Grundschule Impulse zum Symbolverstehen zu geben?«
57 Ritz-Fröhlich, Kinderfragen, S. 69.
58 Freese, Kinder, S. 90. Vgl. Matthews, Gespräche, S. 151: »Keine der weithin anerkannten Theorien der Entwicklungspsychologie trägt dem philosophischen Denken von Präadoleszenten wirklich Rechnung, Ein Grund dafür ist vielleicht der, dass spontane philosophische Bemerkungen und Fragen junger Kinder ... Einzelerscheinungen sind und keine Norm darstellen. Es sind Bemerkungen und Fragen, die ›aus dem Rahmen fallen‹. Entwicklungspsychologen, die in erster Linie mit der Norm und dem Standard befasst sind, müssen solche Bemerkungen fast notgedrungen schon aus rein methodischen Gründen übersehen.«

»Was Dinge sagen können – Geheimnis und Symbolgehalt« und »Ist Gott Wirklichkeit – Gott ›in Frage stellen‹ und in Bildern suchen«.[59] Sich an Fragen zu messen, die größer sind als ich es bin, eröffnet die Möglichkeit, selbst größer zu werden und zu wachsen.

Vor diesem Hintergrund ist die verschiedentlich getroffene Unterscheidung zwischen bereits in der Grundschule »brauchbaren« Parabeln und erst ab etwa ab Klasse 6 verwendbaren Gleichnissen zu hinterfragen. Denn zwar ist Gottesherrschaft ein schwieriger Begriff und für Kinder (aber auch für Erwachsene) nicht einfach zu übersetzen; wenn jedoch die exegetische Erkenntnis zutrifft, dass Gleichnis und Bild Weisen sind, von Gott und seiner Herrschaft zu sprechen, dann geht es beim Verstehen der Gleichnisse gerade nicht um möglichst exakte Übertragung des Beschriebenen in das »eigentlich« Gemeinte, sondern darum, in eine erzählte Geschichte einzutreten und sich von ihr herausfordern und überraschen zu lassen. Ohne Zweifel wird das Interesse von Grundschulkindern dabei an den konkreten Vorgängen der Erzählung haften.[60] Aber es ist keineswegs ausgeschlossen, dass bereits Grundschülerinnen bestimmte Züge der Parabeln produktiv für sich verarbeiten und in ihr Leben integrieren können. Allerdings ist eine intensive, den metaphorischen Gehalt und ihre verschiedenen Anspielungen wahrnehmende Behandlung der Parabeln erst ist der Sekundarstufe I möglich. Und zu berücksichtigen ist auch, dass bei einer extensiven Behandlung dieser Texte in der Grundschule oder schon in der Vorschulerziehung ihre bereits vorhandene Bekanntheit in der Sekundarstufe I zum Hindernis wird. Umgekehrt gilt aber auch, dass nicht erst die gelungene Interpretation (wie könnte man freilich das »Gelungen« feststellen?), sondern bereits das aufmerksame Betrachten der Bilder und das Eintreten in die Erzählungen zu einer intensiven Begegnung mit ihnen führen kann.

Heutige Schwerpunkte

Bei der Behandlung von Gleichnissen im Religionsunterricht lassen sich Lehrkräfte heute stärker als früher von Praxiserfahrungen leiten. Sie verwenden Stundenmitschnitte, um die eigene Praxis zu bereichern. Sie berücksichtigen entwicklungspsychologische Einsichten, ohne diese freilich als dogmatische Festlegungen misszuverstehen. Das Elementarisierungskonzept von *Karl Ernst Nipkow* ist bei der Unterrichtsvorbereitung besonders gut geeignet, die verschiedenen Aspekte bei der Behandlung von Gleichnissen im Religionsunterricht wie z. B. Exegese und Entwicklungspsychologie zu berücksichtigen.

---

59 Kinder, S. 23ff.
60 Die Gefahr, dass Kinder im konkret-operationalen Stadium leicht zur allegorischen Interpretation neigen, sollte man nicht überbewerten. Zwar ist nicht zu verkennen, dass die Allegorie in ihrem Bemühen, bestimmte Deutungen festzuschreiben, der Offenheit der Gleichnisse letztlich nicht gerecht wird; immerhin aber finden sich allegorische Deutungen bereits im Neuen Testament und stellte die Allegorie die im weitaus größten Teil der Auslegungsgeschichte allein anerkannte Interpretationsmöglichkeit dar.

Orientierung an der Praxis – Stundenmitschnitte

Wieso kommen einzelne Religionspädagogen zu so unterschiedlichen Vorstellungen in der Frage der Gleichnisdidaktik? Gewiss hängt das mit ihrer jeweiligen »Gleichnistheorie« zusammen. Vermutlich haben aber auch alle eine bestimmte Praxis vor Augen. Die religionspädagogische Wende zur Empirie führte dementsprechend zu der berechtigten Forderung, anhand von dokumentierten Unterrichtsverläufen nachzuprüfen, wie die Aneignungsprozesse bei den Schülerinnen und Schülern vonstatten gehen. Die Dokumentation von Stunden bietet die Möglichkeit, die unterrichtliche Interaktion wesentlich genauer zu beobachten. Vor allem lassen sich ganz unterschiedliche Rezeptionsformen beobachten. Wenn die Lehrenden davon ausgehen, dass *ihr* Gleichnisverständnis bei den Lernenden »angekommen« sei, so mag das Protokoll des Verlaufs doch zeigen, dass dies vielleicht nur für wenige Schüler/innen gilt und selbst dort eher überbewertet wurde. Die Möglichkeit strikter Aussagen, etwa als Folge »ordentlicher« sachanalytischer Arbeit, wird ein Stück weit eingeschränkt zugunsten einer Pluralität von Verstehensversuchen.

Forschungstechnisch gesehen bleibt jedes Protokoll ein Einzelfall und kann nur bedingt verallgemeinert werden. Auf der anderen Seite bieten gelungene Unterrichtssequenzen einen Hinweis darauf, was unter »optimalen« Bedingungen möglich sein kann. Krasses Missverstehen beinhaltet dagegen eine Warnung, an dieser Stelle mit besonderer Sorgfalt und Aufmerksamkeit vorzugehen und im Extremfall auf die Behandlung bestimmter Gleichnisse in einer bestimmten Klassenstufe zu verzichten.

Erfreulicherweise liegen inzwischen etliche Praxisberichte vor, an denen wir uns orientieren konnten. Daneben initiierten wir selbst Unterrichtssequenzen mit bestimmten Fragestellungen, etwa: Wie verstehen Schüler/innen der 10. Klasse das Gleichnis vom barmherzigen Samariter? Können Studierende die Parabel vom ungerechten Haushalter nachvollziehen? Die Ergebnisse solcher Praxisforschung skizzieren einen Rahmen, innerhalb dessen wir ein mögliches Gleichnisverstehen annehmen können. In eingeschränkterem Maße gilt das auch für Interviews mit Kindern und Jugendlichen zu den Gleichnissen. Sie stellen, wenn man sie nicht überinterpretiert, gerade für weniger erfahrene Lehrerinnen und Lehrer ein geeignetes Mittel dar, mögliche Verstehensweisen der Lernenden einer bestimmten Altersstufe zu erheben.

Gleichnisinterpretation im Licht der Entwicklungspsychologie

(1) Die entwicklungspsychologische Tradition von Piaget[61] und Oser wird gegenwärtig besonders von Anton A. Bucher aufgenommen. Er verbindet sie mit Jülichers exegetischer Unterscheidung von Sach- und Bildhälfte. Dabei arbeitet er mit so genannten semiklinischen Interviews: Kinder und Jugendliche werden anhand eines Fragebogens interviewt, der allerdings präzisierendes Nachfragen ausdrücklich vorsieht. Bucher konnte dabei zu drei wichtigen entwicklungspsychologischen Sachverhalten Aussagen gewinnen:

---

61 Vgl. Piaget, Weltbild.

a) Für Kinder im Grundschulalter ist der Vorgang der Übertragung schwierig. So können sie in der Parabel von den Arbeitern im Weinberg Gott nicht mit dem Weinbergbesitzer identifizieren, entweder weil sie dessen Verhalten nicht positiv bewerten oder weil dieser nicht aussieht wie Gott.[62]

b) Kinder assimilieren die Gleichnisse in ihre Lebenswelt. So antwortet die 7-jährige Sonja zum Gleichnis von den anvertrauten Talenten, ob sie auch wie der dritte Knecht gehandelt hätte:

»X: Ich hätte alles so gemacht wie die anderen.
I: Und warum hättest du das so gemacht?
X: Damit er [der Herr] mich auch gelobt hätte. [...]
I: Die beiden ersten Knechte hättest du auch gelobt?
X: Ja.
I: Und warum?
X: Weil sie soviel Geld gemacht haben«.[63]

Dagegen meint der ein Jahr ältere Markus auf die Frage, ob er auch mit dem dritten Knecht geschimpft hätte:

»X: Nein, weil er hat ja ganz Recht, man braucht gar nicht so viel Geld, um zu leben, da muss man gar nicht viel Geld machen. Wir zum Beispiel brauchen nicht soviel Geld ...
I: Was würdest du zum Herrn sagen?
X: Er ist bös.«[64]

c) Weltbildthematiken spielen für das Verständnis der Gleichnisse eine wichtige Rolle. Von besonderer Bedeutung sind dabei Fragen von Himmel und Hölle. Bucher zeigt, dass etwa die Geschichte vom reichen Prasser und vom armen Lazarus Kindern im Grundschulalter keine Probleme bereitet, dafür dann aber älteren Kindern.[65]

Wie sehr diese drei Aspekte die Gleichnisrezeption bestimmen, lässt sich an dem folgenden kleinen Unterrichtsausschnitt zeigen. Er stammt aus einer 5. Realschulklasse, in der viele Lehrpläne ein Gleichnis wie den Schatz im Acker (Mt 13,44) unterrichtlich verorten:

Die Lehrerin hat in einer Kiste mit Erde ein kleines Kästchen vergraben. Nachdem das Gleichnis erzählt und der »Schatz« von der Lehrerin ausgegraben ist, werden an der Tafel Assoziationen zum »Schatz« gesammelt. Es ist die Rede von Gier und Unglück, den so ein Schatzfund bringen kann. Da sagt Vera: »Meine Oma sagt immer, ich bin ihr Schatz.« Die Lehrerin notiert an der Tafel, »dass auch Menschen ein Schatz sein können«.
Im nächsten Unterrichtsschritt wird auf den Schlüsselsatz des Gleichnisses Bezug genommen: »Das Himmelreich gleicht einem Schatz.« Jetzt werden die Aussagen an der Tafel durchgestrichen, die nicht zum Himmelreich passen, die Sache mit Gier und Unglück zu-

---

62 Bucher / Oser, Gleichnis, S. 172.
63 Bucher, Gleichnisse, S. 105.
64 Ebd., S. 109.
65 Ebd., S. 57ff, 92ff und S. 109.

allererst. Dann will Heidrun auch den Satz mit den Menschen streichen, denn: »man kann darin [im Schatz] ja keinen Menschen verstecken«. Darauf muss Vera nochmals erklären, wie das mit dem Schatz gemeint war: »Meine Oma hat zu mir gesagt, dass ich für sie ein Schatz bin, weil ich ja was Besonderes [für sie] bin.«

Jetzt fragt die Lehrerin, ob die Schülerinnen sich denn vorstellen können, dass es Menschen gibt, für die das Reich Gottes ein Schatz ist. Vera bejaht dies ausdrücklich. Auch Heidrun stimmt zu. Doch sie erläutert: »Es soll da oben ja sehr schön sein. Vielleicht ist es ja ein Schatz, den man bekommt, wenn man gestorben ist.« Als die Lehrerin wegen des »da oben« nachfragt, meint Heidrun: »Von mir aus auch unten oder neben mir, [aber] der Himmel ist für mich oben.« Eine andere Schülerin präzisiert: »Für mich ist der Himmel oben. Ich stell mir vor, dass da alles aus Gold ist und es da keinen Streit gibt, weil`s da so viel Gold und Geld gibt«. Jasmin dagegen vermutet, dass das Reich Gottes überall sein kann, sowohl im Himmel als auch »bei uns«.

Als die Lehrerin fragt, wie es den Menschen geht, die diesen »Schatz« besitzen, meint Kathrin: »Was ist mit den Tieren? Kommen die auch in den Himmel?« Die Lehrerin gibt die Frage zurück. Kathrin fährt fort: »Man sagt, Menschen kommen in den Himmel. Ich möchte, dass auch Tiere in den Himmel kommen.« Dagegen Anja: »Aber die gehen ja kaputt. Die verwesen ja. Mein Vogel ist auch gestorben.« Darauf mehrere Schülerinnen: »Du verwest ja auch!« Darauf Anja: »Aber nicht so schnell wie ein Vogel!« Doch Heidrun setzt ihre Ausführungen fort: »Meine Mutter sagt: ›Für die Tiere gibt es einen Himmel!‹ Dann kommt Susi in den Meerschweinchenhimmel.«[66]

In dieser Passage finden sich alle drei von Bucher herausgearbeiteten Aspekte. Es geht um ein wörtliches bzw. übertragenes Verständnis von Schatz. Dabei erfolgt die Füllung aller Begriffe durch Rückgriff auf die je eigene Lebenswelt im Sinne einer Assimilation. Am Beispiel des Begriffs Reich Gottes wird deutlich, dass hier unterschiedliche Vorstellungen miteinander konkurrieren. Für die einen ist der Himmel »oben«, für andere bereits eine Metapher im Sinne von Schatz.

Aus diesem Grund plädiert Bucher dafür, biblische Gleichnisse in der Grundschule nicht als Gleichnisse zu thematisieren, sondern in ihrer Bildhälfte zu verbleiben. Allein die oft fremde Lebenswelt erfordere die ganze Aufmerksamkeit der Kinder.[67] Unser eigenes Beispiel zeigt, dass auch mit dem Beginn der Sekundarstufe I noch keine Garantie für ein wirkliches Gleichnisverstehen vorhanden ist. Will man, was Buchers Untersuchung nahe legt, formal-operatorisches Denken im Sinne Piagets für ein übertragenes Gleichnisverstehen voraussetzen, dann sind dazu nach Hermans zwar Gymnasiasten ab der 7. Klasse zu 80 Prozent, danach zu 100 Prozent in der Lage, Realschüler in ihrer Mehrheit jedoch erst ab Klasse 10.[68]

Man muss also beachten, dass es streng genommen keinen *generellen* Zuwachs an Gleichnisverstehen mit zunehmendem Alter gibt. Auch die vorsichtige Altersempfehlung von Bucher bedeutet nicht, dass alle Jugendlichen ab einem bestimmten Alter zu einem voll entwickelten Verstehen kommen, das etwa zur Rezeption wissenschaftlich erarbeiteter Ergebnisse notwendig wäre. Bucher rät deshalb, auch die vordergründig

---

66 Büttner, Oma, S. 152f.
67 Bucher, Gleichnisse, S. 66f.
68 Hermans, Gleichnisse, S. 144. Er setzt aber holländische Verhältnisse voraus.

»falschen« Gleichnisauslegungen erst einmal gelten zu lassen und als eigenständige kindliche/jugendliche Hervorbringungen zu würdigen.[69]

(2) Die Befunde Buchers stellen einen wichtigen Beitrag in der Behandlung von Gleichnissen dar. In der folgenden Diskussion stößt seine Verknüpfung des Ansatzes von Piaget mit Jülichers Gleichnistheorie jedoch auf Kritik. Man wirft Bucher dabei einerseits vor, nicht konsequent genug im Sinne Piagets gedacht, oder aber, sich zu sehr den Engführungen Piagets angeschlossen zu haben.

Die erste Position vertritt *Heike Bee-Schroedter*. Ihrer Auffassung nach ist Bucher seiner rezeptionstheoretischen Position nicht wirklich treu geblieben. Denn die von Bucher vollzogene Präferenz für Jülichers Unterscheidung von Bild- und Sachhälfte sei aus der Perspektive des Lesers willkürlich: »Auch er (sc. Bucher) ist und bleibt ein Leser von Gleichnistexten und ihrer Deutungen und wird nicht die gesamte Vielfalt der Form in einer einzigen Definition fassen können«[70]. Bee-Schroedter selbst plädiert deshalb für eine radikale Orientierung an den Äußerungen der Lernenden, »statt nur zu vermuten, was sie wohl denken«.[71] Sie verweist zudem auf die Verwandtschaft zwischen einer Perspektive im Sinne Piagets und den Überlegungen des so genannten Radikalen Konstruktivismus. Dort wird die Möglichkeit einer »objektiven Wahrheit« grundsätzlich in Frage gestellt und die Notwendigkeit einer je eigenen Rekonstruktion von Wirklichkeit betont. Insofern ist Bee-Schroedters Überlegung auch für die Gleichnisinterpretation bedeutsam: »Es gibt keine Interpretation, die beanspruchen könnte, letztlich für alle verbindlich, i. S. der biblischen Autoren formuliert zu sein.«[72] Der Rückgriff auf die Rezeptionstheorie in Verbindung mit der Entwicklungspsychologie hat demnach zur Folge, dass es keine immanenten Kriterien geben kann, die einer bestimmten Gleichnisdeutung einen Vorrang einräumen könnten. Sie sind nach Bee-Schrödter vielmehr Verstehensversuche auf der Grundlage der jeweils erreichten kognitiven Entwicklung.

Die zweite Kritik fragt grundsätzlich danach, ob die von Bucher praktizierte Sichtweise Piagets übernommen und nachvollzogen werden kann. Piaget befragt Kinder in einer Interviewsituation. Ihn interessiert, wie sie bestimmte logische, physikalische oder soziale Sachverhalte interpretieren. Dabei unterscheidet er Überzeugungen, die das Kind hat oder im Moment der Konfrontation mit der Fragestellung bildet, und Aussagen, in denen das Kind eigentlich nur sein Nichtwissen überdecken will. Dies nennt er *fabulieren*.[73] Überträgt man die Begrifflichkeit Piagets auf die Gleichnisauslegung,

---

69 Bucher, Gleichnisse, 166f: »Wenn diese Deutungen nun anders (als die wissenschaftlich gewonnene Einsicht) aussehen, soll der Lehrer oder Erzieher sie respektieren und ernst nehmen. Die Andersartigkeit der Auslegung ist vielfach entwicklungsbedingt und entspricht der anderen Lebenssituation, in der sich die Kinder befinden. Vor voreiligen Korrekturen im Namen der ›Wahrheit‹ ist in jedem Fall entschieden abzuraten.«
70 Bee-Schroedter, Wundergeschichten, S. 59.
71 Ebd., S. 458.
72 Ebd., S. 461.
73 Piaget, Weltbild, S. 23f.

dann wird man die Frage stellen müssen, ob man »echte« Transferleistungen aus der Bild- in die Sachhälfte als Voraussetzung akzeptieren oder ob man »weiche« – durch Assoziationen gewonnene – Interpretationen gelten lassen will. Dass diese Art der Interpretation dem Charakter der Gleichnisse näher liegt, ist jedenfalls eine Erkenntnis, die von seiten der Exegese unterstützt wird. Und Vertreter eines Philosophierens mit Kindern fragen immerhin, ob nicht gerade bei Piaget »die interessantesten und bemerkenswertesten philosophischen Äußerungen von Kindern als bloßes Fantasieren abgetan werden«[74]. Auch Helmut Hanisch hebt hervor: Durch Phantasietätigkeit können Kinder »auf kreative Weise Wissenslücken ... schließen« oder »sich bestimmte Inhalte der christlichen Tradition« vorstellen und plausibel machen.[75] Auch diese Überlegungen führen im Bezug auf das Gleichnisverstehen dazu, verschiedene Interpretationen zuzulassen und möglichst offene Herangehensweisen vorzuziehen.

Daraus ergibt sich: Entwicklungspsychologische Überlegungen zeigen, dass unterschiedliche Gleichnisinterpretationen nicht zufällig sind, sondern sich auf je spezifische kognitive Verstehensmuster zurückführen lassen. Diese Einsicht zeigt die Grenzen eines jeden Versuchs einer verbindlichen Gleichnisdeutung. Auf der anderen Seite sind gleichwohl Kriterien notwendig, die den Unterrichtenden helfen, nicht in der Fülle möglicher Interpretationen zu versinken. Es bedarf also der Reflexion darüber, wie die verschiedenen Interpretationsversuche in den Zusammenhang mit dem vorgegebenen Text und den je konkreten Schülerinnen und Schülern eingeordnet werden können. Soll ein solches Unternehmen nicht willkürlich sein, bedarf es weiterhin einer begründeten Vorgehensweise. Wir sind der Meinung, dass das von Karl Ernst Nipkow entworfene Konzept von Elementarisierung in diesem Zusammenhang hilfreich sein kann.

Entwicklungspsychologische und rezeptionsorientierte Zugänge

- Man kann weder davon ausgehen, dass Jugendliche ab einem bestimmten Alter generell zu einem voll entwickelten Gleichnisverstehen kommen, noch dass jüngere Kinder generell noch nicht zu einem Gleichnisverstehen kommen können. Altersempfehlungen sind deshalb immer mit Vorsicht zu verwenden.
- Der entwicklungspsychologische und der rezeptionsorientierte Zugang zur Gleichnisinterpretation konvergieren in der Erkenntnis, dass es die ein für allemal verbindliche Gleichnisauslegung nicht gibt.
- Die Unübersichtlichkeit möglicher Interpretationen führt zu der Frage nach Kriterien für eine handhabbare Reduktion, die sowohl aus religionspädagogischer als auch aus exegetischer Sicht verantwortet werden kann.

Elementarisierung

Wer in Schule oder Gemeinde mit Gleichnissen Jesu arbeiten möchte, steht vor mehreren Fragen. Will man – was manchmal durchaus zu empfehlen ist – nicht einfach den Vorgaben des Lehrplans im Blick auf vorgeschlagene Texte folgen, muss man auswählen. Auswahl ist eine der wichtigsten Aufgaben und Pflichten der Didaktik. Dies gilt besonders im Blick auf Texte, die der Häufigkeit ihrer Verwendung zufolge für alle

---

74 Matthews, Denkproben, S. 57.
75 Hanisch, Wolke, S. 86.

Unterrichtseinheiten und in allen Klassenstufen zu passen scheinen, wie etwa der »verlorene Sohn« Lk 15,11ff. Gerade solche Paradetexte bedürfen einer Überprüfung, wie umgekehrt wenig beachtete Gleichnisse ebenfalls auf ihre Verwendbarkeit hin zu untersuchen sind. Als Kriterien einer solchen Überprüfung hat die geisteswissenschaftliche Didaktik die Fragen nach dem Fundamentalen, Exemplarischen und Repräsentativen entwickelt.[76] Hinter dieser Frage steht letztlich ein (auch die eigene Person betreffendes) Ringen um die Wahrheit.[77] Konkret entfaltet sich der Prozess der Elementarisierung, wie ihn Karl Ernst Nipkow genannt hat,[78] in den beiden Fragerichtungen nach dem biblischen Text und der Erfahrungswelt der Hörenden. Nipkow zielt dabei – im Sinne von Klafki – auf den Vorgang der »doppelseitigen Erschließung«[79]:

> »Was wesentlich, gehaltvoll und damit pädagogisch gültig ist, entscheidet sich folglich mit daran, wie es die junge Generation erfährt. Ob sich Literatur und Kunst, Religion und Wissenschaften, politische Institutionen und gesellschaftliche Werte *für die Jugend erschließen*, hängt davon ab, ob die Jugendlichen *für diese Sachverhalte erschlossen werden* – sie lebendig aneignend und von ihrem Sinn überzeugt.«

Damit ist die Schlüsselfrage von Vermittlung und Aneignung[80] überhaupt angesprochen. In der katholischen Diskussion findet diese Problematik ihren Ausdruck im Schlagwort der Korrelation. Die Glaubenswelt der Bibel und die Lebenswelt der Lernenden sollen miteinander in Beziehung gesetzt werden.[81] In der evangelischen Religionspädagogik ist das Elementarisierungskonzept von Nipkow besonders intensiv diskutiert worden. Nipkow hat sein Konzept ausdrücklich auch auf die Unterrichtsvorbereitung beziehen wollen.[82] Nicht zuletzt deswegen erscheint uns sein Versuch, ein Programm der Elementarisierung zu entfalten, als besonders geeignet für die Gleichnisdidaktik. Nipkow unterscheidet nach der neuesten Terminologie[83] elementare Strukturen, elementare Erfahrung, elementare Zugänge und elementare Wahrheit. Wir folgen diesem Schema, vollziehen aber spezifische Zuspitzungen.

---

76 Nipkow, Grundfragen Bd. 3, S. 191.
77 Ebd., S. 192.
78 Den Beginn des Theoriekonzeptes kann man sehen in Baldermann / Nipkow / Stock, Bibel und Elementarisierung. Dabei gibt es eine sachliche Nähe Nipkows zu Baldermann. Stock fixiert seinen Versuch so stark an seine neutestamentliche Hermeneutik, »dass er nicht ohne weiteres auf andere Textzusammenhänge übertragbar und als Methode generalisierbar ist« (so Berg, Grundriss, S. 72).
79 Nipkow, Grundfragen, S. 194f.
80 Nicht umsonst tritt in der neueren religionsdidaktischen Diskussion neben eine traditionelle »Hermeneutik der Vermittlung« eine solche der »Aneignung«. Vgl. die Diskussion im Anschluss an Goßmann / Mette, Lebensweltliche Erfahrung; Becker / Scheilke, Aneignung.
81 Dazu z.B. Hofmeier, Fachdidaktik, S. 83ff.
82 Nipkow, Elementarisierung als Kern der Unterrichtsvorbereitung. Vermutlich stößt Nipkow aber nicht immer weit genug bis zu den konkreten Mikrostrukturen des Unterrichts durch. Dies versucht – auf der Basis des Nipkow'schen Elementarisierungskonzepts – z.B. Büttner, Werden Gebete erhört?, S. 312–317.
83 In Schweitzer / Nipkow / Faust-Siehl / Krupka, Religionsunterricht, S. 26ff.

(1) Die elementare Struktur eines biblischen Textes erschließt sich am ehesten mit den Mitteln exegetischer Textanalyse. Sie gibt Aufschluss zu folgenden Fragen: Welche Personen und Sachen spielen im Text eine Rolle und wie hängen sie zusammen? Welche Aussagelinien finden sich im Text und welches innere Gefälle weist er auf? In welcher Zeit und Situation ist der Text ursprünglich gesprochen und in welchem Kontext ist er verschriftlicht und gegebenenfalls bearbeitet worden? Diese Aufzählung ist natürlich unvollständig. Sie macht aber deutlich, worum es bei den Aussagen zur elementaren Struktur geht. In dieser Richtung ist aber noch ein weiterer Schritt zu gehen: Eine exegetische Textbefragung, die keinen für die Lernenden relevanten Aspekt einer Perikope zutage förderte, könnte nur sehr schwer in der unterrichtlichen Realität aufgegriffen werden. Von daher bedeutet das Herausarbeiten elementarer Strukturen keinesfalls nur die Rezitation der exegetischen Befunde. Nötig ist vielmehr das Herausarbeiten der Themenfelder oder Symbole, die eine Entsprechung in der Lebens- und Vorstellungswelt der Lernenden finden können. Die Fülle der durch den Bibeltext angestoßenen Assoziationen, Bilder und Reflexionen ist also in verantwortlicher Weise zu reduzieren auf einige wenige, überschaubare Themenfelder. Für die neutestamentliche Exegese ist das insofern eine Herausforderung, als sie hier in praktischer Absicht sich beteiligen muss an der Frage der Auswahl.

(2) An dieser Stelle kommt eine zweite Dimension der Elementarisierung ins Spiel, die elementare Erfahrung. Erfahrung findet sich sowohl auf der Seite des Textes als auch auf Seiten der möglichen Rezipienten. Um ein unreflektiertes Aufeinander-Beziehen von Text und Situation zu vermeiden, hat *Horst Klaus Berg* vorgeschlagen, so genannte »Grundbescheide« als »heilsgeschichtliche Abbreviaturen« zu erheben.[84] Er meint damit, dass hinter den einzelnen biblischen Texten Grundsituationen (beispielsweise Unterdrückung/Befreiung) stehen, denen auch in der heutigen Lebenswelt eine ähnliche Situation entspreche. Diese Aussage ist allgemein betrachtet gewiss richtig. Zu fragen wäre aber, ob die von Berg angeführten Grundbescheide[85] »Gott schenkt Leben (Schöpfung)«, »Gott stiftet Gemeinschaft (Liebe, Partnerschaft, Bund, Ökumene)«, »Gott leidet mit und an seinem Volk (Leiden und Leidenschaft)«, »Gott gibt seinen Geist (Heiliger Geist und Begeisterung)«, »Gott herrscht in Ewigkeit (Gottesherrschaft, Shalom)« alle menschlichen Erfahrungsfelder abdecken. Die bewusst unvollständig genannte Aufzählung von 15 Grundmotiven von Gerd Theißen[86] trifft als breiter angelegte Sammlung vielleicht besser die tatsächlichen Verästelungen der Lebenswelt. Aber auch sein Versuch, die Lebenswelt gewissermaßen zu katalogisieren, ist angesichts der Analyse konkreter Unterrichtssituationen vermutlich falsch dimensioniert. Friedrich Schweitzer u.a. haben bei ihrer Unterrichtsdokumentation feststellen können, dass es meist nicht die großen theologischen, politischen oder gesellschaftlichen Fragestellungen waren, die die Lernenden mit Gleichnissen verbanden, sondern dass die Assimilation in die kleine Welt der Familie und Freunde das Paradigma des

---

84 Berg, Grundriss, S. 132.
85 Ebd., 76ff.
86 Theißen, Zeichensprache, S. 30ff.

Verstehens bildete.[87] Das heißt aber, dass man sich Erfahrung wohl kaum konkret und unmittelbar genug vorstellen kann. Es sind die unmittelbaren Hoffnungen und Ängste der Schülerinnen und Schüler, von denen aus ein Bogen zu den biblischen Texten geschlagen werden soll.[88]

Daraus sind zwei wichtige Schlüsse zu ziehen. Die Erhebung der elementaren Struktur muss darauf bedacht sein, möglichst solche Facetten des Textes zu beachten, die Entsprechungen in der unmittelbaren Lebenswelt der Kinder und Jugendlichen haben können. Auf der anderen Seite ist – als regulatives Element – auch zu fragen, wie weit es möglich bleibt, Aspekte des biblischen Textes zu vermitteln, die den bestehenden Verstehensmustern widersprechen. Dabei ist zu beachten, dass es wohl möglich ist, auf der Inhaltsebene solche widersprechenden Aussagen zu vermitteln.[89] Doch werden sich auch diese an die spezifischen Verstehensmöglichkeiten der Lernenden zu halten haben. Bei unserer Behandlung der Gleichnisse versuchen wir die elementare Erfahrung jeweils aus konkreten Unterrichtssequenzen zu erheben. Dabei greifen wir auf publizierte Verlaufsprotokolle zurück, verwenden aber auch selbst organisierte Gesprächssequenzen. Konkrete Unterrichtspraxis halten wir für ein wichtiges korrektives Element, das uns bei der Bearbeitung der anderen Elementarisierungsdimensionen hilfreich ist.

(3) Nun weisen Schweitzer u.a. darauf hin, dass die Assimilation an die jeweilige Erfahrung sich »stets auf der Grundlage der psychosozialen Entwicklung« vollzieht. Dadurch »verändert sich die Assimilationstätigkeit der Kinder und Jugendlichen in einer Weise, die nicht zufällig, sondern jedenfalls in Grundzügen erwartbar ist«[90]. Damit ist der Teil des Elementarisierungsprozesses angesprochen, den Nipkow neuerdings elementare Zugänge[91] nennt. Es geht dabei um die Einbeziehung der entwicklungspsychologischen Dimension. Dass es eine solche gibt, weiß jeder, der darüber nachdenkt, welche Themen für Jugendliche oder Grundschulkinder besonders geeignet oder eben nicht geeignet sind. Auch diese Dimension hat einen inhaltlichen Aspekt. Bestimmte Themen haben eine gewisse Affinität zu den Erfahrungen bestimmter Lebensalter.[92] Neuerdings weist man mit Recht auch auf geschlechtsspezifische Modi der Rezeption hin.[93] Es ist nicht zuletzt der Popularisierung des Elementarisierungskonzeptes zu verdanken, dass besonders die auf Piaget gründenden Konzepte religiöser und moralischer

---

87 Schweitzer u.a., Religionsunterricht, S. 15ff.
88 Der Erfolg und die Faszination von Baldermanns Psalmenbuch gründet sich genau auf dieser Tatsache.
89 In der Sozialpsychologie spricht man in diesem Zusammenhang von der kognitiven Dissonanz, die durch widerstrebende Äußerungen erzeugt wird. Da diese in der Regel als unangenehm empfunden wird, streben Menschen danach, diese Inkonsistenz durch irgendeine Bewältigungsform wieder auszugleichen. Dies kann u.U. zu einem Lernprozess führen (Zimbardo / Ruch, Lehrbuch, S. 445f).
90 Schweitzer u.a., Religionspädagogik, S. 17.
91 Früher »elementare Anfänge«; vgl. Nipkow, Grundfragen, S. 218ff.
92 Für eine mehr tiefenpsychologische Sicht vgl. die Auflistung der Themen in Büttner, Seelsorge, S. 208f.
93 Pithan, Differenz, S. 94–104.

Entwicklung Einzug in die Religionspädagogik fanden.[94] Die Heranziehung dieser Theorien kann bei der Behandlung der Gleichnisthematik nicht nur Hinweise zur Altersangemessenheit geben.[95] Sie regen auch zu der Überlegung an, ob in einem bestimmten Gleichnis die Gottesfrage, eine moralische Problematik oder ein Weltbildaspekt eine zentrale Rolle spielen, eine Überlegung, die für die unterrichtliche Umsetzung erhebliche Relevanz gewinnen kann.

(4) Die Tatsache unterschiedlicher Deutungsmöglichkeiten der Gleichnisse ermöglicht die situationsbezogene Aktualisierung verschiedener Erfahrungsfelder und -situationen. Sie gesteht dadurch dem Schulfach Religion eine gewisse Unbestimmtheit zu, einem Fach, dessen Aufgabe – nach Niklas Luhmann – darin besteht, die gegebene Unbestimmtheit über die Möglichkeiten des Lebens deutend in Bestimmtheit zu überführen,[96] also Orientierung zu geben. Doch bringt dieser Versuch festlegender Deutung die Gefahr mit sich, zentrale theologische Aussagen nur noch als »hoch generalisierte, relativ formal bleibende Formeln« zu besitzen.[97] Wichtig ist die Erkenntnis, dass die elementare Wahrheit, die vierte Elementarisierungsdimension Nipkows, sich plural darstellt, und der Diskurs um die rechte Auslegung selbst teilhat am Versuch, die elementare Wahrheit *auf diese Weise* zu gewinnen.[98] Das heißt, dass der Streit um die richtige Gleichnisauslegung nicht einfach durch Rückgriff auf eine bestimmte Autorität entschieden werden kann. Unterrichtlich bedeutet dies, dass unterschiedliche Interpretationen von der Lehrperson überhaupt erst aus dem Unterrichtsgespräch herausgearbeitet werden müssen und dann in der Lerngruppe zur Diskussion zu stellen sind. Natürlich kann diese Diskussion auf dem Feld der Theologie nicht voraussetzungslos geführt werden. Sie bringt ihre Deutungen biblischer Tradition und ihre Grundfragen in das Gespräch ein. Nipkow verweist in diesem Zusammenhang auf Luther und auf die Frage des Laien nach Gott und der Welt.[99] Solche »Laienfragen« hat er an anderer Stelle identifiziert als »einige wenige elementare Fragen, an deren Beantwortung alles zu hängen scheint«[100], etwa die Fragen nach Gott, dem Anfang der Welt, dem Geschick nach dem Tode und, eingeschränkt, nach dem Zusammenleben der Christen als Kirche. Mit Oberthür kann man diesen Kreis existenziell bedeutsamer Fragestellungen noch erweitern.[101] Dass gerade die Gleichnisse solche Fragen mit anstoßen, liegt auf der Hand. Bewegen sich Lehrperson und Lernende im Umkreis dieser Fragestellungen,

---

94 Schweitzer u.a., Religionspädagogik, lässt sich als Programmschrift für diese Entwicklung lesen. Dort wird der verdienstvolle Versuch gemacht, für die religionspädagogischen Schlüsselthemen jeweils die entsprechende entwicklungspsychologische Dimension zu erschließen (S. 184ff).
95 Vgl. hierzu aber die oben, S. 61f, genannten Einschränkungen.
96 Luhmann, Religion, S. 11.
97 Nipkow, Grundfragen, S. 198.
98 Ebd., S. 200: »Traditionserschließung hat auch in theologischer Sicht die Struktur des Gesprächs zwischen Menschen.«
99 Nipkow, Grundfragen, S. 202f.
100 Nipkow, Bildung, S. 377.
101 Oberthür, Kinder, S. 14ff.

dann ist die Wahrscheinlichkeit groß, dass das Gespräch nicht nur von intellektuellem Interesse bleibt, sondern die Diskutierenden existenziell berühren und somit die Wahrheitsfrage stellen kann.

Elementarisierung

- Die elementare Struktur gibt Auskunft über die Aussagelinien eines Textes, sein inneres Gefälle, seine Handlungsträger, seine Themenfelder.
- Die Frage nach elementaren Erfahrungen bezieht sich sowohl auf Erfahrungen, die in die Texte eingegangen sind, als auch auf die eigenen Erfahrungen von Schülerinnen und Schülern. Für den Unterrichtsprozess sind vor allem solche Erfahrungen von Bedeutung, die Entsprechungen in dem jeweils anderen Erfahrungsbereich aufweisen.
- Die elementaren Zugänge beziehen sich auf die Verstehensmöglichkeiten und Verstehensstrukturen der Lernenden.
- Elementare Wahrheit ist nicht zu verstehen im Sinne einer einzigen, festliegenden und dogmatisch vertretenen Wahrheit, sondern im Sinne eines suchenden Gesprächs über grundlegende, elementare Fragen menschlichen Lebens. In dieses Gespräch bringt die Theologie ihre Kenntnisse, Erfahrungen und Traditionen ein.

Im folgenden Kapitel stellt sich nun die Aufgabe, die exegetischen und die religionspädagogischen Bemühungen um das Verstehen und Vermitteln von Gleichnissen in ein Konzept der Gleichnisdidaktik zu integrieren.

Die Deutung der Gleichnisse und der Wirklichkeit – Ein integratives Konzept

In den beiden vorangegangenen Kapiteln ging es um die Gleichnisauslegung im Rahmen der neutestamentlichen Exegese und der religionspädagogischen Diskussion. Dabei zeigte sich, dass die Religionspädagogik immer den jeweiligen exegetischen Erkenntnisstand spiegelt. Auf der anderen Seite beansprucht aber auch die Religionspädagogik ihren eigenen Spielraum. Gleichnisdidaktik kann sich nicht darauf beschränken, Ergebnisse der neutestamentlichen Exegese einfach »anwendend« zu verdoppeln. Die Aufgabe zielt vielmehr darauf, im Blick auf den Religionsunterricht exegetische und religionspädagogische Aspekte von Anfang an in ein wechselseitiges Verhältnis zu bringen. Zwar brauchen Exegese und Didaktik ohne Zweifel auch ihren jeweils eigenen Raum. Im Blick auf den Religionsunterricht ist aber zu fragen, welche exegetischen Aspekte mit welchen Elementen der didaktischen Analyse (vor allem im Hinblick auf Alter und Erfahrungshintergrund der Lernenden) in Beziehung gesetzt werden können. Dabei haben sowohl die exegetischen Erkenntnisse als auch der Verstehenshorizont der Lernenden ihre jeweils eigene Bedeutung und Perspektive.

Das vorliegende Buch ist in enger Zusammenarbeit von Exegeten und Religionspädagogen entstanden, und zwar so, dass die exegetische und die religionspädagogische Perspektive nicht nur in den einführenden Kapiteln, sondern vor allem bei den Einzeltexten zum Tragen kommen und zueinander in Beziehung gesetzt werden. Dazu musste ein Verfahren gefunden werden, das die *Aussageabsicht der Texte* und *exegetische Methoden* ebenso berücksichtigt wie religionspädagogische Rahmenbedingungen und die *Erfahrungen von Schülerinnen und Schülern*. Indem wir diese verschiedenen Zugänge konsequent miteinander verknüpfen, sprechen wir von einem integrativen Auslegungsverfahren, in dem Textorientierung und Rezeptionsorientierung, Schülerorientierung und Erfahrungsorientierung zusammenkommen. Dass dabei manchmal unterschiedliche Akzente zu setzen sind, liegt auf der Hand. So haben die Exegeten im Autorenteam immer wieder auf die Besonderheit, auch die Sperrigkeit der Texte hingewiesen, die manchmal gerade nicht leicht eingängig sind, sondern provozieren wollen. Die Religionspädagogen haben dagegen die Notwendigkeit hervorgehoben, die Verstehensmöglichkeiten von Kindern und Jugendlichen und ihren eigenen Fragehorizont zu berücksichtigen. Und gemeinsam musste die Frage beantwortet werden, warum eigentlich Gleichnisse im Unterricht behandelt werden sollen und mit welchem Ziel.

Warum eigentlich Gleichnisse im Religionsunterricht?

In den Lehrplänen der verschiedenen Schularten sind Gleichnisse so häufig vertreten, dass sich eine Begründung dafür zu erübrigen scheint. Gleichwohl ist diese Frage notwendig; in einer Zeit des verschärften Pluralismus und zunehmender Informationsflut reicht es nicht aus, sich auf fraglos akzeptierte Texte zurückzuziehen. Es gilt vielmehr, die theologische und religionspädagogische Bedeutung der Gleichnisse aufzuzeigen und ihren Stellenwert im Bildungskanon deutlich zu machen. Dabei sind verschiedene Aspekte von Bedeutung.

In der Exegese herrscht breiter Konsens darüber, dass die Gleichnisse in formaler und inhaltlicher Hinsicht zentraler Bestandteil der Verkündigung Jesu sind. Formal betrachtet handelt es sich um kleine, gerundete Erzählstücke, die bei alltäglichen Beobachtungen und Erfahrungen ihren Ausgangspunkt nehmen und sie auf theologische Aussagen hin zuspitzen. Ihrer Form nach lassen sich die Gleichnisse leicht identifizieren und sie stellen eine für Jesus charakteristische Redeform dar. Inhaltlich geht es in den meisten Fällen um Aussagen zum Reich Gottes. Die Reich-Gottes-Verkündigung stellt das Kernstück der Verkündigung Jesu dar. Dass Jesus vom Reich Gottes in Gleichnissen spricht, ist deshalb in inhaltlicher und formaler Hinsicht für seine Botschaft von besonderer Bedeutung.

Mit diesem Hinweis auf die Verkündigung Jesu ist eine theologische Einsicht verbunden. Über Gott und seine verheißene Welt zu sprechen ist allem Anschein nach nur in andeutender, gleichnishafter Weise möglich. Jeder Versuch in direkter, nicht metaphorischer Sprache von Gott zu sprechen muss entweder ungenügend bleiben oder verletzt, wenn er absolut gesetzt wird, das Bilderverbot des 1. Gebots. Insofern ist das Gleichnis nicht nur faktisch eine bevorzugte Redeform Jesu, sondern zugleich eine jedem Reden von Gott angemessene Redeform.

Von Anfang wurden die Gleichnisse Jesu interpretiert. Da sie menschliche Erfahrung und Reich Gottes zueinander in Beziehung setzen, fordern sie Interpretation geradezu heraus. So lassen sich etwa Vorgehen und Bedeutung der Allegorese an den Gleichnissen exemplarisch erarbeiten, und es ist nicht verwunderlich, dass man anhand der Gleichnisauslegung im 20. Jahrhundert gleichsam einen kurzgefassten Durchgang durch die Entwicklung der neutestamentlichen Exegese bekommt. Was es bedeutet, Texte zu interpretieren, wird an den Gleichnissen exemplarisch deutlich. In exegetischer und allgemein theologischer Hinsicht unterliegt es deshalb keinem Zweifel, dass die Gleichnisse als wesentlicher Bestandteil der christlichen Tradition anzusehen sind.

Von daher verwundert es nicht, dass die Gleichnisse des Neuen Testaments zu den Motiven gehören, auf die in der Literatur immer wieder anknüpfend zurückgegriffen wurde. Gleichniselemente prägen unsere Alltagssprache, selbst dort, wo ihr biblischer Ursprung nicht mehr allgemein bekannt ist (barmherziger Samariter, verlorener Sohn etc.). Die Kenntnis der Gleichnisse erweist sich somit als notwendiger Schlüssel zur kulturellen und künstlerischen Überlieferung.[1]

Schließlich bieten die Gleichnisse mit ihrer Metaphorik reiches Anschauungsmaterial für die Eigenheit religiöser Sprache. Angesichts der zunehmenden Erkenntnis, dass ein wesentliches Ziel des Religionsunterrichts darin besteht, religiöse Sprachfähigkeit zu fördern, darf in einem entsprechend strukturierten Unterricht die Beschäftigung mit Gleichnissen nicht fehlen.

---

1 Insofern mutet es merkwürdig an, wenn Schwanitz, Bildung, S. 67ff, in seinem »Bildungskanon« zwar die Vita Jesu einschließlich der Wundergeschichten, nicht aber dessen Gleichnisse für »Bildungsgut« hält.

Exegetische und religionspädagogische Konvergenzen

Da wir uns um ein integratives Modell bemühen, versuchen wir von den verschiedenen exegetischen Ansätzen zu profitieren, indem wir ihre jeweiligen Stärken herausstreichen und sie entsprechend ihrer Aussagekraft and Angemessenheit im Blick auf bestimmte Gleichnisse nutzen. Mit ihrer Hilfe sollen »elementare Strukturen« der Gleichnisse herausgearbeitet werden. Wir beschränken uns nicht auf das Benennen von Deutungshypothesen, sondern stellen solche Züge im einzelnen Gleichnis heraus, von denen wir erwarten, dass sie in die Lebenswelt der Schüler hineingetragen werden können. Diese Lebenswelt gilt es zu beleuchten, einmal im Hinblick auf altersspezifische Rezeptionsweisen, zum anderen auf vermutete Assoziationsbrücken zur Erfahrungswelt des Gleichnisses. Die Zusammenführung der Erfahrungswelten der Bibel und der Schüler bildet den zentralen Punkt unseres Vorgehens. Dabei kann es nicht um ein Abbilden der einen Welt in der anderen gehen; vielmehr sind gerade auch die fremden und konfrontativen Erfahrungsinhalte herauszustreichen.

Bei einem so verstandenen »Elementarisierungsprozess« geht es nicht um Verkürzung oder Vereinfachung. Wichtig ist vielmehr, nach grundlegenden und korrelierenden Zügen der Gleichnis- und der Rezeptionswelt zu suchen. Diese Suche stellt sich dar als das Fragen nach Bedeutsamkeit. So wie die Exegese über die philologische Genauigkeit hinaus nach dem fragt, was in der Mitteilungsperspektive der Texte wichtig ist, so muss die Religionspädagogik fragen, warum sie meint, gerade diese Aussage, gerade dieses Gleichnis hier und heute in den Unterricht einbringen zu sollen. Nicht zuletzt in dieser Frage nach Relevanz konvergieren die exegetische und die religionspädagogische Perspektive.

Empirische Forschung

Im vergangenen Jahrzehnt hat sich im deutschsprachigen Raum allmählich die Erkenntnis durchgesetzt, dass konkrete Probleme des Lehrens und Lernens innerhalb der Religionspädagogik einer empirischen Überprüfung bedürfen. Dabei sind viele Befunde zwar nur bedingt repräsentativ. Denn unterrichtliche Wirklichkeit ist so komplex, dass der Versuch, alle Variablen zu kontrollieren, scheitern muss. Allerdings lassen die oft mit qualitativen Forschungsmethoden gewonnenen Ergebnisse doch Schlüsse auf ähnliche Situationen zu und erzeugen auf diese Weise Plausibilitäten. Dies hat uns dazu ermuntert, an den Stellen, wo wir in der Literatur keine Vorlagen finden konnten, selbst eine »kontrollierte Praxis« zu organisieren. Wir haben in diesen Fällen Unterrichtsversuche durchgeführt und dokumentiert. So konnten wir in der Regel Hinweise gewinnen, in welche Richtung ein Thema bei den Schülerinnen tendiert. Wir konnten auch in etwa ermessen, was unter optimalen Bedingungen an Verstehen möglich ist, bzw. an welcher Verstehensschwelle die Gleichnisrezeption in einer bestimmten Altersstufe wohl eher scheitern wird. Das Studium der Rezeption erweist sich aber auch in dem Sinne als produktiv, dass hier oft Verstehenswege aufscheinen, die offensichtliche Parallelen in der Geschichte und Gegenwart der exegetischen Forschung haben.

Verstehensmöglichkeiten und altersmäßige Zuordnung

Gleichnisse sind schön – und manchmal ganz schön schwer. Ein Gleichnis als Gleichnis zu verstehen setzt ein bestimmtes Verstehensniveau voraus. Von grundlegender Bedeutung ist dabei der Übergang vom konkret-operationalen zum formal-operationalen Denken. Ein zum Transfer zwischen dem Geschehen in der Gleichniserzählung (traditionellerweise Bildhälfte) und der durch Jesu Erzählkontext mit den damit angesprochenen Adressaten und Problemen (traditionellerweise Sachhälfte) notwendiges Verstehensniveau haben nach Hermans 80 Prozent der Gymnasiasten, aber nur 5 Prozent der Realschüler in der 7. Klasse erreicht.[2] Auch wenn man solche Berechnungen nicht mit dogmatischem Eifer übernimmt, erfordert eine dem metaphorischen Bedeutungsüberschuss von Gleichnissen angemessene Deutung offenbar bestimmte formal-operationale Denkvoraussetzungen. Behandelt man Gleichnisse in der 5. und 6. Klasse oder der Grundschule, muss man damit rechnen, die inhaltlichen Vermittlungsziele »nur« auf der Basis bestimmter Verstehensvoraussetzungen erreichen zu können und zugleich selbst einen Beitrag leisten zu müssen für die Anbahnung metaphorischen Verstehens. Dass umgekehrt das Erreichen der formal-operationalen Stufe keine Garantie für eine angemessene Interpretationsleistung ist, wird bei schwierigen Texten wie etwa dem »ungerechten Haushalter« (Lk 16,1–13) unübersehbar.[3]

Diese Erkenntnis schließt die Behandlung von Gleichnissen in der konkret-operationalen Phase nicht aus, macht aber eine stärkere Konzentration auf den Handlungsverlauf der Erzählungen notwendig. Es unterliegt keinem Zweifel, dass man einzelne Gleichnisse als Geschichten bereits in der Grundschule erzählen kann.[4] Das »verlorene Schaf« oder der »barmherzigen Samaritaner« lassen sich ohne den lukanischen Rahmen erzählen, wenngleich die Gefahr besteht, den ersten Text zur Tiergeschichte und den zweiten zu einer Geschichte von hilfsbereiten Menschen zu verkürzen. Exegetische Ansätze, die das Gleichnis als »autonomes Kunstwerk«[5] verstehen, liefern dafür auch eine exegetische Begründung. Der theologische Preis eines solchen Vorgehens liegt jedoch in der faktischen Abtrennung der Geschichte von der Person Jesu, seiner Verkündigung und seinen Taten. Und ganz pragmatisch ist zu fragen, ob eine Behandlung von Gleichnissen in der Sekundarstufe I sinnvoll ist, wenn diese vom Vorschulalter an längst und immer wieder behandelt worden sind.

Ein weiterer Gedanke ist in diesem Zusammenhang ebenfalls wichtig. Grundsätzlich ist mit der Möglichkeit zu rechnen, dass Lernende Interpretationsversuche zu den Gleichnissen erarbeiten, die den Rahmen der Unterrichtsvorbereitung durch die Lehrenden und deren Erwartungen überschreiten. Solche Interpretationsversuche sind, auch wenn sie herkömmlichen Auslegungsmodellen zuwiderlaufen, zu verstehen als legitime Bemühungen, die Bilder und Themen der Gleichnisse in die eigene Lebens-

---

2 Hermans, Gleichnisse, S. 144.
3 Vgl. hierzu oben, S. 11f.
4 Vgl. hierzu oben, S. 61.
5 Vgl. hierzu oben, S. 33f.

welt zu übertragen. Sie lassen sich häufig beziehen auf die »großen existenziellen Fragen«. Dem entspricht von exegetischer Seite die Erkenntnis, dass es den einen, unzweifelhaft feststehenden Textsinn nicht gibt und gerade bei den Gleichnissen nicht geben kann. Denn Gleichnisse sprechen von Erfahrung so, dass sie sie zugleich transzendieren. In diesem die Erfahrung überschreitenden Bereich des Textverstehens kann es keine definitorisch eingrenzbaren Sinnbereiche geben.

Die Lehrperson wird deshalb bei der Behandlung von Gleichnissen den Diskurs über die verschiedenen Gleichnisauslegungen als engagierte und existenziell sich einbringende Teilnehmerin führen. Die wissenschaftliche Auslegung und die christliche Tradition dienen dabei als regulative Größen, ohne dass sie die mögliche Vielfalt der Deutungen und Ahnungen von vornherein begrenzen. Die Kenntnis unterschiedlicher Deutungsvarianten der Auslegungsgeschichte kann die Aufgeschlossenheit für unerwartete Interpretationen von Seiten der Schülerinnen und Schüler fördern und die Offenheit für den aktuellen Verstehensprozess unterstützen.

Elementarisierung in der Gleichnisdidaktik

Elementarisierung ist in der Gleichnisdidaktik als Schnittmenge exegetischer und religionspädagogischer Verstehensbemühungen zu beschreiben. Wenn man das exegetische Interpretationsmodell[6] mit den hier zugrunde gelegten religionspädagogischen

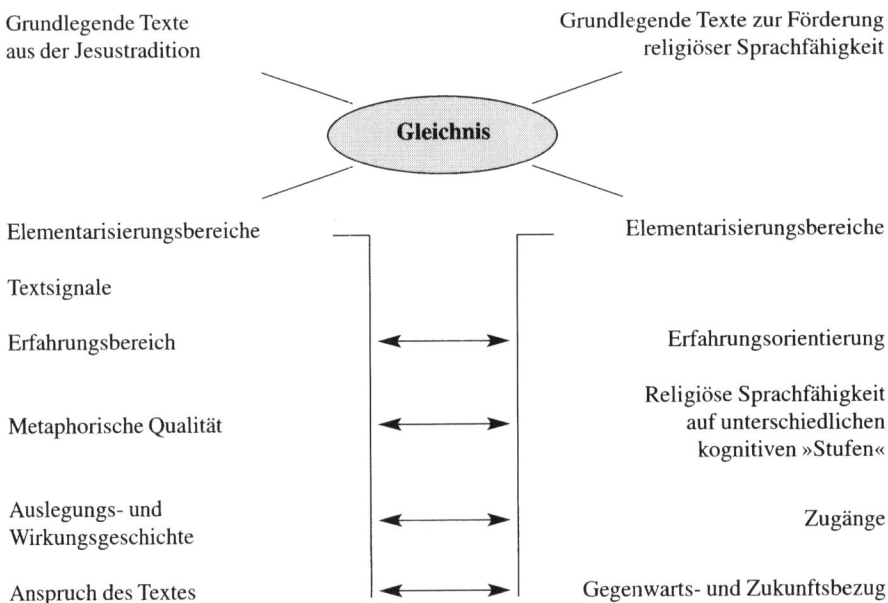

6 Vgl. hierzu oben, S. 46

Erkenntnissen verknüpft, kommt man zu einem Auslegungsmodell, das sich in wechselseitiger Beziehung wie im Schaubild darstellen lässt.

Elementarisierung ist demnach in der Gleichnisdidaktik als ein Prozess zu beschreiben, der die textbezogenen und die auf die Schülerinnen und Schüler bezogenen Elementarisierungsbereiche zueinander in Beziehung setzt und in ihrer wechselseitigen Bezugnahme für den Religionsunterricht fruchtbar zu machen versucht. Dabei sind in beiden Elementarisierungsbereichen jeweils eigene Aspekte zu berücksichtigen. Dies gilt besonders für die Textsignale auf der einen, die spezifischen Verstehensmöglichkeiten auf der anderen Seite. Erfahrungsorientierung ist ein Stichwort, das sowohl im Blick auf den Text als auch auf die Adressaten des Unterrichts zu buchstabieren ist. Vor allem hier und in der Dimension der elementaren Wahrheiten (Anspruch des Textes, Gegenwarts- und Zukunftsbezug) treten beide Bereiche in gegenseitigen Austausch.

Auswahl der zu behandelnden Gleichnisse

In Lehrplänen, Schulbüchern und Unterrichtsmaterialien für den Religionsunterricht finden sich Gleichnisse mit großer Regelmäßigkeit. Die dabei getroffene Auswahl, die nur selten explizit begründet wird, lässt sich in der Regel nachvollziehen anhand der Kriterien Verständlichkeit, Altersperspektive und mögliche Relevanz für die Schülerinnen. Diese Kriterien sind sinnvoll und werden auch hier berücksichtigt. Darüber hinaus geht es uns darum, aus der Verknüpfung exegetischer und religionspädagogischer Gleichnisforschung Erkenntnisse für die Auswahl von Gleichnissen für den Religionsunterricht zu gewinnen. Bei der didaktischen Aufgabe der Auswahl sind Inhalts- und Vermittlungsfragen so aufeinander zu beziehen, dass plausible Lösungen eigener Art gewonnen werden.

Unsere Überlegungen gehen deshalb dahin, die Gleichnisse gemäß einer Hierarchie unterschiedlicher Komplexität zu ordnen. Die Komplexität ergibt sich dabei zunächst durch die nötigen Denkbewegungen, Übertragungen und Generalisierungen, die das Gleichnis fordert. Es liegt auf der Hand, dass zum Verstehen der Parabel von den Arbeitern im Weinberg stärkere Denk- und Übertragungsleistungen notwendig sind als bei dem Gleichnis vom verlorenen Schaf. Ebenso wichtig ist sodann die Nähe der Erfahrungswelt der Gleichnisse zu der der Rezipienten. Angesichts der Tendenz, die erzählte Geschichte im Kontext eigener, unmittelbarer Naherfahrung zu interpretieren, wird man fragen müssen, bei welchen Gleichnissen dies angemessen ist und bei welchen nicht. Erfordert die neutestamentliche Geschichte, weil sie fremde Gepflogenheiten (z. B. in der Landwirtschaft) voraussetzt, erst einen längeren Erarbeitungsprozess, dann ist der Versuch eines sich daran anschließenden Transfers häufig vergebens. Von daher ist die Frage der Nähe bzw. der Ferne des Gleichnisses zur Lebenswelt der Kinder, Jugendlichen und Erwachsenen ein entscheidendes Kriterium für die Eignung von Gleichnissen für heutige Rezipienten. Dabei sind wir auf Grund praktischer Versuche geneigt, den Aspekt der Nähe zur Lebenswelt noch höher einzustufen als den des kognitiven Niveaus. Wir halten es deshalb für möglich, unter bestimmten Bedingungen mit der Erarbeitung von Gleichnissen bereits auf dem konkret-operationalen Niveau anzufangen. Dies gilt für die Grundschule und hat weit reichende Konsequenzen für die Arbeit in der Orientierungsstufe. Für Jugendliche und Erwachsene halten wir eine didaktische Reflexion gleichermaßen für zwingend, denn auch dort ist eine unmittelbare Rezeption der exegetischen Befunde in der Regel nicht möglich.

Auf Grund dieser Überlegungen unterscheiden wir vier Gruppen von Gleichnissen. Es handelt sich dabei nicht um eine Systematisierung der Gleichnisse als solcher, sondern aus der Perspektive des Religionsunterrichts, die freilich exegetische Erkenntnisse mit aufnimmt. Folgende Einteilung scheint uns sinnvoll zu sein:

(1) Erfahrungsnahe Gleichnisse wie die vom Suchen und Finden (Lk 15,4ff) können nach unserer Meinung in der Grundschule so behandelt werden, dass sie einerseits den kindlichen Rezeptionsbedingungen entsprechen und andererseits Kindern den Bezug zu Jesu Handeln plausibel machen. Erfahrung wird dabei von beiden Seiten aus angesprochen und ist als Erfahrungshorizont des Gleichnisses (suchen – finden – ausgrenzen – annehmen) und als Erfahrungshorizont von Kinder im Grundschulalter (verlieren – finden – verloren sein – gefunden werden) darzulegen.

(2) Ähnliches erwarten wir von erfahrungsnahen Gleichnissen, die eine zentrale Metapher ausdeuten, vor allem die Metapher Reich Gottes (vgl. Mk 4,30–32). Reich-Gottes-Gleichnisse wollen Erfahrungen überschreiten und Ahnungen von Gott wecken, indem sie alltägliche Vorgänge der erzählten Welt in einer einfachen Erzählstruktur aufnehmen und zugleich transzendieren. Die einfache Erzählstruktur und die Konzentration auf die zentrale Metapher lassen erwarten, dass der Unterricht die Reich-Gottes-Thematik auch in den Verstehenskategorien konkret-operationalen Denkens vermitteln kann. Gleichwohl wird hier die »Tür geöffnet« für ein die Realität übersteigendes Verstehen. Wir siedeln die Behandlung solcher Gleichnisse deshalb altersmäßig zwischen den Klassen 3 und 6 an.

(3) Eine dritte Gruppe von Gleichnissen stellt herkömmliche Deutungsmuster in Frage und provoziert neue Erfahrungen. Hierzu gehören vor allem Parabeln und Beispielerzählungen wie Lk 15,11ff; Mt 20,1ff; Lk 10, 29ff. Solche Texte sind sinnvoll erst ab dem 7. Schuljahr einzusetzen. Vorher wird z. B. das Verhalten des Vaters bzw. Weinbergbesitzers in Lk15,11ff; Mt 20,1ff von den Lernenden nahezu notwendigerweise als ungerecht bezeichnet werden. Und der Perspektivenwechsel zwischen Lk 10, 29 und 36 ist von jüngeren Schülern nur selten zu leisten.[7]

(4) Gleichnisse, die ein sachgemäßes Verhalten in deutlicher Verfremdung zur Sprache bringen (wie etwa Lk 16,1ff; 18,1ff), bilden die vierte Gruppe. Ob solche Gleichnisse überhaupt in der Sekundarstufe I behandelt werden können, scheint fraglich. Erfahrungen mit Studierenden zeigen, dass das Verhalten des »ungerechten Haushalters« (Lk 16,1ff.) selbst für viele von ihnen unverständlich bleibt.

---

7 Vgl. hierzu unten, S. 175f.

Elementarisierung in der Gleichnisdidaktik

- Elementarisierung ist in der Gleichnisdidaktik als Schnittmenge exegetischer und religionspädagogischer Verstehensbemühungen zu beschreiben.
- Die textbezogenen und die auf die Schüler bezogenen Elementarisierungsbereiche werden zueinander in Beziehung gesetzt und in ihrer wechselseitigen Bezugnahme für den Religionsunterricht fruchtbar gemacht.
- Die Gleichnisse werden in einer Hierarchie unterschiedlicher Komplexität eingeordnet. Es wird unterschieden zwischen erfahrungsnahen Gleichnissen, erfahrungsnahen Gleichnissen mit einer zentralen Metapher, Gleichnissen, die neue Erfahrungen provozieren, und verfremdenden Gleichnissen.

Gliederung der Arbeitsschritte

In den nächsten Kapiteln werden verschiedene Gleichnisse vor dem Hintergrund der hier erarbeiteten Theorie vorgestellt. Dabei gehen wir in folgenden Schritten vor:

- Ein einleitender Impuls, in der Regel ausgehend von einer Bilddarstellung des Gleichnisses, stößt den Verstehensprozess an. Bilder sind Interpretationen, die Verstehensprozesse auf eigenständige Weise öffnen können und die zugleich einen Blick in die Auslegungsgeschichte der Texte zulassen.
- Elementare Strukturen: Hier werden exegetische Befunde zum Text vorgestellt und im Blick auf dessen Grundlinien konzentriert.
- Elementare Erfahrungen: Hier geht es zum einen um Erfahrungen, die in das Gleichnis selbst eingegangen sind, zum anderen um Erfahrungen in der Lebenswelt der Schüler/innen, die in den Umkreis des Gleichnisses gehören.
- Elementare Zugänge: Hier werden die bei den Schülerinnen und Schülern erkannten oder vermuteten Zugangsweisen zum Text aus der Perspektive der Entwicklungspsychologie beschrieben.
- Elementare Wahrheit: Hier geht es um die Verschränkung der aus den Grundlinien des Textes erhobenen Mitteilungsabsicht mit wesentlichen Gegenwarts- und Zukunftsfragen der Kinder und Jugendlichen.
- Konkretionen: An dieser Stelle sollen »didaktische Fenster« geöffnet und konkrete Hinweise auf mögliche Stundenplanungen gegeben werden.

Ein Präzedenzfall:
Die sich durchsetzende Saat (Mk 4,3–9.13–20)

Die im vorangehenden Kapitel dargestellte Interpretationstheorie lässt sich besonders am Gleichnis von der sich durchsetzenden Saat verfolgen. Hier kann man die elementarisierenden Fragestellungen und damit das methodische Vorgehen gut erkennen. Zugleich handelt es sich um einen Abschnitt, der sehr unterschiedlich gedeutet worden ist und bei dem die verschiedenen Möglichkeiten des Verstehens abhängig sind von entwicklungspsychologischen Voraussetzungen. Schließlich zeigt die Tatsache, dass bereits in Mk 4 eine Deutung des Gleichnisses überliefert ist, dass die Bemühung um das Verstehen der Gleichnisse von Anfang an zur Gleichnisüberlieferung hinzugehört.

Mk 4,3–9	Mk 4,13–20	K. Wolff: Wort[1]
Hört zu! Siehe, es ging ein Sämann aus zu säen. Und es begab sich, indem er säte, dass einiges auf den Weg fiel; da kamen die Vögel und fraßen's auf. Einiges fiel auf felsigen Boden, wo es nicht viel Erde hatte, und ging alsbald auf, weil es keine tiefe Erde hatte. Als nun die Sonne aufging, verwelkte es, und weil es keine Wurzel hatte, verdorrte es. Und einiges fiel unter die Dornen, und die Dornen wuchsen empor und erstickten's, und es brachte keine Frucht. Und einiges fiel auf gutes Land, ging auf und wuchs und brachte Frucht, und einiges trug dreißigfach und einiges sechzigfach und einiges hundertfach. Und er sprach: Wer Ohren hat zu hören, der höre!	Und er sprach zu ihnen: Versteht ihr dies Gleichnis nicht, wie wollt ihr dann die andern alle verstehen? Der Sämann sät das Wort. Das aber sind die auf dem Wege: wenn das Wort gesät wird und sie es gehört haben, kommt sogleich der Satan und nimmt das Wort weg, das in sie gesät war. Desgleichen auch die, bei denen auf felsigen Boden gesät ist: wenn sie das Wort gehört haben, nehmen sie es sogleich mit Freuden auf, aber sie haben keine Wurzel in sich, sondern sind wetterwendisch; wenn sich Bedrängnis oder Verfolgung um des Wortes willen erhebt, so fallen sie sogleich ab. Und andere sind die, bei denen unter die Dornen gesät ist: die hören das Wort, und die Sorgen der Welt und der betrügerische Reichtum und die Begierden nach allem andern dringen ein und ersticken das Wort, und es bleibt ohne Frucht. Diese aber sind's, bei denen auf gutes Land gesät ist: die hören das Wort und nehmen's an und bringen Frucht, einige dreißigfach und einige sechzigfach und einige hundertfach.	Wie vom Wind in die Menschenmenge gewehter Samen wird das schnelle Wort von Vögeln aufgeschnappt auf Steinen zertreten aufgespießt von Nadelspitzen. Doch das geduldig gehörte Wort schafft Handlungsfreiheit für Einzelne.

1 Zitiert nach Berg / Berg, Himmel S. 79f.

Das Gleichnis von der sich durchsetzenden Saat Mk 4,3–9 ist in seiner frühesten schriftlichen Fassung im Rahmen einer kleinen Sammlung von Gleichnissen in Mk 4 überliefert. Es ist dort verbunden mit einer Deutung in 4,13–20. Das Gedicht von Kurt Wolff ist einer von vielen Interpretationsversuchen des Gleichnisses Mk 4, 3–9. Allerdings muss man genau hinsehen: Im Gleichnis selbst ist von »dem Wort« gar nicht die Rede. Damit wird der Same erst in V. 14 verknüpft: »Der Sämann sät das Wort.« Genau genommen interpretiert das Gedicht also nicht das Gleichnis, sondern die erste Deutung des Gleichnisses. Ob damit das Gleichnis selbst getroffen ist, ist noch nicht ausgemacht. Es spricht sogar manches dafür, dass das ursprüngliche Gleichnis nicht in diesem Sinn verstanden werden will.

Folgende Literatur wird im Besonderen herangezogen:
- Jeremias, Die Gleichnisse Jesu
- Mell, Die Zeit der Gottesherrschaft
- Müller, Wie werdet ihr alle Gleichnisse verstehen?
- Nipkow, Grundfragen, Band 3
- Schweizer / Nipkow / Faust-Siehl / Krupka, Religionsunterricht
- Weder, Die Gleichnisse Jesu als Metaphern

Elementare Strukturen

Die Frage nach der elementaren Struktur versucht die innere Gliederung und die Sinnlinien eines Textes herauszuarbeiten. Mit Hilfe verschiedener Analyseverfahren (z. B. der Frage nach der Abfolge von Szenen, nach Wiederholungen, Oppositionen etc.) lassen sich Strukturen aufzeigen, die für das Verständnis des Textes zentral sind. Wenn man auf die Gliederungssignale in Mk 4,3–9 achtet (die Deutung in 4,13–20 bleibt zunächst unberücksichtigt)[2], kann man das Gleichnis folgendermaßen notieren:

				Mk 4.3–9
3	Hört! Siehe,	es ging ein Sämann aus zu säen.		
4		Und es begab sich, indem er säte,	da fiel einiges auf den Weg;	da kamen die Vögel und fraßen es auf.

---

2 Vgl. hierzu unten, S. 93ff. Unberücksichtigt bleibt auch die Frage nach einer Vorgeschichte des Textes. Von einer solchen Vorgeschichte kann man ausgehen; schon der doppelte Aufmerksamkeitsimpuls »hört« und »siehe« lässt darauf schließen. Mell, Zeit, geht in seiner Auslegung des Gleichnisses davon aus, dass bereits auf der vormarkinischen Überlieferungsstufe das ursprüngliche Jesusgleichnis allegorische Zusätze erhalten habe. Dieser Interpretationsvorgang könnte die explizite Allegorisierung in 4,13ff erklären. In der vorliegenden Auslegung werden die denkbaren allegorischen Züge der vormarkinischen Fassung weniger stark gewichtet.

					Mk 4.3–9
5				Anderes fiel auf felsigen Boden, wo es nicht viel Erde hatte,	und ging alsbald auf, weil es keine tiefe Erde hatte.
6					Als nun die Sonne aufging, verwelkte es, und weil es keine Wurzel hatte, verdorrte es.
7				Und anderes fiel unter die Dornen,	und die Dornen wuchsen empor und erstickten es, und es brachte keine Frucht.
8				Und das andere fiel auf guten Boden	und wuchs auf und brachte Frucht, das eine dreißigfach, das andere sechzigfach, das andere hundertfach.
9	Und er sprach: Wer Ohren hat zu hören, höre!				

Folgende Beobachtungen am Text fallen besonders auf:

- Eingerahmt ist das Gleichnis von Aufforderungen zur Aufmerksamkeit. Es geht um das Sehen und vor allem um das Hören (V. 3.9). Die Hervorhebung des Normalfalls (dass jemand »Ohren hat zu hören«) weist über ein bloß akustisches Hören hinaus auf ein verstehendes Hören hin.
- Subjekt des Handelns ist zunächst (V. 3.4a) der Sämann. Im Mittelpunkt der Erzählung steht aber nicht er, sondern der Same. Erzählt wird, was der Same »tut« und was mit ihm geschieht.
- Das Ergehen des Samens wird in drei Sätzen zunächst negativ beschrieben. Die Sätze sind im Wesentlichen parallel aufgebaut. Zunächst wird jeweils gesagt, wohin ein Teil des Samens fällt: auf den Weg, auf felsigen Boden (hier ist die Beschreibung etwas erweitert), unter die Dornen. Danach wird beschrieben, was mit dem Samen auf dem jeweiligen Boden geschieht: Er wird von den Vögeln gefressen, er verdorrt, er wird von den Dornen erstickt. Die Schlussbemerkung von V. 7 (»und es brachte keine Frucht«) bezieht sich faktisch auf das Ergehen des Samens insgesamt. Die Bemerkung hat abschließenden Charakter.
- V. 8 beschreibt das Ergehen des Samens, der auf guten Boden fällt und Frucht trägt. Der Ertrag ist dreifach gegliedert: dreißigfach, sechzigfach, hundertfach. Dies unterstreicht die Größe des Ertrages und steht in Opposition zu dem dreifach schlechten Boden. Es werden also gegenübergestellt: das Ergehen des Samens auf schlechtem Boden in dreifacher Variation – der Ertrag des Samens auf gutem Boden in dreifacher Fülle.
- Die Saatmenge, die jeweils auf einen bestimmten Teil des Bodens fällt, bleibt unbestimmt. Die Menge beim guten Boden ist jedenfalls nicht bloß ein Viertel der Gesamtmenge (beim schlechten Boden steht im Griechischen jeweils der

Singular, beim guten der Plural). Der große Ertrag beim guten Boden gleicht den Misserfolg nicht nur aus, sondern übertrifft ihn.

Fasst man diese Beobachtungen zusammen, so ergibt sich: Am Ende des Gleichnisses[3] steht der außerordentlich große Ertrag. Darauf läuft der Text hinaus. Vom Anfang her könnte man zwar meinen, der Misserfolg sei unumgänglich, so eindeutig ist, was mit dem Samen geschieht; er wird gefressen, ausgetrocknet oder erstickt. Mit jedem der ersten drei Sätze wird die (unausgesprochene) Frage dringlicher: Ist von dieser Saat überhaupt noch ein Ertrag zu erwarten? Die Antwort aber steht am Ende: Die Saat trägt dennoch Frucht, und zwar sehr viel. Der Aufmerksamkeitsimpuls in V. 9 unterstreicht dies. Damit aber wird die gängige Überschrift »vom vierfachen Acker« den Textsignalen des Gleichnisses nicht wirklich gerecht. Es geht nicht um den Acker und dessen Beschaffenheit, es geht vielmehr um die Saat, die allen Widrigkeiten zum Trotz aufgeht.[4] Die herkömmliche Überschrift ist allerdings nicht einfach aus der Luft gegriffen; sie verdankt sich vielmehr der ersten Deutung des Gleichnisses in 4,13–20. Zunächst ist aber das Gleichnis ohne diese Deutung zu lesen, so wie auch die alte Buchmalerei sich auf das Gleichnis beschränkt.

Buchmalerei aus dem »Hortus deliciarum«, um 1170

---

3 Dass die Zeit der Aussaat von der Ernte besonders abgehoben wäre (so Jeremias, Gleichnisse, S. 149), kann man nicht sagen. Natürlich liegt die Aussaat vor der Ernte; aber der Ernteaspekt ist auch schon in V. 7 festgehalten; auf schlechtem Boden bringt der Same keine Frucht.
4 In der Literatur finden sich u.a. folgende Überschriften: Das Gleichnis vom vielerlei Acker (Weder, Gleichnisse, S. 108), das Gleichnis vom vielerlei Acker und seine Deutung (Linnemann, Gleichnisse, S. 120ff), Saat und Ernte (Jeremias, Gleichnisse, 149f) bzw. das Gleichnis vom Sämann (ebd., S. 75ff; Eichholz, Gleichnisse, 65ff), das Gleichnis von Saat und Acker (Westermann, Vergleiche, S. 125), das Gleichnis von der Aussaat (Johannsen, Gleichnisse, S. 76ff).

Elementare Erfahrungen

Elementare Erfahrungen stellen eine zweite Dimension im religionspädagogischen Beziehungsgefüge dar. Im Blick auf Mk 4,3–9 muss von Erfahrungen auf zwei verschiedenen Ebenen gesprochen werden. Es geht zum einen um Erfahrungen, die im Text zu erkennen und bei seiner Entstehung in ihn eingegangen sind; zum anderen geht es um den Erfahrungshorizont derer, die heute dieses Gleichnis zu verstehen versuchen.

(1) In den Text sind offensichtlich Erfahrungen aus dem Bereich der Landwirtschaft eingegangen. Der Impuls »siehe« in V. 3 stellt einen bekannten Vorgang vor Augen. Welche Erfahrungen aber werden konkret angesprochen? Die Bestimmung des Erfahrungshintergrundes war lange Zeit geprägt durch die einflussreiche Auffassung von Jeremias[5]:

»Es ist merkwürdig, dass der Sämann Mk 4,3–8 so ungeschickt sät, dass viel verloren geht; man sollte erwarten, dass der Regelfall des Säens geschildert wird. Das geschieht in Wirklichkeit auch; man erkennt das, wenn man weiß, wie in Palästina gesät wird: nämlich vor dem Pflügen! Der Sämann des Gleichnisses schreitet also über das ungepflügte Stoppelfeld! Nun wird begreiflich, warum er auf den Weg sät: absichtlich besät er den Weg, den wohl die Dorfbewohner über das Stoppelfeld getreten haben, weil er mit eingepflügt werden soll. Absichtlich sät er auf die Dornen, die verdorrt auf dem Brachfeld stehen, weil auch sie mit untergepflügt werden sollen. Und dass Saatkörner auf das Felsige fallen, kann jetzt nicht mehr überraschen: Die Kalkfelsen sind von dünner Ackerkrume bedeckt und heben sich kaum oder gar nicht vom Stoppelfeld ab, bevor die Pflugschar knirschend gegen sie stößt. Was dem Abendländer als Ungeschick erscheint, erweist sich für palästinische Verhältnisse als Regel.«

Bevor Sie weiterlesen: Was würde es für die Auslegung des Textes bedeuten, wenn ein Bauer tatsächlich in dieser Weise erst sät und dann pflügt?

Jeremias geht davon aus, dass der Sämann den Samen voller Absicht ohne Rücksicht auf die Beschaffenheit des Bodens aussät, da der Boden erst hinterher gepflügt werde. Diese Vorgehensweise wertet er theologisch aus: Im absichtsvollen Säen des Sämanns erkennt er die Verkündigung Jesu, die allen gelte, dabei aber keineswegs überall Erfolg habe.[6] Ganz ähnlich erklärt Julius Schniewind, dass der Sämann drei Viertel des Samens auf schlechten Boden gesät habe, und zieht daraus die theologische Schlussfolgerung, dass der »normale Erfolg des Wortes Gottes der Misserfolg« sei.[7]

---

5   Gleichnisse, S. 7f. Er beruft sich dabei auf Dalman, G., Viererlei Acker.
6   Daneben kam es Jeremias in seiner Gleichnisauslegung immer auch darauf an, das realistische Kolorit der Gleichnisse nachzuweisen, um sie als ureigenste Worte Jesu festhalten zu können.
7   So Schniewind, Mk, S. 60f.

Bei Jeremias wie bei Schniewind werden also von Erfahrungen, die in den Text eingegangen sind, Schlussfolgerungen für die Auslegung der Texte gezogen. Allerdings sind diese Schlussfolgerungen voreilig. Denn anders als Jeremias behauptete und viele ihm nachsprachen, kennt man in der zeitgenössischen Landwirtschaft das Pflügen sowohl vor als auch nach der Saat. In der Regel wurde das Feld vor der Saat mindestens zweimal gepflügt, einmal »vor dem Einsetzen des Regens, um das Feld nach der Ernte zu lockern oder um die Brache vom gewachsenen Unkraut zu befreien. Zum zweiten Mal direkt vor der Saat.«[8]

> Belege für das Säen vor dem Pflügen finden sich z. B. im Talmud-Traktat Schabat (bSchab 73a [VII 2]). Hier werden als Erste der 39 Hauptarbeiten aufgezählt: »Säen, Pflügen, Mähen, Garben, Dreschen ...«. Im Jubiläenbuch (entstanden um 100 v. Chr.) findet sich in 11,11 folgender Hinweis: »Und der Fürst Mastema schickte Raben und Vögel, damit sie die Saat, die auf der Erde gesät war, fräßen, um die Erde zu verderben, um den Menschenkindern [den Ertrag] ihre[r] Arbeit zu rauben. Ehe sie den Samen einpflügten, lasen [ihn] die Raben von der Oberfläche der Erde auf«.[9] Auf der anderen Seite kennt bereits das Alte Testament Beleg für das Pflügen vor dem Säen. Jes 28,24–26: »Pflügt oder gräbt oder bricht denn ein Ackermann seinen Acker zur Saat immerfort um? Ist's nicht so: Wenn er ihn geebnet hat, dann streut er Dill und wirft Kümmel und sät Weizen und Gerste, ein jedes, wohin er's haben will, und Spelt an den Rand? So unterwies ihn sein Gott und lehrte ihn, wie es recht sei«; Jer 4,2: »Denn so spricht der Herr zu denen in Juda und zu Jerusalem: Pflüget ein Neues und säet nicht unter die Dornen!«

Der Bauer kennt sein Stück Land also durchaus, bevor er mit dem Säen beginnt, und dass er absichtsvoll einen großen Teil des Samens auf unbrauchbaren Boden streue, geht weder aus dem Gleichnis hervor noch lässt es sich an Vergleichstexten eindeutig belegen. Deshalb muss man auch bei den theologischen Schlussfolgerungen Vorsicht walten lassen. Und umgekehrt: Gerade weil aus dem Erfahrungshintergrund theologische Schlüsse gezogen werden können, ist es wichtig, diesen Hintergrund möglichst umfassend aufzuhellen. Nun haben wir es bei diesem Gleichnis natürlich nicht mit einem »Handbuch für ... Agrartechnik« zu tun.[10] Allerdings handelt es sich auch nicht um ein frei erfundenes Bild. Vielmehr geht es hier um das, was beim Säen immer wieder passierte: Etwas von dem Samen konnte bei der üblichen Breitwurfsaat[11] an den Wegesrand fallen, etwas auf die dort zusammengetragenen Steine und etwas in die Dornen am Rand des Feldes. Das alles war möglich – und wird hier in einen einzigen Erzählverlauf zusammengezogen. Jeweils für sich genommen kommt dies beim Säen in der Tat vor[12], und insofern greift die Erzählung alltägliche Erfahrungen auf. Die Zusammenstellung dieser Vorkommnisse allerdings wirkt übersteigert, weil sie den Blick

---

8 Habbe, Palästina, S. 79f.
9 Zitiert nach Kautzsch, Apokryphen II, S. 60f.
10 Klauck, Allegorie, S. 190.
11 Vgl. Habbe, Palästina, S. 79f.
12 Vgl. Schmithals, Mk I, S. 229: »Das Bild trägt zusammen, was dem Bauern, auch wenn er sorgsam mit seinem Samen umgeht, da oder dort widerfahren kann. ... So gesehen sprechen die einzelnen Bilder für sich und zeugen von trefflicher Naturbeobachtung.«

zunächst ausschließlich auf das lenkt, was an Widrigkeiten das Wachstum behindern konnte. In dieser Zusammenstellung haben die verschiedenen Hinweise also verfremdenden Charakter. Wenn man sich darauf konzentriert, könnte man den Eindruck gewinnen, dass am Ende überhaupt kein Ertrag zu erwarten sei, wie denn V. 7 festhält: »und es brachte keine Frucht«. Die Zielaussage des Gleichnisses ist dies freilich nicht. Sie liegt vielmehr im reichen Ertrag in V. 8. »Das Verhältnis von Saatgut zu Ernte lag bei Weizen bei eins zu zehn, bei Gerste eins zu fünfzehn.«[13] Schon ein dreißigfacher Ertrag wäre also überdurchschnittlich gut, und ein sechzig- bis hundertfacher Ertrag überschreitet das normale Maß bei weitem. Antike Aussagen über noch wesentlich höhere Erträge, die sich da und dort finden, sind als Übertreibungen gekennzeichnet[14]. Der angegebene Ertrag im Gleichnis kann jedenfalls nur als ein überwältigend gutes Ergebnis bezeichnet werden. Damit aber ist der Erfahrungshintergrund auf eine andere Weise beschrieben als dies bei Jeremias der Fall war. Nicht der vielfache Misserfolg steht im Vordergrund, sondern die Erfahrung, dass sich trotz aller Widrigkeiten die Saat auf dem guten Boden durchsetzt und großen Ertrag bringt. Dies wird durch die ausdrückliche Aufforderung zu einem verstehenden Hören des Gleichnisses unterstrichen.

Im Hintergrund steht eine lange alttestamentliche Tradition, nach der das Organ für ein verstehendes Hören, für ein Hören im eigentlichen Sinn, das Herz ist. Wenn Salomo in 1Kön 3,9 um ein »hörendes Herz« bittet, so wird dies in V. 12 mit einem »weisen und verständigen Herzen« umschrieben. Das tägliche Bekenntnis setzt ein mit dem Hören (»Höre, Israel« Dtn 6,4–9; 11,13–21; Num 15,37–41; vgl. Dtn 5,1), das das »Zu-Herzen-Nehmen«, »Einschärfen«, »Liebhaben« und also den verstehenden und praktizierenden Umgang mit dem Gehörten einschließt. Die Kehrseite ist ein bloß äußerliches Hören, das nicht zum Verstehen und zum Handeln wird. Dtn 29,3 spricht dies an, Jer 5,21 und auch Jes 6,9f, die Stelle, die im Kontext des Gleichnisses in Mk 4,11f zitiert wird.

Verstehendes Hören bedeutet demnach, in dem Gleichnis etwas wahrzunehmen, was man auch übersehen könnte. Und in der Tat, übersehen könnte man die Strategie dieser Geschichte und wie stringent sie erzählt wird: Beim Säen wird der Blick mit einer solchen Konzentration auf den Misserfolg gelenkt, dass der Widerspruch der ursprünglichen Adressaten, die sich ja mit dem Säen auskannten, gar nicht ausbleiben konnte. Natürlich fällt manches von der Saat an den Wegrand oder auch einmal zwischen Dornen, das bleibt gar nicht aus. Aber die Ernte übertrifft doch am Ende bei weitem das, was da oder dort nicht wachsen konnte. Man darf sich den Blick auf den Ertrag nicht durch manche Widrigkeiten verstellen lassen. Ohne Zweifel gibt es sie, aber von der Erwartung des Ertrages her gesehen erscheinen sie in einem anderen

---

13 Habbe, Palästina, S. 97. Dass man dieses Verhältnis durchaus berechnete, zeigt HldR 7,3 § 3: »Man zählt die Saat, bevor man sie hinausträgt zum Säen, und man zählt sie wieder, wenn sie hineingebracht wird von der Tenne.«

14 Vgl. die Angaben bei Klauck, Allegorie, S. 191. Dass gar von allem Samen, der gesät wird, ein tausendfacher (äthHen 10,19) oder ein millionenfacher Ertrag (syrBar 29,5) zu erwarten sei, ist ein Vorgriff auf die von der Apokalyptik erwartete göttliche Welt, hat aber mit der gegenwärtigen nichts zu tun.

Licht. Es wird doch gesät, es wird doch geerntet, es kann doch gar nicht anders sein. Diese Erfahrung steht in einem bestimmten religiösen Deutungsrahmen. Dass auf die Saat die Ernte folgt und einen guten Ertrag erwarten lässt, ergibt sich aus dem unlöslichen Zusammenhang mit der Schöpfung Gottes. Trotz aller Widrigkeiten hören in dieser Welt Saat und Ernte nicht auf, weil Gott diesen verlässlichen Ablauf zugesagt (Gen 1,11) und nach der Flut noch einmal bestätigt hat (Gen 8,22). Die Fruchtbarkeit der Erde und der Ablauf von Säen und Ernten sind von Gott verbürgt und darum verlässlich.

(2) Neben diesen in den Text eingegangenen Erfahrungen müssen im religionspädagogischen Prozess die Erfahrungen der Kinder und Jugendlichen in der Schule Berücksichtigung finden. Erfahrungsorientierung ist zu einem zentralen Stichwort gegenwärtiger Religionspädagogik geworden, und eine allgemein akzeptierte Erkenntnis lautet, dass »die Erfahrungen von damals und die von heute im Religionsunterricht möglichst ›korrelieren‹ sollen«.[15] Dabei ist zwischen einer gewünschten und einer faktischen Korrelation zu unterscheiden. Die Verknüpfung von Erfahrungen geschieht – wie viele empirische Untersuchungen belegen – durch die Lernenden selbst, und sie geschieht oft anders als die Lehrpersonen dies erwarten.[16] Daraus ergibt sich die Erkenntnis, dass für den Religionsunterricht relevante Erfahrungen nicht in erster Linie aus der Perspektive von Erwachsenen zu beschreiben sind, sondern in möglichst großer Annäherung aus der Perspektive von Kindern und Jugendlichen. Diese haben eigene Zugangsweisen zur Religiosität, die im Vergleich mit den Zugängen Erwachsener keineswegs defizitär, wohl aber anders sind.[17] Zu den spezifischen Elementen religiöser Erfahrungsweisen in der Kindheit gehören »die Erwartungen an ein harmonisches Weltbild, an die grundsätzliche Verlässlichkeit der Lebensbezüge, an eine natürliche, gleichsam ›prätemptativ‹ sich einstellende Geborgenheit, nicht zuletzt daran, dass die Eltern, Erwachsene oder eben vor allem Gott die Dinge schon wieder in Ordnung bringen werden ...«[18] »Ein elementarisierendes religionspädagogisches Denken veranlasst somit, die korrelationsdidaktischen Annahmen von der Schülerseite her genauer entwicklungsbezogen zu differenzieren, mit theologischen Ansprüchen zurückhaltender zu sein und die Hauptaufgabe in einer schrittweise vorgehenden Begleitung zu sehen.«[19]

Geht man von den spezifischen Elementen kindlicher Religiosität aus, ergeben sich interessante Verbindungen zu dem Erfahrungshintergrund des Gleichnisses. Sie liegen in der gemeinsamen Grundannahme, dass die Welt verlässlich und von Gott so gewollt ist. Widrigkeiten, die es gibt, stellen in dieser Perspektive die Verlässlichkeit nicht grundsätzlich in Frage. Im Gegenteil, der Blick auf die Widrigkeiten schärft geradezu den Blick für den großen Ertrag und die gute Ordnung, der er sich verdankt. Heutigen

---

15 Schweitzer/Nipkow/Faust-Siehl/Krupka, Religionsunterricht, S. 90.
16 Ebd., S. 94.
17 Ebd., S. 91ff.
18 Ebd., S. 93.
19 Ebd., S. 94. Dass diese Begleitung nicht nur nachgehend sein kann, sondern ebenso anregend, vertiefend und weiterführend, ist S. 95 mit Recht festgehalten.

Schülerinnen sind landwirtschaftliche Wachstumsprozesse oft nicht mehr unmittelbar zugänglich. Aber die Pflanzen im Klassenzimmer und besonders der schnell wachsende Kressesamen stellen Möglichkeiten dar, entsprechende Erfahrungen anzustoßen. Dass dabei mancher Same nicht auf- und manche Pflanze eingeht, stellt den Wachstumsprozess als solchen nicht in Frage, sondern macht auf die Notwendigkeit sorgfältiger Pflege aufmerksam. Darüber hinaus eröffnen sich weitere Themenbereiche. Landwirtschaftliche Methoden können in unserer Welt entscheidend sein für Hunger oder Sattwerden, Essgewohnheiten hier zu Lande wirken sich aus auf die Produktion in anderen Ländern usw. Und von dem Gleichnis aus kann man fragen, ob die Widrigkeiten so groß werden können, dass sie den Ertrag doch in Frage stellen. Aber dies sind weiter gehende Fragen, die sich zunächst weder vom Erfahrungshorizont von Kindern noch vom Erfahrungshintergrund des Textes her stellen. Sie können sich ergeben – und sind dann auch wichtig. Aber die erste Verknüpfungsmöglichkeit stellen sie nicht dar.

(3) Im Übrigen erweist sich das Gleichnis in Mk 4,3–9 als deutungsoffener Text. Von den Gleichnissen in Mk 4 ist er der offenste. Er lenkt den Blick auf Alltägliches – und indem er alle Widrigkeiten für das Wachstum zusammenfassend übertreibt, provoziert er den Einspruch und das genaue Hinsehen. So liegt ein wesentlicher Impuls dieses Gleichnisses im Aufmerken, im Gewahrwerden, dass die Welt mit ihren selbstverständlichen Vorgängen selbst ein Gleichnis ist. Was der Text gleichnishaft umschreibt, wird nicht genannt. Anders als in 4,26 und 4,30 findet sich das Stichwort Gottesherrschaft hier nicht. Dass aber Saat und Ernte Bilder von Gott und seinem Handeln sind, gehört zum allgemeinen Weltwissen.[20] So liegt auf der Hand, dass hier im Verbund mit den beiden anderen Gleichnissen, mit dem Hinweis in 4,11 (»euch ist das Geheimnis der Gottesherrschaft gegeben«) und mit 1,14f Gottes Herrschaft gemeint ist. Auch im Hinblick auf die Gottesherrschaft wird der Einspruch provoziert. Natürlich kann man daran zweifeln, und zwar um so mehr, je stärker man sich auf das konzentriert, was ihr entgegensteht. Aber vom Ende her gesehen werden die Hemmnisse zurechtgerückt. Es ist wie beim Säen: Was unter die Dornen fällt, auf den Weg oder zwischen die Steine, ist doch nicht mehr als das, was am Ende an Ertrag zu erwarten ist. Das Gleichnis deutet dies nur an. Es ist eher ein Appell zum Hören, zum Sehen und Verstehen als Lehre. Es ruft den Einspruch der Erfahrung hervor und fordert dazu auf, diesen Einspruch auch gegen jedes Ausspielen der Realität gegenüber der Gottesherrschaft zu erheben. Auch wenn Widrigkeiten benannt werden, geht es dem Gleichnis doch nicht um Apologie[21], sondern um die sichere Erwartung, dass Gott sich durchsetzen wird.

---

20 Es wäre deshalb verfehlt, im Hintergrund des Gleichnisses ganz bestimmte Traditionen festzumachen. Die Grundüberzeugung ist, dass Gott als Garant hinter Saat, Wachstum und Ernte steht. Weder der Gerichtsgedanke noch die besondere Beschaffenheit des Bodens noch sonstige Einzelzüge stehen im Vordergrund.
21 So z. B. Jeremias, Gleichnisse, S. S. 150; Schweizer, Markusevangelium, S. 50.

Mk 4,3–9 – Elementare Strukturen

- Im Gleichnis steht nicht der Misserfolg im Vordergrund, sondern die Erfahrung, dass sich trotz aller Widrigkeiten die Saat auf dem guten Boden durchsetzt und großen Ertrag bringt.
- Diese Erfahrung steht in Beziehung zu dem religiösen Deutungsrahmen der Schöpfung.
- Die Erfahrung provoziert den Einspruch gegen alle Widrigkeiten, die der Gottesherrschaft entgegenstehen.
- Dieser Erfahrungshintergrund steht in Korrelation zu der kindlichen Grundannahme, dass die Welt verlässlich ist.

Elementare Zugänge

Elementarisierung ist ein mehrdimensionaler Prozess. Er hat es sowohl mit der »Sache« zu tun, hier also mit einem Gleichnis aus der neutestamentlichen Tradition, als auch mit den Schülerinnen und Schülern im Religionsunterricht. Die heutigen Erfahrungen aber stehen in enger Verbindung zu den elementaren Entwicklungs- und Verstehensbedingungen von Jugendlichen und Kindern[22], also zu den Zugängen, über die sich ihnen Erfahrungen erschließen. Die Untersuchungen von Bucher und Hermans[23] haben gezeigt, dass Erfahrung in wesentlicher Weise mit geprägt wird durch die jeweiligen kognitiven Strukturen. Im vorliegenden Fall ist dabei zunächst festzuhalten, dass das Zusammenspiel von Saat und Wachsen sich für Kinder nicht so selbstverständlich darstellt wie für Jugendliche oder Erwachsene. Nach Piaget[24] verstehen jüngere Kinder den Vorgang artifizialistisch in dem Sinne, dass jemand die Saatkörner oder die Früchte »macht« bzw. dass die Anwesenheit von Menschen dazu nötig sei. Dies verdeutlicht eine kleine Unterrichtssequenz mit einem siebenjährigen Kind[25]:

»Das Holz kommt von den Bäumen, die Bäume aus den Körnern. Man holt die Körner *in der Fabrik. – In welcher Fabrik? – In der Körnerfabrik.* – Was macht man in der Fabrik? – *Man macht sie.* – Womit? – *Mit Weizen.* – Glaubst du, man macht die Blumen aus Weizenkörnern? – *Ja.* – Wenn es keine Männer gäbe, gäbe es dann Blumen? – *Nein.*«

Kindliches Verstehen erfolgt in bestimmten Phasen anders, als die Aussage von Mk 4,26ff mit dem traditionellen Titel »von der selbstwachsenden Saat« dies nahe legt. Doch nicht nur das Geschehen von Saat und Wachstum hat Verstehensvoraussetzungen. Noch viel mehr gilt dies für das Reich Gottes.[26] So ist bis in das 6. Schuljahr hinein davon auszugehen, dass eine Vorstellung vom Gottesreich überwiegend auf der Ebene der konkreten Operationen erfolgt. Man wird deshalb recht konkrete Bilder von

---

22 Vgl. Schweitzer/ Nipkow / Faust-Siehl / Krupka, Religionsunterricht, S. 26f.
23 Bucher, Gleichnisse; Hermans, Wie werdet Ihr die Gleichnisse verstehen?.
24 Piaget, Weltbild, S. 294f.
25 Ebd., S. 294.
26 Faust-Siehl, 24 Stunden, S.33 u. ö. zeigt Beispiele des Missverstehens auf.

»Himmel« oder »Reich« bei den Schülerinnen erwarten. Dass Gott das Wachstum bewirkt, wie dies vor allem in Mk 4,26ff.30ff vorausgesetzt ist, kann zu handgreiflichen Vorstellungen führen, die aus der Sicht Erwachsener zwar naiv klingen, von den kindlichen Verstehensbedingungen aus aber in sich stimmig und einleuchtend sind. Als Konsequenz ergibt sich: Die Verstehensbedingungen von Kindern sind ernst zu nehmen, da sie elementare Zugänge zum Verstehen öffnen. Metaphorische Denkmöglichkeiten von Erwachsenen können sich demgegenüber als vorschnelle Abkehr von diesen elementaren Verstehensmöglichkeiten erweisen, verbunden mit dem Versuch, die gewohnten (meist allegorischen) Schemata bei der Interpretation anzulegen (der schlechte Boden entspricht …). Bei Mk 4,3–9 empfehlen sie sich um so weniger, als dieser deutungsoffene Text ohne das Stichwort »Reich Gottes« auskommt und nur im Kontext von Mk 4 auf diesen Zusammenhang verweist.

Mk 4,3–9 – Elementare Zugänge

- Das Gleichnis ist ein deutungsoffener Text. Diese exegetische Erkenntnis kann vor übereilten Festlegungen bei der Interpretation bewahren.
- Kindliche Verstehensvoraussetzungen sind weder besser noch schlechter als die von Erwachsenen. Sie sind anders. Es ist für den Interpretationsprozess wichtig, sie wahrzunehmen.
- Verschiedene Verstehensvoraussetzungen bei den Rezipienten entsprechen der Deutungsoffenheit des Textes.

Elementare Wahrheit

Wahrheit ist ein vielschichtiger Begriff, der – umfassend verstanden – immer ein Gespräch über die Wahrheit voraussetzt. Wenn im Kontext religionspädagogischer Elementarisierung von Wahrheit die Rede ist, ist einerseits dieser Vielschichtigkeit und andererseits der elementarisierenden Denkbewegung Rechnung zu tragen. Aus beidem ergibt sich, dass der Religionsunterricht die Suche nach Wahrheit nicht indoktrinierend gestalten kann. Dies schließt keineswegs aus, dass »die Lehrenden bei ihrer Unterrichtsplanung für sich selbst die wahrheitsrelevanten Aspekte des Unterrichtsinhalts theologisch, erkenntniskritisch und pädagogisch klären. Ferner sind die Stellen im Voraus zu bedenken, an denen konkurrierende Auffassungen als Streit um das Wahrheitsproblem aufbrechen könnten. Sodann ist zu überlegen, wo es notwendig sein könnte, die Wahrheitsproblematik eigens anzustoßen.«[27] Letzten Endes stellt die Dimension der elementaren Wahrheit die Lehrenden vor die Frage, was sie an und mit diesem Gleichnis vermitteln wollen.

Im Kontext von Mk 4,3–9 stellt sich die Wahrheitsfrage zunächst als Frage nach der Verlässlichkeit der Welt und dem Grund von Hoffnung. Dass der ausgesäte Samen allen Hindernissen zum Trotz am Ende reichen Ertrag bringt, beschreibt eine grundlegende Erwartung an das Leben und die Welt, die die Widrigkeiten nicht ausblendet,

---

27 Schweitzer / Nipkow / Faust-Siehl / Krupka, Religionsunterricht, S. S. 178.

sich von ihnen aber den Blick nicht verstellen lässt. In die Perspektive des Gleichnisses ist dabei eingeschlossen, diese Verlässlichkeit als Verlässlichkeit der Schöpfung Gottes zu betrachten – und insofern stellt sich hier die elementare Frage nach Gott. Sie stellt sich zugleich im Verstehenshorizont der Schüler, insofern die Verlässlichkeit der Welt nicht nur durch Katastrophen oder Krieg, sondern auch durch persönliche Krisenerfahrungen immer wieder in Frage steht.[28] Im Kontext des Gleichnisses ist darüber hinaus die Erwartung des Reiches Gottes angesprochen (Mk 4,26ff.30ff), die ebenfalls von beiden Seiten aus grundlegende Bedeutung gewinnt, von den Texten her als zentrale Erwartung im Rahmen der Verkündigung Jesu sowie von den Kindern und Jugendlichen her als Möglichkeit, Hoffnungsbilder über die alltäglichen Hoffnungen hinaus zu entwerfen.[29] Die Verknüpfung des Gleichnisses mit dem Kontext ist dabei allerdings schon vorausgesetzt.

Mk 4,3–9 – Elementare Wahrheit

- Im Gleichnis geht es um die elementare Frage der Verlässlichkeit. Die Verlässlichkeit von Saat und Ernte wird dabei von Gott her im Sinne der Schöpfungsordnung verstanden.
- Die Frage nach der Verlässlichkeit von Welt, von Beziehungen, von Gott erweist sich als Grundfrage von Kindern und Jugendlichen. Sie lässt sich nicht einfach und nicht ein für allemal beantworten, sondern stellt sich als »große« Frage immer wieder neu. Insofern geht es hier um elementare Wahrheit.

Das Gleichnis in seinem Zusammenhang

Zum Kontext des Gleichnisses gehören eine Deutung in 4,13–20 sowie weitere Gleichnisse. Unter historischer Perspektive muss man davon ausgehen, dass die Gleichnisse zunächst jeweils für sich überliefert und erst später auf Grund des gemeinsamen Erfahrungsbereiches von Saat und Ernte in einer Sammlung zusammengestellt wurden, zu der dann auch die Deutung in V. 13ff hinzugetreten ist. Unter literarischer Perspektive haben wir es in Mk 4,1–34 mit dem »Endprodukt« dieser Sammlung zu tun. Vom Gesamtzusammenhang her legt es sich nahe, das Gleichnis zusammen mit seiner Deutung zu lesen. Angesichts des skizzierten Entwicklungsprozesses ist aber auch zu fragen, ob in der Deutung die elementare Struktur des Gleichnisses beibehalten ist oder sich verändert hat.

(1) Auch bei der Deutung des Gleichnisses in 4,13–20 ist zunächst nach den elementaren Strukturen des Textes zu fragen.

---

28 Vgl. Nipkow, Bildung, S. 377.
29 Dies herausgestellt zu haben ist ein großes Verdienst von Baldermann, Gottes Reich – Hoffnung für Kinder.

13	Und er sprach zu ihnen: Versteht ihr dies Gleichnis nicht, wie wollt ihr dann die andern alle verstehen?		
14	Der Sämann sät das Wort.		
15		Das aber sind die auf dem Wege:	wenn das Wort gesät wird und sie es gehört haben, kommt sogleich der Satan und nimmt das Wort weg, das in sie gesät war.
16		Desgleichen auch die, bei denen auf felsigen Boden gesät ist:	wenn sie das Wort gehört haben, nehmen sie es sogleich mit Freuden auf,
17			aber sie haben keine Wurzel in sich, sondern sind wetterwendisch; wenn sich Bedrängnis oder Verfolgung um des Wortes willen erhebt, so fallen sie sogleich ab.
18		Und andere sind die, bei denen unter die Dornen gesät ist:	die hören das Wort,
19			und die Sorgen der Welt und der betrügerische Reichtum und die Begierden nach allem andern dringen ein und ersticken das Wort, und es bleibt ohne Frucht.
20		Diese aber sind's, bei denen auf gutes Land gesät ist:	die hören das Wort und nehmen's an und bringen Frucht, einige dreißigfach und einige sechzigfach und einige hundertfach.

Zwischen dem Gleichnis und seiner Deutung lassen sich Übereinstimmungen und Unterschiede feststellen:

Wie im Gleichnis bleibt in der Deutung die Position des Sämanns offen (V.14). V. 13–20 orientieren sich am Handlungsverlauf des Gleichnisses und schaffen in ähnlicher Weise einen Spannungsbogen (V.15–19), der erst in V. 20 mit dem guten Boden aufgelöst wird. Wie im Gleichnis spielt auch in der Deutung das Hören eine herausragende Rolle. Während es dort aber den Rahmen für das Gleichnis bildet, wird es in V. 15.16.18 und 20 in die einzelnen Elemente der Erläuterung mit hineingenommen.

Anders als im Gleichnis wird in der Deutung der Same mit »dem Wort« identifiziert. Im Hintergrund steht ein frühchristlicher Sprachgebrauch[30], der sich auf die Verkündigung des Evangeliums bezieht. In 4,20 zeigt sich dies besonders daran, dass vom Hören und vom Annehmen des Wortes die Rede ist. Gegenüber dem Gleichnis hat sich auch die Grundaussage verändert. Wird dort an die Erfahrung appelliert, dass der Same sich allen Widrigkeiten gegenüber durchsetzt, so legen V. 13–20 den Akzent auf die unterschiedliche Beschaffenheit des Bodens. Die verschiedenen Bodenarten werden sodann mit der unterschiedlichen Reaktion von Menschen auf das verkündigte Wort

---

30 Vgl. Mk 16,20; Lk 1,2; Apg 4,4; Gal 6,6; Kol 4,3.

identifiziert. Innerhalb dieser Erklärung ist eine gewisse Spannung festzustellen: Einerseits werden die Menschen eher mit dem Boden (V.15), andererseits mit dem Samen (V.17) verglichen. Auch im Blick auf den Verstehensimpuls des Gleichnisses lässt sich eine Veränderung erkennen. Es geht in der Deutung weniger um eine Anregung zum Verstehen, sondern um die Erkenntnis, dass bestimmte Menschengruppen verschieden auf die Verkündigung des Wortes reagieren.

Diese Akzentverschiebungen verweisen auf eine gegenüber dem Gleichnis veränderte elementare Struktur. Im Gleichnis wächst der Same trotz der Behinderung durch drei verschiedene Hemmnisse und bringt auf gutem Boden in dreifacher Fülle Ertrag. In der Deutung liegt das Gewicht der Aussage dagegen auf der Qualität der verschiedenen Böden. Damit ist eine inhaltliche Festlegung des deutungsoffenen Gleichnisses verbunden: Während im Gleichnis die alltägliche Erfahrung der Adressaten aufgenommen und zugleich transparent gemacht wird für die Gottesherrschaft, die man darin ahnen kann, geht es in der Deutung um die christliche Verkündigung von Jesus, der gegenüber sich die Menschen auf unterschiedliche Weise verhalten. Pointiert kann man formulieren: Die Perspektive des Gleichnisses ist die Gottesherrschaft, die Perspektive der Deutung ist die unterschiedliche Reaktion der Menschen auf die christliche Verkündigung. Damit wird der Erfahrungsbereich des ursprünglichen Gleichnisses festgelegt – aber auch ausgeweitet. Frühe Christen haben das Gleichnis offensichtlich mit eigenen Erfahrungen verbunden und vor dem Hintergrund ihrer Missionssituation verstanden. Das Gleichnis hat dadurch an Bedeutung gewonnen. Allerdings hat diese frühchristliche Auslegung starke Eigendynamik entfaltet und das ursprüngliche Gleichnis überlagert. Die allegorisierende »Zug-um-Zug-Auslegung« war so einprägsam, dass man in der Auslegungsgeschichte bis in die Gegenwart das Gleichnis fast nur noch von seiner Deutung her gelesen und verstanden hat. Die erste für uns fassbare Interpretation des Gleichnisses hat also in der Auslegungsgeschichte mehr Wirkung entfaltet als das Gleichnis selbst.

(2) Durch die Deutung wird dem Gleichnis gewissermaßen eine andere elementare Struktur aufgeprägt. Damit stellt sich die Frage, ob sich durch die Deutung auch die elementaren Erfahrungen, Zugänge und Wahrheiten verändern. Dies ist in der Tat der Fall. Im Blick auf den Erfahrungshorizont geht es in der Deutung nicht um die Verlässlichkeit der Welt bzw. die Gewissheit der Hoffnung auf das Reich Gottes, sondern um Erfahrungen aus der Missionstätigkeit der frühen christlichen Gemeinden. Deren Verkündigung wird nicht von allen Menschen in gleicher Weise aufgenommen. Zwar gibt es Menschen, die »das Wort« annehmen und weitersagen; aber es gibt auch Menschen, bei denen »das Wort« aus verschiedenen Gründen ohne Resonanz bleibt. Die Erkenntnis, dass die für die frühen Christen grundlegend wichtige Botschaft bei anderen Menschen kein oder kein bleibendes Interesse weckte, hat sich in dem Bild von den verschiedenen Arten des Bodens verdichtet. Dieses Bild führte im Laufe der Auslegungsgeschichte zu der Unterscheidung verschiedener Menschengruppen, die man ontologisch oder auch moralisch differenzieren konnte.

Wie immer dies im Einzelnen geschehen ist: Gegenüber dem Gleichnis tendieren V. 13–20 jedenfalls zu einer stärkeren Festlegung des Sinnes, die Ahnung des Gleichnisses neigt dem Wissensbestand der Allegorie zu. Damit liegt aber die Gefahr der vor-

96 *Die sich durchsetzende Saat*

Aus: Traudisch, Die Botschaft der Bibel, Folie 4

schnellen Festlegung, also des Vorurteils, nahe. Möglicherweise lässt sich gerade dieser Aspekt der Deutung mit dem Erfahrungsbereich heutiger Kinder und Jugendlicher verknüpfen. Vorurteile über Fromme und Unfromme lassen sich auch in unserer Gesellschaft leicht aufzeigen, wenngleich die Frömmigkeitsformen vielfältiger geworden sind. Und nicht selten werden diese Vorurteile auch mit moralischen Kategorien verbunden. Auf jeden Fall ist deutlich: Wer das Gleichnis von der sich durchsetzenden Saat von seiner Deutung her liest, tritt in einen anderen Erfahrungshorizont ein.

(3) Auch bei den elementaren Zugängen ist eine Akzentverschiebung nicht zu übersehen. Hierbei spielt ein Phänomen der Auslegungsgeschichte eine wichtige

Rolle. Bis in unser Jahrhundert hinein war die allegorische Deutung die weithin herrschende Auslegungsmethode und ist dies, trotz des Einspruchs von Jülicher, außerhalb der Exegese weithin geblieben. Im Blick auf die Verstehensbedingungen von Kindern und Jugendlichen ist dies durchaus erklärlich. Bei der allegorischen Deutung handelt es sich gewissermaßen um die Deutung eines Rätsels, das diejenigen, die die Lösung kennen, zu Wissenden macht. Wer die Deutung kennt, hat einen Schlüssel zum Verstehen – und sogar einen Universalschlüssel auch für die anderen Gleichnisse. Die allegorische Deutung kommt dem Bedürfnis von Kindern entgegen, die Welt benennen und definieren zu können. Auf diese Weise bekommt die rätselhafte Welt feste Strukturen, und man kennt sich aus. Dem Ordnungsbedürfnis kindlichen Denkens entspricht dies in hohem Maß. So geht es hier in der Tat um elementare Zugänge, die freilich zu der Deutungsoffenheit des Gleichnisses in Konkurrenz stehen. Seinem eigenen Anspruch nach ist das Gleichnis in Mk 4,3–9 kein Rätsel, das gelöst sein, sondern eine Ahnung, die sich auswirken will. Nicht um Wissen geht es, sondern um ein tiefer gehendes Verstehen. Gerade gegenüber diesem Anspruch des Gleichnisses auf Verstehen wird immer wieder das entwicklungspsychologische Argument erhoben, dass ein solches metaphorisches Verstehen im Grundschulalter noch nicht möglich sei.[31] Demgegenüber wird hier die Ansicht vertreten, dass die Verstehensmöglichkeiten von Kindern und Jugendlichen durchaus Zugänge zu den elementaren Strukturen des Gleichnisses eröffnen können (wobei dies erfordert, dass die Lehrpersonen nicht vorschnell interpretieren). Darüber hinaus muss man sich der Schwierigkeit des allegorischen Denkmodells bewusst bleiben: Gerade weil die Allegorese schnell zu in sich stimmigen Ergebnissen führt, vergisst man bei der Deutung leicht die Offenheit des Gleichnisses – und gerät damit an die Grenzen dieser Interpretation.

Schließlich ist hier noch ein anderer Aspekt zu erwähnen. Die Deutung des Gleichnisses gehört in eine frühe Phase der Ausbreitung des christlichen Glaubens hinein und ist ohne diesen geschichtlichen Hintergrund nicht zu verstehen. Dieser im Prinzip »kirchengeschichtliche« Kontext macht eine Behandlung des Textes in der Sekundarstufe plausibel. Mit dem (weitgehenden) Erreichen des formal-operatorischen Niveaus ab Klasse 7 lässt sich auch die allegorische Interpretation als solche nachvollziehen und hinterfragen. Lässt sich das Gleichnis mit seiner elementaren Aussage über die von Gott gewährleistete Verlässlichkeit der Welt durchaus im Verstehenshorizont von (Grundschul-) Kindern ansiedeln, so empfiehlt sich dies für die Deutung in 4,13–20 jedenfalls nicht.

(4) Am Ende stellt sich auch die Frage nach der elementaren Wahrheit im Zusammenhang mit der Deutung des Gleichnisses neu. Walter Neidhart hat unter Anwendung seiner Erzähltheorie zu dem Gleichnis eine Rahmengeschichte entwickelt. Er erzählt von Erfahrungen des Paulus, von seinen Misserfolgen und Erfolgen bei der Mission in Griechenland – und nimmt damit den frühchristlichen Rahmen auf, in den

---

31 Vgl. hierzu oben, S. 60ff.

die Deutung hineingehört.³² Die Wahrheitsfrage stellt sich in diesem Zusammenhang so, dass frühe Christen das Jesusgleichnis als für sich bedeutsam erkannt haben. Dabei geht es nicht in erster Linie um die Frage, ob die Deutung dem Text angemessen ist oder nicht, sondern darum, dass das Gleichnis in einer veränderten Situation Bedeutung hinzugewonnen hat. Daran schließt sich die in der Tat elementare Frage an, ob dieses Gleichnis in einer neuen Situation (und damit prinzipiell auch in der Gegenwart) Bedeutung gewinnen kann. Ist also das Gleichnis wahr in dem Sinne, dass wir die eigene Situation von ihm her erkennen und verstehen können? Allgemeiner gesprochen: Kann ein solcher Text zum Verstehen des eigenen Lebens helfen? Wozu lesen wir solche Texte? Bewirken sie etwas? Die elementare Wahrheit, die hier angesprochen ist, eröffnet somit ihrerseits viele Fragen, führt aber zugleich zu der Grundfrage, warum wir uns im Religionsunterricht mit einem solchen Text beschäftigen.

Mk 4,13–20 – die Deutung des Gleichnisses

- Wer das Gleichnis von der sich durchsetzenden Saat von seiner Deutung her liest, tritt in einen anderen Erfahrungshorizont ein.
- Die Perspektive des Gleichnisses ist die Gottesherrschaft, die Perspektive der (allegorischen) Deutung ist die unterschiedliche Reaktion der Menschen auf die christliche Verkündigung.
- Mit der Deutung wird der Bedeutungsumfang des Gleichnisses einerseits ausgeweitet, andererseits aber auch festgelegt.
- Die Allegorese kommt dem Bedürfnis von Kindern entgegen, die Welt benennen und definieren zu können. Gerade dadurch steht die Deutung zu dem deutungsoffenen Gleichnis in Widerspruch. Aus diesem Grund empfiehlt sich ein kritischer Umgang mit 4,13–20, der erst in der Sekundarstufe I möglich ist.

Zusammenfassung

Das Gleichnis von der sich durchsetzenden Saat und seine Deutung sind als Beispiel für das hier durchgeführte methodische Vorgehen gewählt, weil dieser Text zu den bekannten Gleichnissen zählt und man üblicherweise keine besonderen Schwierigkeiten bei seiner Vermittlung erwartet. Von der Deutung her scheint der Sinn des Gleichnisses klar auf der Hand zu liegen. Der elementarisierende Durchgang durch das Gleichnis, seine Deutung und die gegenwärtigen Verstehensbedingungen ergeben jedoch ein differenziertes Bild:

(1) Bei der Behandlung von Gleichnissen im Unterricht muss man Vorsicht walten lassen gegenüber längst bekannten Deutungen. Häufig sind gerade die geläufigen Deutungen von der jahrhundertelangen allegorischen Interpretation geprägt und beschreiben eher die spätere Interpretation als die eigene Aussageabsicht der Gleichnisse.

---

32 Neidhart / Eggenberger, Erzählbuch zur Bibel, Zürich u.a. 1975, S. 261.

(2) Es macht einen nicht geringen Unterschied, ob man das Gleichnis als solches oder das Gleichnis mit seiner Deutung zugrunde legt. Die elementaren Strukturen und der Erfahrungshorizont beider Texte sind verschieden, auch wenn sie in ihrer jetzigen Gestalt miteinander verbunden sind.

(3) Die unterschiedliche Ausrichtung des Gleichnisses und seiner Deutung lässt sich verbinden mit verschiedenen Zugangsweisen und Erfahrungen auf der Seite der Schülerinnen und Schüler. Mit seinem Akzent auf der Verlässlichkeit der Welt spricht das Gleichnis den Verstehens- und Erfahrungshorizont von Schüler/innen bereits in der Grundschule an; wegen der Gefahr der inhaltlichen Festlegung gilt dies aber nicht für die Deutung des Gleichnisses. Ihre Behandlung setzt Abstraktionsmöglichkeiten voraus, die in der Regel erst in der Sekundarstufe I zu erwarten sind.

(4) Elementarisierung bedeutet nicht, einen Stoff von »nicht so wichtigen« Einzelheiten zu entlasten. Elementarisierung muss vielmehr als Prozess verstanden werden, in dem verschiedene Aspekte ineinander greifen. Dabei gibt es stärker an der »Sache« orientierte (elementare Struktur) und stärker auf die Schülerinnen und Schüler bezogene Aspekte (elementare Zugänge) und solche, in denen beide Seiten miteinander verknüpft werden (elementare Erfahrungen und elementare Wahrheit). Diese verschiedenen Aspekte sind in einem Prozess aufeinander zu beziehen – und eben dies meint Elementarisierung. Es reicht deshalb nicht aus, sich allein die elementaren Strukturen eines Textes zu vergegenwärtigen, wenn man nicht auch danach fragt, ob die Schülerinnen und Schüler von ihren Verstehensvoraussetzungen her dazu in der Lage sind, die zentralen Aussagen wahrzunehmen. Es reicht nicht aus, den Erfahrungshorizont eines Gleichnisses zu erhellen, wenn man nicht zugleich nach den Erfahrungen derer fragt, denen dieses Gleichnis vermittelt werden soll. Es reicht ebenso wenig aus, nach der »Wahrheit« eines Textes zu fragen, wenn nicht zugleich danach gefragt wird, ob dieser Text eine Bedeutung für die Schülerinnen und Schüler hat oder gewinnen kann. Der Prozess der Elementarisierung hat deshalb nichts mit Simplifizierung zu tun, sondern mit dem Bemühen, Verbindungen zu schaffen zwischen der Welt des Textes und der Welt der Schülerinnen und Schüler.

Verlieren und Finden (Lk 15,1–7; Mt 18,10–14)

Sieger Köder, Das verlorene Schaf

Der katholische Pfarrer und Künstler Sieger Köder hat sich bei seiner Darstellung[1] des Gleichnisses vor allem auf die Freude des Hirten und seiner Nachbarn über das wiedergefundene Schaf konzentriert. Die Bemühung des Hirten, das Schaf wiederzufinden, rückt demgegenüber in den Hintergrund. Er hat damit eine exegetische Entscheidung getroffen und die Fassung des Lukas (15,5f) der des Matthäus (18,12) vorgezogen. Auch bei Lukas steht die Freude über das wieder gefundene Schaf im Vordergrund. Auf dem Bild hängt das Schaf geborgen über der Schulter des Hirten. Die Musikanten am unteren Bildrand und die Nachbarn freuen sich mit dem Hirten über das, was verloren war und jetzt gefunden ist.

Elementare Strukturen

Das in der Geschichte erzählte Geschehen ist von einer Einfachheit, die es bereits Kindergartenkindern[2], gewiss aber Grundschulkindern ermöglicht, dem Inhalt zu folgen. Dies gilt im Wesentlichen auch für das Parallelgleichnis von der verlorenen Drachme; mögliche Identifikationsschritte sind hier allerdings eingeschränkt. Lk 15,1–7 hat mit dem Schaf und dem suchenden Hirten zwei Handlungssubjekte, die zur Identifikation einladen, 15,8–10 mit der suchenden Frau nur eins. Bei einer Übertragung ist die Erfahrung, selbst »gesucht und gefunden zu werden«, deshalb leichter mit der Erzählung vom verlorenen Schaf zu verknüpfen als mit der von der Drachme.

---

1 Das Bild findet sich bei Widmann, Bilder, S. 117.
2 Dies gilt zumindest dann, wenn die Erzählung von entsprechenden Visualisierungen begleitet wird; vgl. Debot-Sevrin, Attempt, S. 156.

Wichtige Literatur:
- Hans Weder, Die Gleichnisse Jesu als Metaphern
- Jerome W. Berryman, Being in Parables with Children
- Marie-Rose Debot-Sevrin, An Attempt in Experimental Teaching
- Otto Wullschleger, Anschauliche Christologie

(1) Die Grundstruktur des Gleichnisses haben Matthäus und Lukas aus der Redequelle Q übernommen (allerdings variiert der Ort der Handlung: Wüste, Gebirge): Ein Mensch besitzt 100 Schafe. Er verlässt seine 99 Schafe, um ein verlorenes zu suchen. Nachdem er es wiedergefunden hat, freut er sich. In dieser Grundstruktur haben wir einen einfachen Erzählstrang vor uns. Seine Pointe besteht darin, dass ein Mensch etwas verliert, wiederfindet und sich darüber freut. Dieser schlichte Handlungsablauf wird bei Lukas und Matthäus unterschiedlich akzentuiert[3]:

Mt 18,10–14	Lk 15,1–7
18,10 Hütet euch davor, einen von diesen Kleinen zu verachten! Denn ich sage euch: Ihre Engel im Himmel sehen stets das Angesicht meines himmlischen Vaters.[4] 18,12 Was meint ihr? Wenn jemand hundert Schafe hat und eines von ihnen sich verirrt, lässt er dann nicht die neunundneunzig auf den Bergen zurück und sucht das Verirrte? 18,13 Und wenn er es findet – amen, ich sage euch: Er freut sich über dieses eine mehr als über die neunundneunzig, die sich nicht verirrt haben. 18,14 So will auch euer himmlischer Vater nicht, dass einer von diesen Kleinen verloren geht.	15,1 Alle Zöllner und Sünder kamen zu ihm, um ihn zu hören. 15,2 Die Pharisäer und die Schriftgelehrten empörten sich darüber und sagten: Er gibt sich mit Sündern ab und isst sogar mit ihnen. 15,3 Da erzählte er ihnen ein Gleichnis und sagte: 15,4 Wenn einer von euch hundert Schafe hat und eins davon verliert, lässt er dann nicht die neunundneunzig in der Steppe zurück und geht dem Verlorenen nach, bis er es findet? 15,5 Und wenn er es gefunden hat, nimmt er es voll Freude auf die Schultern, 15,6 und wenn er nach Hause kommt, ruft er seine Freunde und Nachbarn zusammen und sagt zu ihnen: Freut euch mit mir; ich habe mein Schaf wiedergefunden, das verloren war. 15,7 Ich sage euch: Ebenso wird auch im Himmel mehr Freude herrschen über einen einzigen Sünder, der umkehrt, als über neunundneunzig Gerechte, die es nicht nötig haben umzukehren.

---

3 Im gnostischen Thomasevangelium (Logion 107) findet sich eine weitere Variante: »Das Reich gleicht einem Hirten, der hundert Schafe hat. Eins von ihnen verlief sich, das größte. Er verließ die neunundneunzig und suchte nach diesem einen, bis er es fand. Als er sich abgemüht hatte, sagte er zu dem Schaf: Ich liebe dich mehr als die neunundneunzig.« Die Suche des Hirten wird hier durch Größe und Wert des verloren gegangenen Schafs motiviert. Die Gnostiker verstanden sich selbst als die vollkommenen Christen. Auf diesem Hintergrund sollte man auch die charakteristische Pointe des Gleichnisses verstehen: Jesus liebt das eine (vollkommene) Schaf mehr als die anderen und geht ihm deshalb nach. Das Gleichnis beinhaltet hier also eine Selbstaussage mit exklusivem Charakter.
4 Vers 11 findet sich erst in der späteren Überlieferung: »Denn der Menschensohn ist gekommen, selig zu machen, was verloren ist.«

 *Wenn Sie den Matthäus- und den Lukastext miteinander vergleichen: Worauf legen die beiden Evangelisten jeweils ihren Schwerpunkt?*

Unterschiedliche Akzente fallen bei dem Wiederfinden und Zurückkehren auf. Nach Lukas ruft der Hirte nach dem Finden Nachbarn und Freunde zusammen, die sich über das wiedergefundene Schaf mitfreuen sollen. Bei Matthäus ist wichtig, dass sich der Hirte über das eine wiedergefundene Schaf mehr freut als über die neunundneunzig, die nicht verloren waren. Die Freude wird also jeweils anders begründet: Matthäus sucht den Grund der Freude in dem göttlichen Willen, dass auch nicht eines der »Kleinen« verloren gehen darf, obwohl sie besonders gefährdet sind (Mt 18,6–9) und in der Gefahr stehen, verachtet zu werden (10a). Die Kleinen stehen in einer besonderen Nähe zu Gott, ihre Engel sehen allezeit das Angesicht Gottes (10b). Die Freude über das wiedergefundene »Kleine« ist deshalb größer als über die, die sich nicht verirrten. Sprachlich macht Matthäus dies dadurch deutlich, dass er nicht von »verlieren«, sondern von »verirren« bzw. »in die Irre gehen« spricht.[5] Dem Evangelisten geht es um seine Gemeinde, die alles dazu tun muss, dass Menschen aus ihrer Mitte nicht zum Abfall verführt und in die Irre gegangene Gemeindeglieder wiedergefunden, wieder in die Gemeinschaft aufgenommen werden. Aus diesem Grund wird im weiteren Verlauf von Mt 18 die Vergebung zum Thema. Gott wird besonders in der Parabel vom Schalksknecht (Mt 18,21–35) der Gemeinde als Vorbild größter Vergebungsbereitschaft vorgestellt. Im Gesamtkontext der Gemeinderede tritt damit das Motiv der Freude zugunsten von Mahnungen für den Umgang mit den »Kleinen« in den Hintergrund. Matthäus ordnet das Gleichnis seinem eigentlichen Thema unter: Gott ist seiner Gemeinde das Vorbild für Vergebung.

Lukas hingegen variiert das Freudenmotiv in Richtung auf die Mitfreude. Er erzählt in 15,6 das Zusammenrufen von Nachbarn und Freunden und die Aufforderung zur Mitfreude über das Wiederfinden. Diesen Erzählzug übernimmt er aus dem nachfolgenden Gleichnis vom verlorenen Groschen.[6] Darüber hinaus fügt er beide Gleichnisse mit der Parabel vom verlorenen Sohn zusammen und versieht diese Komposition mit einer gemeinsamen Einleitung (15,1–3). Dabei fällt auf, dass mehrfach dieselben Schlüsselbegriffe verwendet werden: »Sünder« (4-mal); »verlieren« (5-mal); »finden« (6-mal) und »freuen/mitfreuen« (5-mal). Offensichtlich geht es Lukas darum, drei verschiedene Stoffe unter derselben Thematik zusammenzustellen. In allen drei Texten geht es um das Gegensatzpaar »verloren – wiedergefunden«, aus dem als Reaktion die Freude entsteht. Im Gleichnis vom verlorenen Schaf und von der verlorenen Drachme finden sich viele Züge, die sie mit der anschließenden Parabel vom Vater und den beiden Söhnen verbinden. Besonders auffallend sind der Kontrast zwischen sündhaft und

---

5   Unter den »Kleinen« versteht Matthäus in erster Linie nicht Kinder, sondern Jünger bzw. Gemeindeglieder, die in die Irre gehen bzw. denen Anstoß zum Abfall gegeben wird. Dass eine Querverbindung zu den Kindern besteht, zeigt sich aber daran, dass Matthäus den Begriff *mikroi* (= die Kleinen) in diesem Kapitel auch im Blick auf Kinder verwendet; so Müller, Mitte, S. 265f.
6   So u.a. auch Linnemann, Gleichnisse, S. 73.

gerecht, die Betonung der Freude als Mitfreude, der Hinweis auf die Umkehr als eine Bedingung, an welche Lukas das Wiederfinden knüpft. Die Lukasfassung des Gleichnisses vom verlorenen Schaf handelt also von Freude und Mitfreude über die Bekehrung eines Sünders, die größer ist als die Freude über neunundneunzig Gerechte. Die Gerechten bilden den Hintergrund, der die Größe der Freude über die Umkehr des Sünders noch mehr hervorhebt. In Freude und Mitfreude liegt deshalb auch der Vergleichspunkt dieses Gleichnisses.

(2) Der Kontext des Gleichnisses bei Lukas lässt eine Situation erkennen, die im Leben Jesu verständlich ist. Er gerät wegen seiner Gemeinschaft mit Zöllnern und Sündern in Auseinandersetzung mit Pharisäern und Schriftgelehrten. Jesus rechtfertigt seine Verkündigung der Botschaft Gottes an die, die draußen stehen, mit dem Hinweis auf die Freude Gottes. Diese ist größer und mächtiger als alle menschlichen Vorbehalte. Damit bezweckt er nicht diejenigen anzugreifen, die bereits gerecht sind. Wichtig ist ihm allein, dass sich Gott über die Sünder freut, denen Jesus sich in seiner Predigt zuwendet.

Als die lukanische Gemeinde das Gleichnis weiter überliefert, haftet ihr Interesse nicht mehr am Gegenüber von Pharisäern und Jesus und deren Streit um eine gültige Auslegung des Gesetzes. Nun geht es um Jesu Gemeinschaft mit den vorher Verstoßenen, die jetzt bekehrt sind. Die Tendenz dürfte für Lukas sein: Da Jesus mit solchen Leuten Gemeinschaft hatte, kann auch die Gemeinde sich so verhalten. Die Darstellung der Mitfreude, die Lukas bewusst redaktionell eingetragen hat, soll seine eigene Gemeinde zu vergleichbarem Verhalten motivieren. Jesus wird zum Vorbild für die Mitfreude. In dieser Interpretation tritt das frühe Christentum als Missionsgemeinschaft in Erscheinung. In den Gemeinden, die sich aus bekehrten Heiden unterschiedlichster Vorgeschichte zusammensetzen, treten nach einer gewissen Zeit frühere Unterschiede wieder hervor. Lukas will deutlich machen, dass die Tatsache des Gerettet-Seins stärker ist als alles Vergangene. Das Interesse der Gemeindeleiter richtet sich hier auf die Integration von Personen unterschiedlicher Herkunft und sozialer Stellung in die Einheit der Gemeinde.

Das »verlorene Schaf« – elementare Strukturen
- Matthäus und Lukas übernehmen denselben Grundbestand des Gleichnisses, setzen aber unterschiedliche Akzente.
- Matthäus ordnet das Gleichnis seinem eigentlichen Thema unter: Gott ist seiner Gemeinde das Vorbild für Vergebung.
- Lukas betont Freude und Mitfreude über die Bekehrung eines Sünders. Die Gerechten bilden den Hintergrund, der die Größe der Freude über die Umkehr des Sünders noch mehr hervorhebt.
- Die Lukasfassung dient im Folgenden als textliche Grundlage.

Elementare Erfahrungen

Bei der Suche nach elementaren Erfahrungen bietet das Gleichnis zwei Anknüpfungspunkte: zum einen die Erfahrung des Verloren-Seins, zum anderen die Figur des »guten Hirten«.

(1) Im neutestamentlichen Sprachgebrauch hängt das Verlieren mit dem Verlorensein zusammen und dies wiederum mit dem Vernichten bzw. Umkommen.[7] Bei dem »Verlieren« eines Schafes oder eines Groschens ist deshalb das Verlorensein im übertragenen Sinn mitgedacht. Ps 119,176 bezeichnet Menschen ohne Gott als verlorene Schafe, die ohne einen sorgenden Hirten zugrunde gehen müssten. Joh 10,11ff überträgt die Vorstellung vom suchenden Gott auf Jesus, und in Lk 19,10 sagt Jesus zum Abschluss der Zachäuserzählung, dass der Menschensohn gekommen ist, »zu suchen und selig zu machen, was verloren ist«. Mt 16,24f wendet diesen Gedanken auf die Nachfolge an: Wer sein Leben selbst gewährleisten will, wird es verlieren; wer aber sich selbst aufgibt und Jesus nachfolgt, wird sein Leben finden. Der jüngere Sohn in der Parabel vom Vater und den beiden Söhnen, der verloren war und »tot«, ist nun wiedergefunden und lebendig (Lk 15,24). Verlieren und Verlorensein hat so bereits im alttestamentlichen Sprachgebrauch und häufig im Neuen Testament eine ins Existenzielle übertragene Bedeutung. Dass Menschen wie die Zöllner und Sünder als »Verlorene« galten, gibt dieser Wortbedeutung zur Zeit Jesu zugleich konkrete, aktuelle Bedeutung.

Grundschulkinder erleben Verlorensein nicht primär im religiösen Sinn. Gleichwohl ist das Gefühl des Verlorenseins ein Anknüpfungspunkt für das Verstehen insbesondere von Kindern in diesem Alter. Sie verknüpfen die Szenen des Gleichnisses unmittelbar mit eigener Lebenserfahrung, wie die folgende Sequenz aus einer 1. Klasse zeigt[8]:

»L: Ihr habt ... beschrieben, wie das Schaf sich gefühlt hat. Ging es euch auch schon einmal so? Habt ihr euch auch schon einmal gefühlt wie das Schaf?
S: Wenn wir miteinander Streit gehabt hatten.
S: Wenn Kinder allein sind, ohne Eltern.
S: Ich bin auch manchmal allein
L: Gibt es jemand der hilft?
S: Gott passt auf.
S: Als meine Mama mich von der Schule abholen wollte, war ich nicht da, da fuhr sie nach Hause nach N. Als sie wieder zurück kam, hatte ich lange auf sie gewartet.
S: Als wir noch in Teneriffa gewohnt haben, da ging ich am Strand spazieren. Da waren so komische Löcher. Plötzlich fühlte ich mich ganz allein. Da sah ich, dass mein Papa und K. mir nachgegangen waren und auf mich aufgepasst haben.
S: Ich bin nie allein.«

---

7 Das griechische Wort *apóllymi* bedeutet ursrpünglich verlieren, zerstören, töten, im Medium verloren gehen, zugrunde gehen.
8 Die Einheit wurde in Zusammenarbeit mit Petra Freudenberger-Lötz entwickelt, die auch die Unterrichtsversuche an der Grundschule in Haßmersheim durchführte. Pfarrer Rüdiger Rutkowski hat freundliche Unterstützung geleistet.

Diesem Unterrichtsgespräch zufolge erleben Kinder die Geschichte so, dass sie ihnen Gottes Zuwendung in Situationen der Verlassenheit vermittelt oder wie es ein Erstklässler ausdrückte: »Gott ist wie ein Hirte. Wenn ein Mensch sich verlaufen hat, hilft er ihm.« Die Überlegung aus Lk 15,1f, dass es bestimmte Gruppen geben könnte, denen – vielleicht überraschenderweise – Gottes bzw. Jesu Zuwendung zukommt, wird von den Kindern in der Weise aufgenommen, dass sie Menschen ganz allgemein gilt, wenn sie sich in einer »verlorenen« Situation befinden. Die Identifikation der Grundschulkinder mit dem verlorenen Schaf kann also unmittelbar an biblische Konnotationen anschließen.

Der gute Hirt, Sarkophagrelief um 330

(2) Der Vorstellung des Verlorenseins korrespondiert im Gleichnis das Bild vom Hirten. Auch dieses Bild ist in der biblischen Tradition verbreitet. Häufig ist von Gott als dem Hirten seines Volkes Israel die Rede, und vor allem in den Psalmen und Propheten tritt das Hirtenbild deutlich hervor.[9] Das Gegenbild sind die Hirten, die die Herde zerstreuen, verstoßen und nicht nach ihr sehen (Jer 23,2). Dieser Gedanke wird in Joh 10,11ff wiederum aufgenommen, und zwar im Gegenüber zu Jesus als dem »guten Hirten«. Von hier aus wird die (von der antiken Bukolik beeinflusste) Darstellung des Hirten zu einer der frühesten Typen der Christusdarstellung.[10] Diese Tradition hat sich bis in das Gesangbuch hinein niedergeschlagen (»Weil ich Jesu Schäflein bin«),

---

9 Vgl. Ps 23, aber auch Ps 77,21; 78,52; 80,2; 95,7; Jer 31,10; Hes 34,11f u.ö.
10 Engemann, Darstellungen, S. 257ff. Das obige Bild (Sarkophagrelief, um 330) ist entnommen aus Lessing, Mann, Abbildung 56.

und das »Schäfchen-Motiv« ist – für Kinder noch näher liegend – in der vorösterlichen Zeit in der Werbung allgegenwärtig.

Die im Neuen Testament durchgeführte christologische Verknüpfung des Motivs vom Hirten mit Jesus ist für das konkret-operatorische Denken von Kindern allerdings schwierig. Zwei Optionen wird man dabei ins Auge fassen können: Einmal besteht durchaus die Möglichkeit, dass Kinder intuitiv Brücken schlagen zwischen einem »guten Hirten«, der sich um seine Schafe sorgt, und der positiv eingeführten Jesus-Figur.[11] Der andere Weg entfaltet die im lukanischen Rahmen 15,1–3 festgehaltene Aussage, dass Jesus sich Zöllnern und Sündern zuwendet und mit ihnen isst, narrativ und stellt auf diese Weise konkret-operatorisch Geschichte neben Geschichte. In der Zuwendung zu dem »verlorenen« Zachäus könnten die Schüler die Bemühungen des guten Hirten um sein Schaf wiederfinden. Dies ist für Grundschüler schwierig genug, erfordert es doch ein nicht-wörtliches Verstehen von »Verlorensein«. Diese Methode des »Übereinander-Legens« von Geschichten findet sich bereits in mittelalterlichen Handschriften, wo etwa das Senfkorn-Gleichnis darstellungsmäßig mit Wundergeschichten verknüpft wird, um die Realität des anwachsenden Reiches Gottes in Jesu Taten zu dokumentieren.

Elementare Zugänge

Können wir aus Aussagen von Kindern Genaueres darüber erfahren, wie sie das Gleichnis verstehen? Zwei Versuche geben hierüber Aufschluss.

(1) Die belgische Religionspädagogin Marie-Rose Debot-Sevrin ließ im Anschluss an die Erzählung des Gleichnisses Jesus erklären, er liebe alle kleinen Kinder, ihre Väter und Mütter, und dies gelte auch für jedes der anwesenden Kinder. Danach wurde jedem Kind einzeln mit Namensnennung zugesprochen, dass es Jesu Kind sei.[12] Anschließend wurden die Kinder gebeten, die Geschichte zu malen. Dabei ergab in den verschiedenen Versuchen die Aussage »Der Hirte ist anwesend« durchweg Werte um 90 Prozent. Die Äußerung »Der Hirte ist Jesus« ergab ursprünglich 5 bis 22 Prozent, erst durch den Einsatz von Bildern bzw. Puppen erhöhten sich die Werte deutlich über 50 Prozent. Die Aussage »die Schafe sind Menschen« ergab nur beim Einsatz der Puppen einen Wert von knapp über 10 Prozent.[13]

Der Schweizer Theologe Otto Wullschleger legte Drittklässlern neben zwei Sprichworten den Satz vor: »Jesus hilft Schafen«. Von 89 Antworten haben 43 das Bild so verstanden, dass sie es auf Schafe bezogen. 24 konnten darauf keine Antwort geben und nur 22 versuchten eine metaphorische Antwort[14]: »Jesus ist der gute Hirte; er hilft

---

11   Erfahrungen aus der Therapie mit Kindern zeigen, dass diese, ohne es verbalisieren zu können, sehr wohl Szenen aus Märchen mit solchen ihrer Realwelt verknüpfen. Vgl. auch Debot-Sevrin, Attempt, S. 143; Brunner, Jesus.
12   Debot-Sevrin, Attempt, S. 143.
13   Ebd., S. 144ff.
14   Wullschleger, Christologie, S. 44.

uns Menschen. Macht, dass es Geschäfte gibt; dass es Geld gibt und man verdient; dass man Mut hat. Jesus hilft uns auf dem rechten Weg zu bleiben. Dass wir nicht vom guten Weg abkommen. Jesus ist unser Begleiter, doch sehen kann man ihn nicht. Jesus hilft uns in der Not. Er ist unser Begleiter.«

Beide Untersuchungen zeigen, dass bei den befragten Kindern in Ansätzen ein Transfer vom Bild zur Sache stattfindet. In eigenen Unterrichtsversuchen haben wir nach der Behandlung des Gleichnisses versucht, bereits bekannte biblische Geschichten (Bartimäus, Zachäus) so dazu in Beziehung zu setzen, dass die Schüler/innen assoziative Brücken zwischen den Figuren des Gleichnisses und denen der Geschichten schlagen konnten. Sie können auf diese Weise erkennen, dass das, was das Gleichnis erzählt, in den genannten Jesus-Geschichten realisiert wird. Wie ein solcher Identifikationsprozess aussehen könnte, zeigen die Ausschnitte aus dem Unterrichtsgespräch einer 3. Klasse:

> »S: Ich hatte gestern Geburtstag, da habe ich meine Hausaufgaben nicht ganz gemacht, und meine Lehrerin hat dann gesagt: Na ja, du hast Geburtstag gehabt, ist nicht so schlimm. Da habe ich mich gefreut.
> L: Das hat dich an die Geschichte vom Schaf erinnert.
> S: Ich habe mich auch so gefreut.
> S: Es ist, wie wenn jemand ausgestoßen ist und niemand etwas mit ihm zu tun haben will. Dann ist er auch wie verloren.
> L: Das ist ein wichtiger Gedanke. Fällt euch dazu eine Geschichte ein? [...] Kennt ihr die Geschichte vom blinden Bettler Bartimäus?
> ... Ein Schüler meldet sich und erzählt die Geschichte.
> S: Mit dem wollte niemand etwas zu tun haben.
> S: Wie auch bei den Aussätzigen. Die wohnten vor dem Dorf. Die Leute hatten Angst, dass sie sich anstecken. Und sie haben gesagt: Äh, der Jesus geht da hin.
> L: Könnt ihr euch jetzt denken, wem Jesus die Geschichte vom Hirten mit seinen Schafen erzählt hat?
> S: Dem Blinden vielleicht. Dass er Mut bekommt.
> S: Und den Leuten. [...]
> L: Du hast eben gesagt, Jesus erzählt die Geschichte den Leuten. Welche Leute meinst du?
> S: Die Leute im Dorf, die nicht wollten, dass Jesus hingeht.
> S: In W. ist auch ein Kind neulich verlorengegangen. Die Eltern haben gleich die Polizei gerufen. Noch in der Nacht haben sie es gefunden. ...
> L: Es gibt noch eine Geschichte, die gut passt. Kennt ihr die Geschichte vom Zöllner Zachäus?
> S: Der war auch arm und ein Bettler.
> S: Nein, der war Zoller. Der saß an der Grenze und hat immer Zoll verlangt, meistens zu viel. Darum hat ihn niemand gemocht.
> S: Der betrügt.
> L: Kann man sagen, der war verloren wie das Schaf?
> S: Nein, er hatte doch viel Geld. Er war nicht arm.
> S: Der heißt verloren, weil er ausgestoßen ist.
> S: Man kann zwar viel Geld haben, aber trotzdem verloren sein. Zum Beispiel wenn man keine Freunde hat.
> S: Da gibt es einen Jungen, dessen Eltern sind Millionäre. Und keiner will mit ihm spielen. Da nützt doch das ganze Geld nichts.

S: Der Zachäus lebte in einem Haus mit einer großen Mauer. Die Kinder durften nicht hin und spielen.
L: Warum meint ihr, geht Jesus hin zu ihm?
S: Dass er nicht mehr so bösartig ist.
S: Dass er was dazulernt.
S: Dass er sich wieder freuen kann.«

Offenbar ist es durchaus möglich, in der 3. Klasse Ansätze zu metaphorischem Verstehen aufzunehmen und mittels konkreter Füllungen zu entfalten. Eine direkte Übertragung und begriffliche Genauigkeit wird man dagegen nur ansatzweise erwarten können.

Elementare Wahrheit

Man spürt an den Unterrichtsbeispielen, dass die Schülerinnen von der Parabel vom verlorenen Schaf unmittelbar betroffen sind. Es gelingt ihnen, eigene Erfahrungen im Kontext der gebotenen Bilder zu identifizieren. Dabei trifft die Identifikation den Punkt, der bereits in der Grundintention des Gleichnisses liegt: der Kontrast von Trauer und Verlorensein auf der einen, Freude über das Wiederfinden und die Wiederintegration des Getrennten auf der anderen Seite. Die Kinder identifizieren diese Mut machende und beschützende Macht ursprünglich mit Gott, können sie dann aber zunehmend auch mit dem konkreten Handeln Jesu an Hilfebedürftigen in Verbindung bringen. Das Verstehen eigener Erfahrungen ermöglicht in Verbindung mit dem Gleichnis vom verlorenen Schaf ein tieferes Verstehen sowohl der eigenen Erfahrungen als auch des biblischen Textes und weist damit in ein weiter gehendes Suchen und Sich-Verstehen angesichts des Textes ein.

Das »verlorene Schaf« – elementare Zugänge

- Verlieren, Sich-Verloren-Fühlen und Verloren-Sein lassen sich in der biblischen Tradition und der Erfahrungswelt von Kindern und Jugendlichen aufeinander beziehen.
- Aus diesem Grund sind gerade bei diesem Gleichnis bereits bei Grundschulkindern intuitive Brücken zu einem metaphorischen Verständnis möglich.
- Text und eigene Erfahrung interpretieren sich gegenseitig und eröffnen auf diese Weise elementare Wahrheit.

Unterrichtliche Konkretionen

Unsere Überlegungen[15] gehen aus von einer Behandlung des Gleichnisses in der 3./4. Grundschulklasse. Zuvor sollten die Erzählungen von Zachäus und Bartimäus aufgefrischt werden, so dass sie den Schülerinnen gegenwärtig sind. Bilder von Barti-

---

15 Wir beziehen uns hier auf einen unveröffentlichten Beitrag von Petra Freudenberger-Lötz.

mäus und Zachäus sind als Visualisierungsmittel im Klassenzimmer wichtig. Unser Vorschlag orientiert sich an Jerome W. Berryman, der das Szenario des Gleichnisses in Anlehnung an Maria Montessori als Filzlandschaft und -figuren präsentiert.[16] Folgende Schritte sind dabei möglich:

(1) Das Gleichnis wird mit Hilfe der erstellten Filzmedien erzählt. An der Stelle, an der das Schaf einsam und verloren ist, bricht die Lehrperson ab. Die Kinder versetzen sich in die Lage des Schafes / des Hirten und schreiben in zwei Gruppen auf Sprechblasen, wie sich das Schaf fühlt / was der Hirte denkt. Sie tragen anschließend ihre Ergebnisse vor. Dabei können sich die beiden Gruppen gegenüber aufstellen, so dass sie einander den Inhalt der Sprechblasen zurufen können. Anschließend legen sie diese zu den Figuren. Es wird dann nachgefragt, warum der Hirte das Schaf sucht: Es hätte ja nicht fortlaufen müssen; oder hat es den Weg unfreiwillig verloren? Gemeinsam wird erarbeitet: Der Hirte liebt alle seine Schafe so sehr, dass er sich für jedes Einzelne einsetzt – unabhängig davon, wie sie in ihre jeweilige Situation gekommen sind.

(2) Hieran schließt sich ein Gespräch mit folgenden Aspekten an:
Die Schülerinnen und Schüler erzählen von eigenen Erfahrungen des Verlorenseins. Durch die vorangegangene Arbeit mit den Sprechblasen haben sie sich bereits mit dem Schaf identifiziert, so dass es ihnen nun nicht schwer fällt, eigene Erfahrungen zu benennen.
Nachfragen vertiefen den Lernprozess: Könnt ihr euch andere Situationen denken, in denen Menschen sich ähnlich fühlen, z. B. einsam oder traurig, obwohl sie nicht wirklich verloren gegangen sind? Die Lehrperson legt Bilder von Zachäus und Bartimäus an den Kreis. Die Kinder stellen Bezüge her. Leitfragen können sein: Warum waren Bartimäus / Zachäus einsam und traurig? Wer hat sie gesucht? Warum hat Jesus sie gesucht? Haben Bartimäus und Zachäus vielleicht etwas mit der Geschichte vom verlorenen Schaf zu tun?
Die Lehrerin nimmt einige Sprechblasen vom Boden und lässt den Inhalt zuerst aus dem Munde des Zachäus (Aussage des Schafs), dann von Jesus (Aussage des Hirten) sprechen. Die Lernenden erkennen: So wie das Schaf rufen kann: »Ich bin einsam, ich kann nicht mehr, hilf mir, rette mich!« und so wie der Hirte rufen kann: »Ich will dich suchen! Du sollst nicht verloren bleiben! Du bist mir wichtig!«, so auch Bartimäus / Zachäus und Jesus. Das heißt: So wie der Hirte sich seinem Schaf zuwendet, wie er alle Kraft aufwendet, das Verlorene zu suchen, wie er es findet und sich überschwänglich freut, genauso macht es Jesus.

(3) Als Abschluss ist das Bild von Sieger Köder gut geeignet. Es vermittelt die Freude über das wiedergefundene Schaf und die Mitfreude der Menschen in anschaulichen und ansprechenden Formen und Farben.

16 Berryman, Being in Parables, S. 280ff.

Gleichnisse vom Reich Gottes

»Womit sollen wir das Reich Gottes vergleichen, mit welchem Gleichnis sollen wir es beschreiben?« – mit dieser Frage setzt das Gleichnis vom Senf in Mk 4,30 ein. Die Frage findet sich ganz ähnlich auch bei einigen anderen Gleichnissen (Mk 4,26; Mt 13,44f; Lk 13,20; vgl. Mt 13,24.47), die man deshalb als Reich-Gottes-Gleichnisse bezeichnet. Aber auch die übrigen Gleichnisse, die ohne diesen Begriff auskommen, sprechen von einem Leben im Horizont Gottes und sind von daher auf das Gottesreich bezogen. Auf den ersten Blick ist der Ausdruck Reich Gottes unanschaulich. Man vermutet schwer vermittelbare Dogmatik dahinter und versucht ihn deshalb im Religionsunterricht (besonders der Grundschule) eher zu vermeiden. Er bezeichnet jedoch ohne Zweifel einen zentralen Inhalt der Verkündigung Jesu, auf den man – insbesondere bei der Behandlung von Gleichnissen – nicht einfach verzichten kann. Bevor wir auf einige Reich-Gottes-Gleichnisse im einzelnen eingehen, legt es sich deshalb nahe, sich zunächst diesem sowohl grundlegenden als auch unanschaulichen Begriff anzunähern.

Bevor Sie weiterlesen: Was denken Sie selbst vom Reich Gottes?

Die Vorstellung vom Reich Gottes

Exegetische Erkenntnisse

Die Botschaft vom Reich Gottes steht im Zentrum der Verkündigung Jesu. Er hat den Ausdruck allerdings nicht als Erster gebraucht. Er nimmt vielmehr eine Vorstellung auf, die eine längere Vorgeschichte hat und die im zeitgenössischen Judentum geläufig war. Dabei muss man darauf achten, dass sich der Begriff nicht eindeutig begrenzen lässt. In zeitlicher und räumlicher Hinsicht kann er unterschiedliche Akzente aufweisen und insgesamt verschiedene Bedeutungen annehmen.

(1) Im Alten Testament ist mehrfach von der gegenwärtigen Königsherrschaft Gottes die Rede (vgl. Ps 103,19; 145,10–13 u.ö.):

Danken sollen dir, Herr, all deine Werke und deine Frommen dich preisen. Sie sollen von der Herrlichkeit deines Königtums reden, sollen sprechen von deiner Macht, den Menschen deine machtvollen Taten verkünden und den herrlichen Glanz deines Königtums. Dein Königtum ist ein Königtum für ewige Zeiten, deine Herrschaft währt von Geschlecht zu Geschlecht (Ps 145,10–13).

Diese Herrschaft hat eine kosmische Dimension; als Schöpfer ist Gott der Herr der Welt und des Kosmos (Ps 24,1; 93,1 u.ö.). Darin eingeschlossen ist seine Herrschaft über die Völker (Ps 47,7–9; Jer 10,7 u.ö.). Unter dem Einfluss verschiedener Leiderfahrungen, vor allem des Exils, wird die Gottesherrschaft zunehmend als Hoffnung formuliert: Entgegen allen gegenwärtigen Erfahrungen von Unterdrückung und Leid wird Gott sich am Ende durchsetzen und sein Reich errichten (Jes 24,23; Sach 14,9). Diese Hoffnung kann mit der Erwartung eines Messias verbunden werden (vgl. Jes 9.6; 11,1f). Bei Daniel wird sie in die Erwartung von dem Reich des Menschensohnes übersetzt (Dan 7,13f). In der griechischen Übersetzung des Alten Testaments ist der hebräische Ausdruck *malkut* meist mit *basileia* wiedergegeben. In Qumran findet man Aussagen sowohl über die gegenwärtige Gottesherrschaft (vgl. 1QM XII,7) als auch über die kommende (1QM VI,6). Sachlich vergleichbar ist die Wendung »Reich der Himmel« (im Neuen Testament vor allem bei Matthäus). Sie verdankt sich dem Bestreben, den Namen Gottes in der Wendung »Herrschaft Gottes« zu vermeiden, so dass »Himmelreich« sachlich nichts anderes aussagt als »Gott regiert als König«.

(2) Das griechische Wort *Basileia* kann »Reich« und »Herrschaft« bedeuten. Die Vorstellungen, die an diesen beiden deutschen Worten haften, werden im Griechischen miteinander verbunden: Der Aspekt des Handelns ist angesprochen (Herrschaft), aber auch ein räumlicher Aspekt (Reich). Beide zusammen kennzeichnen das Kommen und Wirken Gottes und die umfassende Ausdehnung seiner Herrschaft. Außerdem lässt die alttestamentlich-jüdische Ausgestaltung der Erwartung der Königsherrschaft Gottes sowohl eine präsentische (Gott ist Herr über die Welt) als auch eine futurische Deutung zu (Gott wird – zu einer festgesetzten Zeit – sein Reich errichten). Die futurische Deutung kann mit dem Kommen des Messias bzw. des Menschensohnes verbunden werden.

Jesus knüpft in seiner Verkündigung an diese vielgestaltige Tradition an. Deshalb findet sich bei ihm keine Definition der Gottesherrschaft. Er setzt diese Vorstellung voraus und akzentuiert sie auf seine Weise. Er spricht vom Kommen der Gottesherrschaft in der Zukunft, wie in der Bitte des Vaterunsers »Dein Reich komme« (Mt 6,10; vgl. Lk 6,20 mit 6,21f; Mk 14,25). Daneben stehen Aussagen, die vom Reich Gottes präsentisch sprechen (Lk 11,20; Mt 11,12). Mk 1,15 bringt exemplarisch Gegenwart und Zukunft in Verbindung; die Zukunft ragt gewissermaßen in die Gegenwart hinein und prägt sie, wie auch die Wundertaten Jesu als punktuell schon gegenwärtiges Wirken des Gottesreiches verstanden werden. Von hier aus wird verständlich, dass die Verkündigung der Gottesherrschaft bei Jesus besonders an deren Wirksamkeit orientiert ist. Aber auch andere Aussagen fehlen nicht, die eher räumlich zu verstehen sind. In das Gottesreich kann man kommen (Mk 9, 47; 10,15), man kann in ihm sein (Mt 8,11f; 11, 11), das Gottesreich kann Menschen zukommen (Mk 10,14). In ihren verschiedenen Ausprägungen beeinflusst die Erwartung von der Gottesherrschaft die Verkündigung Jesu insgesamt. Als Erwartung ist sie den Menschen voraus, aber als Erwartung der umfassenden Zuwendung Gottes zu den Menschen prägt sie jetzt schon deren Gegenwart. Die Verkündigung der Gottesherrschaft ruft dazu auf, das Leben in Gegenwart und Zukunft unter der Perspektive Gottes zu betrachten und sich deshalb jetzt schon auf das Gottesreich auszurichten.

Zur exegetischen Frage finden sich Informationen bei
- Andreas Lindemann, Artikel Herrschaft Gottes / Reich Gottes
- Theißen/Merz Jesus, S. 221–254

Zur religionspädagogischen Frage sind hilfreich:
- Ingo Baldermann, Gottes Reich
- Helmut Hanisch, Die zeichnerische Entwicklung des Gottesbildes bei Kindern und Jugendlichen
- Rainer Oberthür, Kinder und die großen Fragen
- Friedrich Schweitzer, Lebensgeschichte und Religion

Religionspädagogische Verlegenheiten und Chancen

So unbestreitbar die Gottesherrschaft ein zentraler Begriff in der Verkündigung Jesu ist, so gering ist gleichwohl die Rolle, die er in der Religionspädagogik spielt. Ingo Baldermann fasst das religionspädagogische Problem folgendermaßen zusammen[1]:

»Der Kern der Botschaft Jesu ist seine Predigt von der Nähe des Reiches Gottes. Um das Reich Gottes und seine Nähe geht es in allen Streitgesprächen und Gleichnissen, in der Bergpredigt und in den Wundergeschichten, in der Passionsgeschichte und auch in den Auferstehungsgeschichten. Aber ist die Predigt vom Reich Gottes etwas für Kinder? Schon die Erwachsenen können ja kaum etwas damit anfangen. Und das ist die eigentliche Verlegenheit: Unbestritten ist, dass dies das beherrschende Thema all dessen war, was Jesus gesagt und getan hat, aber für uns stehen, so scheint es, andere Dinge im Mittelpunkt des Glaubens. Was das Reich Gottes bedeutet, lässt sich schon unter uns nicht leicht verständlich machen, wie viel weniger für Kinder.«

»Wie viel weniger für Kinder« – darin steckt das Problem. Wie kann eine so umfassende, Zukunft und Gegenwart prägende, theologische Vorstellung Kindern vermittelt werden? Muss man nicht zu dem Schluss kommen, dass Kinder mit dem ihnen eigenen Horizont des Verstehens noch nicht in der Lage sind, angemessen zu begreifen, was es mit der Gottesherrschaft auf sich hat?

(1) Baldermann beschreibt einige Missverständnisse und Umwege, die das Verstehen in der Tat behindern.[2] Die landläufige Erwartung des Himmelreichs, derzufolge man nach dem Tod in den Himmel zu kommen hofft, gehört dazu, sei es in der drohenden Variante (»Wer böse ist, kommt nicht in den Himmel«) oder in der karnevalistischen (»Wir kommen alle, alle, alle in den Himmel, weil wir so brav sind«). Die Vielfalt des biblischen Begriffs wäre in beiden Varianten erheblich vernachlässigt. Aber auch andere Lernwege können das Verstehen behindern. Nicht jeder Einsatz bei Erfahrungen von Kindern erweist sich als hilfreich. Die kindliche Erfahrung, dass Erwachsene immer tun dürfen, was sie wollen, Kinder jedoch nicht, und die daraus resultierende Aufgabe, aufzuschreiben »Wenn ich tun könnte, was ich wollte …« können zwar einen bestimmten Aspekt von Selbstbestimmung beschreiben, führen aber im Blick auf Gott letzten Endes nur zu einer Vorstellung einer eben unbegrenzten und totalen Herr-

---

1 Baldermann, Reich Gottes, S. 12.
2 Ebd., S. 13ff.

schaft, die sehr leicht in verschiedener Hinsicht missverstanden werden kann. Der Zugang über den historischen Hintergrund der Reich-Gottes-Vorstellung zur Zeit Jesu kann leicht zu einer »Museumsdidaktik« geraten, die zwar in die Vergangenheit, aber keineswegs notwendig auch in die Gegenwart der Schülerinnen und Schüler führt. Dementsprechend lässt sich das Problem präzisieren: Wir fragen, »ob Kinder auf eine einfache, direkte Weise Zugang gewinnen können zu dem, was Jesus vom Reich Gottes sagt und zeigt. Auf eine einfache und direkte Weise: Damit ist das pädagogische Problem des Elementaren oder der ›originalen Begegnung‹ umschrieben.«[3]

(2) In dem Begriff stecken allerdings auch religionspädagogische Chancen. Die Erste liegt in der exegetischen Erkenntnis, dass sich die Vorstellung vom Reich Gottes einer eindeutigen Definition entzieht. Handgreifliche apokalyptische Bilder sind in ihr ebenso enthalten wie die Andeutung im Gleichnis oder die Erfahrung verändernder Nähe Gottes in den Wundergeschichten. Das Gottesreich wird in den biblischen Quellen umschrieben, aber nicht definiert. Dies eröffnet im religionspädagogischen Kontext Freiheit. Menschliche Rede von Gott und seinem Reich ist immer begrenzt, auch die der Lehrerinnen und Lehrer. Deshalb kann die Begrenztheit der Vorstellungen von Schülern kein Hinderungsgrund sein, mit ihnen über diesen Begriff nachzudenken. Wichtig ist aber, sich über spezifische Bedingungen kindlichen Denkens klar zu werden. Sie helfen dabei, die Besonderheiten der kindlichen Rede von Gott und seinem Reich in den Blick zu bekommen.

(3) Wie stellen sich Kinder Gott und sein Reich vor? In seinem Buch über »Lebensgeschichte und Religion«[4] schreibt Friedrich Schweitzer über das Gottesbild als zentrales Thema der religiösen Entwicklung:

»Anders als bei den Untersuchungen zum Glauben als Sinnorientierung (Fowler) oder des religiösen Urteils (Oser/Gmünder) ... hat das Wort ›Gott‹ einen vielfachen Sitz im Leben. Über das theologische und religionswissenschaftliche Gottesverständnis sind zwar eindeutige Aussagen möglich. Das Wort ›Gott‹ begegnet den Kindern und Jugendlichen aber auch im Alltag und in der Kultur im Allgemeinen, ohne dass hier von einem eindeutigen Verständnis die Rede sein könnte. Im Blick auf die religiöse Entwicklung kann es darüber hinaus nicht um ein objektiv festliegendes Gottesverständnis gehen. Zu fragen ist vielmehr gerade nach den Formen des Gottesverständnisses, die von den Kindern und Jugendlichen – in der Auseinandersetzung mit den ihnen vorgegebenen Gottesbildern – selbst abgebildet werden. Jeder Gottesbegriff, sei es der Theologie oder der Religionswissenschaft, kann am tatsächlichen Gottesverständnis der Kinder und Jugendlichen vorbeigehen.«

Dass sich die anthropomorphe Ausgestaltung des Gottesbildes durch die ganze Kindheit hindurchzieht, ist in vielen Arbeiten hinreichend beschrieben.[5] Allerdings ist nicht zu übersehen, dass sich in der späten Kindheit eine gewisse Vergeistigung des

---

3 Baldermann, Reich Gottes, S. 12.
4 S. 202f.
5 Vgl. exemplarisch Hanisch, Entwicklung, S. 62f.

Gottesbildes anbahnt[6], und man tut gut daran, für Hinweise in diese Richtung schon bei Kindern in der mittleren Kindheit aufmerksam zu sein.

In einer Unterrichtsstunde zu dem Gleichnis vom Senf (Mk 4,30–32) beginnt die Lehrerin[7] mit einer Rahmenerzählung, in der sich die Zuhörer Jesu darüber unterhalten, wo das Reich Gottes ist und ob es fern oder nah ist. Im Unterrichtsgespräch versucht die Lehrerin zu klären, was die Kinder unter Reich Gottes verstehen. Dabei machen die Schülerinnen und Schüler folgende Aussagen:

- »In das Reich Gottes kommt man nach dem Tod« (die gleiche Schülerin sagt kurz darauf: »Ich habe nicht nur nach dem Tod gemeint. Aber das hört man immer so«).
- »Im Reich Gottes gibt es keinen Krieg. Da ist Frieden.«
- »Wenn nach dem Krieg zwei Kämpfer Frieden schließen, ist das so wie bei Gott.«
- Gefragt nach seinem Verständnis vom Senfgleichnis malt ein Schüler ein Bild: links einen Panzer und ein Flugzeug, rechts zwei Menschen mit einem Herzen darüber; er schreibt dazu: »Ich verstehe es so, wie ein Kind, das weint, das man tröstet, wenn im Krieg plötzlich Freundschaft herrscht, nach dem Streit Versöhnung. Gottes Reich beginnt dort, wo Hass und Gewalt endet und Liebe herrscht.«
- »Vielleicht können auch die Tiere mitmachen. Vielleicht schließen die Vögel im Senfkornbusch auch Frieden. Es geht ihnen gut, sie haben Schatten.«
- »Bei Gott schließen Menschen und Tiere Frieden.«
- »Oder wenn jemand wieder gesund ist. Das ist wie bei Gott, zum Beispiel wie bei Jesus. … Auch wenn man schon gemeint hat, alles ist zu spät.«
- Noch einmal ausgehend vom Gleichnis sagt ein Schüler: »Wenn einer das Reich Gottes gemerkt hat, dann sagt er es weiter und so breitet es sich aus.«
- Auf die Frage der Lehrerin, ob wir etwas vom Reich Gottes spüren und erfahren können, geben die Schüler/innen folgende Antworten:
»Wenn wir beten, zum Beispiel in der Kirche alle zusammen, dann ist das wie im Reich Gottes.«
»Wo wir in der Kirche waren in der 1. Klasse und die Lichter angezündet haben …, das war so schön. So stelle ich es mir bei Gott vor.«

Offenbar hat das Reich Gottes für die Kinder dieser Klasse unterschiedliche Bedeutungen. Einige sehen es als jenseitigen Ort, an den man kommt, wenn man gestorben ist; dabei geben sie möglicherweise auch lediglich wieder, was sie daheim gehört haben.[8] Die meisten stellen sich Gottes Reich als neue Welt vor, in der Friede herrscht zwischen den Menschen und den Tieren und in der es keine Krankheit gibt. Diese Welt Gottes kann sich jetzt schon ereignen (»wenn wir Frieden haben«), ist aber vor allem eine Hoffnung (»im Reich Gottes gibt es keinen Krieg, da ist Frieden«). Zukunfts- und Gegenwartsaspekt greifen hier (wie im Neuen Testament) ineinander, und die Bilder, die die Kinder vom Reich Gottes zeichnen, sind von den biblischen Bildern eines Gottesreiches, in dem Frieden herrscht, nicht sehr weit entfernt (vgl. z. B. Jes 65,25).

---

6 Schweitzer, Lebensgeschichte, S. 207.
7 Die Stunde wurde von Petra Freudenberger-Lötz in der Klasse 4a der Grundschule Langenbrettach gehalten.
8 Vgl. Schweitzer, Lebensgeschichte, S. 214.

In einer 5. Realschulklasse behandelt die Lehrerin[9] das Gleichnis vom Schatz im Acker. Dabei stellt sie den Schlüsselsatz »Das Himmelreich gleicht einem Schatz« zur Diskussion. Sie fragt, ob sich die Schüler/innen vorstellen können, dass es Menschen gibt, für die das Reich Gottes ein Schatz ist. Vera und Heidrun bejahen dies ausdrücklich:

- »Es soll da oben ja sehr schön sein. Vielleicht ist es ja ein Schatz, den man bekommt, wenn man gestorben ist.« Als die Lehrerin wegen des »da oben« nachfragt, meint Heidrun: »Von mir aus auch unten oder neben mir, (aber) der Himmel ist für mich oben.«
- Eine andere Schülerin präzisiert diese Aussage: »Für mich ist der Himmel oben. Ich stell' mir vor, dass da alles aus Gold ist und es da keinen Streit gibt, weil's da so viel Gold und Geld gibt.«
- Eine weitere Schülerin vermutet dagegen, dass das Reich Gottes überall sein kann, sowohl im Himmel als auch »bei uns«.
- Die Lehrerin will wissen, wie es Menschen geht, die diesen »Schatz« besitzen. Da fragt Kathrin: »Was ist mit den Tieren? Kommen die auch in den Himmel?« Als die Lehrerin die Frage zurück gibt, fährt die Schülerin fort:
- »Man sagt, Menschen kommen in den Himmel. Ich möchte, dass auch Tiere in den Himmel kommen.«
- Anja sagt dagegen: »Aber die gehen ja kaputt. Die verwesen ja. Mein Vogel ist ja auch gestorben«. Darauf rufen mehrere Schülerinnen: »Du verwest ja auch!« Anja kontert: »Aber nicht so schnell wie ein Vogel!« Heidrun schließt den Gedankengang ab mit der Aussage: »Meine Mutter sagt: ›Für die Tiere gibt es einen Himmel‹. Dann kommt Susi in den Meerschweinchenhimmel.«

Offensichtlich ist in diesem Gesprächsgang ein »jenseitiges« Verständnis vom Gottesreich vorherrschend, das sowohl Heidrun als auch Kathrin vertreten. Ein weiter gehendes Verständnis deutet sich an, wenn eine Schülerin sagt, das Reich Gottes könne überall sein, also auch »bei uns«. Ein »jenseitiges« Verständnis des Gottesreiches vertreten auch Anton A. Buchers 10-jährige Interviewpartner.[10] Er resümiert: »Unter ›Reich‹ haben die Kinder offensichtlich einen konkret lokalisierbaren Herrschaftsbereich verstanden, und insofern dieser Gott gehört, ergibt sich die Lokalisierung des Gottesreiches im Himmel und die Identifizierung mit ihm von selbst. Zwar wird gelegentlich auch die Erde zum Reich Gottes gezählt, dies allerdings im Sinne eines Gott unterstehenden Herrschaftsterritoriums.« Bucher folgert aus dieser Erkenntnis, dass bei den Kindern ein Verständnis des Reiches Gottes im exegetischen Sinn nicht vorhanden und es deshalb grob fahrlässig sei, Gleichnisse in diesem Alter zu behandeln. Aber diese Folgerung erweist sich als problematisch, und zwar von zwei Seiten her: Die biblischen Texte sind vielgestaltig und lassen sich nicht in eine einheitliche Form pressen. Es finden sich sehr handgreifliche Vorstellungen neben solchen, die einen höheren Abstraktionsgrad aufweisen, futurische neben präsentischen Aussagen und überhaupt unterschiedliche Akzentsetzungen in den verschiedenen Texten. Von der biblischen Textbasis her legt es sich keineswegs nahe, eine bestimmte Vorstellung als

---

9   Die Stunde hielt Frau Boeckh an der St. Rapahel-Realschule Heidelberg.
10 Bucher, Gleichnisse, S. 55.

allein sachgemäße festzustellen. Und von den Verstehensbedingungen der Lernenden aus betrachtet ergibt sich die religionspädagogische Aufgabe, bestimmte Vorstellungen von Gott und seinem Reich von ihren Entwicklungsbedingungen her zu verstehen und zugleich die Möglichkeit zur Weiterentwicklung offen zu halten. An dem Begriff Himmelreich lässt sich diese Aufgabe exemplarisch aufzeigen. Denn ohne Zweifel stellen sich viele Schülerinnen und Schüler den Himmel als einen »Ort über den Wolken« vor.[11] Auf der anderen Seite geht die bereits Kindern verständliche Metapher »himmlisch« bzw. »wie im Himmel« davon aus, dass das »Himmlische« zumindest teil- oder zeitweise jetzt schon erlebt werden kann. Indem wir der Frage nachgehen, wie und wo der Himmel »aufgehen« kann, sind wir mitten in der Symbolik des Reiches Gottes.[12] So kann gerade die Vorstellung vom Reich Gottes bzw. vom Himmelreich eine Öffnung und Weiterentwicklung des Gottesbildes der Kinder und Jugendlichen anbahnen. Und dass bereits Grundschulkinder sehr wohl in der Lage sein können zu verstehen, was es mit dem Reich Gottes auf sich hat, zeigt Rainer Oberthür an einer von einem Drittklässler geschriebenen Geschichte[13]:

> »Einmal sagten die Jünger zu Jesus: ›Du hast viel von Gott erzählt, erzähl' uns einmal von dem Himmelreich‹. Da erzählte Jesus: ‹Es war einmal eine Mutter, die hatte großen Kummer. Ihr dreijähriger Sohn hatte eine schwere Grippe und der Arzt befürchtete, dass das Kind sterben müsse. Aber die Mutter versorgte und pflegte das Kind, auch wenn sie wusste, dass es bald sterben würde. Doch sie gab nicht auf. Die letzten Tage seines Lebens sollte es der Junge so schön wie möglich haben. Doch eines Tages sagte der Arzt, dass es dem Jungen viel besser ginge und zwei Wochen später war er wieder ganz gesund. Diese Geschichte habe ich euch erzählt, dass ihr merkt, dass die Liebe stärker als der Tod ist.‹ Damit endete Jesus die Geschichte, und alle verstanden, dass, wenn sich eine Mutter so um ihr Kind sorgt, das wirklich wie im Himmelreich ist.«

Beim Gottesreich geht es allerdings nicht nur um die Vorstellungen der Lernenden, sondern ebenso um die Vorstellungen der Lehrerin oder des Lehrers. Zwei Textbeispiele können dies verdeutlichen. Das erste stammt aus dem Bericht »Himmel, Hölle Fegefeuer« von Jutta Richter[14]:

---

11   Untersuchungen haben ergeben, dass Kinder zwischen 5 und 8 Jahren Gott überwiegend im Himmel lokalisieren, d.h. davon ausgehen, »dass Gott in Wirklichkeit seinen Ort in einem uns unzugänglichen, besonders festen oder schönen Himmelraum hat«, vgl. Fetz, Entwicklung, S. 211.
12   Vgl. erneut Hanisch, Entwicklung, S. 99f: »Auf Grund unserer Untersuchungsergebnisse (sc. zum Gottesbild) lassen sich nur vereinzelt alterstypische Zusammenhänge aufweisen. ... Prozentuale Häufigkeiten scheinen sowohl vom kirchlichen sowie vom schulischen Unterricht als auch durch die religiöse Sozialisation und Erziehung im Elternhaus mitbestimmt zu sein.«
13   Oberthür, Kinder und die großen Fragen, S.161.
14   Richter, Himmel, S. 11.

> »Im Religionsunterricht bei Vikar Wittkamp lernten wir die zehn Gebote auswendig. Wir mussten ein Religionsheft führen. Vikar Wittkamp diktierte das erste Gebot; unsere Hausaufgabe war, ein Bild dazu zu malen. Ich erinnere mich, dass ich einen roten Gott malte mit einem violetten Bart, der saß auf einer rosa Wolke. Unten auf der Erde standen Menschen, die hatten links auf der Brust ein rotes Herz. *Du sollst den Herrn deinen Gott lieben von ganzem Herzen und ganzer Seele und mit deinem ganzen Denken.* Als Vikar Wittkamp das Bild sah, wurde er wütend. Das sei kein Gott, das sei ein Teufel, und wie ich es wagen könne, so ein Bild zu malen. Ich versuchte ihm zu erklären, dass Gott doch rot sein müsse, weil das die Farbe der Liebe sei. Aber Vikar Wittkamp winkte ab, machte mich mit einer Handbewegung stumm und schrieb *noch einmal* unter meine Zeichnung.«

Ob Gott nun rot ist oder nicht, sei dahingestellt. Aber der Gedanke, ihn rot zu malen, da Rot die Farbe der Liebe ist, ist auf der Ebene des Grundschulkindes ebenso schlüssig und überzeugend wie die Hervorhebung der Herzen auf dem Bild. Die fälschliche Fixierung liegt in diesem Beispiel gerade nicht bei dem Kind, sondern bei dem Lehrer, der bei der Farbe Rot nur an den Teufel denken kann und den theologischen Gedanken des Kindes deshalb gar nicht versteht. Das Beispiel macht exemplarisch deutlich, dass Einseitigkeiten und Denkgrenzen bei den Lehrpersonen den Lernerfolg ebenso behindern können wie Begrenztheiten auf Seiten der Schülerinnen und Schüler. Die Konsequenz daraus formuliert Hanisch in seinem Buch über die Entwicklung der Gottesbilder[15]:

> »Um Einseitigkeiten und Verzerrungen bei der unterrichtlichen Behandlung der Gottesfrage zu vermeiden, kommt es maßgeblich darauf an, dass sich die Religionslehrerinnen und Religionslehrer bewusst werden, welche persönlichen Gottesbilder ihrem Glauben zugrunde liegen und ihn prägen. ... Durch einen unbefangenen Austausch – etwa ihm Rahmen der Lehrerfortbildung – können sich die Religionslehrerinnen und Religionslehrer bewusst werden, welche Voraussetzungen sie in den Unterricht mitbringen. Durch die Erörterung entsprechender biblischer Texte und eine systematisch-theologische Betrachtung der Gottesfrage können mögliche Einseitigkeiten und Defizite, die in der Regel den Unterricht bestimmen, aufgedeckt und korrigiert werden.«

Die Rede von der Gottesherrschaft

- Die Verkündigung Jesu ist insgesamt durch die Erwartung der Gottesherrschaft geprägt.
- Die Erwartung der Gottesherrschaft trägt sowohl in der alttestamentlich-jüdischen Tradition als auch in der Verkündigung Jesu unterschiedliche Akzente. Als Erwartung der umfassenden Zuwendung Gottes zu den Menschen ist die Gottesherrschaft den Menschen voraus, beeinflusst aber jetzt schon ihre Gegenwart. Sie ruft dazu auf, das Leben in Gegenwart und Zukunft unter der Perspektive Gottes zu betrachten.
- Die Rede vom Gottesreich ist einerseits unanschaulich, bietet aber auch religionspädagogische Chancen. Die biblische Vielfalt der Tradition eröffnet Vielfalt auch im religionspädagogischen Kontext.
- Die Metapher vom »Himmel« ermöglicht vielfältige Assoziationen und ist besonders geeignet, das Verständnis für die Gottesherrschaft anzubahnen.

---

15 Hanisch, Entwicklung, S. 105.

Das Gleichnis vom Senf: Mk 4,30–32

Das Gleichnis vom Senf? Das Gleichnis vom Senfkorn? Die Überschrift ist kein Bestandteil des ursprünglichen Textes, sondern, wie alle anderen Überschriften, erst später hinzugekommen. Sie fassen zusammen, worum es nach der Meinung der Ausleger in den Texten geht. Es handelt sich also um Interpretationen. Dies gilt selbst dann, wenn die Überschrift wie in Mk 4,30–32 eine Art Inhaltsangabe ist. Es zeigt sich nämlich, dass die Überschrift »Vom Senfkorn« das Gleichnis verkürzt und damit das Verstehen in eine bestimmte Richtung lenkt.

Wichtige Literatur zum Gleichnis vom Senf:
– Kähler, Jesu Gleichnisse als Poesie und Therapie
– Müller, Wie werdet ihr alle Gleichnisse verstehen?

Elementare Strukturen

(1) Das Gleichnis setzt ein mit einer doppelten Frage: »Womit sollen wir das Reich Gottes vergleichen, mit welchem Gleichnis sollen wir es beschreiben?« Damit sind bereits Impulse für das Verstehen gesetzt: Im Folgenden geht es um das Reich Gottes, das aber offensichtlich des Vergleichs und der Veranschaulichung bedarf, um verstanden zu werden. Das Gleichnis ist offenbar eine der Gottesherrschaft angemessene Weise des Redens. Ein weiterer Verstehensimpuls liegt in dem zweimaligen Plural. Obwohl Jesus als Sprecher auftritt, schließt er mit dem Plural die Angesprochenen in die Bemühung mit ein, ein Bild für die Gottesherrschaft zu finden. Das Erfassen der Gottesherrschaft im Bild ist als Prozess gedacht, in den die Hörerinnen und Hörer Jesu eintreten sollen. Wer das Gleichnis hört oder liest, ist an dem Verstehensprozess beteiligt.

(2) Die inhaltliche Struktur des Gleichnisses erkennt man am besten, wenn man eine Übersetzung wählt, die ganz nah am griechischen Text ist (hier nach dem »Münchener Neuen Testament«):

		Säen	Ort	Gegensatz	Wachstum	Ziel
31	Wie einem Senfkorn, das,	wenn es gesät wird	auf die Erde	kleiner ist als alle Samen		
			auf der Erde,			
32		und wenn es gesät wird			aufsteigt	
				und größer wird als alle Gartengewächse	und große Zweige macht,	so dass zelten können unter seinem Schatten die Vögel des Himmels.

Das Gleichnis vom Senf 119

Das Gleichnis besteht aus einem einzigen Satz, der zunächst eine in sich geschlossene Abfolge des Wachstums darlegt: wenn es gesät wird ... aufsteigt ... größer wird ... große Zweige macht. Das Gleichnis beschreibt also nicht ein Senfkorn als solches, sondern ein Senfkorn, das gesät wird und zu dem größten Gartengewächs mit großen Zweigen heranwächst – und damit den gesamten Wachstumsprozess.

Die Abfolge des Wachsens wird zweifach ergänzt. Zum einen ist ein Hinweis auf die Kleinheit des Samens eingefügt. Dadurch entsteht ein Gegenüber des kleinen Samens zu dem größten Gartengewächs V. 32. Es werden also zwei Aussagestränge miteinander verbunden, nämlich der regelrecht ablaufende Wachstumsprozess und die Gegenüberstellung von kleinstem Samen und größtem Gewächs. Am Ende von V. 32 ist mit einem Konsekutivsatz das Ziel des Wachsens angegeben: Die Vögel des Himmel »zelten« (wohnen, lassen sich nieder) im Schatten des Strauches.

Bitte überlegen Sie, ob die Überschrift »Das Gleichnis vom Senf« oder »Das Gleichnis vom Senfkorn« die Auslegung beeinflusst.

(3) Die Interpretation des Gleichnisses war häufig geprägt durch die Hervorhebung einzelner Aussagen, so beispielsweise bei Jeremias:

> Beide Gleichnisse (Jeremias befasst sich hier auch mit dem Sauerteiggleichnis Mt 13,33 par) »schildern einen scharfen Kontrast. Diese Übereinstimmung in der Struktur war der Anlass dafür, dass sie von Matthäus (13,31–33) und Lukas (13,18–21) als Doppelgleichnis überliefert werden. ... In den beiden Gleichnissen ist nicht etwa eine Entwicklung geschildert, das wäre abendländisch gedacht. Der Morgenländer denkt anders, er fasst Anfangs- und Endstadium ins Auge, für ihn ist in beiden Fällen das Überraschende die Aufeinanderfolge zweier grundverschiedener Zustände ...«[16]

Diese Auslegung bezieht sich auf einen bestimmten Aspekt des Gleichnisses. Sie nimmt – mit Recht – die Gegenüberstellung des kleinsten Samens und des größten Gartengewächses auf. Aus diesem Grund bezeichnet Jeremias Mk 4,30–32 als Kontrastgleichnis. Hieraus erschließt er als Situation, in der seiner Auffassung nach das Gleichnis gesprochen wurde, die Äußerung von »Zweifeln an der Sendung Jesu«, denen Jesus mit Hilfe des Gleichnisses entgegentrete. Faktisch konzentriert sich diese Deutung jedoch auf bestimmte Aussagen des Textes und blendet andere aus (Wachstum und Zielaussage). Tatsächlich beschreibt das Gleichnis aber einen Gesamtzusammenhang. Als Bild für die Gottesherrschaft dient nicht lediglich der Senfsame, sondern der Same, der aufgeht, Zweige treibt, größer wird als alles sonst im Garten und der schließlich Vögeln Schutz und Schatten bietet. Dass hier nur ein Anfangs- und Endstadium im Blick sei, trifft nicht zu. Aus diesem Grund ist es irreführend, den Text als »Gleichnis vom Senfkorn« zu bezeichnen. Es geht um den Senf insgesamt, um das kleine Korn und den großen Strauch, um den Prozess des Wachstums und um dessen Ergebnis und Ziel. Das kurze Gleichnis vereinigt verschiedene Aussagelinien in sich.[17]

---

16 Gleichnisse, S. 147.
17 Das Bild von Rosemarie Müller (in: Freudenberg, Religionsunterricht, 3–4) stellt diesen Zusammenhang anschaulich dar.

120 *Gleichnisse vom Reich Gottes*

Mk 4,30–32 Elementare Struktur

- Trotz seiner Kürze vereinigt das Gleichnis verschiedene Aussagelinien in sich: Das Wachstum, der Unterschied zwischen kleinstem Samen und größtem Gartengewächs, das Wohnung-Geben als Ziel des Wachsens.
- Bei der Interpretation ist es wichtig, nicht einzelne Aussagelinien herauszugreifen, sondern sie in ihrem Zusammenhang zu würdigen.
- Als Überschrift ist deshalb »Gleichnis vom Senf« geeignet.

Elementare Erfahrungen

Von Erfahrungen soll wiederum in zweifacher Weise die Rede sein. Jesus kann mit Hilfe des Senfs auf die Gottesherrschaft hinweisen, weil er Erfahrungen im ländlich-bäuerlichen Bereich voraussetzt. Es gehört zum Weltwissen der Hörerinnen und Hörer, dass der Senfsame sich durchsetzt und zu einem erstaunlich großen Kraut wird. Aufgrund dieses Wis-

Rosemarie Müller,
Das Gleichnis vom Senfkorn

sens kann der Vorgang zum Gleichnis werden für etwas, das sich der unmittelbaren Anschauung entzieht. Deshalb ist zunächst danach zu fragen, welche Erfahrungen in den Text eingegangen sind. Auf der anderen Seite treten heutige Leserinnen und Leser ebenfalls mit bestimmten Erfahrungen an die Lektüre heran, die in religionspädagogischer Perspektive gleichermaßen zu berücksichtigen sind.

(1) Der Erfahrungshintergrund des Gleichnisses weist verschiedene Akzente auf. Die Senfpflanze ist in der Welt des Neuen Testaments ein überall bekanntes Garten- und Ackergewächs. Der hier gemeinte, »schwarze« Senf (sinapis nigra) erreicht eine beachtliche Höhe; mit seinen großen, Schatten spendenden Blättern im unteren Drittel der Pflanze und den reifen Körnern zieht er Vögel an. Die Pflanze wurde aller Wahrscheinlichkeit nach nicht regelrecht angebaut, konnte aber doch auf Randflächen ausgesät werden – falls das überhaupt nötig war. Wo Senf sich einmal versamt hatte, behauptete er sich leicht[18], und dies, obwohl der Same zu den kleinen Samenarten gehört. Diese Kleinheit war im späteren, rabbinischen Judentum sogar sprichwörtlich: Wenn etwas klein ist, dann ist es der Senfsame. Im Neuen Testament ist mehrfach von einem

---

18 Kähler, Gleichnisse, S. 87f: »Eine mühevolle Kultur, die aufwändiger Pflege bedarf, stellt er nicht dar. Oder noch drastischer mit dem Sprichwort: Unkraut (vergeht nicht, sondern) setzt sich durch, wo es einmal Fuß gefasst hat.«

Glauben »so groß wie ein Senfkorn« die Rede (Mt 17,20; vgl. Lk 17,6). Außerdem gehört ins Umfeld des Gleichnisses auch die im jüdischen wie im hellenistischen Bereich anzutreffende allgemeine Beobachtung, dass aus einem kleinen Samen etwas Großes werden kann.[19] Der mit diesen Hinweisen angedeutete Erfahrungshintergrund ist im Gleichnis offensichtlich gegenwärtig. Die botanischen Gegebenheiten der Senfpflanze werden als bekannt vorausgesetzt. Die Sprichwörtlichkeit des kleinen Senfsamens, seine bekannte Durchsetzungskraft sowie die allgemeine Erfahrung, dass aus einem kleinen Samen etwas Großes wachsen kann, führen dazu, dieses Wachstum auch im übertragenen, bildlichen Sinn zu verstehen.

(2) Diese Übertragungsmöglichkeiten lenken den Blick auf die biblische Tradition. Die Zielaussage von den Vögeln im Schatten der Senfpflanze gehört zu einem Bild, das bereits im AT mehrfach zu finden ist. Üblicherweise werden Ps 104,11f; Hes 17,23; 31,6 und Dan 4,8f.17f zum Vergleich herangezogen, vor allem Hes 17,23; dort wird das Bild von dem Baum, der den Vögeln (und den Tieren und den Völkern) Schutz bietet, mit der künftigen Heilszeit in Verbindung gebracht.

(Ps 104,11f) Allen Tieren des Feldes spenden sie Trank, die Wildesel stillen ihren Durst daraus. An den Ufern wohnen die Vögel des Himmels, aus den Zweigen erklingt ihr Gesang.
(Hes 17,23) Auf die Höhe von Israels Bergland pflanze ich ihn. Dort treibt er dann Zweige, er trägt Früchte und wird zur prächtigen Zeder. Allerlei Vögel wohnen darin; alles, was Flügel hat, wohnt im Schatten ihrer Zweige.
(Hes 31,6) Alle Vögel des Himmels hatten ihr Nest in den Zweigen. Alle wilden Tiere brachten unter den Ästen ihre Jungen zur Welt. All die vielen Völker wohnten in ihrem Schatten.

Bei genauerem Vergleich lässt sich zwar keine direkte Zitierung nachweisen. Es ist aber nicht zweifelhaft, dass das alttestamentliche Bild vom mächtigen Baum, der vielen Schutz bietet und ein Zeichen der Heilszeit ist, den Schluss des Gleichnisses mit bestimmt. Der Text ruft bei Hörerinnen und Hörern biblische Assoziationen hervor.

Eine zweite, religiös bestimmte Erfahrung ist mit dem Wachstumsprozess angesprochen, der in dem Gleichnis zum Ausdruck kommt. Dies ist keine Besonderheit nur dieses Gleichnisses, sondern in anderen Wachstumsgleichnissen ebenfalls zu finden. Wachstum ist etwas Kreatürliches, aber nicht im Sinne des »Natürlichen« im modernen Verständnis, sondern in dem Sinne des von Gott Geschaffenen und mit Lebenskraft Begabten. Der Same hat die Fähigkeit zum Wachsen, weil er von Gott geschaffen und dazu bestimmt ist. Das »von selbst« (*automáte*) im Gleichnis von der selbstwachsenden Saat Mk 4,28 bringt diesen kreatürlichen »Automatismus« besonders zum Ausdruck, ist aber auch hier vorausgesetzt. Dass der Same, so klein er auch ist, aufgeht und wächst, liegt daran, dass er Gottes Schöpfung ist. Bei der Senfstaude und ihrem be-

---

19 Philo, Über die Unvergänglichkeit der Welt, 100: »Ferner, was aus Samen entsteht, ist in seiner Masse größer als das, wodurch es hervorgebracht wurde ... Oft wachsen zum Beispiel himmelhohe Bäume aus einem winzigen Samenkorn hervor und sehr korpulente und große Lebewesen aus ein wenig ausgeschleuderter Flüssigkeit«; im übertragenen Sinn Seneca, Briefe an Lucilius 38,2.

achtlichen Unterschied zwischen dem kleinen Samen und der großen Pflanze kommt die kreatürliche Kraft besonders deutlich zum Ausdruck.

(3) Aus der religiös begründeten Gewissheit wie aus der Alltagserfahrung heraus kann der Senf zum Bild werden für die Gottesherrschaft. Dass aus dem kleinen Samen ein Strauch wird, ist ein Satz der Erfahrung, aber auch – wenn man nur den Samen sieht – ein Glaubenssatz. Beides steckt in dem zu beobachtenden Vorgang, die Gewissheit ebenso wie das Erstaunliche daran. Wenn man von hier aus auf Ursprungssituationen des Gleichnisses zurückschließen will, kann man zwar – wie Jeremias – Zweifel an der Reich-Gottes-Botschaft vermuten. Aber diese Zweifel sind eingebunden in die Zuversicht, dass Gottes Reich sich durchsetzen und Raum geben wird zum Wohnen. Die Gewissheit überlagert den Zweifel.

(4) Erfahrungen sind in das Gleichnis eingegangen. Aber heutige Leserinnen und Leser bringen ihre eigenen Erfahrungen mit. Für Schüler ist der Prozess von Säen, Wachsen und Ernten nicht in gleicher Weise geläufig wie für die Welt des Textes. Die Nähe zu den kreatürlichen Vorgängen ist ihnen, vor allem im städtischen Milieu, ferner gerückt, Erfahrungen aus dem landwirtschaftlichen oder gärtnerischen Bereich sind ihnen vielfach fremd. Auf der anderen Seite übt gerade deshalb schon der Wachstumsprozess als solcher Faszination aus. Das Wachsen eines Samenkorns von der Saat bis hin zur Blüte oder Ernte wird besonders von Grundschulkindern mit großer Aufmerksamkeit verfolgt.

(5) Das gegenwärtige gesellschaftliche Leitbild orientiert sich an Stichworten wie Leistung und Effektivität. Diese Orientierungen haben ihren Sinn. So wichtig sie sind, so unbestreitbar grenzen sie jedoch andere Aspekte kreatürlichen Lebens aus (mit entsprechenden, oft negativen Folgen). Die eigene Geschwindigkeit von Wachstums-, Entwicklungs- und nicht zuletzt Lernprozessen steht der angestrebten Effektivitätssteigerung oft entgegen. Langsamkeit und Geduld werden dementsprechend als hinderlich angesehen und sind deshalb auch in der Erfahrungswelt von Schülerinnen und Schülern – oft zu ihrem Nachteil – unterrepräsentiert. Hier setzen die Bemühungen zur »Verlangsamung von Lernprozessen« an, die verschiedentlich diskutiert werden.[20] Den Schülerinnen und Schülern in diesem Bereich Erfahrungen zu eröffnen, erweist sich als sinnvoller, sowohl für das Lernen als auch für das Leben wichtiger Erkenntnisprozesse. Das Wachsen einer Pflanze zu beobachten, setzt Erfahrungen im Gegenüber zu einer scheinbar durchrationalisierten Welt frei.

(6) Das Beobachten einer Pflanze schlägt eine Brücke zu dem Themenbereich Umwelt und Natur. Schülerinnen und Schüler sind hierfür in der Regel sensibilisiert, von der allgemeinen Einsicht in die Pflege des Lebendigen bis hin zu den diversen Entsorgungsregeln für den Abfall. In religionspädagogischer Hinsicht sind Umwelt und Natur mit dem Schöpfungsgedanken zu verbinden. Dieser Gedanke bringt den Verantwortungsaspekt mit sich, für den gerade junge Menschen in besonderer Weise aufge-

---

20   Vgl. Hilger, Langsamer ist mehr, S. 215–220.

schlossen sind (später legt sich das bedauerlicherweise oft wieder). Da die Umweltproblematik auch in verschiedenen anderen Schulfächern eine Rolle spielt, kommt hier ein fächerverbindender Aspekt ins Spiel.

Die auch Kindern bereits gegenwärtige Bedrohung von Umwelt, Natur und (theologisch gesprochen) Schöpfung führt umgekehrt zu Hoffnungsbildern, in denen Mensch und Natur in Einklang miteinander leben. In diesem Zusammenhang spielt auch das Reich Gottes eine Rolle. In ihren Vorstellungen zum Reich Gottes entwerfen Kinder häufig Bilder von einer »heilen Welt«, häufig als Gegenwelt zu ihren alltäglichen Erfahrungen. So leitet das Gleichnis dazu an, die vorgefundene Realität zu transzendieren, Visionen einer möglichen Welt zu entwerfen und Vision und Realität zueinander in Beziehung zu setzen.

Mk 4,30–32 Elementare Erfahrungen

- Das Gleichnis vom Senf setzt Erfahrungen voraus, die zum Weltwissen der ursprünglichen Rezipienten gehören. Zugleich werden religiöse Überzeugungen aufgenommen, die die Schöpfung und die eschatologische Erwartung aufnehmen.
- Heutiges Weltwissen trifft den Erfahrungshintergrund des Textes nicht in gleicher Weise. Das Wahrnehmen von Wachstumsprozessen, die Pflege, Erhaltung und Bewahrung von Natur und Schöpfung lassen sich aber mit dem Text verknüpfen.

Elementare Zugänge

Bei den elementaren Erfahrungen geht es um die in den Text eingegangenen und um die von den heutigen Rezipienten an den Text herangebrachten Erfahrungen. Bei der Frage nach den elementaren Zugängen stehen die Schülerinnen und Schüler noch deutlicher im Mittelpunkt. Hier geht es um ihre Entwicklungs- und Verstehensbedingungen, die die Voraussetzungen zum Erschließen von Erfahrungen darstellen.

(1) Elementare Zugänge zu dem Gleichnis eröffnen sich Kindern und Jugendlichen auf verschiedenen Ebenen. Eine erste Ebene ist bereits mit dem Erfahrungshintergrund beschrieben. Über den thematischen Bereich Pflanze – Wachstum – Natur ist ein Zugang zu dem Gleichnis durchaus möglich. Offensichtlich wecken Wachstumsprozesse von sich aus Neugier und Interesse im Blick auf die Unterschiedlichkeit von Anfangs- und Endstadium von Pflanzen und im Blick auf den Wachstumsprozess selbst. Die Umwelterziehung greift ebenfalls auf diese elementaren Erfahrungen zurück und akzentuiert sie hin auf ein verantwortungsvolles Umwelthandeln. Verschiedentlich wird von Baumpflanzaktionen berichtet. Bäume, die Schatten spenden, Lebensraum bieten oder allgemein als Zeichen für Vitalität und gesundes Wachstum dienen, sind in der Werbung für Öko-Produkte verbreitet und können mit ihrem Symbolgehalt bereits bei Kindern vorausgesetzt werden.

(2) Kinder erleben sich im Vergleich mit Älteren häufig als klein. »Das kannst du noch nicht«, »werd' du erst mal groß« sind Sätze, die sie immer wieder hören. Dementsprechend spielen der Wunsch, groß zu sein, und Vorstellungen davon, was einmal sein wird, in ihrem Denken eine große Rolle. Die Bandbreite dieser Vorstellungen reicht von Berufswünschen über Gedanken zum persönlichen Ergehen in der Zukunft

bis hin zu Überlegungen, wie die Welt einmal aussehen wird oder soll. Dass aus Kleinem etwas Großes werden möge, entspricht dem Denken von Grundschulkindern in besonderem Maß. Dabei spielt auch eine Rolle, dass die Erwartung von Zukunft über das Vorfindliche hinaus geht und es transzendiert. Insofern kann sich eine solche Erwartung auch für Gott und für die Vorstellung vom Reich Gottes öffnen.

(3) Einen weiteren Zugang bietet deshalb auch die Reich-Gottes-Vorstellung an, die im Gleichnis mit Hilfe der Geschichte vom Senf verständlich gemacht werden soll. Die Tatsache, dass hier eine unanschauliche Größe mit Hilfe eines anschaulichen Prozesses verdeutlicht wird, entspricht dem am Konkreten orientierten Verstehen von Kindern. Und die Tatsache, dass viele Erwachsene mit dem Reich Gottes Verstehensschwierigkeiten haben, sollte nicht dazu führen, diese unbesehen auch bei Kindern zu vermuten. Im Gegenteil: Die Sprache von Hoffnung, Traum und Vision hat für Kinder und Jugendliche in einem viel stärkeren Maß reale Kraft als für Erwachsene. Sagen jene »So soll es sein«, so fügen Erwachsene in der Regel gleich ein »Aber so ist es nicht« hinzu. Der Sieg der Realität über die Vision aber führt zum Ende des Redens vom Reich Gottes. Visionen, Bilder und Geschichten sind demgegenüber sehr kindgemäße Formen des Ausdrucks von Hoffnung.

Elementare Wahrheit
Was für den Wahrheitsbegriff unter den Rahmenbedingungen der öffentlichen Schule gilt, gilt für das Gleichnis allemal: Es will nicht indoktrinieren. Worum es geht, ist vielmehr, sich mit einem Bild, mit einer Geschichte verstehend auf den Weg zu machen und dabei eine Ahnung zu gewinnen vom Gottesreich. Auch wenn die Gleichnisse in Mk 4,1f als »Lehre« gekennzeichnet werden, sind sie doch gerade keine »Lehrformel«. Wäre die Gottesherrschaft offensichtlich vorhanden, so wäre die doppelte Eingangsfrage überflüssig: »Womit sollen wir das Reich Gottes vergleichen, mit welchem Gleichnis sollen wir es beschreiben?« Die Fragen zeigen jedoch, dass man vom Gottesreich sachgemäß gar nicht anders als in Geschichten und Bildern reden kann. »Die kürzeste Entfernung zwischen einem Menschen und der Wahrheit ist eine Geschichte«. Obwohl nicht auf die Gleichnisse Jesu gemünzt, ist dieser Satz von Anthony de Mello eine sehr schöne Beschreibung der Gleichnisse.[21]

(1) Wenn es bei der Frage nach elementaren Wahrheiten darum geht, welche Bedeutung ein Text für Lernende und Lehrende bekommen kann, so ist zusammen mit den Begriffen Gott und Gottesreich zuerst die Hoffnung zu nennen. Das Gleichnis vom Senf ist vor allem eine Hoffnungsgeschichte. Dies gilt auch, wenn man den Kontrast zwischen kleinem Samen und großem Strauch mit berücksichtigt; denn der Kontrast ist eingebunden in den Prozess des Wachsens auf ein Ziel hin. Hoffen, Perspektiven öffnen, über das, was ist, hinausdenken – mit diesen Begriffen ist ein wesentliches Merkmal sowohl der Gleichnisse Jesu als auch der religiösen Erziehung beschrieben.

---

21 Mello, Dieb, S. 19.

Zugleich wird damit ein elementarer Zugang zu den Gleichnissen aus der Sicht von Kindern geöffnet.

(2) Ein besonderes Moment der Wahrheitsfrage ist mit dem Begriff des Gottesreiches verbunden. Der Wahrheitsanspruch im Gleichnis erschöpft sich nicht im Vorgang des Wachsens und Raum-Gebens des Senfstrauchs. Die Geschichte vom Senf geht als Hoffnungsbild über das Anschauliche hinaus. Damit wird auf die Erkenntnis verwiesen, dass Wahrheit in der vorfindlichen Realität keineswegs immer aufgeht – und im Blick auf Gott schon gar nicht. Wahrheit im religiösen Sinn transzendiert die Realität, ohne allerdings die Realität aufzugeben. Die Vision vom Gottesreich macht vielmehr sensibel dafür, im Alltag, in den Erfahrungen von Versöhnung und Zuwendung Spuren von Gottes neuer Welt zu entdecken. Die Wahrheit der Reich-Gottes-Aussagen Jesu steht dabei zweifellos (für Kinder und Erwachsene) im Widerstreit zu »Wahrheiten«, die in der Umwelt ihre Ansprüche erheben. Da werden Hoffnungen oft als kindisch und gegenüber dem »Ernst des Lebens« unhaltbar abqualifiziert. Gerade aus diesem Widerstreit kann aber auch die Frage nach der Geltung der vielen Wahrheitsansprüche entstehen. Daran wird schließlich deutlich, dass Wahrheit keine statische Erkenntnis ist, sondern an einen Prozess des Suchens und Verstehens gebunden. Von daher sind Gleichnisse in einem elementaren Sinn Suchgeschichten, in denen aus der Anschauung heraus und über sie hinaus ein Prozess des Suchens nach der Wahrheit angestoßen wird.

Mk 4,30–32 Elementare Zugänge und Wahrheit
- Zugänge zum Gleichnis ergeben sich auf verschiedene Weise: Natur, Umwelt, Schöpfung sind in der gegenwärtigen gesellschaftlichen Situation bereits Kindern geläufige Begriffe, die zugleich Aufforderungscharakter zum Handeln beinhalten. Dass Kleines groß wird, groß werden will, ist eine grundlegende Erfahrung aus der kindlichen Lebenswelt. Und dass man mit Geschichten und Bildern manches besser ausdrücken kann als mit Begriffen, ist Kindern geläufiger als Jugendlichen und Erwachsenen.
- Als Bild und Geschichte schreibt das Gleichnis nicht einen bestimmten Inhalt fest, sondern eröffnet eine Suchbewegung, die die Frage nach der Wahrheit anstößt.

Unterrichtliche Konkretionen

Die Sehnsucht nach einer guten Welt ist in Erwachsenen und Kindern tief verwurzelt. Sie trifft sich mit der Hoffnung als einer der grundlegenden Aussagen des Gleichnisses. In einer Unterrichtseinheit zum Gleichnis vom Senf wird dieser Grundgedanke entfaltet.

(1) Im ersten Teil einer Unterrichtseinheit kann diese Sehnsucht, dieser Menschheitstraum, aus der Perspektive der Schülerinnen und Schüler formuliert werden. Mögliche Schritte dazu sind: Eine Bildbetrachtung, z.B. mit dem Bild von Sieger Köder »Die Vision des Jesaja«,[22] je nach der Geübtheit der Schüler/innen mit Bildbetrachtun-

---

22 Das folgende Bild findet sich in: Die Bibel. Mit Bildern von Sieger Köder, S. 784. Vgl. zum Folgenden auch Freudenberger-Lötz, Gleichnisse, S. 63ff; dies.: »Wo bist du, Gott?«, S. 59ff.

Sieger Köder, Die Vision des Jesaja

gen verbunden mit meditativer Begleitmusik (z. B. Antonin Dvorak, Symphonie Nr. 9 »Aus der neuen Welt«). Die Aufgabe, dem Bild eine Überschrift zu geben, fasst die Betrachtung zusammen.

Der Text Jes 11,6–9 wird gelesen und mit dem Bild verbunden. Die Schüler/innen fertigen – nach einer Stilleübung – eigene Hoffnungsbilder an. Sie können diese Bilder mit Farben oder mit Worten gestalten. Das »Dann« des Textes aufnehmend können ihre Aussagen mit »Dann« beginnen. Das bekannte Lied »Alle Knospen springen auf, fangen an zu blühen« kann diesen ersten Teil abschließen.[23]

(2) Der zweite Teil der Unterrichtseinheit beschäftigt sich mit Gottes Reich, von dem Jesus erzählt und das er mit seinem Handeln andeutet. Mögliche Schritte dazu sind:

- Erarbeiten elementarer Hoffnungssätze aus der Verkündigung Jesu.
- Mit der Rahmenerzählung »Jetzt hat es angefangen«[24] kann die Übertragung der Hoffnungssätze auf das Handeln Jesu angebahnt werden.
- Die Schülerinnen vergegenwärtigen sich Geschichten, in denen diese Hoffnungssätze schon Realität wurden, z. B. die Geschichte von Zachäus (Lk 19,1–10), von der Kindersegnung (Lk 18, 15–17), von der Speisung der Fünftausend (Mt 14, 13–21).

---

23 Z.B. in EG (Hessen-Nassau), Nr. 637.
24 Nach Kübler/Bödingmeier, Spuren, S. 15f.

(3) Anschließend kann das Gleichnis vom Senf mit folgenden Schritten erarbeitet werden: Zunächst wird die Aufmerksamkeit auf das kleine Senfkorn gerichtet. Dazu bekommt jedes Kind bei geschlossenen Augen ein Senfkorn in die Hand. Sie spüren die Winzigkeit des Korns. Eine Übung »Ich bin ein kleines Senfkorn« kann sich zur Identifikation anschließen. Die Senfkörner werden gepflanzt. Die Rahmenerzählung zum Gleichnis vom Senfkorn wird vorgestellt. Ein Unterrichtsgespräch über das Reich Gottes schließt sich an. In einer Gemeinschaftsarbeit wird das Reich Gottes als Baum gestaltet. Das Lied »Kleines Senfkorn Hoffnung« schließt die Einheit ab.

Schätze entdecken (Mt 13,44–46)

»Der Leser ... macht eigentlich aus einem Buche, was er will..«[25] Diese Einsicht von Novalis erschließt sich durch eine Geschichte: »Mit dem Himmelreich verhält es sich wie mit einem Schatz, verborgen im Acker ...« Schon das Wort Schatz weckt die Fantasie: Schatztruhe, der Schatz der Nibelungen, Schatzinsel, Jackpot, aber auch: kostbare Erinnerungen, Bilder eines geliebten Menschen, der »mein Schatz« ist, »wo dein Schatz ist, da ist dein Herz« (Mt 6,21). Wir lesen nur einen Satz – und legen unsere Bilder, Träume, Erfahrungen dazu, bilden aus beidem eine kleine Welt, treten lesend in die Geschichte ein. Oder in ein Bild: Valentin Feuerstein hat von 1981–1983 im Ulmer Münster das 15 Meter hohe und 3 Meter breite ›Predigtfenster‹ gestaltet. Es enthält u.a. verschiedene Bilder von Gleichnissen Jesu, darunter auch vom Schatz im Acker und von der Perle.[26]

Auf beiden Bildern tritt besonders die Haltung des Mannes hervor, der sich über Schatz und Perle beugt und beides nur mit den Fingerspitzen anfasst, vorsichtig und konzentriert.

Wichtige Literatur zum Gleichnis vom Schatz und der Perle
- Eichholz, Gleichnisse der Evangelien
- Müller, Schätze entdecken

Elementare Strukturen
In Mt 13,44–46 sind zwei Gleichnisse miteinander verbunden[27]:

---

25 Novalis, Schriften, Band 2, S. 399.
26 Die Abbildungen stammen aus Neumann, Lehre Jesu, 152f.
27 Auf die Frage nach der ursprünglichen Zusammengehörigkeit beider Gleichnisse gehen wir nicht näher ein. Es genügt hier, dass sie bei Matthäus zusammengestellt sind. Da beide aus dem Sondergut des Matthäus stammen, haben Überlegungen über ihre Vorgeschichte ohnehin recht hypothetischen Charakter.

128 *Gleichnisse vom Reich Gottes*

Valentin Feuerstein, Predigtfenster (Ulmer Münster)

Mt 13,44	**Mt 13,45–46**
Mit dem Himmelreich verhält es sich wie mit einem Schatz, verborgen im Acker,	Wiederum verhält es sich mit dem Himmelreich wie mit einem Kaufmann auf der Suche nach schönen Perlen:
den ein Mensch fand (und wieder) verbarg, und aus seiner Freude geht er hin und verkauft alles, was er hat, und kauft jenen Acker.	Er fand aber eine kostbare Perle, ging weg und verkaufte alles, was er hatte, und kaufte sie.

(1) Bei dem Gleichnis vom Schatz im Acker handelt es sich um einen einzigen Satz. Das Himmelreich wird mit einem Schatz verglichen und mit allem, was der Finder mit diesem Schatz tut. Es geht also nicht um eine Gleichung Himmelreich = Schatz; das Himmelreich wird vielmehr mit dem erzählten Geschehen insgesamt in Beziehung gesetzt. Da dies im Griechischen mit einem Dativ eingeleitet wird, auf den sich das folgende Geschehen grammatikalisch bezieht, spricht man vom Dativanfang, für den die Übersetzung »es verhält sich mit dem Himmelreich wie ...« angemessen ist. An das Finden des Schatzes in der Vergangenheit schließt sich das Handeln des Menschen in der Gegenwart an: Er geht hin, verkauft, was er hat, und kauft den Acker. Der Tempus-

wechsel zeigt, dass auf dem Handeln des Menschen ein Akzent liegt. Motiviert wird dieses Handeln durch den Hinweis auf die Freude des Finders.

(2) Auch 13,45–46 ist ein Gleichnis mit Dativanfang, das sich auf den erzählten Vorgang insgesamt bezieht. Dieser Vorgang ist allerdings ganz in der Vergangenheitsform erzählt, und die grammatikalische Verknüpfung wird nicht zwischen dem Himmelreich und der kostbaren Perle, sondern zwischen Himmelreich und Kaufmann hergestellt. Das Motiv der Freude des Finders fehlt. Aber auch dieses Gleichnis besteht aus einem Satz und stimmt in der grundlegenden Abfolge des Geschehens überein. Grafisch lassen sich die Gleichnisse folgendermaßen darstellen:

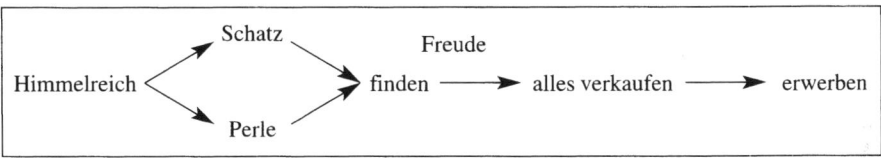

Elementare Erfahrungen
Nachrichten von Schätzen wecken bis heute Sehnsüchte und Assoziationen. Dies war in der Antike nicht anders; die Chance, einen vergrabenen Schatz zu finden, lag sogar weit eher im Bereich des Möglichen, da das Vergraben eine gängige Weise war, Wertvolles aufzubewahren. Vergraben bot gegenüber dem Verstecken eine relative Sicherheit (vgl. BM 42a; Mt 6,19; 25,18.25).

(1) Deshalb verwundert es nicht, dass das Auffinden von Schätzen in antiken Texten häufig thematisiert wird.

Horaz schreibt (Satiren II 6,10–13): »Wenn mir das Glück einen Topf doch mit Silber zeigte, wie jenem, der einen Schatz als Arbeiter fand, den Acker kaufte und eben diesen bepflügt hat, reich geworden durch Hercules' Freundschaft.« Ganz ähnlich hält Philo Über die Unveränderlichkeit Gottes 91 fest: »Oft aber treffen wir auf Dinge, die wir vorher nicht einmal im Traum sahen, so wie man erzählt, dass ein Bauer, der ein Stück Land umgrub, um einige Edelbäume darauf zu pflanzen, auf einen Schatz stieß und unerhofftes Glück gewann.« Oder Artemidor (Traumbuch IV, 59): »Ein armer Mann träumte, er spreche folgenden iambischen Vers: ›Das eh'mals Unverhoffte traf auf einmal ein‹. Er fand einen Schatz und wurde ein reicher Mann.«

Das Motiv des Schatz-Findens wird allerdings unterschiedlich ausgeführt. Es kann sich um den eigenen Acker handeln (oft erst kürzlich erworben) oder um einen fremden; wird vom vorangehenden Kauf oder einer Erbschaft erzählt, kann die Transaktion mit dem Wissen des Käufers um den verborgenen Schatz erfolgen (Mt 13,44) oder ohne dieses Wissen (Philostrat, Das Leben des Apollonius II,38; MidrHld zu 4,12); in manchen Texten wird die mit dem Fund verbundene Rechtsfrage ausdrücklich angesprochen²⁸ (so bei Platon, Nomoi XI, 913a–914a; vgl. auch DtnR III 3), in anderen fehlt sie; wieder andere Texte beschreiben mit moralischer Zielrichtung, was der fleißige Finder sich nun alles leisten kann, während der faule Vorbesitzer sich ärgert (vgl. Philostrat, Apollonius II, 38.39; MidrHld zu 4,12; mit religiösem Akzent in PesK 11,7).²⁹ Das Schatzmotiv und seine Folgen sind also in der antiken Literatur in großer Breite vertreten und werden auf unterschiedliche Weise erzählerisch und rechtlich behandelt. Dies bedeutet, dass in Mt 13,44–46 aus einem großen Motivkomplex bestimmte Erzähloptionen ausgewählt worden sind.³⁰ Es ist vom Erzähler so eingerichtet, dass der Schatz sich auf fremdem Land befindet, aber die Rechtsfrage keine Rolle spielt, dass der Kaufmann auf der Suche nach Perlen ist und deren Wert einschätzen kann, dass sowohl für den Acker mit dem Schatz als auch für die Perle jeweils alles andere hergegeben werden muss. Damit liegt in der in beiden Gleichnissen übereinstimmenden Abfolge von »Finden – alles Verkaufen – Erwerben« offensichtlich eine wichtige Aussageabsicht des Textes. Das Handeln der beiden Figuren ist hervorgehoben.

Die beiden Gleichnisse sind vom Erzähler aber auch so eingerichtet, dass sie mit dem Erwerb von Schatz und Perle ohne jede weitere Bemerkung abbrechen. Dass der Mensch von seinem Schatz gut leben könnte, kann man sich vorstellen – nur wird dies nicht gesagt; auch wie der Kaufmann ohne alle Habe nur von seiner Perle leben könnte, bleibt unerwähnt. Ein Kaufmann jedoch, der so handelte, wäre töricht, wenn er nicht den Wiederverkauf der Perle mit Gewinn beabsichtigte. Im Vergleich mit Texten aus der Umwelt enden die Gleichnisse abrupt und vor der Zeit.

(2) Dieser Sachverhalt hängt zunächst mit den Motiven des Schatzes und der Perle selbst zusammen. Dass mit dem Schatz ein besonderer Wert verbunden ist, liegt auf der Hand und ist durch Vergleichstexte gut belegt. Das Motiv der kostbaren Perle ist in der antiken Literatur nicht in gleicher Breite vertreten. Verschiedene Belege zeigen aber, dass Perlen in der Antike als Inbegriff des Wertvollen angesehen wurden. Nachrichten über Perlen, teilweise mit Millionenwert, verdanken wir vor allem Plinius d. Ä. und seiner Naturgeschichte.³¹ Weil Perlen so kostbar waren, konnten sie

---

28 Die Rechtsproblematik wird bei Philostrat, Vit Apol II,39 folgendermaßen dargestellt: »Jemand hat einem andern ein Grundstück verkauft, in welchem ein noch nicht entdeckter Schatz lag. Einige Zeit später öffnete sich die Erde und enthüllte eine Kiste Gold, von welcher der Verkäufer behauptete, sie gehöre ihm. Dabei machte er geltend, er hätte das Land nie verkauft, wenn er gewusst hätte, dass er davon leben könnte. Der Käufer dagegen erhebt Anspruch auf alles und beruft sich darauf, dass seit dem Zeitpunkt, da das Grundstück in seinem Besitze sei, der ganze Inhalt des Landes ihm gehöre.« In der Literatur sind unterschiedliche Lösungen des Rechtsproblems bekannt.
29 Der Text findet sich in Thoma / Lauer, Gleichnisse, S. 181f. Die Gleichnisse zielen auf die Dummheit der Ägypter, die die Kostbarkeit der Israeliten nicht erkannt haben und nach deren Auszug ihre eigene Uneinsichtigkeit beklagen.
30 So mit Recht Luz, Matthäus, S. 350ff.
31 Vgl. Hist Nat IX, 106; 112f.117.119f; Sueton, De vita Caesarum 50. Auch aus Schab 119a* geht der Wert von Perlen hervor: Erzählt wird dort die Geschichte von »Joseph dem Sabbatverehrer«, der auf verschiedenen Umwegen zur Perle seines Nachbarn kommt, die er »für dreizehn Maß Golddenarien« verkaufte.

als Bild für die Tora oder für Israel Eingang in die religiöse Sprache des Judentums finden.[32] In Mt 13,45f ist der besondere Wert dadurch aufgenommen, dass ein Großkaufmann, der für seinen Handel auch weite Reisen unternimmt, auf der Suche nach schönen Perlen ist[33] und dass die eine, die er schließlich findet, als besonders kostbar beschrieben wird. Sowohl der Schatz als auch die Perle üben auf ihre Finder wegen ihres außerordentlichen Wertes eine Faszination aus, die zum Handeln führt.[34] Sie ist beim Schatz durch das Stichwort Freude, bei der Perle durch deren besondere Kostbarkeit ausgedrückt.

Dennoch reicht der besondere Wert von Schatz und Acker allein nicht aus, um den abrupten Schluss beider Gleichnisse zu erklären. Die Frage, wovon der Kaufmann künftig leben soll, wäre auch durch eine noch so kostbare Perle nicht beantwortet. Dass beide Gleichnisse mit dem Erwerb des jeweiligen Fundes enden, ist deshalb nur so zu erklären, dass sich hier die Bilder des Erwerbs von Schatz und Perle und die damit gemeinte Gottesherrschaft überlagern. Wer den Zugang zur Gottesherrschaft gefunden hat, lebt aus der Gottesherrschaft, und Fragen, wie sie sich bei einem noch so wertvollen irdischen Besitz stellen, stellen sich hier nicht. So werden der Traum vom Schatz und die Vorstellung vom kostbarsten Schmuckstück zu Bildern für das Himmelreich, das Himmelreich umgreift aber diese Bilder noch und prägt die Erzählungen davon um.

(3) Bei Matthäus finden sich noch andere Aussagen über das Himmelreich, die zu berücksichtigen sind, z. B. Mt 6,31–33:

»Darum sollt ihr nicht sorgen und sagen: Was werden wir essen? Was werden wir trinken? Womit werden wir uns kleiden? Nach dem allen trachten die Heiden. Denn euer himmlischer Vater weiß, dass ihr all dessen bedürft. Trachtet zuerst nach dem Reich Gottes und nach seiner Gerechtigkeit, so wird euch das alles zufallen.«

Dass hier nach dem Reich Gottes und der Gerechtigkeit gesucht werden soll (dasselbe Verb wie bei dem Suchen des Kaufmanns!), verweist auf die konkrete Praxis der Gerechtigkeit, wie sie in der Bergpredigt entfaltet wird. In 5,20 ist das Tun der Gerechtigkeit geradezu als Einlassbedingung für das Himmelreich beschrieben. Auf der anderen Seite tritt nach 6,31ff die Sorge um Nahrung und Kleidung hinter die Suche nach dem Gottesreich zurück – und kann auch zurücktreten, weil Gott weiß, was die Menschen brauchen. Der abrupte Schluss der beiden Gleichnisse ist in diesem Zusammenhang zu interpretieren. Wenn die Gleichnisse die Bilder auf das Himmelreich hin über-

---

32 Vgl. PesK 12,11; AgBer 68; Belege finden sich bei Strack/Billerbeck I, S. 447f, und bei Flusser, Gleichnisse, S. 131.
33 Vgl. Jeremias, Gleichnisse, S. 198; Bauer, Wörterbuch, Sp. 518. In Jak 4,13 wird dies inhaltlich beschrieben: »Heute oder morgen wollen wir in die und die Stadt ziehen und dort Handel treiben und Gewinn machen.«
34 Gleichwohl sind Schatz und Perle nicht die eigentlichen Aktanten der Gleichnisse. Es besteht vielmehr eine Wechselbeziehung zwischen der kostbaren Perle und der Bereitschaft des Kaufmanns, seinen Besitz dafür herzugeben.

schreiten, dann spielt die Frage, wovon die beiden Finder leben, keine Rolle, weil Gott die Bedürfnisse der Menschen kennt. Auf der anderen Seite lässt sich aber nicht nur dieser Zug der beiden Gleichnisse im Kontext des Matthäusevangeliums erhellen, sondern auch das »Trachten nach dem Himmelreich«.

(4) In beiden Texten ist damit der Zusammenhang eines überaus kostbaren Fundes auf der einen und eines diesem Fund angemessenen Handelns auf der anderen Seite hervorgehoben. Für die Auslegung öffnet sich damit eine gewisse Bandbreite. Ob das Finden zufällig (Schatz) oder Ergebnis einer Suche ist (Perle) – in beiden Fällen ist mit dem Fund ein konsequentes Handeln verbunden, und 6,31ff verbindet das Suchen des Himmelreiches mit der Suche nach Gottes Gerechtigkeit, die die Praxis der Gerechtigkeit einschließt. Das zielgerichtete Handeln ist auf diesem Hintergrund ein wesentlicher Aspekt der Gleichnisse[35], der nicht unterschlagen werden darf. Ein starkes Gewicht trägt aber auch die Gottesherrschaft mit ihren Bildern von Schatz und Perle. Nur diese Bilder von besonderen Kostbarkeiten sind in der Lage, die Faszination der Gottesherrschaft annähernd zum Ausdruck zu bringen. Wer ihr begegnet, findet so Wertvolles, dass der ganze Einsatz gerechtfertigt ist, denn aus ihr kann man leben; leben in einem umfassenden Vertrauen auf Gott, der ja weiß, was die Menschen brauchen.

Mt 13,44–46 Schatz und Perle

- In beiden Gleichnissen wird mit der Abfolge »Finden – alles Verkaufen – Erwerben« das Handeln hervorgehoben. Das zielgerichtete Handeln ist ein wesentlicher Aspekt der Gleichnisse.
- Im abrupten Ende der Gleichnisse überlagert die Gottesherrschaft die sie erklärenden Bilder: Die Frage, wovon die beiden Finder künftig leben, spielt keine Rolle, weil Gott die Bedürfnisse der Menschen kennt.

Elementare Zugänge und elementare Wahrheit

Ob wir uns auch so verhielten wie der Mensch mit dem Schatz oder der Kaufmann mit der Perle? Was würden wir mit dem Schatz anfangen, der Schatz mit uns? Was würden die Schüler tun? Was ist für sie ein Schatz, was ist besonders kostbar?

Welche Vorstellungen verbinden Sie mit dem Wort »Schatz«?
Welche Vorstellungen sind für Kinder und Jugendliche wichtig?

(1) Die Vorstellung von Schätzen ist Kindern und Jugendlichen nicht fremd. Märchen und Abenteuerbücher erzählen von Schätzen und entführen in spannende Wel-

---

35 Wenn Jüngel, Paulus und Jesus, S. 145, schreibt: »In Wirklichkeit ist das Verhalten der glücklichen Finder so sehr von dem Mehr des Gefundenen her dirigiert, dass das scheinbar passive Element (das Gefundene) zum activum wird, demgegenüber das sich mit Selbstverständlichkeit und Notwendigkeit ergebende Verhalten der Finder, also das scheinbar aktive Element, nur als das jenem activum entsprechende passivum bestimmt werden kann«, so bewertet er das jeweilige Handeln der beiden Figuren zu gering.

ten.³⁶ Wertvoller Besitz wird gehütet; das erste zusammengesparte Geld spielt eine besondere Rolle, ebenso aber auch die heutigen Statussymbole von Kindern und Jugendlichen, die gerade angesagten Spielfiguren, Sportschuhe oder die neueste CD der Lieblingsgruppe. Darüber hinaus lässt sich zeigen, dass Kinder und Jugendliche ihre »Heiligtümer« haben, bei denen sie sich sicher fühlen, die für sie einen besonderen (nicht nur materiellen) Wert haben, die ein intensives Gemeinschaftsgefühl ermöglichen (z. B. bei einem Fußballspiel) oder eine Verschmelzung mit der Musik der angebeteten Popidole ermöglichen.³⁷ Der Schatz als Sinnbild gelingenden Lebens ist eine sprechende Metapher, die bereits Kindern geläufig ist, auch wenn sie dessen Faszination vielleicht noch nicht in Worte fassen können. Dass eine besonders wertvolle Perle oder ein schöner Stein ein Schatz sein kann, ist Kindern ebenfalls geläufig. Und keineswegs unbekannt ist ihnen die Metaphorik in dem Satz »Du bist mein Schatz«, den sie (hoffentlich!) dann und wann gesagt bekommen und durchaus verstehen. Die Rede vom Schatz und der wertvollen Perle stellt in sich selbst bereits einen elementaren Zugang zu dem Gleichnis dar.

(2) »Wo dein Schatz ist, da ist auch dein Herz«, sagt Jesus (Mt 6,21) und trifft den Nagel auf den Kopf: Schätze faszinieren, nehmen uns in Beschlag, lassen Mühen und Anstrengungen erträglich erscheinen. Dass manche Schatzbilder trügerisch sind, steht auf einem anderen Blatt. Nicht umsonst warnt Jesus vor Schätzen, die letztlich keine sind, weil Rost und Motten sie zerfressen (6,19). Was also ist wichtig? Worauf kann ich mich verlassen? Wofür lohnt es sich einzusetzen? Bekanntlich ist nicht alles Gold, was glänzt.

Der Text lädt dazu ein, zwischen den Polen der besonderen Kostbarkeit und des besonderen Einsatzes hin- und hergehend von eigenen Erfahrungen, Prioritäten, aber auch von eigenen Träumen zu reden. Zum Reden über eigene Erfahrungen und Träume anzuregen und beides in Verbindung zu bringen mit dem Erzählen von Gott, ist zugleich eine wichtige religionspädagogische Aufgabe. Dass für viele Schüler Gott und Reich Gottes wenn nicht zu Fremdworten, so doch zu Worten einer religiösen Sondersprache geworden sind, gehört dabei zu den heutigen Verstehensbedingungen. Deshalb ist gerade die Metapher vom Schatz gut geeignet, die Dimensionen dessen anzusprechen, was Menschen besonders berührt. Und es kann sein, dass das Bild vom Schatz einen Weg des Verstehens öffnet, der erzählend bis zu Gott gelangt.

---

36 Einige neuere Titel von Kinderbüchern lauten: »Der versunkene Schatz«; »Die drei ??? und der verschwundene Schatz«; »Mystery Kids: Die Jagd auf den Schatz«; Carlotta (aber auch Petzi oder Pitje Puck) findet einen Schatz; nicht zu vergessen: »O wie schön ist Panama. Komm, wir finden einen Schatz«, und natürlich »Der Schatz im Silbersee«. Auch die Schule macht sich die Schatzsuche zu Nutze: »Quiesel und der Schatz (Lernmaterialien)«; »Saids Geschichte oder der Schatz in der Wüste (Schulausgabe mit Materialien)«. Erwachsene scheinen ebenso an Schätzen interessiert zu sein: Die Suchmaschine Lycos verzeichnete am 21.2.2000 insgesamt 29981 Einträge zum Stichwort »Schatz« im Internet. Und Fernsehsendungen, in deren Verlauf man eine Million gewinnen kann, erfreuen sich großer Popularität.

37 Einige weitere Schätze heutiger Jugendlicher nennt Barz, Religion, S. 128ff.

(3) Gerade weil das Bild vom Schatz so anregend ist, hat das Doppelgleichnis eine reiche Auslegungsgeschichte gehabt. Sehr früh schon hat man in Schatz und Perle Bilder für Christus als den eigentlichen Schatz gesehen. In dem um 200 entstandenen »Physiologus« wird Christus mit der Perle verglichen, die aus himmlischem Licht entstehe.[38] Luther legte den Text im Blick auf die Heiden aus, die von den Juden mit dem Acker (= Gesetz) auch den Schatz (= Christus) gekauft hätten.[39] Eine andere Linie wird erkennbar, wenn man darauf achtet, womit andere Ausleger den Schatz und die Perle vergleichen. Augustin[40] (354–430) identifiziert die Perle mit der Liebe zum Bruder und zu Gott. In protestantischer Tradition erkennt man in Schatz und Perle die Annahme des Sünders und die Vergebung.[41] In neuerer Zeit betont man vor allem die Freude des Menschen, der den Schatz findet.[42] Ob nun Liebe, Vergebung oder Freude – in diesen und vergleichbaren Auslegungen rückt die Vorstellung von Schatz und Perle im Sinne einer Heilszusage in den Vordergrund.

Eine dritte Linie der Auslegungsgeschichte gewinnt aus dem Handeln der Personen die Mahnung zum Verzicht und zum Tun des Guten. So unterschiedliche Autoren wie Johannes Chrysostomus (ca. 350–407)[43], Calvin[44] oder in der jüngeren Vergangenheit Eta Linnemann[45] interpretieren in Aufnahme dieses Gedankens vor allem das entschlossene Handeln. Schließlich lässt sich auch in der mystischen Tradition eine Auslegungslinie festmachen. Meister Eckharts (* um 1260)[46] theologisches Anliegen ist die Gottesgeburt in der Seele, eine Auffassung die Valentin Weigel (1533–1588) prägnant formuliert[47]: »Es ist Gott in unß der Schatz, im Acker verporgen, das Perlein, das Senffkorn usw.«

(4) Religionspädagogische Umsetzungen des Gleichnisses vom Schatz im Acker haben diese Auslegungslinien auf verschiedene Weise aufgenommen. Im »Schild des Glaubens«[48], einem nach dem Zweiten Weltkrieg in vielen Auflagen verbreiteten Religionsbuch, hat Paula Jordan das Gleichnis dargestellt. Bild und Text stehen hier in einem engen Zusammenhang. Auf der Linie der Evangeli-

---

38 Physiologus. Frühchristliche Tiersymbolik, S. 44.
39 WA 38, 567.
40 Zitiert nach: Texte der Kirchenväter III, S. 427f.
41 Belege bei Luz, Matthäus, Band 2, S. 354–356.
42 Jeremias, Gleichnisse, S. 199.
43 Chrysostomus, 47. Homilie zum Matthäuskommentar.
44 Calvin, Auslegung der Heiligen Schriften, Neue Reihe, 12. Band, S. 405f.
45 Gleichnisse, S. 107.
46 Meister Eckhart, Schriften, S. 307f.
47 Weigel, Schriften, Bd. 7, S. 464.
48 Hrsg. von Jörg Erb, S. 193f. Vgl. oben, S. 49.

schen Unterweisung sollen sich die Schüler – wie der Bauer – ganz dem von Jesus gewährten und eröffneten Gottesreich zuwenden.

Die ethische Auslegungslinie wird beispielsweise in dem Materialheft »Mit Kindern und Erwachsenen Gottesdienst feiern«[49] vermittelt:

> »*Jesus:* Die neue Welt ist wie ein Schatz, der in einem Acker verborgen liegt. Wir müssen sie gemeinsam ausgraben. Das kostet eine Menge Arbeit. Dabei gibt es auch Enttäuschungen, aber es lohnt sich. Die neue Welt ist kostbarer als alles andere. So kostbar, dass es sich lohnt, vieles dafür hinzugeben: unsere Kraft, unseren Reichtum, unsere Bequemlichkeit, unseren Stolz …
> *Jünger:* Aber wir können uns diese neue Welt gar nicht vorstellen: Wie wird sie denn aussehen?
> *Jesus:* Stellt euch vor: Eine Welt – in der die Menschen keine Kriege mehr führen – in der die Menschen miteinander teilen und gerecht miteinander umgehen, wo der eine den anderen nicht übers Ohr haut – in der auch die Schwachen eine Chance haben – wo niemand zuerst auf seinen eigenen Vorteil sieht, sondern darauf, dass alle genug haben … So kann die neue Welt aussehen, wenn ihr nur wollt. …«

Eine »mystische Deutung« findet sich im Entwurf von Hanna Strack[50], in dem der Versuch der Identifikation mit den verschiedenen Elementen des Gleichnisses im Vordergrund steht.

> »Alles ist da, es muss an die Oberfläche, um bewusst zu werden. Was mache ich mit dem Schatz? Ich teile ihn mit. Ich bin der Acker, werde verletzt, empfinde Schmerzen. Ich bin der Bauer. Ich bin der Schatz, zuerst in einer Truhe verborgen. Der Acker ist das alltägliche Arbeitsfeld, ganz alltäglich auch der Körper. Der Schatz im Körper: die Gottebenbildlichkeit. Das Himmelreich ist in mir. Ich kann ganz zu mir selbst kommen. Was mich vom Schatz trennt, stelle ich hintan. Trachtet zuerst nach dem Reich Gottes.«

Die Verschiedenheit der Entwürfe ist vor allem darin begründet, dass jeweils verschiedene Aspekte des Gleichnisses und der Auslegungstradition aufgegriffen worden und andere dementsprechend zurückgetreten sind. In den nachfolgenden Konkretionen orientieren wir uns an den oben herausgearbeiteten Grundlinien des Gleichnisses.

Unterrichtliche Konkretionen

(1) Die Bilder von Valentin Feuerstein ermöglichen einen guten Einstieg: In beiden Fällen ist der Finder versunken in die Betrachtung der Kostbarkeit. Die konzentrierte Körperhaltung wird herausgestellt, nachempfunden, mit anderen, aktiven Körperhaltungen kontrastiert.

(2) Die Metapher vom Schatz öffnet einen weiteren unterrichtlichen Schritt. Was ist für die Schüler/innen ein Schatz? Welche Schatzgeschichten kennen sie? Wodurch zeichnet sich ein Schatz aus? Ist er besonders wertvoll? Bezeichnet er eine besondere

---

49 Dietermann, Materialhefte 69, S. 115f.
50 Schatz, S. 19ff.

Beziehung? Gibt es auch immaterielle Schätze – und worin könnten sie bestehen (z. B. Erinnerungen, Wissen, Glauben)?

(3) Die Gleichnisse werden gelesen und der bereits bekannte Aspekt der besonderen Kostbarkeit von Schatz und Perle wird benannt. Dieser Aspekt kommt auch in den Bildern von Valentin Feuerstein besonders gut zum Ausdruck. Nun wird die Handlungslinie der Gleichnisse herausgearbeitet und mit dem Aspekt der besonderen Kostbarkeit des Schatzes verglichen. Offenbar geht es im Text nicht nur um die kontemplative Betrachtung, sondern auch um das aktive Tun. Zwischen beidem hin- und hergehend lässt sich über eigene Erfahrungen, Hoffnungen und Träume von Schätzen reden.

(4) In einem weiteren Schritt lassen sich die eigenen Hoffnungen und Träume mit der Erwartung des Himmelreiches verknüpfen. Dies kann beispielsweise in Aufnahme des Gleichnisses vom Senf geschehen. Die Hoffnung auf das Reich Gottes kann als Schatz verstanden werden, an dem man sich freuen kann, der aber auch Handlungsperspektiven öffnet.

Zu neuen Erfahrungen herausgefordert

In einer Reihe neutestamentlicher Gleichniserzählungen wird die vorfindliche Realität in Frage gestellt. Um diese Gleichnisse zu verstehen, muss man die vorausgesetzte Wirklichkeit kennen und zugleich den Gedanken mitdenken, dass diese Wirklichkeit nicht alles ist. Von Gott her gedacht gerät sie in ein anderes Licht. Diese Erzählungen rufen aus dem üblichen Denken heraus zu einer neuen Sicht der Wirklichkeit.

Das Gleichnis vom Vater und seinen beiden Söhnen (Lk 15,11–32)

Rembrandt,
Heimkehr des verlorenen Sohnes

In der Regel wird Lk 15,11–32 als »Gleichnis vom verlorenen Sohn« bezeichnet. 1636 hat Rembrandt mit seiner »Heimkehr des verlorenen Sohnes« eine meisterhafte Interpretation geschaffen: Im Zentrum finden sich Vater und Sohn. Sie scheinen beinahe ineinander zu verschmelzen. Die Bewegung des Vaters deutet an, dass er dem Sohn entgegengelaufen ist. Nun fasst er ihm unter die Arme, um ihn emporzuheben. Aus der Tür kommen schon die Knechte mit Gewand und neuen Schuhen. Aus dem Fenster blickt eine Gestalt – der andere Sohn? Links geht der Blick in die Weite; man meint eine Herde zu erkennen, möglicherweise die Schweineherde, die der »verlorene Sohn« gehütet hatte. Aber das liegt nun zurück. Was die Parabel nacheinander erzählt, ist hier in einem Bild konzentriert. Auf der Geborgenheit des Sohnes beim Vater liegt der Schwerpunkt in Rembrandts Auslegung.

Aber wie soll man den Text überschreiben? Adolf Jülicher[1] hebt mit der Über-

---

1 Jülicher, Gleichnisreden, S. 335.

schrift »Vom verlorenen Sohn« den jüngeren Sohn als die eigentliche Hauptperson der Erzählung hervor. Im Zentrum von Eduard Schweizers Auslegung steht der Vater, so dass er als Überschrift »Die Ohnmacht des allmächtigen Vaters« wählt. Grundmann signalisiert mit dem »Gleichnis von den beiden Söhnen« die Einsicht, dass nicht nur einer der beiden die Interpretation beherrschen sollte. Im literarischen Kontext ist für Georg Eichholz die Freude des Vaters ausschlaggebend, so dass er den Text mit »Die Freude des Vaters« überschreibt. Für Walter Schmithals ist das Verlieren und Wiederfinden Verbindungsglied von Lk 15,1–32, so dass er von »Drei Gleichnisse(n) von der Rückkehr« spricht. Wolfgang Harnisch drückt in seiner Überschrift aus, dass das Fest als Ausgang des Geschehens für ihn ein »Versprechen der Hoffnung« bedeutet.[2]

Die verschiedenen Überschriften sind nur die Spitze der vielfältigen Diskussion über die Auslegung dieses Textes. Differierende Meinungen gibt es in Deutung des zugrunde liegenden Gesetzes Dtn 21,17[3] ebenso wie über die Frage, worin denn die eigentliche Sünde des Sohnes bestehe, in seinem Drang nach ungebundenem Leben, im aufwändigen Lebensstil, im Verlassen der Heimat oder in der Untreue gegenüber dem vom Vater zum Leben anvertrauten Gut.[4] Für viele Ausleger ist der Vater eine Schlüsselfigur des Textes, Eichholz[5] erklärt ihn sogar zur beherrschenden Figur. Aber auch sein Verhalten wird unterschiedlich gedeutet: Als nicht selbstverständlich vom Standpunkt der Zuhörer aus betrachtet[6], als Ausdruck einer starken Gemütsbewegung[7], als überwältigendes Mitleid oder Zeichen des Erbarmens[8]. Auch über die Bedeutung der Gaben des Vaters bei der Rückkehr seines Sohnes gibt es verschiedene Annahmen: Sie können als Zeichen eines gebührenden Empfangs bezeichnet werden, als Zeichen des freien Mannes, als Ausdruck der Vergebung, als Elemente eines Rechtsaktes, bei dem der Sohn in seine Rechte eingesetzt wird, oder einfach als Veranschaulichung.[9] In vielen Interpretationen steht die Freude des Vaters über die Rückkehr seines Sohnes im Mittelpunkt, während für andere das Verhalten des älteren Sohnes den Schwerpunkt der Auslegung bildet. So werden sowohl einzelne Erzählzüge als auch der Text in seiner Gesamtheit sehr unterschiedlich ausgelegt.

---

2   Schweizer, Markusevangelium, S. 162; Grundmann, Lukas, S. 308; Eichholz, Gleichnisse, S. 213; Schmithals, Markus I, S. 162; Harnisch, Gleichniserzählungen, S. 223.
3   Nach Dtn 21,17 steht dem jüngeren Sohn ein Drittel des Erbes zu; aber die Rechtslage ist nicht eindeutig, da nach V. 31 der ältere Sohn als Alleinerbe gedacht ist. In der Auslegung verweist man auf Gen 24,36, um zu zeigen, dass eine Auszahlung zu Lebzeiten nicht ungewöhnlich gewesen sei (Madsen, Parabeln, S. 166; auch Harnisch u. a. betonen die Normalität des Vorgangs); dagegen geht nach Schweizer das Ansinnen des Sohnes über das Normale hinaus (Markusevangelium, S. 164) und nach Rengstorf (Lukas, S. 184) ist es sogar Sünde.
4   Vgl. zu diesen Deutungen Via, Gleichnisse, S. 157, Grundmann, Lukas, S. 312.
5   Gleichnisse, S. 219.
6   Linnemann, Gleichnisse, S. 83; Grundmann, Lukas, S. 313.
7   Schweizer, Markusevangelium, S. 164.
8   So bei Jülicher, Gleichnisreden, S. 349.
9   Vgl. Madsen, Parabeln, S. 171; Schweizer, Markusevangelium, S. 164; Eichholz, Gleichnisreden, S. 209; Jülicher, Gleichnisreden, S. 34.

Nimmt man Schüleräußerungen hinzu, verändert sich das Bild noch einmal. Eine Schülerin der 5. Klasse meint: »Zuerst waren alle gegeneinander bockig, doch als der Sohn dann wiederkam, da hat es dem Vater leid getan. Und da ... haben sich beide entschuldigt.«[10] Das Gleichnis wurde von dem Mädchen offensichtlich in eine ihrer Erfahrungswelt entsprechende Familiensituation gespiegelt. Wenn beide Streithähne nicht so stur sind, kann man sich wieder vertragen. Diese Interpretation zeigt einerseits, wie der Text durch seine scheinbar direkt zugängliche Bildwelt, die überschaubare Zahl der handelnden Figuren und die szenische Gliederung die produktive Aneignung und die Identifikation mit den Personen leicht macht. Andererseits liegt darin die Gefahr einer vorschnellen und unsachgemäßen Aneignung. Unmittelbare Assimilationen in die eigene Erfahrungswelt können das Unterrichtsgeschehen zwar produktiv voranbringen, aber auch Perspektiven verschieben und letztlich die Sperrigkeit des Textes einebnen. Auch wenn Lk 15,11–32 zu den beliebtesten biblischen Texten im Unterricht gehört, so ist er doch als Beispiel für »Seid nicht so stur« oder »Seid nett zueinander« keineswegs ausgeschöpft.

Wichtige Literatur
- Eichholz, Gleichnisse der Evangelien
- Harnisch, Die Gleichniserzählungen Jesu
- Venetz, Von Klugen und Dummen

Elementare Strukturen
Lk 15,11–32 stellt nach der herkömmlichen exegetischen Terminologie eine Parabel dar. Nicht ein alltägliches Ereignis wird erzählt, sondern ein auffallendes, besonderes Geschehen, das geeignet ist, auf das Übliche ein neues Licht zu werfen. Der Text ist klar strukturiert:

Exposition »Irgendein Mann hat zwei Söhne« (15,11)

1. Teil Vom jüngeren Sohn (15,12–24)
    Szene 1 – Vom Weggang bis zur Krise (15,12–16)
    Szene 2 – Erkenntnisszene (Erkenntnis und Bekenntnis, 15,17–20a)
    Szene 3 – Rückkehr, Aufnahme, Begründung der Freude (15,20b–24)

2. Teil Vom älteren Sohn (15, 25–32)
    Szene 1 – Gespräch zwischen älterem Sohn und Knecht (15,25–28a)
    Szene 2 – Gespräch zwischen Vater und älterem Sohn. Wiederholung
        der Begründung der Freude (15,28b–32).

(1) In der Exposition werden knapp die drei Hauptpersonen vorgestellt. Gleichzeitig deutet sie den Aufbau der folgenden Erzählung an. Im ersten Teil geht es um den jüngeren Sohn in Beziehung zum Vater, im zweiten Teil tritt das Verhältnis von älterem Sohn und Vater in den Vordergrund. Daneben liefert die Exposition noch weitere wich-

---

10 Die Aussage findet sich bei Faust-Siehl, 24 Stunden, S. 142.

tige Informationen, da es sich um eine für das lukanische Sondergut typische Gleichniseinleitung mit der Wendung »irgendein Mensch« handelt.[11] Damit ist ein »Drei-Personen-Schema« angedeutet: Zwei Personen (die Söhne) haben grundsätzlich den gleichen Status, die dritte Person stellt ihnen gegenüber eine Autorität dar. Von dieser Exposition ausgehend entwickelt sich der Erzählfaden durch die Interaktion der Personen, wobei die Initiative jeweils von einem der beiden Söhne ausgeht: Der Jüngere verlässt das Haus und kehrt heim, der Ältere kommt vom Feld zurück und beschwert sich. Innerhalb dieses dramatischen Dreiecks treten immer nur zwei Personen gleichzeitig auf. Auch im Selbstgespräch des jüngeren Sohnes ist der Vater der faktisch Angesprochene. So wird bereits in der Gleichnisstruktur deutlich, dass der zentrale Bezugspunkt der Handlung nicht einer der beiden Söhne und ihre Handlungen sind, sondern die jeweilige Reaktion des Vaters. Er ist die Autorität und entscheidet beispielhaft die Spannungen und Konflikte.

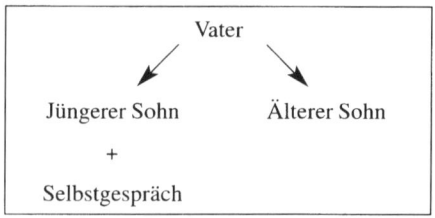

(2) Teil 1 der Parabel schildert die Geschichte des jüngeren Sohnes. V. 12–16 erzählen den Auszug des Sohnes in ein fernes Land, sein dortiges ausschweifendes Leben bis hin zur äußersten Steigerung seiner Not. Der folgende Abschnitt (V. 17–20a) ist eine typische Erkenntnisszene: Der Sohn kommt in einem inneren Zwiegespräch zur Einsicht und entschließt sich, seine Lebenssituation grundlegend zu verändern. Den Schluss (V. 20b–24) bildet die aus der Perspektive des Vaters erzählte Lösung: Der Sohn wird wieder in Freuden aufgenommen und mit einem Festmahl begrüßt.[12]

Knapp wird die Ausgangslage geschildert: Der Sohn verlangt vom Vater eine Abfindung für den ihm zukommen-

Detlev Willand, Verlorener Sohn, Bild 1

---

11 Vgl. zum Folgenden: Sellin, Lukas als Gleichniserzähler, S. 179ff.
12 Harnisch, Gleichniserzählungen, S. 202, gliedert Teil 1 etwas anders: V.11b–16 (Exposition und Krise), V. 17–20a (Erkenntnisszene); V. 20b–24 (Lösung). Der Holzschneider Detlev Willand hat sich in seinem sechs Bilder umfassenden 1992 entstandenen Zyklus eigenständig mit der Parabel auseinander gesetzt (vgl. Hammerstiel / Willand, Holzschnitte).

den Erbteil, erhält diesen und beschließt, in die Diaspora auszuwandern. Gründe für den Auszug werden nicht angegeben, auch wird die Handlungsweise des Sohnes moralisch nicht bewertet.[13] Mit seiner Ankunft im »fernen Land«[14] setzt ab V. 13b die ausführlichere Schilderung seines Niedergangs ein. Die Szene steigert sich von Mittellosigkeit über zunehmenden Mangel angesichts der aufkommenden Hungersnot[15] bis zur lebensbedrohenden Situation des Schweinehirten[16], der nicht einmal Schweinefutter zum Essen erhält. Die Dramatik der Darstellung lebt von Kontrastmotiven: So steht die knapp geschilderte und nun moralisch gewertete Zeit der Verschwendung der ausführlich beschriebenen Zeit des immer bedrohlicher werdenden Mangels gegenüber. Die Gefahr, »an Hunger zu sterben« (V. 17b) wirft den Sohn auf eine pure Triebexistenz zurück, was durch die derben Formulierungen in V. 16 unterstrichen wird.[17] Damit wird vor der Wendung die Not des Sohnes ins Äußerste gesteigert, wie der Gegensatz zwischen dem triebhaften Begehren und dem Gegenstand des Begehrens (Schweinefutter) deutlich macht.

Detlev Willand, Verlorener Sohn, Bild 2

13 Das Bild zeigt den jüngeren Sohn in enger Umarmung mit einer Frau (Lk 15,13). Das lebensvolle Rot erscheint jedoch vor dunklem Hintergrund. Das Prassen wird durch die reich gedeckte Tafel unten verdeutlicht.
14 Vermutungen, dass der Sohn auf Grund der schwierigen sozialen Lage Palästinas im 1. Jahrhundert in die Diaspora emigriert sei, gibt der Text nicht her. Allerdings waren die Lebensbedingungen in der Levante im Vergleich zu denen Palästinas verlockend günstig (vgl. Eichholz, Gleichnisse, S. 202).
15 Josephus schildert in seinen »Jüdischen Altertümern« zahlreiche teilweise verheerende Hungersnöte (14,28; 15,299f. 365; 16,64; 18,8; 20,101).
16 Neben dem sozialen Abstieg ist hier auch ein religiöser angedeutet, denn »verflucht sei der, der Schweine hütet« (b.Baba qama 82b). Der Sohn ist in zweifacher Weise mit religiöser Unreinheit konfrontiert: Er arbeitet bei einem Nichtjuden und hat ständigen Umgang mit unreinen Tieren.
17 Die Wendung »den Bauch voll schlagen« bringt zum Ausdruck, wie der Mann beim Essen nur noch das triebhafte Bedürfnis stillen will. Die »Schoten« sind die Früchte des Johannisbrotbaums, deren Genuss als Zeichen bitterer Armut gilt. Ein rabbinisches Sprichwort sagt: »Wenn die Israeliten Johannisbrot nötig haben, dann tun sie Buße« (Lev. Raba 35 [132c]). Verschiedentlich wird Johannisbrot als Nahrung für Esel und andere Haustiere erwähnt (Strack-Billerbeck II, S. 213f).

Hierin liegt nun auch der Anlass für die in der Erkenntnisszene[18] geschilderte Wendung im Verhalten des Sohnes. Nicht ein schlechtes Gewissen gibt den Anstoß für den Entschluss, in die Heimat zurückzukehren, sondern die existenzbedrohende Not. Der nüchterne Vergleich zwischen den väterlichen Tagelöhnern[19] und dem eigenen Los ist der in V. 18a genannte erste Anstoß, das Schicksal zu wenden. In einem Selbstgespräch konzipiert nun der Sohn eine Rede, mit der er seine Rückkehr begründet und gleichzeitig die volle Verantwortung für sein Handeln übernimmt. Dabei entwickelt er drei Argumente[20]: Er übernimmt erstens die Verantwortung für den gescheiterten Versuch, sein Leben selbst in die Hand zu nehmen: »Vater, ich habe gesündigt gegen den Himmel und gegen dich«. Zweitens bekennt er sich zu der Tatsache, dass er seine Sohnschaft verwirkt hat: »Ich bin nicht mehr wert, dein Sohn zu heißen«. Und drittens bittet er um eine existenzsichernde Stellung als Tagelöhner bei seinem Vater: »Mache mich zu einem deiner Tagelöhner«.[21]

Detlev Willand, Verlorener Sohn, Bild 3

Die Rückkehrszene setzt mit dem spontanen und wortlosen Zugehen des Vaters auf seinen Sohn ein. Noch bevor der Sohn seine Schuld eingestehen kann, eilt ihm der Vater entgegen[22] und nimmt ihn wieder an (V. 20). Das Schuldbekenntnis des Sohnes wiederholt V. 18b.19, allerdings ohne die Bitte, als Tagelöhner Anstellung zu erlangen. Der Vater geht darauf aber nicht ein. Mit einer Reihe von Imperativen in V. 20 wird vielmehr die überschwängliche Festvorbereitung hervor gehoben, die nun beginnt: Der Sohn

18 Im Bild geht der »verlorene« Sohn angesichts seiner katastrophalen Situation (angedeutet durch Schwein und Schweinehirt) »in sich« (V. 17).
19 Der Tagelöhner war im Unterschied zum Sklaven zwar frei, stand aber auf der untersten Stufe der sozialen Pyramide. Für einen Tageslohn von einem Denar, zum Teil zuzüglich Verköstigung, stellt er seine Arbeitskraft zur Verfügung. Haussklaven waren u. U. wirtschaftlich besser gestellt als die freien Tagelöhner.
20 Vgl. Harnisch, Gleichniserzählungen, S. 204.
21 Bild 4 zeigt, wie er den Entschluss (Lk 15,18) in die Tat umsetzt. Der Holzschnitt hebt vor allem hervor, wie es ihn nach Hause »zieht«.
22 Dies ist ein in der patriarchalischen orientalischen Gesellschaft ungewöhnliches Verhalten. Der Kuss ist als Zeichen der Vergebung zu verstehen. Im folgenden Bild kommen die liebevolle Aufnahme des Sohnes durch den Vater (V. 20) und die Geborgenheit des Sohnes beim Vater ganz deutlich heraus.

wird neu eingekleidet, erhält Ring und Schuhe, ein Mastkalb wird geschlachtet.[23] Die Festvorbereitungen schließen mit einem Aufruf zum Feiern und zur Freude (V. 23b); Freude beschreibt auch den Beginn des Festes als Abschluss der Gesamtszene in V. 24b. Die Rückkehr des Sohnes endet mit einem Neubeginn.[24] Freude umrahmt die Begründung für das Fest[25] in V. 24a, das der Vater in theologisch transparenter Sprache rechtfertigt: Der Kontrast von Totsein und Lebendigwerden interpretiert den Gegensatz von Verlust und Wiederfinden des jüngeren Sohnes. Hier erreicht die Dynamik des Erzählablaufs der Parabel offensichtlich einen ersten Höhepunkt.

Erst jetzt, mit dem Beginn des zweiten Abschnitts, lässt der Erzähler den älteren Sohn von der Feldarbeit nach Hause kommen. Von weitem schon hört er das Singen und Tanzen.[26] Damit ist die Szene parallel zur Rückkehr des jüngeren Sohnes gestaltet (V. 20). Auch die Reaktion des Vaters

Detlev Willand, Verlorener Sohn, Bild 4

unterscheidet sich nicht von seinem Verhalten dem jüngeren Sohn gegenüber: Wie auf diesen geht er nun auch auf den Älteren liebevoll zu (V. 31). Dessen Vorwürfe[27] nimmt

---

23 Bei dem Gewand handelt es sich um ein Festkleid oder um das Kleid, das der Sohn zu Hause zu tragen pflegte; der (Siegel-) Ring ist ein Zeichen für Vollmacht und Würde (vgl. 1Klem 43,2; 1Makk 6,15), die Schuhe zeichnen den Freien im Unterschied zum barfüßigen Sklaven aus und weisen auf die Verfügungsgewalt des im Haus wieder eingesetzten Sohnes hin (Pesch, Exegese, S. 163). Das Mastkalb steht für besondere Anlässe im Stall; gewöhnlich isst man nur wenig Fleisch.
24 So auch Harnisch, Gleichniserzählungen, S. 206; Pesch, Exegese, S. 164.
25 In sozialgeschichtlicher Perspektive ist anzumerken, dass weder die in Lk 15,1f angesprochenen Zöllner und Sünder noch die handelnden Personen in Lk 15,11ff zu den absolut Armen gehörten (Stegemann / Stegemann, Sozialgeschichte, S. 263). Dies stimmt mit der benachbarten Perikope vom großen Gastmahl überein (14,15ff): »Gastmahl-Gleichnisse ... setzen städtisches Milieu voraus und sprechen entweder die Teilnehmer oder die Veranstalter von Gastmählern an.«
26 Das letzte Bild zeigt die Bemühung des Vaters, auch den älteren Sohn in die Freude über die Heimkehr des Jüngeren einstimmen zu lassen (15, 32). Wird das Dunkle von Ablehnung und Protest bei dem Älteren vom Vater beseitigt werden können? Der Holzschneider muss sich auf elementare Strukturen beschränken.
27 Zur Bezeichnung des unmoralischen Lebenswandels des Sohnes in der Fremde wird nun der Begriff der »Unzucht« verwendet. Als literarischen Ausdruck seines Zorns verweigert der Ältere seinem Bruder den Brudertitel.

er ebenso wenig zur Kenntnis wie das Schuldbekenntnis des Rückkehrers. Der Vater nimmt den Älteren in gleicher Weise emotional an wie den anderen Sohn: »Kind, du bist doch immer bei mir, und alles, was mein ist, ist dein.« Weder ist von Scheinheiligkeit des Älteren die Rede noch klingt eine Bevorzugung des Jüngeren an. Es geht um die Freude und deren Anlass: das Wiederfinden des Verlorenen. Hierin zeigen sich die Zweigipfeligkeit und die theologische Transparenz der Parabel. Die wörtliche Wiederaufnahme der Begründung des Festes in V. 32 macht dies deutlich. Wie der ältere Sohn auf die Argumente seines Vaters reagiert, lässt die Erzählung offen.

(3) Der zweite Abschnitt spiegelt kunstvoll den Aufbau und die Struktur des ersten. Rund die Hälfte der Leitbegriffe umfassen den Bereich des Essens bezogen auf die Schilderung von Hungersnot und Fest. Das Wortfeld ›essen‹ erweist sich als zentrales Motiv:

- Hungersnot (V. 14)
- Bauch voll schlagen, fressen (V. 16)
- Brot, Hunger (V. 17)
- Freudenmahl (V. 23.30).

Mehrfach begegnen die Begriffspaare »Sohn / Knechte« und »sich freuen«. Ganze Sätze werden wiederholt: das Sündenbekenntnis, die Begründung der Freude, die betont am Schluss des ersten und zweiten Absatzes steht. Einzelheiten des Festes und der Freude tauchen in wörtlicher Rede wiederholt auf. Fünf Imperative heben die Festvorbereitung aus dem Kontext hervor. Daneben sind Kontraste ein wichtiges Erzählmittel der Parabel. Vor der Wende im Geschick des jüngeren Sohnes steigert sich die Hungersnot ins Äußerste (V. 16): Dies wird durch den Gegensatz von höchstem Begehren der Schoten und dem Unwert des Begehrten zum Ausdruck gebracht. Der verhungernde Sohn setzt sich in V. 17 selbst in Kontrast zu den gut verpflegten Knechten daheim. Noch stärker wird der Kontrast, als der Vater zum ersten Mal das Wort ergreift und dem Tiefpunkt der Not die Überschwänglichkeit der Festvorbereitung entgegenstellt. Die Gegensatzpaare »tot x lebendig« und »verloren x wiedergefunden« beschreiben die Wende im Leben des Sohnes in der die Teile 1 und 2 verknüpfenden Festbegründung. Ein starker inhaltlicher Kontrast besteht zwischen dem Verhalten des Vaters und den Taten seiner Söhne.

Anlässlich der Festvorbereitung spricht der Vater zum ersten Mal. An diesem Punkt taucht das Hauptstichwort »Freude / fröhlich sein« auf. Am Ende des ersten und des zweiten Teils geht es dann nur noch um die Freude und ihre Begründung. Die beiden Teile schließen mit dem selben Ergebnis: Die Notwendigkeit der Freude wird betont und begründet. Der Einwand des älteren Sohnes kann dieses Ergebnis nicht mehr erschüttern; die Entkräftung durch den Vater unterstreicht vielmehr die Bedeutung der Freude. Obwohl der ältere Sohn das Handeln des Vaters tadelt, wird ihm an keiner Stelle »Scheingerechtigkeit« oder moralisch schlechtes Verhalten unterstellt. Literarisch soll durch die Gegenüberstellung der beiden so unterschiedlichen Söhne die Größe des väterlichen Handelns herausgestellt werden. An einigen Stellen der Parabel ist theologischer Sprachgebrauch als metaphorischer

Überschuss zu erkennen, vor allem in den Wendungen »Vater, ich habe gegen den Himmel und gegen dich gesündigt« (V. 21); »ich bin nicht würdig ... genannt zu werden« (V. 21) und die Gegensätze »tot x lebendig« und »verloren x wiedergefunden« (V. 24).

Lk 15,11–32: Die Parabel vom Vater und den beiden Söhnen

- Es geht in der Parabel um zwei Situationen, die sich extrem voneinander abheben: um äußerste Not und um das Fest. Dazwischen stellt das wiederholte Sündenbekenntnis die innere Wende des jüngeren Sohnes dar.
- Der Vater und seine Handlungen stehen im Zentrum der Parabel. Was die Söhne denken, sagen und tun, ist jeweils auf den Vater bezogen. Ihr unterschiedliches Verhalten stellt die Größe des väterlichen Handelns heraus.
- Die beiden Teile der Parabel sind durch den übereinstimmenden Hinweis auf die Freude verbunden.

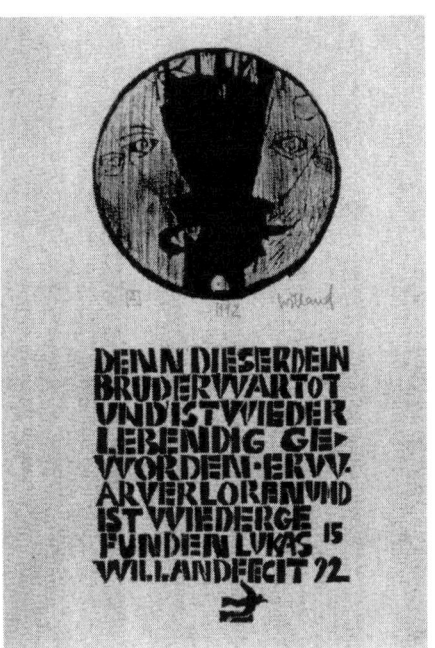

Detlev Willand, Verlorener Sohn, Bild 5

(5) Lukas stellt in Kapitel 15 drei Erzählungen unter den Leitworten »suchen« – »finden« – »freuen« zusammen. Gemeinsam handeln die drei Texte von dem Gegensatzpaar »verloren x wiedergefunden«, aus dem als Reaktion die Freude entsteht. Vor allem die Betonung der Freude als Mitfreude verbindet die drei Gleichnisse. Beim »Vater und den beiden Söhnen« ist die Umkehr als Bedingung für die Wiederaufnahme akzentuiert. In dieser Bearbeitung des Gleichnismaterials zeigt sich das besondere Interesse des Evangelisten an dem Heilsweg durch Buße. Damit qualifiziert er allerdings die Gerechten nicht als »Scheingerechte« ab.[28] Dem älteren Sohn wird in 15,31 ausdrücklich bestätigt, dass er gerecht gelebt habe. Lukas hebt die Gemeinschaft Jesu mit Zöllnern und Sündern hervor, die Buße getan haben. An diesem Punkt unterscheidet er sich charakteristisch von seinen Seitenreferenten: Geht es in Mk 2,13–17 um die Gemeinschaft mit Sündern als solche, betont Lukas, dass es sich um bekehrte Sünder handelt.[29] Dies

---

28 Schottroff, Gleichnis, vermutet, dass Lukas in Kap. 15 eine eigene Soteriologie entwickelt habe, die mit anderen lukanischen Aussagen identisch sei. Für sie gehören Einleitung und Gleichnisreihe zusammen. Lukas wolle aus seiner antijudaistischen Haltung heraus die Gerechten (Pharisäer) als Scheingerechte disqualifizieren. Der Rahmen (15,1–3) ist jedoch lukanisch.
29 Charakteristisch ist, dass Lukas in Parallele zu Mk 2,13–17 in 5,32 hinzufügt: »Ich bin gekommen, die Sünder zur Umkehr zu rufen und nicht die Gerechten.«

ist der Schlüssel zur Deutung der Parabel aus lukanischer Sicht: Wie 15,1–10 rechtfertigt sie im jetzigen Kontext den Umgang mit bekehrten Sündern. Die theologisch-allegorischen Züge unterstreichen die Bedeutung der Bekehrung: Das zweimalige Sündenbekenntnis und die zweimalige Begründung für die Freude und das Fest sprechen eine theologische Sprache: Der Gegensatz »tot x lebendig« kommt in Röm 6,1–14 im Zusammenhang von Taufe und Bekehrung vor (vgl. bes. 6,13b). Paulus argumentiert: Da Christus tot war und lebendig wurde, werden auch wir vom Tode lebendig, wenn wir umkehren, uns bekehren, uns als Folge davon taufen lassen. Lukas und Paulus haben ein Stück frühchristlich-jüdischer Bekehrungssprache aufgenommen.[30]

Elementare Erfahrungen
Erfahrungen sind in die Parabel eingegangen, Erfahrungen sind vom Text angestoßen worden, Erfahrungen werden an den Text herangebracht.

(1) Der vorliegende Kontext der Parabel gibt eine Situation vor, die im Leben Jesu verständlich ist: Er wird wegen seiner Gemeinschaft mit Zöllnern und Sündern[31], den »verlorenen Schafen Israels«, von Pharisäern und Schriftgelehrten kritisiert und muss sich verteidigen. Jesus geht es darum, diejenigen mit der Botschaft des Evangeliums zu erreichen, die »draußen« stehen: Zöllner, Huren, Samaritaner, Arme, Schwache, Unreine, Krüppel. Damit greift er nicht diejenigen an, die bereits gerecht sind. Die Gerechten sollen sich vielmehr mitfreuen, wenn das Verlorene heimkehrt – und zwar deshalb, weil Gottes Freude größer und mächtiger ist als alle menschlichen Vorbehalte. Mit dem Hinweis auf diese Freude rechtfertigt Jesus seine Verkündigung der Botschaft Gottes an die, die draußen stehen.

Die lukanische Gemeinde, in der die Parabel erzählt wird, hat demgegenüber ein etwas anderes Interesse. In veränderter Zeit und anderer Umgebung haften ihre Fragen nicht mehr in erster Linie am (vergangenen) Streit von Pharisäern und Jesus um eine gültige Auslegung des Gesetzes. Die Jesusgeschichte wird jetzt in die eigene Gegenwart hinein erzählt. Lukas geht es um Jesu Gemeinschaft mit den vorher Verstoßenen, die nun bekehrt sind. Als Tendenz ist erkennbar: Da Jesus mit solchen Leuten Gemeinschaft hatte, kann es die gegenwärtige Gemeinde auch. Die Darstellung der Mitfreude, die Lukas redaktionell eingetragen hat, soll seine eigenen Gemeinden zu vergleichbarem Verhalten motivieren. Wie in Lk 15,1–7 wird Jesus auch hier zum Vorbild für die Mitfreude. Lukas macht deutlich, dass die Tatsache des Gerettet- und Aufgenommen-Seins stärker ist als alle vergangenen Bindungen. Mit Hilfe der Jesusparabel erinnert er die Gemeinden daran, dass die Bekehrung ein völliger Neuanfang ist, ein Übergang vom Tod ins Leben. Die Vergangenheit ist begraben; die Gemeinden sollen mit vorbehaltloser Freude über Menschen, die sich neu den Gemeinden anschließen, reagieren. Die Aussageabsicht des Textes richtet sich also auf die Integration von Menschen unterschiedlicher Herkunft und verschiedenem Sozialprestige in die Einheit der Ge-

---

30 Vgl. auch JosAs 8,9: »Du rufst alles vom Tod ins Leben; du machst alles lebendig durch deinen heiligen Geist.«
31 Vgl. dazu Theißen / Merz, Jesus, S. 349.

meinde. So wirkt sich die Erfahrung der lukanischen Gemeinden auf die Art und Weise aus, in der die Parabel weitererzählt wird.

(2) Bei der Behandlung der Parabel im Unterricht werden von den Schülern Erfahrungen an den Text herangebracht und zugleich Erfahrungen durch den Text angestoßen. Im Folgenden werden einige Assoziationspunkte genannt. Wir beziehen uns dabei auf Schulstunden, die unter eigener Regie dokumentiert oder andernorts veröffentlicht sind.[32]

Verschiedentlich werden von Schülerinnen und Schülern Erfahrungen mit der eigenen Familie als Verstehensparadigma herangezogen. In der Analyse einer Schulstunde in der 5. Klasse verweisen Friedrich Schweitzer u.a. vor allem auf die bereits zitierte Aussage einer Schülerin: »Also zuerst, da waren alle bockig gegen [...] einander, und als der Sohn dann wiedergekommen ist, da hat's dem Vater leid getan. Und da ... haben sich beide entschuldigt.«[33] Offenbar assimilieren Kinder die Geschichte in ihre Lebenswelt. Deshalb wird »die Gleichniserzählung so aufgenommen, dass sie sich mit der den Kindern vertrauten Lebens- und Erfahrungswelt verzahnt. Der Vater im Gleichnis wird so vorgestellt, wie heute Väter gesehen werden: als fehlbare Menschen, die jedenfalls nur dann richtig handeln, wenn sie zugeben können, dass sie auch selber Fehler machen. Und das Verhältnis zwischen den Brüdern wird auf einen Nenner gebracht, der den Kindern selbst entscheidend erscheint: dass es gerecht zugeht, dass beide gleich behandelt werden, dass beide gleich viel bekommen.«[34] Dieses Familien-Paradigma bleibt auch entscheidend, wenn die Schüler versuchen, die Integration der »Sünder« in die Gemeinde zu begründen: »Also, dass sich alle Menschen auf der ganzen Welt so wie Brüder beneh[men]«.[35] Überhaupt wird man auch über die hier angesprochene Altersstufe (5./6. Klasse) hinaus die Faszination von »Geschwistergeschichten«[36] kaum überschätzen können. Diese Dimension zeigt sich auch im Versuch einer bibliodramatischen Aufarbeitung der Parabel.[37] Die Schüler/innen möchten offenbar, dass die egalitären Spielregeln der Familie universell gelten sollen. So übertragen sie den Wunsch des Vaters, dass der ältere Sohn sich über die Rückkehr des jüngeren freuen möge, auf den Kontext der Jesus-Zeit:

»...so wünscht sich Gott, dass die Pharisäer und Schriftgelehrten den Sünder verstehen.«
»Ja, dass sie Freunde werden. Zöllner und Pharisäer, also dass sie sich wieder versöhnen.«
»Aber ich finde es blöd irgendwie mit den Pharisäern und Schriftgelehrten, es ist doch [wünschenswert], dass sich alle Menschen irgendwie vertragen.«[38]

---

32 Vgl. Faust-Siehl, 24 Stunden, S. 158 u.ö.
33 Schweitzer, Religionsunterricht und Entwicklungspsychologie, S. 15. Die Stelle findet sich in Faust-Siehl, 24 Stunden, S. 142.
34 Schweitzer, Religionsunterricht und Entwicklungspsychologie, S. 16.
35 Faust-Siehl, 24 Stunden, S. 156.
36 Der baden-württembergische Lehrplan (RS) enthält für die Klasse 6 die UE »Bevorzugt und benachteiligt: Geschwistergeschichten« mit dem Inhaltspunkt »ein biblisches Geschwisterpaar«.
37 Vgl. Bubenheimer, Spielen, S. 6–19.
38 Faust-Siehl, 24 Stunden, S. 154f.

Offenbar ist es den Schüler/innen nur schwer möglich, die Grundsätzlichkeit des Dissenses zwischen Zöllnern und Pharisäern zu verstehen. Wenn jeder prinzipiell seine eigene Meinung haben kann, dann ist der »bockig«, der einen Dissens zur Grundlage eines sozialen Ausschlusses machen möchte. So gesehen sind der ältere Sohn und die Pharisäer Vertreter einer Haltung, die in den Goodwill schiedlich-friedlichen Miteinanders nicht einwilligen will. Die grundsätzliche Frage der Annahme des anderen in seiner Andersheit, die in den Konflikten der Jesuszeit hervortritt, ist nicht ohne weiteres transponierbar in ein heutiges Verstehen.

Eine wichtige Rolle bei der Rezeption der Parabel spielt auch das Verständnis der Sünde und der angemessene Umgang mit dem Geld. Das »Verlorensein« drückt sich aus in der Existenz in der »unreinen« Fremde bei den Schweinen. Dies manifestiert sich in Hunger und Heimweh. Eine solche Vorstellung erscheint plausibel angesichts der Gegenerfahrungen von »Heimat« und »Fest«. Für die Schüler/innen liegt die Problematik weniger in der Situation als im vorausgehenden Tun. Der jüngere Sohn hatte sein Geld nicht nur »ausgegeben«, sondern »missbraucht« oder, wie es der Lehrer ausdrückt: »Ja, verschwendet, das wäre doch ein guter Ausdruck«. Ein Schüler sieht dies als Anlass zur Heimkehr:

»Und [...] er hat (selber) wahrscheinlich auch gedacht, ja, er weiß sicherlich nicht so gut, wie [...] man halt mit dem Geld umgehen tut und so, dass er dann sicherlich wieder zurückkommt.«[39] Immerhin überträgt sich das Besitzmotiv später sogar auf die Familie, wenn eine Schülerin meint:
»Also der [ältere Sohn] ist geizig, der möchte seinen Vater nicht mit [...] seinem Bruder teilen, weil er weiß, der Bruder [...] mag den Vater lieber«.[40]

Die Frage des unmoralischen Ausgebens des Geldes, wie es in V. 30 (Hab und Gut mit Huren verprasst) deutlich wird, muss offensichtlich nicht notwendigerweise mit sexuellen Konnotationen verbunden sein. Beim älteren Sohn erscheint es in umgekehrter Wertung als Geiz.

Eigene Erfahrungen in bibliodramatischer Arbeit mit Studierenden und Oberstufenschülern[41] machen deutlich, dass das Gleichnis ganz besonders die lebensweltliche Erfahrung von Adoleszenten trifft. In der notwendigen Ablösung von den Eltern ist das Gleichnis eine sehr gute Möglichkeit, das »Weggehen« auszuprobieren in der Hoffnung, trotzdem wieder »heimkommen« zu dürfen. Die Geschichte von den beiden Söhnen und ihrem Vater enthält mit ihrer Palette an Beziehungsmöglichkeiten (bis hin zu Erfahrungen der Isolation und des Ausgeliefertseins[42]) einen starken Aufforderungscharakter an Schüler und Schülerinnen in der Adoleszenz. Insbesondere die Spannung zwischen Abwendung und dennoch erhoffter Zuwendung macht die Parabel für die Sekundarstufe I und II bedeutsam, falls sie nicht durch zu häufigen Gebrauch bereits »verbraucht« ist.

39 Faust-Siehl, 24 Stunden, S. 148f.
40 Ebd., S. 149.
41 Vgl. Spilling-Nöker, Möglichkeiten.
42 Vgl. Bubenheimer, Spielen, S. 13f.

Elementare Zugänge

(1) In einer empirischen Studie von Kalevi Tamminen[43] wurden den Versuchspersonen drei unterschiedliche Interpretationsmöglichkeiten der Parabel vorgelegt: eine menschlich konkrete (Jesus erzählt von zwei Jungen, von denen der eine in die Welt zog und all sein Geld ausgab; bzw. Jesus lehrt über einen Jungen, der sein Zuhause verlässt), eine menschlich-ethische (Jesus sagt, dass der Vater den einen Sohn ebenso liebt wie den anderen, obwohl er all sein Geld verbraucht hatte; bzw. Jesus lehrt, dass ein guter Vater sein Kind nicht verwirft, auch wenn es etwas falsch gemacht hat), und eine religiös-abstrakte Auslegung (Jesus sagt, dass Gott auch jemanden liebt, der gesündigt hat; bzw. Jesus lehrt, dass Gott jedem vergibt, der um seine Vergebung bittet).[44] Die Antworten auf dem abstrakteren religiösen Niveau nehmen mit dem Heranwachsen zu. Deutlich wird dies besonders an dem Vater und dem jüngeren Sohn[45]:

Bei den 9/10-Jährigen sind die meisten Rückmeldungen (39 Prozent) noch »fehlende Antwort oder Missverständnis«, 16 Prozent denken an einen »irdischen Vater«, 11 Prozent an einen »guten Menschen« und nur 29 Prozent an Gott. Ab dem 11. Lebensjahr können 70 Prozent und mehr die Identifikation des Vaters mit Gott nachvollziehen, und die Quote der Missverständnisse pendelt um 15 Prozent. Erst bei Gymnasiasten über 17 findet im Hinblick auf die Identifizierung nochmals ein deutlicher Sprung auf 91 Prozent statt, ansonsten steigen die Werte nur sehr langsam über die 70 Prozent-Marke.[46] Das Verständnis des »verlorenen Sohnes« als »Sünder« ist noch schwieriger. Erst über 14-Jährige haben Missverständnis-Werte unter 20 Prozent. Die häufigste Nennung zur Bedeutung des »verlorenen Sohnes« ist im Alter der Sekundarstufe I mit Nennungen über 40 Prozent »ein Mensch«. Erst die über 15-Jährigen präferieren mit Werten um 30 Prozent die Nennung »ein Sünder, jemand, der seine Sünden bedauert«.[47]

Die Vertrautheit der ursprünglichen Rezipienten mit der Konnotation Vater = Gott wird man angesichts dieser Ergebnisse bei heutigen Zuhörern nicht voraussetzen können. Erst für Schüler ab etwa 15 Jahren scheint diese Einsicht in nennenswerter Zahl vorhanden. Es geht also darum, Vermittlungswege zu suchen, mit denen ein solches Verständnis angebahnt werden kann. Für den Zusammenhang mit dem Sündenbegriff gilt diese Einsicht noch stärker.

Lk 15,11–32: Elementare Zugänge

- Jesus wandte sich mit seiner Botschaft nicht nur den Frommen zu, sondern auch denen, die außerhalb der gesellschaftlich gebilligten Normen standen. Die Jesusgeschichten waren übertragbar in den Erfahrungsbereich der lukanischen Gemeinden mit ihren sehr unterschiedlich geprägten Mitgliedern.

---

43 Tamminen, Entwicklung, S. 128ff.
44 Ebd., S. 122.
45 Tamminen hat bedauerlicherweise jedoch von vornherein nur den »ersten Teil [des Gleichnisses] verwendet, der ältere Bruder wurde ausgelassen«, vgl. S. 120.
46 Ebd., S. 129.
47 Ebd., S. 130.

- Schüler verstehen die Parabel in der Regel im Zusammenhang ihrer eigenen Erfahrungen im Kontext von Familiengeschichten, des Umgangs mit Geld oder Moral und im Kontext von Erfahrungen eigenen »Weggehens« vor allem in der Pubertät.

Elementare Wahrheit

Nimmt man Tamminens Unterscheidungsebenen ernst, wird man etwa ab der 6./7. Klasse ein Verständnis der Parabel auf einem menschlich-ethischen Niveau durchaus voraussetzen können. Abstraktere theologische Einsichten sind wohl erst gegen Ende der Sekundarstufe I erreichbar. Die theologische Übertragbarkeit eröffnet sich meist erst dort, wo die ambivalente Gottesbeziehung gesehen wird, nämlich in der Spannung von Abwendung und der trotzdem erhofften Möglichkeit der erneuten Wieder-Zuwendung in einer entsprechenden Situation.

(1) Brücken zwischen diesen situativen Annahmen und den elementaren Textstrukturen lassen sich in den zentralen Symbolen des Textes erkennen. Wenn die Leitbegriffe des Essens gleichsam den roten Faden der Parabel bilden, dann empfiehlt es sich, auch bei der Arbeit an dem Text an diesen Leitbegriffen anzusetzen. In V. 13 erscheinen sie im Zusammenhang der verschwenderischen Lebensführung eher beiläufig. Ab V. 14 wird dann das Thema Hunger bestimmend. Die Freude der Heimkehr manifestiert sich dagegen in dem Fest, bei dem das Essen des Mastkalbes in seiner Bedeutung erläutert wird in den Worten »Mein Sohn war tot und ist wieder lebendig geworden.« Auch der Konflikt mit dem älteren Sohn drückt sich im Neidgefühl um vorenthaltenes (Fest-) Essen aus. So gesehen spielt die Geschichte auf der Ebene oraler Symbolik[48] – und damit auf der Ebene anthropologischer Grunderfahrungen. Dem Hunger und der Isolation auf der einen Seite steht das Fest mit seiner Freude und seinem großen Mahl gegenüber.

(2) Geht man mit Baldermann[49] der Überlegung nach, dass die theologischen Aussagen letztlich auf dieser Anthropologie aufruhen, dann müssen die beiden zentralen Topoi »Hungersnot« und »Fest« nochmals eingehender betrachtet werden. Die entscheidende Erfahrung des jüngeren Sohnes ist nach V. 17b die Angst, vor Hunger zu verderben. Diese Situation ist den Hörern der biblischen Zeit einsichtig, selbst wenn sie nicht unmittelbar akut war. Wie die beiden Versionen der Seligpreisung in Lk 6,23 bzw. Mt 5,6 schillert die Hungererfahrung zwischen dem unmittelbaren Objekt und einem Hunger nach Gerechtigkeit: »Hungern ist im Neuen Testament also Zeichen von Not und Armut wie Bild für das Angewiesensein auf Gott.«[50] In dieser Allgemeinheit lässt sich das Bild auch vermitteln an heutige Jugendliche. Dass heute die Essensthematik andere Probleme umfasst als zur Zeit des Neuen Testaments, ist bekannt; aber auch der

---

48 Der Hinweis auf sexuelle Verfehlungen V. 30 zielt zwar auf das verschwenderische Verhalten V. 13, bleibt aber in seinem Realitätsgehalt in der Schwebe, es kann auch als Projektion des älteren Sohnes gedeutet werden.
49 Exemplarisch in: Gottes Reich, S. 84ff.
50 Balz, Artikel peinao, 147. Die beiden von ostafrikanischen Massai gemalten Bilder (Kraus, Massai-Bibel) stellen Mangel und Fest in elementarer Weise einander gegenüber.

Aus: Kraus, Massai-Bibel

Überflussgesellschaft treten Bilder erbarmenswürdiger materieller Not entgegen. Die sprichwörtliche Erfahrung, dass »Not beten lehrt«, gilt jedoch nicht nur angesichts sichtbarer Not. Sie trifft insbesondere auch auf Erfahrungen der Fremdheit und Orientierungslosigkeit, wie sie in der Pubertät geläufig sind. Not ist ein vielgestaltiges Phänomen. So ist der »Hunger« in der Erzählung für heutige Hörerinnen eher eine allgemeine Metapher für Not in ihren vielfältigen Erscheinungsformen.[51] Damit ist auch die Situation des Sünders, den es zur Umkehr treibt (V. 10), angesprochen. Sünde wird als Begriff verstehbar, der nicht lediglich auf moralische Verfehlung (Weggehen, Geld-Verprassen, Hurerei) zielt, sondern die Isolation und Ausweglosigkeit des Protagonisten beschreibt, die ihn schließlich zur Umkehr treiben.

(3) Fest und Freude stellen den zweiten und eigentlichen Höhepunkt der Parabel dar. Obwohl das Wort Fest selbst nicht im Text vorkommt, werden doch die wichtigsten Elemente genannt: V. 23 Essen und Fröhlich-Sein, V. 25 Singen und Tanzen. Das die Freude ausdrückende Verb hebt den neu gewonnenen Beziehungsaspekt hervor: »Die jubelnde Freude hat das Erlebnis der Realisierung von Gemeinschaft zu ihrer funda-

---

51 Vermutlich waren auch die ursprünglichen Adressaten des Lukas keine »absolut Armen« (Stegemann / Stegemann, Sozialgeschichte, 262).

Aus: Kraus, Massai-Bibel

mentalen Voraussetzung«[52]. Auch diese Freudenerfahrung bedarf keiner expliziten »Übertragung«: Wenn Menschen die Erfahrung neu ermöglichten Miteinander-Feierns machen können, dann ist »Gottes jubelnde Freude« gerade mit eingeschlossen.[53] Gleichzeitig ist das Fest immer auch ein Stück Antizipation endzeitlich erwarteter Fülle.[54] Diese Glückserfahrung wird dem »verlorenen Sohn« zuteil, den »Zöllnern und Sündern« Lk 15,1, den »Verlorenen« der lukanischen Gemeinden und nicht zuletzt den heutigen Hörern der Parabel, die sich als »verloren und wiedergefunden« (V. 24) erfahren.

Geht man von der bestimmenden Kraft des Bildes von Fest und Freude aus, dann wird auch die Funktion des älteren Bruders deutlich. Debuyst nennt als drei Kriterien eines Festes: »die Universalität, die Einmütigkeit und eine Art Zeitenthobenheit, die es zu einer Vorwegnahme der Ewigkeit macht«[55]. Der sich verweigernde Sohn stört, sollte er sich dauerhaft verweigern, den umfassenden Charakter des Festes und die Einmü-

---

52 Pedersen, Artikel euphraino, S. 217.
53 Ebd., Sp. 219. Vgl. Otto / Schramm, Fest und Freude, S. 118 »Buße wird gleichgesetzt mit Gefundenwerden, denn die Freude Gottes an Vergebung, an zuvorkommender Vergebung ist seine höchste Freude.«
54 Vgl. Jes 25,6ff. Debuyst, Fest, S. 646.
55 Debuyst, ebd., S. 648.

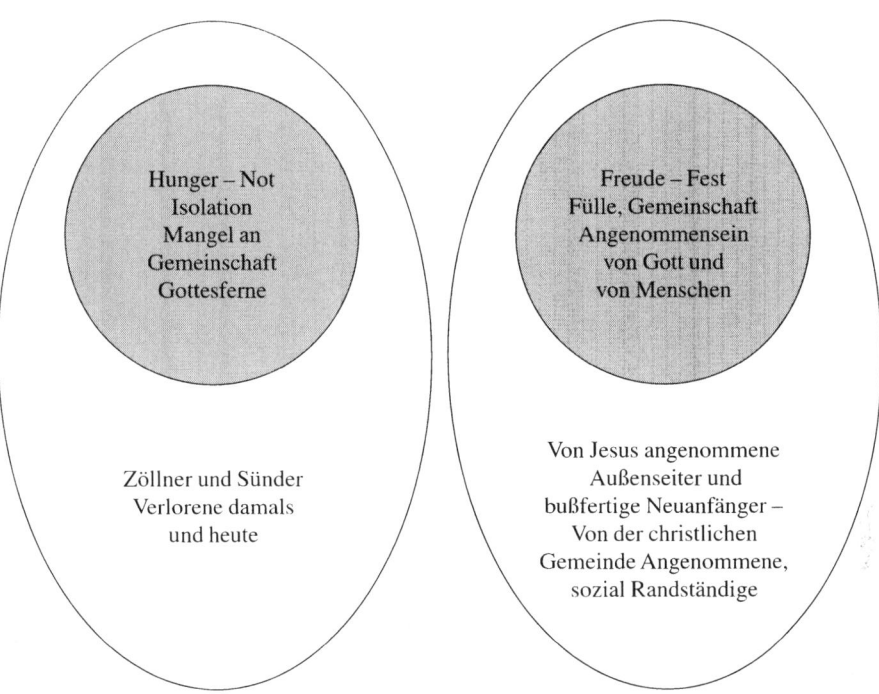

tigkeit. Er wird zum Fest-Verderber, der es nicht zulassen will, dass die Durchbrechung des Alltags, dessen Repräsentant er auch ist, wirklich stattfinden kann.[56]

Unterrichtliche Konkretionen

Für den Unterricht legt es sich nahe, die Parabel aus der Polarität ihrer zentralen Symbole »Hunger – Not x Freude – Fest« heraus zu entwickeln. In der Reaktion auf diese zwei zentralen Bilder lässt sich eine weit gehende Parallelisierung der Hörererfahrungen von Jesus bis heute erzielen.

(1) Folgt man dem beigefügten Schaubild, legt sich die unterrichtliche »Inszenierung« der beiden »Brennpunkte« der Parabel nahe. Der erste Schritt ist nicht ganz einfach, weil der materielle Kern des Bildes, die Erfahrung von Hunger und Not, als eigene Erfahrung kaum vorausgesetzt werden kann.[57] Schüler/innen der Klassen 6 bis 8

---

56 Dass für Jesus selbst die Betonung des Festes keine bloße Metapher war, zeigt nicht zuletzt seine Ablehnung des Fastens Mk 2,19 par und der Vorwurf, er sei ein »Fresser und Weinsäufer« Mt 11,19.
57 Bei der Erarbeitung des Speisungswunders Jesu, das ja auch auf der Kontrasterfahrung Hunger-Sättigung basiert, erwies sich der Text »Brot« von Wolfgang Borchert als hilfreich (Büttner / Schellhase, Nicht alles ..., S. 186–190).

können durch Fantasiearbeit etwas von dem nachvollziehbar machen, was in dem Bild von der hungernden Existenz unter Schweinen angesprochen ist. Da spielerische Verfahren im Pubertätsalter schwierig sind, bietet es sich an, die Geschichte bis zu dem Punkt zu erzählen, wo die scheinbar ausweglose Situation erreicht ist. Hier kann dann sowohl mit einer Bildbetrachtung (z. B. des ersten Massai-Bildes) als auch mit Hilfe eines Briefes aus der Perspektive des »verlorenen Sohnes« weitergearbeitet werden. Auf der Basis der in den Briefen genannten Eindrücke lässt sich dann ein Bild des »verlorenen Sohnes« gewinnen, das – da aus der Fantasie der Schüler/innen gespeist – anthropologisch so verallgemeinert werden kann, dass es einerseits die Erfahrungen der Schüler/innen mit Isolation, Ausgeschlossensein und Hunger nach »Leben« zum Ausdruck bringt, andererseits auch Verstehensmöglichkeiten bietet für die Existenz der »Verlorenen« im Lukasevangelium.

(2) Der zweite Einstieg in die Geschichte kann über die Festerfahrung geschehen: »Was braucht man für ein Fest?« oder »Wie ich einmal ein schönes Fest erlebt habe«. Über solche, möglichst schriftlich gesammelten Überlegungen können Kriterien für ein gelungenes Fest formuliert werden. Erfahrungsgemäß finden sich dabei – mit unterschiedlicher Gewichtung – die oralen Bedürfnisse neben dem Wunsch nach Gemeinschaftlichkeit.[58]

– Warum feiern wir Feste?
– Wer soll an Festen teilnehmen? Wer soll nicht teilnehmen? Warum nicht?
– Welche Vorbereitungen werden getroffen?

(3) Nun wird der Text zur Kenntnis genommen. Durch seine Gliederung eignet er sich gut zur szenischen Aufschlüsselung. Im Gespräch verknüpfen die Schüler/innen ihre eigenen Erfahrungen von Ausgeschlossen-Sein und Hunger nach »Leben« mit dem Text. Dies kann auch mit Hilfe der Bilder von Detlev Willand geschehen, die an den einzelnen Szenen der Parabel entlanggehen und diese auf elementare Aussagen reduzieren. Stimmen die Bilder mit den Texten überein? Lassen sich Unterschiede zwischen Text und Bildern feststellen und wie sind sie zu begründen? Man kann auch einzelne Bilder miteinander vergleichen, z. B. Bild 5 mit der liebevollen Umarmung und Bild 6 mit dem gestörten Dialog.

(4) Während Willand mit seiner Holzschnittreihe an der Geschichte entlanggeht, soll nun versucht werden, die Parabel in einem einzigen Bild zusammenzufassen. Worauf legen die Schülerinnen und Schüler ihren eigenen Schwerpunkt? Was ist für sie die wichtigste Aussage? Als Beispiel kann die Radierung von Rembrandt dienen, die das Geschehen auf den Moment der Heimkehr des »verlorenen Sohnes« legt und alle übri-

---

58 Debuyst berichtet von einer Befragung zur Bedeutung einzelner Aspekte einer Geburtstagsfeier. Nur 15 Prozent der Kinder betonten die Geschenke, 70 Prozent dagegen die Gemeinschaft. (647) »Damit dieses Fest wirklich ein Fest ist, muss nach ihrer Ansicht jedermann glücklich und die Beteiligung so groß wie möglich sein. Mit anderen Worten: Das Fest ist für sie vor allem ein Phänomen der ›Gemeinsamkeit‹.«

gen Einzelzüge des Textes diesem Zentrum zuordnet. Stimmen die Schüler mit dieser Deutung überein? Wie kann die Bedeutung des Festes für den jüngeren, wie für den älteren Bruder beschrieben werden? Wie kann also die »Zweigipfeligkeit« der Parabel Berücksichtigung finden?

(5) In einem letzten Schritt kann man den Text und die von ihm angestoßenen Erfahrungen in die Rahmenerzählung bei Lukas einordnen.

- Wer konnte und kann sich von der Geschichte ermutigt fühlen?
- Wer konnte damals, wer heute neidisch abseits stehen?
- Was hat Jesus mit einem solchen Fest zu tun?
- Was könnte der Satz bedeuten »Bei so einem Fest feiert Gott mit!«?
- Warum ist die Geschichte eine Gottesgeschichte?

Diese und ähnliche Fragen holen den Sinn der Geschichte religiös ein – ohne verkürzende dogmatische oder heilsgeschichtliche Begrifflichkeit. Sie entfalten einen Schlüsselbegriff wie Buße ganz im Kontext eines zutiefst menschlichen Geschehens ohne die theologische Interpretationsmöglichkeit aus dem Auge zu verlieren.

Von den Arbeitern im Weinberg (Mt 20,1–16)

Die Parabel von den Arbeitern im Weinberg wird im Religionsunterricht vielfach behandelt und erfreut sich großen Zuspruchs.[59] Verschiedene Untersuchungen haben aber gezeigt, dass die Pointe dieses Textes nicht einfach auf der Hand liegt und Missverständnisse nicht immer zu vermeiden sind.[60] Dabei ist nicht der Arbeitsprozess als solcher umstritten, es ist vielmehr der Moment der Auszahlung. Rembrandts Darstellung trifft diesen zentralen Punkt der Geschichte.

Ein einzelner Mann sitzt zwei sich unterschiedlich gebärdenden Gruppen gegenüber. Er trägt eine besondere Kopfbedeckung und bewegt seine Arme raumfüllend. Unschwer ist er als die mächtige Figur in dieser Interaktion, als der Weinbergbesitzer auszumachen. Von den stehenden Figuren sind zwei dem Weinbergbesitzer zugewandt, zumindest einer von ihnen ist in einer Auseinandersetzung mit ihm begriffen. Von der rechts stehenden Gruppe stecken drei die Köpfe zusammen, einer verfolgt das Geschehen eher abwartend. Man kann sich vorstellen, dass die drei die Gruppe derer darstellen, die über ihre Erwartung hinaus gut entlohnt worden sind, während die zwei am Tisch die zuerst Angeworbenen darstellen, die sich über die Bezahlung beschweren. Rembrandts Bild gelingt es, den dramatischen Augenblick einzufangen, an dem die scheinbare Ungerechtigkeit einer Auflösung oder Erklärung zustrebt.

---

59 Dies rührt her aus ihrer doppelten Verwendungsfähigkeit als Gleichnis einerseits und als Medium im Zusammenhang von Fragen der sozialen Gerechtigkeit. Die Parabel war der am häufigsten gewählte Unterrichtsgegenstand in der Tübinger Dokumentation von Religionsstunden, vgl. Faust-Siehl, 24 Stunden.
60 Bucher, Gleichnisse, S. 95ff; Schweitzer u.a., Religionsunterricht, S. 34ff.

156 *Zu neuen Erfahrungen herausgefordert*

Rembrandt, Die Arbeiter im Weinberg

  Folgende Literatur ist besonders zu beachten:
– Harnisch, Gleichniserzählungen
– Faust-Siehl u.a., 24 Stunden
– Bucher, Gleichnisse

Elementare Strukturen

(1) Die Betrachtung von Rembrandts Skizze führt bereits nahe an die elementare Struktur der Parabel heran. Die szenische Abfolge lässt sich mit dem dramatischen Aufbau eines Bühnenstückes vergleichen. Sieht man von der Einleitungsformel in 20,1a (sie teilt gleich zu Beginn mit, dass das Folgende auf das Himmelreich zu beziehen ist) und dem Schlussvers 20,16 (er stellt die Parabel in den Horizont des zukünftigen Gerichtes) einmal ab, so baut sich der Text in einer dreigliedrigen Szenenfolge auf.[61] Sie orientiert sich in ihrer Handlungsbewegung an der Abfolge von Tat / Situation – Krise – Lösung:

---

61 Vgl. Harnisch, Gleichniserzählungen, S. 178f.

20,1b–7   Anwerbung und Einstellung der Arbeiter (Situation)
20,8–10   Auszahlung (Krise)
20,11–15 Schlussdialog (Lösung)

Diesem klaren Aufbau entspricht eine Konzentration auf nur zwei Handlungsschauplätze (Marktplatz und Weinberg) und eine Typisierung der wenigen handelnden Personen. Der Auftritt und der Abgang der Personen erfolgt unvermittelt.[62] Die Figurenkonstellation entspricht einem »dramatischen Dreieck«: Zwei Gruppen von Weinbergarbeitern, die sich durch die Länge ihrer Arbeitszeit unterscheiden, stehen mit dem Herrn des Weinbergs bzw. in 20,8 seinem Verwalter in einer Beziehung. Die in 20,3–6 erwähnten Gruppen von Arbeitern spielen ab Szene 2 keine Rolle mehr. Damit steht ein antithetisches Paar (Erste – Letzte) in Relation zu einer dritten Person mit dem Status einer überlegenen Figur. Die Parabel hat ein deutliches Achtergewicht: Alles läuft auf den abschließenden Dialog zwischen den »Ersten« und dem Weinbergbesitzer hinaus. Auch durch den Übergang in die Ichform und die Konzentration auf *einen* Arbeiter aus der ersten Gruppe ist die Schlussszene herausgehoben.

(2) Der Erzählfaden der Parabel wird vor dem Hintergrund konkreter ökonomischer Verhältnisse entwickelt. Ein Weinbergbesitzer wirbt Tagelöhner an, mit denen er einen Denar (Luther: ein Silbergroschen) als Arbeitslohn vereinbart. Auffällig ist, dass sich dieser Vorgang mehrmals wiederholt, so dass für die zuletzt Angeworbenen nur noch eine Arbeitsstunde verbleibt. Gleichwohl ist die Ereignisfolge prinzipiell denkbar; der konkrete Arbeitsanfall lässt sich nicht immer im Voraus planen. Neben dem Einstellungsverfahren gibt es allerdings weitere Auffälligkeiten. Hierzu gehört die Lohnvereinbarung, die nur bei den zuerst Eingestellten exakt getroffen wird (V. 2.13). Bei der zweiten und den weiteren Gruppen von Arbeitern wird nur vereinbart, »was recht ist« (V. 4), bei der letzten Gruppe (V. 7) ist von Entlohnung überhaupt nicht mehr die Rede. Mit dieser Erzählstrategie wird eine Erwartungshaltung geweckt: Wenn die zuerst Eingestellten einen Denar bekommen und die später Angeworbenen erhalten, was recht ist, kann dies nur ein geringerer Betrag sein. Diese Erwartung wird durch die Zeitangaben (dritte, sechste, neunte, elfte Stunde) verstärkt; sie unterstreichen die jeweils deutlich sinkende Arbeitsleistung für den Weinbergbesitzer.[63] In V. 6f kommt freilich zum Ausdruck, dass die zuletzt Eingestellten nicht aus Faulheit ohne Arbeit blieben, sondern weil niemand sie einstellte. Damit wird ein möglicher Vorwurf entkräftet und die auffallend späte Einstellung motiviert.

In der dritten Szene wird die Reihenfolge umgekehrt: Die zuletzt Angeworbenen werden auf ausdrückliche Anweisung des Besitzers zuerst ausbezahlt, dann erst die anderen. Diese Umkehrung macht den Konflikt erst möglich, da die zuerst Eingestellten die Auszahlung abwarten müssen und auf diese Weise von der Entlohnung der Letzten direkt erfahren. Sie sehen den Billigkeitsgrundsatz in Frage gestellt, den der Besitzer bei der Anwerbung selbst ins Spiel gebracht hat. Auf diese Weise wird die Erzählung

---

62 Zum Aufbauprinzip von Parabeln vgl. ebd., S. 26ff.
63 Bereits die Durchbrechung des Zeitschemas am Ende (11. Stunde) lenkt die Aufmerksamkeit besonders auf diese Gruppe von Arbeitern.

158 *Zu neuen Erfahrungen herausgefordert*

von Anfang an auf den Konflikt am Ende hin konstruiert. Offensichtlich geht es um eine Auseinandersetzung mit dem Weinbergbesitzer, deren Thema die Position und die Entlohnung der Ersten und der Letzten ist.

(3) Von hier aus bekommt die Schlussrede des Weinbergbesitzers ihr Gewicht. Sie ist in zwei einander entsprechende Abschnitte gegliedert[64]:

a) Feststellung in Ichform   Ich tue dir nicht unrecht;
   rhetorische Frage   Bist du nicht ... übereingekommen?
   Imperativ   Nimm ... und gehe!

b) Feststellung in Ichform   Ich will aber diesem Letzten geben ...;
   rhetorische Frage   Oder ist es mir nicht erlaubt ...?
   erneute Frage   Oder ist dein Auge böse ...?

Zwischen beiden Abschnitten ist gleichwohl eine Differenz nicht zu übersehen: »Statt des erwarteten Imperativs (etwa: Habe kein böses Auge! Sei auch gut!) liest man eine erneute Frage. Diese wird nicht mehr beantwortet. Sie kann es auch nicht, weil die Entlohnung schon abgeschlossen ist. Die Frage wirbt um Einverständnis und geht über den Beschwerdeführer letztlich an den Hörer/Leser des Gleichnisses, dessen Einverständnis eingeholt werden soll.«[65] Die Schlussszene dient außerdem dazu, das Verhalten des Besitzers nachträglich (die Entlohnung wurde ja bereits in V. 9f geschildert) und zusammenfassend zu begründen. Diese literarische Technik galt in der antiken Rhetorik als ein Mittel, Glaubwürdigkeit zu erreichen.[66] Inhaltlich begründet der Hausherr sein Handeln mit dem Verweis auf seine Handlungssouveränität und affektiv mit seiner Güte gegenüber den zuletzt Gekommenen. Zudem handele er nicht ungerecht, da er auch den zuerst Eingestellten das gebe, was er versprochen hatte. Die Affektgeladenheit der Szene ist insofern von besonderer Bedeutung, als sie die Rezipienten zur Identifikation einlädt.[67] Die Ganztagesarbeiter äußern Gefühle (»murren«), appellieren emotional (»die wir des Tages Last und Hitze getragen haben«) an das Gerechtigkeitsgefühl des Hausherrn. Dieser reagiert kühl mit dem Hinweis auf die getroffene Vereinbarung (»Bist du nicht mit mir einig geworden ...?«), verweist den Beschwerdeführer auf seine Ohnmacht angesichts seiner souveränen Macht und unterstellt ihm rhetorisch böse Absichten. Damit wird der Leser der Parabel am Ende emotional in das Geschehen einbezogen, während er besonders in der ersten Szene, bedingt durch die erzählenden Tempora, die Rolle des Zuschauers noch einnehmen konnte.[68] Jetzt ist er zur Stellungnahme herausgefordert.

 Gerecht oder ungerecht? Was meinen Sie???

---

64 Die Gliederung findet sich bei Gnilka, Matthäusevangelium, S. 176.
65 Gnilka, Matthäusevangelium, S. 176.
66 So Rau, Reden, S. 91.
67 Rau, Reden, S. 94. Der affektgeladene Einbezug der Rezipienten in das Geschehen ist auch für eine didaktisch-methodische Umsetzung von Bedeutung.
68 Die Tempora signalisieren dem Hörer, wie die im Text zur Sprache gebrachte Welt aufgefasst werden soll. »Dabei sollen die erzählenden Tempora als Tempora der Fiktionalität die

(4) Auf den sozialgeschichtlichen Hintergrund der Parabel ist eigens einzugehen. Auch wenn die Erzählung auf den Konflikt am Ende hin konstruiert ist, sind im Hintergrund doch reale ökonomische Verhältnisse erkennbar. Unter dem Hausherrn hat man sich den Eigentümer eines mittelgroßen Betriebes vorzustellen, der selbst seine Tagelöhner anstellt; Großgrundbesitzer lebten überwiegend in den Städten und überließen die Alltagsarbeit einem Verwalter. Große und mittelgroße Landgüter wurden zur Zeit Jesu von Tagelöhnern bewirtschaftet. Im Vergleich zu Sklaven waren Tagelöhner billiger; im Krankheitsfall brauchte der Arbeitgeber nicht für sie aufzukommen und bei Schädigungen oder Tod erlitt er keinen Verlust.[69] Der Anteil der Tagelöhner an der Gesamtbevölkerung war vermutlich relativ hoch. »Zwar ist uns Arbeitslosigkeit für das damalige Israel nur selten bezeugt; sie dürfte aber in diesem Auswanderungsland, in dem damals zudem ein Prozess der schleichenden Verdrängung der Kleinbauern im Gang war, ständig vorhanden gewesen sein.«[70] Der übliche Lohn für einen Arbeitstag war ein Denar. Das Existenzminimum einer vierköpfigen Familie lag bei einem Jahreseinkommen von etwa 250 bis 300 Denaren, die Mischna rechnet mit einem Minimum von 200 Denaren pro Person.[71] Ein Tagelöhner musste also an 200 bis 300 Tagen im Jahr Arbeit finden, um sich und seine Familie zu ernähren. Mt 20,7 zeigt, dass dies durchaus nicht immer der Fall war. Tagelöhner waren demnach arme Leute in der Nähe des Existenzminimums. Der Denar als Arbeitslohn sicherte die Existenz für einen, höchstens zwei Tage. Dieser sozialgeschichtliche Hintergrund ist wichtig für das Verstehen der Parabel, insbesondere im Zusammenhang mit der Aussage in V. 7, dass bisher niemand die noch übrig gebliebenen Tagelöhner angestellt habe. Bei solcher Arbeit und solchem Lohn geht es um die Existenz.

Die ökonomischen Bedingungen weisen zugleich einen metaphorischen Bedeutungsüberschuss auf. Der Weinberg ist ein altes biblisches Bild für Israel, und bei dem Weinbergsbesitzer liegt von hier aus der Gedanke an Gott nahe.[72] Wenn die Parabel damit einsetzt, dass ein Hausherr Arbeiter für seinen Weinberg sucht, so ist damit von vornherein die Assoziation von Gott und Mensch gegeben. Ähnliche Geschichten fin-

---

Haltung der Entspanntheit erzeugen, bei der die Welt des Sprechers und des Hörers aus dem Spiel gelassen wird« (vgl. Rau, Reden, S. 29f). Die Tempora der besprochenen Welt setzen dagegen die Haltung der Gespanntheit voraus. Sie signalisieren, dass es für den Sprecher »um Dinge geht, die ihn unmittelbar betreffen und die daher auch der Hörer im Modus der Betroffenheit aufnehmen soll« (Weinrich, Tempus, S. 36).

69 Der römische Schriftsteller Varro beispielsweise empfiehlt in Rerum rusticarum 1,17,2, bei gefährlichen Arbeiten Tagelöhner anstelle von Sklaven einzusetzen, da deren möglicher Tod ökonomisch leichter zu verkraften sei.

70 Luz, Matthäus I/3, S. 146.

71 Vgl. Stegemann / Stegemann, Sozialgeschichte, S. 85, sowie die Angaben bei Luz, Matthäus I/3, S. 146: »Für einen Denar konnte man sich 10–12 kleine Fladenbrote, für 3–4 Denare 12 Liter Weizen (für ca. 15 Kilo Weizenbrot), für 30 Denare ein Sklavenkleid, für 100 Denare einen Ochsen kaufen. Den Tagelöhnern ging es also angesichts dieser Preise nicht gut.«

72 Vgl. exemplarisch Jes 5,1ff ; Ps 80,9ff ; Jer 12,10 u.ö.

den sich auch in der rabbinischen Tradition.⁷³ Ausdrücklich bestätigt wird diese Assoziation durch den Hinweis auf das Himmelreich. Die Parabel erzählt vor dem Hintergrund ökonomischer Erfahrung eine erstaunliche Geschichte, die sich auf das Verstehen von Gott und Mensch hin öffnet.

(5) Die Geschichte ist zielstrebig komponiert und endet mit einer offenen Frage an die Hörerinnen und Hörer (V. 15). Da sie inhaltlich gut zur Zuwendung Jesu zu den Armen und Kleinen angesichts des Gottesreiches passt, wird sie allgemein als Jesuserzählung angesehen. Ob er damit seine Botschaft gegenüber Kritikern rechtfertigen oder sie pointiert vortragen will, mag dahingestellt bleiben. Beides liegt ohnehin dicht beieinander. Matthäus hat die Jesusgeschichte übernommen und zugleich interpretiert. Seine Interpretation findet sich vor allem im abschließenden V. 16.⁷⁴ Man erkennt dies daran, dass diese Zusammenfassung nicht den gleichen Lohn als zentralen Punkt der Parabel anspricht, sondern die Umkehrung der Reihenfolge von Arbeit und Entlohnung. Die matthäische Redaktion zeigt sich auch daran, dass 19,30 den Spruch von den Ersten und Letzten bereits verwendet hat und hier variierend aufgreift. V. 16 stellt somit die erste Interpretation des Jesusgleichnisses dar. Matthäus liest das Jesusgleichnis im Kontext der Ersten und Letzten, der Großen und Kleinen in seiner Gemeinde.⁷⁵ Mt 18,3f und 23,12 bilden den Rahmen, innerhalb dessen der Evangelist die Parabel interpretiert.⁷⁶

Mt 20,1–16: Güte und Gerechtigkeit
- Die erzählte Geschichte ist in drei Szenen dramatisch aufgebaut. Sie ist klar strukturiert und wird so erzählt, dass sie auf den Konflikt am Ende hinaus läuft.
- Die Kenntnis des ökonomischen Hintergrunds ist für das Verstehen der Parabel wesentlich. Nur vor diesem Hintergrund wird das Verhältnis von Güte und Gerechtigkeit verständlich, um das es hier geht.
- Die offene Schlussfrage zielt auf die Leserinnen und Leser.

---

73 Sie handeln von Besitzern, die Tagelöhner für sich arbeiten lassen und deren Entlohnung zu Fragen Anlass gibt (vgl. die Angaben bei Luz, Matthäus I/3, S. 147f). In der Durchführung unterscheiden sie sich deutlich von Mt 20, sie zeigen aber, dass das Bildfeld als bekannt vorauszusetzen ist.
74 Der Evangelist hatte an der schriftlichen Fixierung der Parabel hohen Anteil. Auch die Einleitung.
75 Vgl. Mt 18f und Luz, Matthäus I/3, S. 154.
76 Jeremias, Gleichnisse, S. 32, kritisiert die matthäische Interpretation: Die Auffassung, dass das Gleichnis »die Umkehrung der Rangordnung am jüngsten Tage illustrieren wolle«, stütze sich auf einen gänzlich unbetonten Vers; V. 8 spiele im weiteren Verlauf der Handlung keine Rolle mehr, und es beschwere sich niemand über die Reihenfolge der Auszahlung. »Jedenfalls: eine Belehrung über die Umkehrung der Rangordnung am Ende will das Gleichnis ... nicht geben – alle erhalten ja genau den gleichen Lohn«. Luz, Matthäus I/3, S. 155, geht dagegen davon aus, dass Matthäus V. 16 nur im Sinne von 18,3 und 23,12 zuspitzt, ohne deshalb an eine himmlische Rangordnung zu denken. V. 1a geht vermutlich auf ihn zurück.

Elementare Erfahrungen

(1) Erfahrungen vor allem ökonomischer Art sind in die Parabel eingegangen. Das Bild, das Jesus entfaltet, entstammt der ländlichen Lebenswelt seiner Zeit. Tagelöhner brauchten einen Denar, um ihre Familie für ein, zwei Tage zu ernähren. Den Denar zu bekommen war keine Frage von mehr oder weniger Komfort, sondern eine Frage der Existenz. Und sie betraf eine nicht unerhebliche Zahl der Zuhörer Jesu unmittelbar. Dieser Erfahrungshintergrund führt zu der eigentlichen Bedeutung des geschenkten Denars. Wenn Weder sagt, dass in der Geschichte »alle zu Ersten gemacht« werden[77], dann hat dies die ganz konkrete Bedeutung »heute braucht keiner hungern«. So kann Jeremias festhalten: »Das Gleichnis schildert nicht einen Akt der Willkür, sondern die Tat eines gütig denkenden Menschen, der großmütig ist und voll Mitempfindens mit den Armen. So handelt Gott, sagt Jesus. So ist Gott! So gütig! Er gibt auch den Zöllnern und Sündern Anteil an seinem Reich, unverdient, so groß ist seine Güte. Der ganze Ton liegt auf den Schlussworten: ›weil ich so gütig bin‹ (V.15)«.[78] Güte und gerechte Entlohnung treten nun aber in Konkurrenz zueinander, und die zuerst eingestellten Arbeiter fordern Gerechtigkeit ein. Am Ende bekommen sie jedoch nicht weniger als vereinbart war und was sie zum Leben brauchen; und die später Eingestellten (denen niemand Arbeit gab) bekommen, »was recht ist« und was auch ihnen zum Überleben hilft. So umgreift am Ende die Güte die Gerechtigkeit, ohne dass die Gerechtigkeit aufgehoben wird. Die Parabel auf »weniger Lohn für weniger Arbeit« oder »gleicher Lohn für alle, egal wie viel sie arbeiten« zu reduzieren, würde dieses Wechselverhältnis von Gerechtigkeit und Güte missachten.

(2) Bei Kindern, Jugendlichen und Erwachsenen bricht die Frage nach der Gerechtigkeit in unterschiedlichen Lebenszusammenhängen auf. In der politischen Debatte spielt die Gerechtigkeit eine herausragende Rolle: Steuergerechtigkeit wird ebenso eingefordert wie Gerechtigkeit zwischen alten und neuen Bundesländern, im Umgang mit den Opfern des Holocaust oder mit den Opfern kommunistischer Enteignungen, »Kritische Aktionäre« fordern eine gerechte Beteiligung an Konzernentscheidungen oder fragen nach mehr sozialer Gerechtigkeit; dass »gleicher Lohn für gleiche Arbeit« gezahlt werden soll, ist eine regelmäßige Forderung in Tarifauseinandersetzungen im Blick auf so genannte Niedriglohngruppen. In ähnlicher Weise wird Ungerechtigkeit von Kindern und Jugendlichen erlebt und wird Gerechtigkeit gefordert im Umgang mit Gleichaltrigen oder mit Erwachsenen, in Schule, Freizeit und Familie. Geschwister werden (scheinbar oder tatsächlich) vorgezogen, Schulnoten ungerecht verteilt, Leistungen ungleich bewertet. Und wenn eine Mutter für ihren Sohn das Nachsitzen übernimmt, weil sie dessen Versäumnis verschuldet hat[79], ist das allemal eine Zeitungsnotiz wert.

---

77 Weder, Gleichnisse, S. 224.
78 Jeremias, Gleichnisse, S. 34.
79 »Der Tagesspiegel« vom 25. September 1999: »Wahre Mutterliebe – und einen ausgeprägten Sinn für Gerechtigkeit – bewies eine Frau aus dem lothringischen Morhange bei Metz: Sie übernahm für Sohn das Nachsitzen. Der Elfjährige war von seinem Lehrer zu dieser Strafe verdonnert worden, weil er verschiedene Papiere mit der Unterschrift seiner

Gerechtigkeit wird als grundlegende Norm verstanden – und »Gott gilt als der, der Gerechtigkeit verkörpert, spendet und verbürgt«[80]. Gerade im Blick auf Gott spielt der Gedanke der Gerechtigkeit eine herausragende Rolle und ist offenbar keineswegs überholt. Nach der neuesten Shell-Studie ist nahezu die Hälfte aller Jugendlichen davon überzeugt, dass eine höhere Gerechtigkeit später einmal über das Leben Bilanz ziehen wird.[81] Und im säkularisierten Mythos sind die Jedi-Ritter die Hüter von Gerechtigkeit und Frieden.

In der Schule und in vielen anderen Lebensbezügen spielt demnach die Frage nach der Gerechtigkeit eine herausragende Rolle, und es ist keineswegs verwunderlich, dass »die Fragen der Gerechtigkeit oft mit großer Emotionalität behandelt werden. Handlungen oder Verhältnisse werden beklagt oder verteidigt. ... Wer zu Gerechtigkeit Stellung bezieht, stellt seine Ansichten im Allgemeinen nicht beliebig zur Disposition, sondern will zumindest verstanden, wenn nicht in seinen Ansprüchen unterstützt werden. Dass das Thema nicht gleichgültig lässt, eröffnet dem Unterricht besondere Möglichkeiten, die Schülerinnen und Schüler anzusprechen und zu fördern.«[82]

Elementare Zugänge
Jean Piaget hat die Vorstellung von Gerechtigkeit im Zusammenhang bestimmter kognitiver Schemata erklärt. Diese wiederum sind zumindest teilweise abhängig von der Entwicklung im Lebensalter. Bei der Frage nach den elementaren Zugängen ist deshalb eine entwicklungspsychologische Reflexion der Fragestellung der Parabel unabdingbar.

(1) Bei der Analyse von Gleichnissen unter Einbeziehung entwicklungspsychologischer Dimensionen hat die Parabel Mt 20,1–16 besondere Beachtung gefunden. So fragt bereits 1978 Siegfried Ley[83] im Anschluss an Überlegungen Nipkows, auf welchen Entwicklungsstufen die Schülerinnen und Schüler die Pointe der Parabel, die

---

Eltern nicht rechtzeitig in die Schule zurückgebracht hatte. Statt seiner erschien aber die Mutter: Ihr Sohn habe sie mehrfach an die Unterlagen erinnert; sie sei aber nicht dazu gekommen, sie zu unterschreiben, erklärte die berufstätige Mutter dreier Kinder dem verdutzten Lehrer. Es sei einzig ihr Fehler, also müsse sie auch nachsitzen ...«

80 Schweitzer / Nipkow / Faust-Siehl / Krupka, Religionsunterricht, S. 95.
81 13. Shell-Studie I, S. 176: »‹Es gibt eine höhere Gerechtigkeit, alles, was man im Leben getan hat, wird einem später einmal angerechnet›, dazu sagen 10% aller Befragten ›trifft sehr zu‹, 34% ›trifft zu‹, 37% ›trifft weniger zu‹ und 20% ›trifft überhaupt nicht zu‹. Fast die Hälfte aller Jugendlichen glaubt an eine höhere Gerechtigkeit, die später einmal über das Leben Bilanz ziehen und vielleicht auch darüber richten wird. Mit dem Alter hat diese Überzeugung wenig zu tun; sie wird stärker von den weiblichen Jugendlichen vertreten. Die Jugendlichen mit Hauptschulniveau haben den höchsten Zustimmungswert (49%), die mit Oberschulniveau den niedrigsten (39%; die mit Realschulniveau liegen dazwischen). ... Beim Vergleich der Segmente deutsche/italienische/türkische Jugendliche stellt sich heraus, dass die türkischen eine fast doppelt so große Zustimmung aufweisen wie die deutschen.«
82 Schweitzer / Nipkow / Faust-Siehl / Krupka, Religionsunterricht S. 122f.
83 Ley, Elementarisierung, S. 25–42.

außergewöhnliche Güte des Weinbergbesitzers, verstehen und als Beispiel für Gottes Handeln interpretieren könnten. Im Anschluss an Piaget[84] unterscheidet er drei Verstehensniveaus[85]:

> In der ersten Phase findet Piaget vor allem Kinder bis zu sieben und acht Jahren. Für diese Kinder gibt es noch keinen Unterschied zwischen dem, was die Autorität der Erwachsenen, auch älterer Kinder, anordnet, und der Gerechtigkeit. Gerecht ist die Pflicht, ungerecht der Ungehorsam. Sind gleichaltrige Kinder dieser Phase zusammen, zeigt sich zwar bereits ein Bedürfnis nach Gleichheit. Dieses Bedürfnis wird aber nur so lange verfolgt, als es keinen Konflikt mit der Autorität gibt.
> Viele Äußerungen von Kindern zwischen dem achten und elften Lebensjahr weist Piaget der zweiten Phase zu. Dabei geht er davon aus, dass die entsprechende Praxis den Äußerungen der Kinder vorausgeht. Jetzt siegt bei den Kindern ein striktes Gleichheitsdenken. Piaget spricht von »Egalitarismus«. Wenn die Erwachsenen jetzt etwas verlangen, was dem Gleichheitsprinzip widerspricht, widerstehen sie. Freilich sind diesen Kindern subtile Gründe, das strenge Gleichheitsprinzip aufzulockern, einleuchtend.
> Nach dem elften, zwölften Lebensjahr sieht Piaget das Heraufkommen einer dritten Phase der Entwicklung. Das Prinzip der Gleichheit verlangt jetzt die Berücksichtigung der besonderen Lage jedes Einzelnen. Die Altersverhältnisse, frühere Gefälligkeiten u.ä. werden nun in Betracht gezogen. Gleichheit wird definiert als »Billigkeit«. Ley zieht aus dieser Überlegung folgende Konsequenz: »Halten wir uns an die Ausführungen von J. Piaget, werden die Kinder in der 1. und 3. Etappe dem Vorgehen des Hausherrn in der Parabel zustimmen können: Die Kinder in der 1. Phase aus Achtung vor der Autorität. Ganz anders die Kinder in der 3. Phase: Für sie misst sich das, was gerecht ist, am Maßstab der Billigkeit. Für sie sind die murrenden Arbeiter der ersten Stunde bzw. die Gesprächspartner Jesu möglicherweise Vertreter eines strikten Egalitarismus. Sie selbst werden die Intention der Parabel wohl im Sinne ihres eigenen Billigkeitsdenkens interpretieren: Wenn es an die Belohnung geht, soll nicht schematisch verfahren, sondern die individuelle Situation berücksichtigt werden (Alter, Startchancen usw.).«[86]

Diese Überlegungen wurden in der Folgezeit von Anton A. Bucher überprüft. Bucher hat Menschen verschiedener Lebensalter nach ihrem Verständnis von Mt 20 befragt.[87] Die Antworten lassen sehr präzise Verstehensniveaus erkennen und führen bei Bucher zu Skepsis im Hinblick auf die Möglichkeit eines frühen Verstehens der Parabel. Ein anderer Zugang eröffnet sich angesichts der von Faust-Siehl u.a. dokumentierten Unterrichtsversuche zum Thema in den Klassen 5/6 und 10.[88] Hier fällt die Stufenzuordnung bei den Schülervoten nicht immer leicht; dafür werden die Mechanismen der spontanen Rezeption gut erkennbar, auch die Bedeutung der Kontextualität der einzelnen Beiträge. Hier zeigen sich dementsprechend eher Fragmente des Verstehens, auch Webfäden einer Interpretation, die im Klassengespräch gekreuzt und weitergeführt werden, alle bestimmt von einem Assimilationsprozess, der die Geschichte aus

---

84 Vgl. Piaget, Urteil.
85 Ley, Elementarisierung, S. 40.
86 Ebd., S. 41.
87 Bucher, Gleichnisse.
88 Faust-Siehl, 24 Stunden.

dem eigenen Erfahrungsbereich heraus zu verstehen sucht. Bucher zitiert die Antwort der siebenjährigen Sonja:

> »I: Warum hat wohl Jesus diese Geschichte erzählt?
> X: Dass man denen, die mehr gearbeitet haben, dass man denen mehr Lohn gibt.
> I: Und warum wohl das?
> X: Die, die mehr arbeiten, die bekommen auch mehr.«[89]

Diese Antwort steht offensichtlich im Gegensatz zu den Einsichten der Exegese, denn das Mädchen vermochte »die Handlung des Herrn noch nicht zu billigen und diese auf Gott zu übertragen, der nämlich ebenfalls nicht so wie der Weinbergbesitzer handeln würde:

> I: Würde Gott auch so handeln wie der Weinbergherr?
> X: Nein.
> I: Und warum nicht?
> X: Weil es nicht recht ist.
> I: Was wäre denn recht?
> X: Wenn man denen, die mehr gearbeitet haben, auch mehr gibt.
> I: ... Können wir etwas lernen aus dieser Geschichte?
> X: Ja.
> I: Und was meinst du?
> X: Nicht unrecht sein.
> I: Und warum nicht?
> X: Weil der liebe Gott dann keine Freude hat.«[90]

Das Mädchen nennt noch einen anderen Ablehnungsgrund für die Gleichsetzung Gott – Weinbergbesitzer:

> »I: Jetzt noch einmal. Könnte der Weinbergbesitzer wie der liebe Gott sein?
> X: Nein.
> I: Und warum nicht?
> X: Weil er nicht gleich ist wie der liebe Gott, er sieht nicht gleich aus wie der liebe Gott. Und der Mann hat allen gleich viel Geld gegeben, und der liebe Gott gibt denen, die mehr gearbeitet haben, mehr Geld.«[91]

Das Mädchen hat offenbar weder den Vergleich Gott – Weinbergbesitzer erfasst noch die Besonderheit der gleichen Verteilung des Lohnes. Damit kollidiert sie »mit ... [der Auslegung] der Theologen und auch der Religionslehrbücher«[92]. Gleichwohl ist zu beachten, dass das Kind auf der theologisch wichtigen Aussage besteht, »dass Gott

---

89 Bucher / Oser, Gleichnis, S. 172.
90 Ebd.
91 Ebd.
92 Ebd.

gerecht ist«. Es kann diese Aussage in der Parabel aber nicht finden und versteht sie demnach als »Anti-Geschichte«. Dabei ist nach Buchers Untersuchung das Missverstehen nicht auf Kinder im Grundschulalter beschränkt; nur wenige erwachsene Probanden seien in der Lage, das Gleichnis im Sinne der wissenschaftlichen Exegese zu interpretieren. Deshalb plädiert er für altersmäßig große Zurückhaltung gerade beim Thematisieren der Gleichnisse als Gleichnisse.[93] Auf der anderen Seite fordert er, »mit Schülern selber Interpretationen auszuhandeln ... [und dabei] selber neue Deutungen zu finden«[94]. Mit dieser Überlegung löst er sich von der strengen Argumentation im Sinne Piagets, die die Befragung bestimmt, und fordert das Ernstnehmen eines kindlichen Verstehenshorizontes von Theologie.

(2) Theologischen Denkversuchen begegnen wir in zwei Unterrichtsversuchen zur Parabel in einer 6. und einer 10. Gymnasialklasse.[95] Dabei geht es nicht so sehr um die genaue Rekonstruktion des Verstehensniveaus, sondern um die Beobachtung der Mechanismen von Assoziation und Assimilation in den eigenen Erfahrungsraum.[96]

Nach einer einleitenden Erzählung aus der urchristlichen Gemeinde beginnt der Lehrer der 6. Klasse mit der Geschichte eines Gärtners am Schulort, der unter denen, die am Brunnen in der Ortsmitte »rumhängen«, Arbeiter für seinen Betrieb zu rekrutieren sucht. Die Modalitäten entsprechen der Parabel von den Arbeitern im Weinberg, auf die dann in einem dritten Schritt zurückgegriffen wird[97]:

»L: Schaut ihr euch mal den Anfang der Geschichte an: Habe ich das auch so erzählt? Erzählt Jesus auch eine Alltagsgeschichte? ...
A2/m: Ich glaub, der meint da die Gottesherrschaft, also ... nicht den Hausherren meint er damit, sondern ... die Gottesherrschaft, also insgesamt so.
L: Ihm geht es also nicht um Arbeitsverträge ..., ihm geht es um etwas anderes. Aber zunächst einmal ... bringt er ein Beispiel aus dem Alltag, aber er geht einen Schritt weiter. Jesus kennt den Alltag, er ist ja selber Handwerker. Nicht? Er bestreitet nicht, dass der Alltag seine eigenen Gesetze hat. Aber er will sagen, in der Gottesherrschaft-? Jetzt sagt ihr meinen Satz zu Ende. In der Gottesherrschaft?
I/W: Also da ist (es) wie im Alltag. ...
D1/w: In der Gottesherrschaft ist es wie in dem Weinberg, mit dem Missionieren vielleicht, dass wenn einer also, äh, sein ganzes Leben drauf wartet, und keiner kommt/ da kommt kein Missionar vorbei, da kann er gar nichts dafür, dass er nicht katholisch war. Und dann vielleicht am Schluss, von seinem Leben, kommt da vielleicht einer und bekehrt ihn, und der wird dann ein richtiger Christ, dann kommt er vielleicht genauso in den Himmel wie einer, der sein ganzes Leben Christ war.

---

93 Bucher, Gleichnisse, S. 66ff.
94 Ebd., S. 167.
95 Vgl. dazu Schreiner, Aufwand, S. 46–49.
96 Dass diese kreativen Mechanismen die Grundlagen einer eigenen »Philosophie der Kinder« bilden und das enge Korsett der Piaget'schen Vorgaben sprengen, zeigt Matthews, Gespräche, 55ff.
97 Faust-Siehl u.a., 24 Stunden, S. 269f. Zu den Abkürzungen: L = Lehrer, Buchstaben = Schüler und Schülerinnen, m = männlich, w = weiblich.

L: Viel einfacher! Jesus bestreitet nicht, dass der Alltag seine eigenen Gesetze hat, aber er lehrt uns, dass das Gottesreich?
E3/w: Genauso ist.
L: Wie der Alltag?
E3/w: (Nein also) halt auch so, der wird halt auch so (sein).
H1/m: Wie in dem Weinberg.
E3/w: Ja.
L: Eben nicht wie im Alltag.«

Bei dieser Sequenz fallen zwei problematische Schritte des Lehrers auf. Zum einen wurde offenbar vor der Stunde nicht überlegt, wie der Begriff der Gottesherrschaft sinnvoll einzuführen sei. Zum andern rächt sich die Verlagerung der Geschichte in den Heimatort der Kinder und deren Alltag. Das Außergewöhnliche der Parabel kann deshalb von den Schülern kaum erkannt werden. Von Seiten der Schüler überzeugt der Versuch, den Anfangssatz der Parabel »Mit dem Gottesreich verhält es sich wie mit einem Hausherrn ...« wirklich verstehen zu wollen. Dabei gelingt D1/w eine überzeugende Allegorese. Nach dem Muster traditioneller Auslegung wird die Parabel einer Deutung im Sinne der Heilsgeschichte zugeführt. Auch wenn sich diese Deutung nicht mit den exegetischen Einsichten deckt, so ist sie für eine Schülerin der 6. Klasse doch eine eigenständige Leistung. Dass allerdings trotz zahlreicher Diskussionsbeiträge zumindest bei einigen Schülerinnen die Grundaussage der Parabel von Gottes gnädigem Handeln nicht einmal ansatzweise nachvollzogen werden konnte, zeigt der folgende kurze Ausschnitt[98]:

»A2/m: Ist der Winzer Gott, oder?
L: Jetzt, A2/m, jetzt machst du mich auf einen Fehler aufmerksam. Natürlich! Ja, jetzt ist es klar. War das nicht klar? H1/m? Kommst jetzt selber auch erst dahinter?
H1/m?: (Ja).
L: Mh! Ja, C/w?
C/w: Wieso wird Gott immer als Winzer bezeichnet?«

Wir sehen, dass die in Mt 20,1ff implizite Gleichsetzung von Hausherr und Gott den Schüler/innen ziemlich fremd ist. Die Probleme der Übertragung liegen demnach nicht allein in der Unfähigkeit zu bestimmten logischen Operationen, sondern rühren auch aus der mangelnden Kenntnis des Symbolfeldes, das durch die Parabel angestoßen ist.

Betrachten wir zwei Szenen aus einer 10. Klasse, unterrichtet vom selben Lehrer. Auch hier wird die Parabel mit einer anderen Geschichte verbunden, diesmal Nathans Parabel im Zusammenhang mit der David-Batseba-Affäre 1Sam 12,1ff.[99] Wir sehen

---

98   Ebd., S. 273.
99   Für diese Stunde gilt der Einwand von Schweitzer / Nipkow / Faust-Siehl / Krupka, Religionsunterricht, S. 35, gegen den häufigen Versuch, Texte durch andere Texte zu erschließen: »Innerhalb von 45 Minuten sollen ganz unterschiedliche Geschichten und Eindrücke zur Wirkung kommen. Intensive und konzentrierte Arbeit ist so nicht möglich.«

hier, dass die Schülerbeiträge den Inhalt der Parabel sehr präzise erfassen, dann aber beim Transfer im Hinblick auf die Gottesherrschaft (wohl auch wegen der Vermittlungsversuche des Lehrers) Probleme haben.

> »B/m: Ja ich würde auch sagen, das ist hier was Einmaliges. Von daher kann man das eigentlich nicht sagen wie der F/m, das ist ein Prinzip, ich komm ab jetzt immer nur um fünf. Und kann sein, dass ich dann vielleicht nur ein Zehntel von dem krieg, was ich für fünf Stunden krieg oder so. ...
> G1/m: Also ich denk mir mal, dass er die um fünf Uhr/ um siebzehn Uhr einfach deswegen noch mal holt, weil er Mitleid mit ihnen gehabt hat, also wie, äh, zum Beispiel, äh, 'nem Menschen, 'nem Bettler auf der Straße was gibt, so wollte er denen halt helfen und symbolisch mussten die (mehr oder weniger) auf dem Weinberg 'ne Stunde voll für arbeiten, dann hat er sie, also, gleich bezahlt (gehabt).
> L: Mh, mh. Ja. Der F/m ist offenbar der einzige, der so ein bisschen mal an die Praxis gedacht hat, ist das Gleichnis vielleicht praxis- und alltagsfremd? Das hat ja irgendeiner aufgeschrieben, Jesus hat's gesagt, irgendeiner hat's aufgeschrieben. Hat der vielleicht irgend etwas Ideales, Utopisches im Kopf?
> C/m: Nach'm Tod.
> L: Bitte?
> C/M: Nach'm Tod.
> L: Mh.
> C/M: Also wenn man/wenn man sozusagen in den Himmel kommt, wie man so schön sagt.
> L: Aha.
> C/m: Dass na [dann] alle gleich behandelt werden.
> L: A. Es geht also niemals um den Alltag?
> C/m: Nein.«[100]

Wieder stoßen wir beim Lehrer auf den mehrschichtigen Begriff »Alltag«. Für ihn ist dies wohl ein Vermittlungsbegriff hin zu einem präsentischen Verständnis der Reich-Gottes-Botschaft (mitten unter uns). Die Schüler/innen denken dabei darüber nach, ob das Verhalten des Weinbergbesitzers »alltäglich« werden könnte oder (wie es wohl die Parabel auch meint) in der Tat etwas Besonderes ist, ein Zeichen nicht alltäglicher Güte, wie der Schüler meint. Interessant ist, dass die Schüler immer wieder die Reich-Gottes-Thematik eschatologisch aufnehmen, als Frage nach dem Ergehen nach dem Tode. Ganz offensichtlich liegt hier ein stärkeres Interesse als dies Lehrpläne oft wahrnehmen.[101] Auch in der zitierten Stunde taucht das Thema nochmals auf im Zusammenhang mit der matthäischen Formulierung von den Ersten und den Letzten:

> »H7/m: Also die Ersten werden die Letzen sein.
> L: Also da haben wir den entscheidenden Begriff. Gottesherrschaft. Wie sieht's aus mit der Gottesherrschaft und mit dem Alltag, dem jetzigen Leben? H2/m.
> H2/m: Ha, wenn einer das ganze Leben, oder was weiß i, sündenfrei lebt, oder will, oder halt

---

100 Faust-Siehl, 24 Stunden, S. 284f.
101 Vgl. Nipkow, Erwachsenwerden, S. 64: »Die brennende Frage ist die, ob es nach dem Tode weitergeht oder nicht.«

immer zur Beicht' geht oder so und kommt/ und stirbt na [dann] und kommt na in den Himmel ((Gelächter.)) und wenn einer da net so / net so gut lebt und dann aber am Schluss doch besser isch, (kommt er au). Alles klar? ((Gelächter)).«[102]

Der Lehrer nimmt das letzte Votum eher kritisch auf: »War Jesus denn eigentlich so ein Moralist?« Er versteht die Schülerantwort im Sinne einer traditionellen Kirchenlehre: »... was du vorgeschlagen hast, wo du selbst nicht drauf gekommen bist, das kann man immer wieder hören«. Er nimmt nicht wahr, dass der Schüler die Pointe der Parabel ja durchaus erfasst hat, sie bloß nicht in dem vom Lehrer gewünschten sozialen Kontext entfaltet sondern in einem – dem Lehrer wohl eher peinlichen – eschatologischen.[103]

Elementare Wahrheit
Dass das Thema »Gerechtigkeit« in der Regel mit innerer Beteiligung verhandelt wird, deutet darauf hin, dass es an elementare Überzeugungen rührt. Die Frage nach der Gerechtigkeit erweist sich so als eine grundlegende Frage für das Verstehen der Welt und des eigenen Selbst in der Welt. Zugleich macht die entwicklungspsychologische Perspektive unübersehbar, dass die Frage, so grundlegend sie sich stellt, doch Wandlungen unterworfen ist, sowohl von den gesellschaftlichen Rahmenbedingungen als auch von den Voraussetzungen der kognitiven Entwicklung aus. Diese Wandlungen im Verstehen einer grundlegend wichtigen Fragestellung lassen sich von der Auslegungstradition und von den Verstehensbedingungen heutiger Schüler/innen her umschreiben.

(1) Die Auslegungstradition und die gegenwärtigen exegetischen Bemühungen weisen auf ein breites Auslegungsspektrum hin, das hier nur angedeutet werden kann. In der allegorischen Auslegung[104] wird die Pointe im Ruf in den Weinberg gesehen. Seit Origenes (MtEv XV 36) wurden die Stundenangaben auf den Zeitpunkt der Bekehrung zum Christentum bezogen. Joachim Jeremias kritisiert diese traditionelle Deutung des Gleichnisses, weil dessen Schluss (V. 20,8ff.) den Ton nicht auf den Ruf in den Weinberg lege, sondern auf die Lohnauszahlung am Abend.[105]
Die forensische Auslegung konzentriert sich vor allem auf V. 16 und versteht von diesem Vers ausgehend die Parabel als Ansage des Gerichts. Die zuerst Ausgewählten verspielen das Heil, weil sie murren und sich gegen Gottes Entscheidung auflehnen. Doch auch diese Deutung verfehlt nach Jeremias den Sinn, denn auch die zuerst Ausgewählten erhalten den vereinbarten Lohn. Harnisch sieht die Intention der Parabel

---

102 Faust-Siehl, 24 Stunden, S. 289.
103 Dabei wäre immerhin zu fragen, ob der Einfall des Schülers nicht den mythologisch geprägten Kontext der Zeit Jesu durchaus trifft. Man denke nur an Lk 16,19ff (armer Mann und reicher Lazarus) oder die von Jeremias, Gleichnisse, S. 119f erwähnte Talmudgeschichte vom reichen Zöllner Bar Ma'jan und vom armen Schriftgelehrten, wo es durchaus um das In-den-Himmel-Kommen geht.
104 Vgl. Jülicher, Gleichnisreden, S. 29f.
105 Jeremias, Gleichnisse, S. 30.

darin, »den Hörer dazu zu bewegen, die Wirklichkeit mit den Augen und mit dem Herzen der Liebe wahrzunehmen, und ihn auf diese Weise einer Sicht (zu) entfremden, die dem Kalkül einer Verdienstordnung verpflichtet ist«[106]. In der offenbar werdenden Güte Gottes sieht er ein die Alltagswirklichkeit überschreitendes und störendes Ereignis. In ihr findet Wolfgang Harnisch ein Indiz für einen grundsätzlich neuen Lebenszusammenhang, der die gegenwärtige Seinsdimension sprengt und von daher verheißenden Charakter hat.

Auf den ersten Blick scheint die scheinbar kontextfreie Auslegung von Harnisch die meisten Anknüpfungspunkte für die unterrichtliche Rezeption zu bieten. Doch beim zweiten Hinsehen spricht mehr dafür, sich klar zu machen, dass die Frage von Gerechtigkeit eine Grundfrage von Kindern und Jugendlichen ist. Sie stößt die Wahrheitsfrage an, indem sie die Dimension der Gerechtigkeit anspricht. Da es naturgemäß nicht leicht fällt zu akzeptieren, dass Gottes Gerechtigkeit sich an dem orientiert, was Menschen notwendig brauchen und nicht an dem, was sie verdient haben, bedarf es hier einer sorgfältigen Hinführung. Es spricht deshalb vieles dafür, die Parabel konsequent aus ihrem historischen Kontext heraus zu entfalten. Die Übertragung in den eigenen Lebenskontext kann sich auf diesem Weg leichter ergeben als bei dem Versuch, die Grundbotschaft des Gleichnisses gewissermaßen »ohne Umweg« in einen heutigen Erfahrungsraum hinein zu vermitteln. So wird am ehesten die Pointe des Gleichnisses vermittelbar, dass der Verzicht auf die Verdienstgerechtigkeit in diesem Falle als Gnade, als ein »Stück Himmelreich« (Mt 20,1) erfahren werden kann und soll.

Unterrichtliche Konkretionen
(1) Will man im Sinne Harnischs eine Diskussion über »normales Verhalten« und die spektakuläre Ausnahme führen, dann könnte man das Gleichnis dilemmaartig präsentieren, indem man die Geschichte nur bis V. 11 vorgibt und die Schüler sie zu Ende schreiben oder die Rembrandt-Zeichnung mit Sprechblasen versehen lässt. Die Diskussion der Beiträge wird sich dann vermutlich an der Gerechtigkeitsfrage festmachen, zumal wir wissen, wie wichtig es für Schüler/innen ist, dass es in der Bibel gerecht zugeht.[107] Dabei werden die eigenen Vorstellungen von Gerechtigkeit (zumal in der Schule!) ausdrücklich zur Sprache kommen. Wichtig wäre es, hier das Prinzip einer »kompensatorischen« Gerechtigkeit einzubringen, die gerade denen etwas zukommen lässt, die es am nötigsten brauchen.[108] Den originalen Schluss der Geschichte könnte man dann als einen wichtigen, unter Umständen korrigierenden Impuls in das Gespräch einführen.

(2) Will man jedoch die so genannte Bildhälfte nicht von vornherein einem eher spekulativen Gespräch ausliefern, dann wird man einen Weg in der Tradition von Jere-

---

106 Harnisch, Gleichniserzählungen, S. 195.
107 Vgl. Nipkow, Elia-Überlieferung.
108 Dorothee Sölle schildert in dem Gedicht »Ellinors Geschichte« das Gespräch europäischer Besucher in Kenia über die sie überraschende Mitteilung, man habe bei einem Wohnungsprojekt lange gesucht, bis man diejenigen gefunden habe, die wirklich am bedürftigsten waren (in: Berg / Berg, Himmel, S. 68f).

mias wählen. Das bedeutet konkret, die ökonomischen Bedingungen zur Zeit Jesu so weit aufzuklären, wie dies für das Verstehen der Geschichte notwendig ist. So muss die Existenz von Tagelöhnern genauer erarbeitet werden. Sie basiert auf einer verdeckten Arbeitslosigkeit im ländlichen Raum, vielleicht ausgenommen von Spitzenzeiten bei der Ernte. Von daher ist die volle Entlohnung auch derer, die weniger gearbeitet haben, für diese kein Luxus, sondern bedeutet lediglich, dass ihre Familie an diesem Tag nicht hungern muss. Im motivgeschichtlichen Kontext spielt dieser Zustand an auf eine eschatologisch gedachte (Fest-) Situation, in der alle genug zu essen haben werden.[109]

Unterrichtlich folgt daraus, zwei Zielpunkte ins Auge zu fassen: die Reich-Gottes-Vorstellung und die oben angesprochene Klärung der Besonderheit der Ereignisse in dieser Parabel. Nur wenn bei den Schülerinnen eine Vorstellung vom Himmelreich existiert, kann die Botschaft der Parabel überhaupt verstanden werden. In Aufnahme Baldermanns empfiehlt es sich, durch Metaphernmeditation, Collagen, Malen, poetische Versuche gemeinsam mit den Schülerinnen Vorstellungen zu erheben, die sich mit dem »Kommen des Reiches Gottes« verknüpfen.[110] Hier kann deutlich gemacht werden, dass die Botschaft vom kommenden Gottesreich im Zentrum von Jesu Verkündigung stand.

Wird die Parabel auf dieser Matrix präsentiert, dann wird klar, dass sie eine »bessere Welt« aufscheinen lassen will. In diesem Kontext sind dann auch Texte hilfreich,

---

109 Vgl. hierzu auch die Ausführung zum »verlorenen Sohn«, oben S.153f.
110 Baldermann, Reich, S. 11ff.

wie sie etwa Lothar Zenetti oder Hans Heller bieten.[111] In beiden Geschichten sind es die Arbeiter selbst, die – entgegen dem Text der Bibel – den Ausgleich des Lohns selbst hergestellt haben. In der Version von Zenetti wird dies von Jesus ausdrücklich gelobt: »Seht ihr, genauso wird es im Himmel Gottes sein: Da sind die Letzten zusammen mit den Ersten. Und alle werden wie Brüder sein und Söhne eines einzigen Vaters.«[112] Texte dieses Zuschnitts heben beim Vergleich mit dem biblischen Original trotz der Differenz den gemeinsamen Grundgedanken hervor: Wo gegen die Erwartung Menschen – auch ohne Verdienst – das bekommen, was sie brauchen, da ist ein gütiger Herr am Werke. Da ist ein Stück Gottesreich bereits greifbare Realität.

(3) Schließlich könnte die Parabel – in der Sekundarstufe II – in den Zusammenhang der Behandlung der Rechtfertigungslehre eingebracht werden. Nach Weder ist die Parabel »kommensurabel mit der paulinischen Botschaft von der Rechtfertigung sola gratia«[113]. Nach dem ursprünglichen Sitz im Leben antwortete Jesus mit dieser Parabel auf den Protest von frommen Juden auf Jesu Umgang mit Sündern und Zöllnern. In einem ersten Schritt könnte dieser Protest über das Verhalten Jesu verdeutlicht werden. Dabei dürfte die Argumentation der Frommen den Schüler/innen durchaus plausibel sein im Sinne von »Wo kämen wir hin, wenn das Schule macht?«

Dann könnte die Parabel gelesen werden mit der Frage, wie sie den Protest aufnimmt und welche neue Sicht sie anbietet: Was zunächst wie Ungerechtigkeit aussah, ist ein Akt der Güte. Die Parabel ermöglicht den »Protestlern« eine Korrektur des eigenen Leistungs- und Lohndenkens und einen neuen Umgang mit Sündern und Zöllnern. Auch die Zöllner und Sünder können ihre Sicht korrigieren, sind sie doch einem Leistungs-Lohndenken unterworfen, wenn auch gleichsam »im negativen Sinn«.[114]

In einem dritten Schritt kann Martin Luthers reformatorische Entdeckung bearbeitet werden. An Luthers Rückblick von 1545[115] kann deutlich werden, wie der am Leistungs-Lohndenken der mittelalterlichen Theologie verzweifelnde Luther Gott als den gerechten Gott verstehen lernt, der gerecht macht. In einem vierten Schritt könnte das Beispiel von David Ireland[116] als mögliche Veranschaulichung heute erörtert werden. Der schwerbehinderte David Ireland findet aus einem gesetzlich verstandenen Christentum (»Es setzte sich in mir die Überzeugung fest, dass Gott nicht nur ein liebender, sondern auch ein fordernder Gott sei. Er verlangte, dass die, die ihn lieben, an bestimmte Lehrsätze glauben und ihr Leben nach bestimmten gesetzlichen Regeln führen«) heraus zu einem Leben mit Gott, der ihn ohne Vorbedingungen liebt. Dass er Gott

---

111 Zenettis Text »Die Arbeiter« ist abgedruckt u.a. in Büttner u. a., SpurenLesen 7/8, S. 10, unter dem Titel »Was Menschen zum Leben brauchen...«; Hans Heller: »... und so haben wir dann im Weinberg gearbeitet«, in: Büttner u. a., SpurenLesen 7/8. Werkbuch, 43ff.
112 Zenetti, ebd.
113 Weder, Gleichnisse, S. 227.
114 Ebd., S. 228
115 Abgedruckt z.B. in: Gutschera/Thierfelder, Brennpunkte der Kirchengeschichte, S. 130. – Vgl. auch die Passage »Martin Luther« in: Schmidt u. a., Das neue Kursbuch 9/10, S. 104–106
116 Ebd., S. 110f

172 *Zu neuen Erfahrungen herausgefordert*

festhalten kann, verdankt er einem besseren Verständnis von Jesus: »An Gott kann man glauben, und er ist gut. Jesus war ein sehr aufrichtiger Mensch, einer, der die anderen Menschen annahm; und das vermittelte die Botschaft: ›So muss auch Gott sein!‹«

Vom Tun der Barmherzigkeit – Der barmherzige Samaritaner (Lk 10,25–37)

Kaum ein Gleichnis wird im Religionsunterricht so regelmäßig behandelt wie die lukanische Beispielgeschichte vom Menschen, der unter die Räuber fiel und dem von einem Samaritaner geholfen wurde. Grundlegendes mitmenschliches Verhalten wird als Erzählung ausgeführt, verständlich und scheinbar leicht in unsere Zeit umsetzbar. Hier hilft jemand, der gesellschaftlich am Rande steht, während die Etablierten vorübergehen. Es liegt nahe, gesellschaftspolitische Parallelen zu ziehen oder den Text in ethische Diskurse einzubinden. Der Text deckt sich mit dem gängigen, in unserer Gesellschaft (noch) akzeptierten Weltbild. Wegen seines moralisch-ethischen Grundgehalts ist er auch bei religiösen Skeptikern nicht umstritten. Nicht ohne Grund wurde er so zum festen Bestandteil der Lehrpläne in allen Bundesländern.

Man hat den Text im Laufe der Auslegungsgeschichte aber auch anders gelesen und vor allem religiös-theologische Aussagen darin gefunden. Die Eingangsfrage in V. 25 bezieht sich ja ausdrücklich auf das ewige Leben, zu dem das Tun der Barmherzigkeit in Beziehung gesetzt wird. Eine weitere Deutung vermittelt ein Bild[117], auf dem Jesus selbst in die Gestalt des Samariters schlüpft und dem Verletzten beisteht.

Aus der »Neuen Illustrierten Familienbibel«, um 1900

In diesem Zusammenhang kann man auf die Hinwendung Jesu zu allen »Verletzten« und »Verlorenen« hinweisen und so eine christologische Deutung aus der Erzählung ableiten. Das ethische Interpretationsmodell ist also keineswegs das Einzige, das im Lauf der Auslegungsgeschichte vertreten wurde. Um sich in den verschiedenen Deutungen zurechtzufinden, ist es auch hier nötig, auf die Struktur des Textes zu achten.

---

117 Aus: Die Neue Illustrierte Familien Bibel, Philadelphia/Pa. um 1900.

Folgende Literatur ist besonders zu beachten:
- Harnisch, Die Gleichniserzählungen Jesu
- Theißen, Die Bibel diakonisch lesen
- Monselewski, Der barmherzige Samariter
- Selman, Die Entwicklung des sozialen Verstehens.

Elementare Strukturen

(1) Lk 10,25–37 lässt sich in zwei Abschnitte unterteilen[118], die beide dialogischen Charakter haben. Im ersten Gesprächsgang geht es um die Frage V. 25: »Was muss ich tun, damit ich das ewige Leben ererbe?«

1a) V. 25	Frage des Gesetzeskundigen
1b) V. 26	Gegenfrage Jesu
1c) V. 27	Antwort des Gesetzeskundigen
1d) V. 28	Schlussfolgerung Jesu in Form eines Imperativs.

Der zweite Dialogteil ist ganz ähnlich aufgebaut:
2a) V. 29   Frage des Gesetzeskundigen
2b) V. 30–36   Erzählung Jesu mit argumentativer Schlussfrage
2c) V. 37a   Antwort des Gesetzeskundigen
2d) V. 37b   Schlussfolgerung Jesu in Form eines Imperativs.

Beide Dialogteile sind auch inhaltlich eng miteinander verbunden. Dies zeigt sich bereits an der Korrespondenz zwischen dem Tun V. 25.28.37 und dem Stichwort »Nächster« V. 27.29.36. Noch deutlicher tritt die Verbindung zwischen den beiden Dialogteilen hervor, wenn man die Beispielgeschichte selbst mit einbezieht:

30	Ein Mann	hinabgehen			(weggehen)
31	Priester	hinabgehen	sehen		vorbei gehen
32	Levit	kommen	sehen		vorbei gehen
33	Samaritaner	kommen	sehen	erbarmen	
34				pflegen	
35				pflegen	wieder kommen
36	Nächster				
37				Barmherzigkeit	geh hin!

Wie die Leitwörter »hinabgehen« bzw. »kommen« und »sehen« erkennen lassen, geraten Priester, Levit und Samaritaner in jeweils dieselbe Situation. Anders als Priester und Levit sieht der Samaritaner und empfindet Mitleid, er kommt heran und handelt.

---

118 Vgl. hierzu Harnisch, Gleichniserzählungen, S. 268f.

Sein Handeln wird ausgemalt: Er versorgt den Verletzten mit Öl und Wein (denen schmerzlindernde und desinfizierende Wirkung zugeschrieben wurde) und kümmert sich um die weitere Pflege des Verletzten, indem er einen Herbergswirt als Helfer engagiert.[119] Darüber hinaus bietet er an, auf dem Rückweg wieder nach dem Verletzten zu sehen. Der Verletzte selbst tritt dabei in den Hintergrund. Alle Verben heben das Handeln des Samaritaners hervor. Priester und Levit werden mit keinem Wort mehr erwähnt. Sie sind Kontrastpersonen, die das Handeln des Samaritaners hervorheben sollen. Sprachlich drückt sich dies in der Gegenüberstellung von »vorbeigehen« und »hingehen« aus. Das jeweilige Verhalten der Personen wird herausgestellt, und das Schwergewicht liegt auf dem Verhalten des Samaritaners. Dem entspricht der abschließende Imperativ »geh hin (wie der Samaritaner) und tue desgleichen«.

(2) Wahrscheinlich besteht der bei Lukas überlieferte Text ursprünglich aus zwei zunächst unabhängigen Teilen, der Frage nach dem größten Gebot und der Beispielgeschichte vom barmherzigen Samaritaner. Sie werden durch das Stichwort »Nächster« zusammengehalten. Man erkennt dies daran, dass die Beispielgeschichte bei Markus und Matthäus fehlt, obwohl beide die Diskussion mit dem Gesetzeslehrer um das höchste Gebot nicht nur kennen (Mt 22,34–40; Mk 12,28–34), sondern in Übereinstimmung mit Lukas die beiden alttestamentlichen Verse Dtn 6,5 (»du sollst den Herrn, deinen Gott, lieb haben ...«) und Lev 19,18 (»Du sollst deinen Nächsten lieben wie dich selbst«) miteinander verknüpfen. Im Unterschied zu den Seitenreferenten legt Lukas allerdings bereits bei dem höchsten Gebot den Akzent auf das Tun – und veranschaulicht es mit der Erzählung. Im lukanischen Zusammenhang geht es somit um die Verbindung von ewigem Leben, größtem Gebot und Tun der Barmherzigkeit.

Liest man die Erzählung ohne den Kontext, in den Lukas sie gestellt hat, kommt man der Fassung näher, in der Jesus sie erzählte.[120] Mit Hilfe des Kontrastes zwischen Samaritaner, Priester und Levit macht er deutlich, dass im Blick auf das kommende Gottesreich andere den Vortritt haben vor denen, die es für sich reklamieren. »Das Gleichnis war also im Munde Jesu keine Beispielerzählung, sondern ein echtes Gleichnis, das die Umkehr der Werte angesichts der nahen Gottesherrschaft aussprechen wollte«[121], wobei das Tun der Barmherzigkeit gerade bei dem Nicht-Etablierten zu erkennen war. Durch die Rahmung hebt Lukas dieses Tun noch hervor und formt die überlieferte Erzählung zu einer Beispielgeschichte um.

(3) Die erzählte Geschichte ist Teil eines Gesprächs zwischen Jesus und dem Gesetzeslehrer. Aus der Frage nach dem ewigen Leben V. 25, der Gegenfrage Jesu nach dem Gesetz V. 26 und der Doppelantwort aus dem Gesetz V. 27 zieht Jesus zunächst mit einem Imperativ die Konsequenz: »Tu das, so wirst du leben« V. 28. Im zweiten Gesprächsgang wird ein bestimmter Aspekt des ersten weitergeführt. In Frage steht nicht die Gottesliebe, auch nicht die Nächstenliebe als solche, sondern die Frage, wer denn

---

119 Nach Mt 20,1ff entspricht der Denar etwa einem Tageslohn.
120 Vgl. hierzu Klein, Barmherzigkeit, S. 77.
121 Klein, ebd.

»mein Nächster« ist (V. 29). Jesus antwortet mit einer Erzählung und geht am Ende wieder auf diese Frage ein, allerdings mit einer charakteristischen Variation:

V. 29 Wer ist denn mein Nächster?
V. 37 Wer ist der Nächste gewesen dem, der unter die Räuber gefallen war?

Zwischen diesen Fragen findet ein Wechsel der Perspektive statt. Bei der ersten Frage ist der Fragende Subjekt und der Nächste (potenzielles) Objekt seines Handelns. Dabei schließt die Frage implizit ein, dass es eine wie auch immer geartete Grenze zwischen Nächsten und weniger Nahen gibt.[122] Die zweite Frage denkt von dem Hilfsbedürftigen aus und fragt, wer ihm zum Nächsten geworden ist: »Derjenige, der dem halbtoten Opfer ›nahe‹ gekommen ist, wurde sein ›Nächster‹«[123]. Bei dem Begriff des Nächsten geht es im Anschluss an die Erzählung also nicht um Definition (und damit tendenziell um Ausgrenzung), sondern um Beziehung: Wo einer, der helfen kann, einem hilft, der Hilfe braucht, werden beide einander zu Nächsten. Der Gesetzeslehrer erkennt dies (V. 37) und kommt zum Einverständnis mit Jesus. Der fordert ihn abschließend wiederum zum Tun auf und macht dadurch deutlich, dass sich die Frage nach dem Nächsten nicht allein auf der theoretischen Ebene beantworten lässt, sondern ihre Entsprechung im Tun fordert. Damit ist zugleich ein Bogen geschlagen an den Anfang des ersten Gesprächsgangs.

Es geht somit in der Erzählung nicht lediglich darum, anderen Menschen zu helfen, auch wenn man sie nicht kennt. Die Betonung liegt vielmehr darauf, durch das Tun der Barmherzigkeit zum Nächsten zu werden und damit das Gesetz in seiner Gänze zu erfüllen. Damit erlangt man Zugang zum Volk Gottes und wird das ewige Leben erhalten. Für Jesus hat dies die Konsequenz, dass auch ein Samaritaner zum Mitglied des Gottesvolkes werden kann, wenn er Barmherzigkeit übt. Für den Evangelisten wird – darüber hinausgehend – das Tun der Barmherzigkeit zum universalen Maßstab der Zugehörigkeit zur Gemeinde.

In der heutigen Auslegung wird der Text fast durchgängig[124] ethisch-moralisch ausgelegt, ja als ein Beitrag zu einer allgemeinen humanitären Ethik angesehen. Eine solche Auslegung hat ihre Berechtigung in der unmittelbaren Einsichtigkeit der Perikope. Formgeschichtlich wird sie deshalb als eine Beispielgeschichte verstanden, die verdeutlicht, was der Mensch tun soll.
Versteht man den Text dagegen als Parabel, so findet man in ihr göttliches Verhalten gleichnishaft im menschlichen Tun abgebildet. Die Erzählung gewinnt dann eine tiefere Dimension, die den zwischenmenschlichen Verhaltensbereich transzendiert. Die Ausleger der Alten Kirche und des Mittelalters suchten eine solche theologisch-religiöse Dimension mit Hilfe einer allegorischen Auslegung des Textes zu gewinnen. Die Anwendung solcher Allegorese ist heute schon allein deshalb nicht mehr möglich, weil ihr Entschlüsseln methodisch nicht kontrollierbar ist. Weniger willkürlich erscheinen dagegen Versuche, den Text christologisch

---

122 Im Hintergrund steht eine zeitgenössische Diskussion darüber, wie weit der Begriff des Nächsten zu fassen und wo die Grenze dafür sei (vgl. Strack-Billerbeck I, S. 353–370).
123 So Theißen, Die Bibel diakonisch lesen, S. 46ff.
124 Die wenigen Ausnahmen sind dargestellt bei Monselewski, Samariter.

zu verstehen, d.h. anzunehmen, dass Jesus hier Aussagen über sich selbst macht.[125] Einige Argumente kann man dafür geltend machen: Textintern verweist man darauf, dass »sich erbarmen« V. 33 im biblischen Sprachgebrauch in der Regel auf Gott bezogen wird und dass »Öl und Wein« (V. 34) messianische Symbole seien.[126] Jesus wäre dann dem verletzten Menschen zum Nächsten geworden, und die Parabel würde zur tätigen Christusnachfolge aufrufen oder noch weitgehender, wie Jean Daniélou annimmt, als »symbolischer Abriss über den Zweck der göttlichen Liebe«[127] die Heilsgeschichte bis hin zur Rückkehr des Messias (V. 35) nachzeichnen.[128] Im Kontext des Lukasevangeliums verweist man auf die verhüllte Selbstoffenbarung Jesu als Gottessohn in 10,21–24; verwiesen wird auch auf die Bezeichnung Jesu als Samariter in Joh 8,48. Die christologische Auslegung ist trotz dieser Argumente jedoch nicht unproblematisch: Weder in der Erzählung noch im Rahmengespräch ist ein Anhaltspunkt für eine Selbstaussage Jesu zu entdecken; bei der Identifikation Jesu mit dem Samaritaner kommt man ohne Allegorese letztlich nicht aus. Außerdem muss man voraussetzen, dass der jetzige Text im Wesentlichen mit der Jesuserzählung übereinstimmt. Identifiziert man Jesus dagegen mit dem Verwundeten, bezieht man sich meist auf die Rede vom Weltgericht in Mt 25,31–46 und weniger auf die Parabel selbst. Eine direkte christologische Intention anzunehmen, ist deshalb nicht angebracht.

Der Text eröffnet mehrere Deutungszugänge die sich nicht ausschließen müssen: Der Zusammenhang von Ausgangsfrage (wie erlange ich das ewige Leben?) und Erzählung erschließt eine über die rein ethische Deutung hinausreichende religiöse Dimension. Die Antwort auf die Frage, wer dem Hilflosen zum Nächsten wird, beantwortet die Erzählung mit einem Hinweis darauf, dass die Erfüllung des Gotteswillens weder von Volkszugehörigkeit noch von religiösem Stand abhängt. Grenzen werden transzendiert und Vorurteile entkräftet. Eine christologische Intention kann man immerhin darin erkennen, dass Jesus mit seinem Reden und Handeln der Aussageabsicht der Erzählung entspricht und damit einen Weg der Christusnachfolge im Sinne einer »Imitatio Christi« vorzeichnet.

Elementare Erfahrungen
(1) Die im Text handelnden Personen werden in der Welt des Neuen Testaments in charakteristischer Weise verstanden. Im rahmenden Dialog tritt ein Gesetzeskundiger

---

125 Monselewski, Samariter, S. 16: »Unter ›christologischer‹ Auslegung verstehen wir dabei speziell Erklärungen, die Christus selbst mit einer der Personen unserer Erzählung zu identifizieren suchen, d.h. in deren Zentrum eine Gleichsetzung von Christus und Samariter bzw. Verwundetem geschieht.«
126 So Gerhardsson, Samaritan, S. 16–18.
127 Daniélou, Samaritain, S. 457–493.
128 Ausführlich findet sich die christologisch-heilsgeschichtliche Deutung schon bei Luther, der den Text allegorisch erklärt: Ein Mensch (= Adam) fällt unter die Räuber (= die Sünde). Priester und Levit (= alttestamentlicher Heilsweg) helfen ihm nicht. Der Samaritaner (= Christus) erfüllt das Doppelgebot der Liebe, behandelt den Halbtoten mit Öl und Wein (= Kreuz und Leiden), lädt ihn auf sein Tier (= Jesus selbst als Opfertier), bringt ihn in die Herberge (= Kirche), übergibt ihn dort der Pflege (= Prediger) und lässt vor seinem Weggehen (= Himmelfahrt) zwei Groschen (= Altes und Neues Testament) sowie das Versprechen seiner Rückkehr (= Wiederkunft) zurück (vgl. ausführlich Ebeling, Evangelienauslegung, S. 496ff).

auf. Schriftgelehrsamkeit war zur Zeit Jesu[129] nicht auf eine bestimmte religiöse Gruppierung beschränkt (so konnten beispielsweise Pharisäer Schriftgelehrte sein, aber nicht jeder Schriftgelehrte war Pharisäer). Die Frage des Gesetzeskundigen, Jesu Rückfrage und die Antwort in V. 27 stellen jedenfalls die Kurzfassung einer schriftgelehrten Diskussion dar. Dabei liegt die gemeinsame Grundlage zwischen dem Schriftgelehrten und Jesus im Doppelgebot der Liebe, in dem Gottesliebe (Dtn 6,5) und Liebe zum Mitmenschen (Lev 19,18) nebeneinander treten, sowie in der Auffassung, dass das Gesetz Antwort geben kann auf die Frage nach dem ewigen Leben.[130]

In der Erzählung selbst wird »irgendein Mensch« auf der Straße von Jerusalem nach Jericho überfallen[131] und bleibt verletzt liegen. Der vorübergehende Priester repräsentiert die zur Zeit des zweiten Tempels das Judentum Palästinas prägende Gruppe. »Was von den Priestern vertreten und vom Volk akzeptiert war, bildet ein Allgemeinjudentum«[132] und stellt dar, was allgemein akzeptiert war. Im politischen Bereich suchten sie den Tempelstaat »durch geschickte Politik unter kluger Einschätzung der weltpolitischen Machtverhältnisse in seiner Existenz zu sichern«[133]. Neben den Priestern als der religiös und politisch einflussreichen Bevölkerungsschicht gehörten auch die Leviten zum Kultpersonal. Sie hatten zur Zeit Jesu im Tempel die untergeordneten Kultdienste zu versehen.[134] Levit und Priester sind nach dem Abschluss ihrer Dienstwoche im Tempel auf demselben Weg unterwegs.[135] Sie lassen den Verletzten unbeachtet. Ein Grund dafür wird nicht genannt; üblicherweise wird er darin gesehen, dass die beiden jede kultische Unreinheit, die von einem Leichnam ausging[136], vermeiden wollten. Allerdings geht es hier nicht um eine Diskussion des Gesetzesverständnisses, und es ist keine Rede davon, dass Priester und Levit ein falsches Verständnis davon hätten, indem sie das Reinheitsgesetz (Lev 21,1) dem

---

129 In der jüdischen Tradition gilt Esra als Typus des gesetzeskundigen Schriftgelehrten. Esr 7,6 bezeichnet ihn als »kundig im Gesetz des Mose«.

130 Vgl. beispielhaft Psalm 119, der um den Gedanken kreist, dass das Gesetz von Gott kommt und zu Gott – und damit zum Leben – führt.

131 Auf dem beschwerlichen, ca. 30 Kilometer langen Weg muss ein Höhenunterschied von 1000 Metern überwunden werden. Der Anstieg der Räuberei zur Zeit Jesu hatte verschiedene Ursachen: Hungersnöte, steigende Besitzkonzentration sowie Steuerforderungen der römischen Verwaltung und politisch-religiös motiviertes Sozialbanditentum (vgl. Bösen, Galiläa, S. 256f; Theißen, Soziologie). In Lk 10 ist jedoch vermutlich allgemein Kriminalität vorausgesetzt.

132 Theißen / Merz, Jesus, S. 137. Die Synoptiker vermitteln auf Grund ihrer Darstellung der Diskussion zwischen Jesus und den Priestern ein historisch lückenhaftes Bild der tatsächlichen Bedeutung des Priesterstandes.

133 Schenke, Urgemeinde, S. 158.

134 Vgl. hierzu Jeremias, Jerusalem, S. 234ff.

135 Vorausgesetzt ist die Einteilung des Tempeldienstes in so genannte Priesterwochen, während derer eine bestimmte Gruppe von Priestern und Leviten den Dienst versahen. In der übrigen Zeit wohnten Priester und Leviten nicht in Jerusalem, sondern im Land verteilt (vgl. Jeremias, Jerusalem, S. 224ff).

136 Vgl. Lev 5,2f; 21,1ff; Num 5,2; 6,6–8. Dass die Räuber den Menschen nach V. 30 halbtot liegen lassen, kann als Hinweis auf diese Deutung gelesen werden.

178 *Zu neuen Erfahrungen herausgefordert*

Liebesgebot (Lev. 19,18) vorzögen. Priester- und Levitentum stehen hier nicht prinzipiell in Frage.

Ein Samaritaner, ein »Intimfeind«[137], ist ebenfalls auf der Straße nach Jericho unterwegs. Auch er sieht den Verletzten – und hat Erbarmen mit ihm.[138] Priester, Levit, Samaritaner und der Verletzte weisen in ihrer sozialen Stellung sowie in ihrem Verhalten Übereinstimmungen und Gegensätze auf. In Verhalten und Sozialprestige liegt ein Gegensatz zwischen Samaritaner, Priester und Levit. Zwischen dem Samaritaner und dem Verletzten besteht ebenfalls ein Unterschied im Blick auf die Hilfsbedürftigkeit bzw. die Fähigkeit zum Helfen. Samaritaner und Verletzter gleichen sich aber in ihrer marginalisierten Stellung: Der Samaritaner ist innerhalb des Judentums durch seine religiöse Herkunft an den Rand gedrängt; der Verletzte durch sein persönliches Geschick, das ihn hilflos am Straßenrand liegen lässt. Diese Einschätzung der handelnden Personen gehört zum Weltwissen derer, für die die Erzählung ursprünglich bestimmt war.

(2) In seinem palästinischen Umfeld rechtfertigt Jesus mit der Erzählung den barmherzigen Umgang auch mit Menschen, die außerhalb des eigenen Volkes stehen. Dass ein solches Denken in der Umwelt des Neuen Testament bekannt war und sich in Geschichten ausdrückte, lässt sich beispielsweise an der zeitgenössischen Schrift Joseph und Aseneth zeigen:

[Benjamin hat schon das Schwert in seiner Hand, um den feindlichen Sohn des Pharao zu töten; sein Bruder Levi weist ihn zurecht]: »Keinesfalls, Bruder, wirst du tun diese Handlung, denn wir (selbst) sind Gott verehrende Männer, und nicht geziemt es einem Gott verehrenden Mann, (zu) vergelten Böses mit Bösem und nicht einen, (der) gefallen ist, zu

---

137 Vgl. hierzu Bösen, Galiläa, S. 225, sowie die Sammlung antiker Texte über die Samaritaner bei Zangenberg, Samaria. Zwischen Juden und Samaritanern besteht zur Zeit Jesu eine Intimfeindschaft mit einer langen Tradition. Die Eroberung Samarias durch Sargon II (721 v. Chr.) führte zur Deportation eines Großteils der Bevölkerung nach Mesopotamien. Die Zurückgebliebenen vermischten sich mit den assyrischen Kolonisten, so dass ein jüdisch-heidnisches Mischvolk entstand: die Samaritaner. Neben Jahwe werden assyrische Götter verehrt. Nach dem babylonischen Exil bieten um 530 v. Chr. die Samaritaner ihre Hilfe beim Wiederaufbau des Jerusalemer Tempels an; diese Hilfe wird aber nicht nur abgelehnt (Esra 4,1ff), die Samaritaner werden auch aus der Jerusalemer Kultgemeinde ausgeschlossen. Dies ist der Beginn des religiösen Schismas. Um 350 v. Chr. bauen die Samaritaner einen eigenen Tempel auf dem Berg Garizim nahe Sichem. Sie erkennen lediglich die Mosebücher in ihrer eigenen Überlieferung als heilige Schrift an. Eschatologische Elemente und die Anerkennung von Auslegungstraditionen finden sich nicht. 107 v. Chr. kommt es zum endgültigen Bruch, als Johannes Hyrkanus den samaritanischen Tempel zerstört. Der Garizim dient den Samaritanern aber weiterhin als Kultstätte. Zur Zeit Jesu herrscht offene Feindschaft (vgl. Lk 9,52f; Mt 10,5; Joh 4,9). Der Hass auf jüdischer Seite ist so groß, dass man im Synagogengottesdienst die Samaritaner öffentlich verflucht und Gott bittet, er möge ihnen keinen Anteil am ewigen Leben schenken. Die Samaritaner ihrerseits verunreinigen 6–9 n. Chr. den Tempelplatz durch das Ausstreuen menschlicher Gebeine (vgl. Josephus, Ant XX 6,1).

138 Hilfe und Rettung auch gegenüber Fremden haben im samaritanischen Milieu eine hohe Wertschätzung genossen; vgl. Theißen, Bibel, S. 46ff.

zertreten, und nicht (zu) erdrücken seinen Feind bis zu (dessen) Tode. Und nun steck das Schwert an seinen Platz, und auf!, hilf mir, und wir werden ihn heilen von seiner Wunde, und wenn er leben bleibt, wird er unser Freund sein nach diesen (Dingen) und sein Vater Pharao wird sein wie ein Vater (von) uns.« (JosAs 29,3.4)

Hier wird ein Feind durch eine barmherzige Tat zum Freund. Motiviert ist das Tun durch den Hinweis auf die Gottesverehrung der Juden und das Gebot, Böses nicht mit Bösem zu vergelten. Die Erzählung vom Samaritaner und ihr unmittelbarer Kontext stehen somit in einer jüdischen Tradition, die den Begriff des Nächsten nicht mehr nur auf das eigene Volk bezieht, sondern über diese Grenzen hinaus entschränkt. Lukas, der nicht mehr für Juden aus dem palästinischen Raum schreibt, geht einen Schritt weiter und zeigt noch universalistischer, dass die Barmherzigkeit die Macht hat, aus Feinden Freunde zu machen. Gleichzeitig will er seinen Gemeinden auch vermitteln, wie man Mitglied des Gottesvolkes wird: durch das Tun der Barmherzigkeit.

Der Samaritaner handelt aus einer allgemein menschlichen Motivation heraus; er fühlt Mitleid. Die Erzählung enthält so zunächst keine manifesten religiösen Motive. Darin ist sie mit der Bildrede vom Weltenrichter aus Mt 25,31ff vergleichbar: Die Gerechten helfen den Gefangenen, den Hungernden, den Dürstenden und Frierenden, weil sie deren Elend sehen und darauf reagieren, nicht jedoch, weil sie wissen, dass sie in diesen Leidenden dem Menschensohn begegnen. Dies zeigt sich erst im Gericht. Man kann deshalb in beiden Geschichten von einer »Konvergenz zwischen theologischen und humanen Motiven«[139] sprechen. Authentische Hilfe muss nicht religiös motiviert sein. Sie sprengt sowohl kulturelle als auch religiöse Grenzen. Eine religiöse Dimension des Handelns muss den Hilfeleistenden nicht unbedingt bewusst sein.

Auf der anderen Seite ist die profane Beispielerzählung mit einer theologischen Aussage verknüpft. Die Frage nach dem ewigen Leben und der Zusammenhang von Gottes- und Nächstenliebe sind im jüdischen und im christlichen Kontext gleich wichtig. Ein spezifisch christlicher Zug liegt in der christologischen Spur, die die Erzählung zieht. Im Verletzten, Schwachen und an den Rand Gedrängten erkennen die frühen Christen zugleich den Messias in seinem Leiden. Hierin eröffnet sich die Möglichkeit souveräner Hilfe, die nicht in funktionalen Argumenten verankert ist.

(3) Der Samaritaner der Jesuserzählung ist als »barmherziger Samariter« in unserer Sprache heimisch geworden und gilt als Prototyp des Menschen, der für andere da ist und tätige Nächstenliebe übt. Im »Arbeiter-Samariter-Bund« haben sich seit 1888 Menschen zur Ersten Hilfe bei Unfällen zusammengeschlossen und mit der Zeit eine Großorganisation im sozial-caritativen Bereich aufgebaut. Die christlichen Wurzeln dieser Samariter sind allerdings nicht mehr als allgemein bekannt vorauszusetzen. Nächstenliebe als Verhaltensnorm ist breit akzeptiert, solange sie an beispielhaften Menschen exemplifiziert wird (Albert Schweitzer, Mutter Teresa, auch Lady Diana); im eigenen Lebenskonzept von Jugendlichen steht die »Wertedimension ›Menschlichkeit – Toleranz und Hilfsbereitschaft« jedoch in Konkurrenz zu anderen Wertedimen-

---

139 So Theißen, Bibel, S. 46ff.

sionen[140], die insgesamt nicht als grundsätzliche Orientierungsrahmen angesehen, sondern »bedarfsgerecht« zusammengestellt werden.

Gleichwohl gelten Mitmenschlichkeit, Hilfsbereitschaft und in diesem Sinne auch Nächstenliebe durchaus als ethische Leitvorstellungen unserer Gesellschaft. Naturkatastrophen in anderen Ländern mobilisieren eine erstaunlich große Spendenfreudigkeit. Trotz eines gewissen Abstumpfungseffekts angesichts vieler Schreckensereignisse hat diese Art der Nächstenliebe hier zu Lande einen weiten, nahezu »ökumenischen« Rahmen. Problematischer wird die Nächstenliebe dagegen, wenn sie tatsächlich näher heranrückt und in Gestalt von Flüchtlingen, Obdachlosen, Hilfsbedürftigen den eigenen Lebenskreis tangiert. »Mir schenkt auch keiner was« und »Jeder ist sich selbst der Nächste« sind hier oft die eher getroffenen Aussagen. So gesehen ist Nächstenliebe eine ambivalente Größe in der Erfahrungswelt von Schülerinnen und Schülern.

(4) In welcher Weise eigene Erfahrungen mit der Erzählung vom Samaritaner verknüpft werden, zeigen Unterrichtsmitschnitte aus einer Grund- und einer Hauptschulklasse. In der Grundschule lässt die Lehrerin den Text von den Kindern spielen. Diese setzen die Akzente eigenständig und spielen drastisch den Überfall. Im Nachgespräch wird deutlich, dass sie nicht die Frage im Blick hatten: Soll ich dem helfen, der in Not geraten ist? Sie fragten vielmehr: Muss ich dem helfen, der mein Feind ist? Welche Erfahrungen aus dem eigenen Lebenskreis sie damit verbinden, wird in einer gruppenbezogenen Überlegung deutlich, z. B. in der Frage: Sollte ich einem Mitschüler helfen, auch wenn ich selbst dafür von den anderen »Klassenkeile« beziehe? In der folgenden Stunde lässt die Klassenlehrerin die Schüler Überschriften zur gespielten Geschichte finden. Sie nennen: Der Feind – Ein Jude liegt im Sterben – Die Räuber und der Jude – Der Überfall von den Räubern – Rettung in letzter Minute – Ein Samariter hilft seinem Feind – Die drei Räuber und die Juden – Einer muss helfen – Der Feind als Helfer – Rettung in höchster Not.[141] Die Grundschüler assimilierten die Geschichte vom Barmherzigen Samariter in ihre Lebenswelt und ihre eigenen gruppendynamischen Konflikte. Mit der Frage: Muss ich dem helfen, der mein Feind ist? haben sie gleichwohl einen Akzent, der in der Erzählung mitschwingt, getroffen.

In einer Hauptschulklasse werden die Schülerinnen gefragt, mit welcher Person sie sich identifizieren wollten. Überraschenderweise identifizieren sie sich in ihrer Mehrheit nicht mit dem Samaritaner, sondern mit dem unter die Räuber Gekommen. Auch sie assimilieren den Text in ihre Lebenswelt. Möglicherweise haben Einschätzungen der betroffenen Schülerinnen in der als »Restschule« verstandenen Hauptschule zu diesen Identifikationen geführt. Andererseits liegt diese Identifikation gar nicht fern, weil die ganze Gleichnisgeschichte, wie Günther Bornkamm betonte, aus der Sicht des unter die Räuber Gekommenen erzählt wird (»die Geschichte setzt bei dem unter die Räuber Gefallenen ein und zwingt den Hörenden sich an seine Stelle zu setzen«[142]).

---

140   Vgl. hierzu die 13. Shell-Studie Jugend 2000, Band 1, S. 93ff.
141   Scharfenberg / Kämpfer, Mit Symbolen leben, S. 267f.
142   Bornkamm, Jesus, S. 103.

Beide Unterrichtssequenzen zeigen gut, wie Schülerinnen und Schüler den Text in den eigenen Erfahrungshorizont einzeichnen.

Lk 10–37: Vom Tun der Barmherzigkeit

- Die Erzählung macht keine prinzipielle Aussage über Priester und Leviten.
- Zwischen V. 29 und 37 findet ein Wechsel der Perspektive statt. Dieser Wechsel macht deutlich, dass es bei dem Begriff des Nächsten nicht um Definition (und damit tendenziell um Ausgrenzung), sondern um Beziehung geht.
- Durch das Tun der Barmherzigkeit kann man für andere zum Nächsten werden und damit das Gesetz seiner Intention nach erfüllen. Damit erlangt man Zugang zum Volk Gottes und zum ewigen Leben.
- Diese Aussageabsicht des Textes stimmt mit Jesu Verhalten überein. Deshalb konnte der Text später christologisch gedeutet werden.
- Auch wenn Nächstenliebe in der Erfahrungswelt der Schülerinnen zumindest theoretisch hoch im Kurs steht, stellt der Perspektivenwechsel der Erzählung eine Provokation dar.

Elementare Zugänge

Zugänge zur Samaritanererzählung sind auf verschiedenen Ebenen möglich, die wiederum verschiedene Verstehensniveaus voraussetzen.

(1) Die Beispielgeschichte selbst wird von verschiedenen Autoren als möglicher Unterrichtsgegenstand bereits für die Grundschule angesehen.[143] Roger Murphy hat gezeigt, dass bereits Kinder ab dem 8. Lebensjahr zu ca. 80 Prozent das Gleichnis auf seiner dritten Verstehensstufe verstehen, die ausdrücklich die übertragene (allegorical) Bedeutung der Geschichte impliziert.[144] Diese Übertragung ist hier am ehesten in einem menschlich-ethischen Sinne zu erwarten.[145]

(2) Für die Kombination der Erzählung mit der Metapher vom ewigen Leben im Rahmengespräch wird man eine höhere Altersstufe in Betracht ziehen müssen. Hier geht es wie beim Himmel(reich)[146] um das Erfassen eines komplexen Symbols, das Elemente einer postmortalen Existenz mit konkreten Erfahrungen im Hier und Jetzt verbindet, einschließlich ethischer Implikationen. Ein Schüler aus einer 10. Gymnasialklasse meint: »Also ich glaube, das hängt insofern zusammen, die beiden Aus-

---

143 So Wegenast, Unterricht, S. 76; Bucher, Gleichnisse, S. 67.
144 Murphy, Understandig, S. 169f. Die beiden ersten Stufen lauten: »1. The Child can only repeat facts or elements of the parable, and shows no more than a literal application of the parable. 2. The Child can make an application in a simple way, that shows a movement in the direction of understanding the allegorical meaning of the parable.«
145 Im Sinne der Unterscheidung von Tamminen, Entwicklung, S. 122. In diesem Sinne versteht auch Wegenast, Unterricht, S. 76, wenn er von der Möglichkeit spricht, am Schluss der Stunde über den barmherzigen Samariter dazu aufzurufen, »eine Patenschaft für einen indischen aussätzigen Jungen zu übernehmen«.
146 Vgl. dazu Fetz, Entwicklung, und die obigen Ausführungen im Zusammenhang mit den Reich-Gottes-Gleichnissen.

sprüche, als das ewige Leben so erfülltes Leben meint und wenn man seinen Nächsten liebt, dass dann das Leben eben erfüllter wird, ausgefüllter«[147].

(3) Die größte Schwierigkeit der Perikope stellt in kognitiver Hinsicht der Perspektivenwechsel in V. 36 dar. Selbst in der erwähnten 10. Gymnasialklasse bereitet die kognitive Anforderung teilweise Schwierigkeiten. Die Forschungen Robert L. Selmans[148] präzisieren diesen Sachverhalt. Im Anschluss an Piaget und in einer gewissen Parallelität zu Kohlberg entfaltet er verschiedene Niveaus des Verstehens. Auf der Stufe 1 kann das Kind (5 bis 9 Jahre) die Geschichte nur aus einer Perspektive sehen:»Die Beziehungen zwischen Perspektiven werden nur aus einer Richtung gesehen, einseitig aus der Perspektive eines Beteiligten und lediglich unter Berücksichtigung der Folgen der Interaktion für diesen einen.«[149] Auf dem Niveau 2 (7 bis 12 Jahre) besteht der Hauptfortschritt »in der wachsenden Fähigkeit des Kindes, im Geiste aus sich herauszutreten und eine Zweite-Person-Perspektive auf die eigenen Handlungen und Gedanken sowie auf die eigene Erkenntnis, dass auch andere über dieselbe Fähigkeit verfügen, einzunehmen«[150]. Beide Verstehensniveaus sind hinreichend, das Geschehen innerhalb der Erzählung nachzuvollziehen. Dabei wird zunehmend der Perspektivwechsel vom Opfer zum Helfer und umgekehrt möglich.

Auf dem 3. Niveau (10 bis 15 Jahre) wird es möglich, neben der Perspektive der Handelnden noch eine von außerhalb einzunehmen: »Die Dritte-Person-Perspektive erlaubt dem Jugendlichen, abstrakt aus einer zwischenmenschlichen Interaktion herauszutreten, gleichzeitig die Perspektiven des Selbst und des Anderen miteinander zu koordinieren und deren gegenseitiges Aufeinanderwirken zu erwägen.«[151] Erst auf dieser Stufe wird ein Gespräch über das ›Nächster-Werden‹ im allgemeinen Sinne überhaupt möglich. Man kann versuchen, die Bedeutung der Diskussion um den Nächsten in der Rahmengeschichte V. 25ff zu klären, wird aber auch hier noch kein vollständiges Verstehen erwarten können.[152] Die Grundsätzlichkeit des Perspektivenwechsels kann erst auf dem 4. Niveau (d.h. im Erwachsenenalter) voll erkannt werden.[153]

Allerdings gilt wie bei allen Stufentheorien: Sie geben allgemeine Orientierung, taugen aber nicht zu pauschalen Urteilen. Die Zugangsweisen und Verstehensmöglichkeiten in ein und derselben Klasse können sehr unterschiedlich sein. Die didaktische Konsequenz kognitiver Theorien ist deshalb nicht die generelle Beschränkung auf zu erwartende Verstehensniveaus, sondern der Versuch, ein weiter gehendes Verständnis anzubahnen. Was oben[154] zum Reich Gottes ausgeführt wurde, gilt hier analog.

---

147 So im Protokoll einer Stunde über den Barmherzigen Samariter, die am Mörike-Gymnasium in Ludwigsburg gehalten wurde.
148 Entwicklung.
149 Ebd., S. 51.
150 Ebd., S. 51f.
151 Ebd., S. 53.
152 Bei Selman erreichen von 14 16-Jährigen 3 Niveau 2, 8 Niveau 3, 3 Niveau 4.
153 Ebd., S. 54f.
154 Vgl. oben, S. 112ff.

Elementare Wahrheit
(1) Die Gleichniserzählung vom barmherzigen Samariter gibt ein realistisches Bild der Welt, in der wir leben. Am Beispiel der Räuber wie des Priesters und des Levits wird deutlich, dass zum Menschsein Bosheit und Gleichgültigkeit gehören. Nächstenliebe ist daneben eine wundersame, aber auch mögliche Überraschung.[155] Dass »Hilfsmotivation ... trotz aller Verzerrungen immer wieder souverän durchbricht«, ist eine »Erinnerung daran, dass alle Menschen Geschöpfe Gottes sind«[156]. Im Zusammenhang damit drücken die beiden Fragen in V. 29 und 36 aus, dass »Nächstenschaft grundsätzlich als zweiseitig« zu verstehen ist. »Im Ereignis der Begegnung« kann man »die zwei, den Samariter und den Juden, auf der Straße zueinandergeführt« sehen, »so dass keiner ohne den anderen sein kann, sondern vielmehr einer mit dem anderen (und nur mit ihm zusammen) seinen Weg weitergeht, solange es die Stunde der Nächstenschaft fordert und schenkt – weil Menschsein heißt: in der Nächstenschaft leben«[157].

(2) Am Verhalten des Samaritaners können Schüler erkennen, was Nächstenliebe heißt. Dazu gehört die Not des anderen wahrzunehmen, sich in seine Lage zu versetzen, sich für ihn Zeit zu nehmen, in einer schwierigen Situation das Notwendige zu tun, begrenzte Verantwortung zu übernehmen, was auch die Folgen mit einschließt und darauf abzielt, dass andere wieder selbstständig leben können. Die Nächstenliebe, wie sie der Samariter praktiziert, kann ethnische Barrieren und religiöse Vorurteile überwinden.[158] Nach Jeremias sagt Jesus mit seinem Gleichnis: »Denke von dem Notleidenden aus, versetze dich in seine Lage, überleg dir: wer erwartet Hilfe von mir? Dann wirst du sehen, dass es keine Grenzen für das Liebesgebot gibt.«[159]

Unterrichtliche Konkretionen
Die entwicklungspsychologischen Überlegungen sowie unterrichtliche Erfahrungen ergeben, dass sich ein volles Verständnis der Samaritanererzählung, das auch den Perspektivenwechsel in den Versen 29.36 berücksichtigt, erst nach und nach anbahnt. Schüler können freilich mit 11/12 Jahren ohne weiteres den Text als Beispiel für Nächstenliebe verstehen. Selbst Grundschulkinder, denen man das Gleichnis erzählt, können das Gleichnis in dieser Richtung auffassen. Den Text im Zusammenhang der heute weit verbreiteten Kritik am »Helfen« überhaupt zu verstehen, könnte eine reizvolle Aufgabe in der Sekundarstufe II sein. Im Folgenden werden darum drei Unterrichtsvorschläge gemacht, für das 5./6. Schuljahr, das 9./10. Schuljahr und das 11. bis 13. Schuljahr.

(1) Verschiedene Bilder können im 5./6. Schuljahr einen Zugang zur Erzählung vom Samariter eröffnen. Dabei bieten sich das bekannte Bild von Schnorr v. Carols-

---

155 Vgl. Baur u. a., Kursbuch Religion 2000, 5/6. LHB, S. 109.
156 Theißen, Bibel, S. 383.
157 Eichholz, Gleichnisse, S. 174.
158 Vgl. Baur u. a., Kursbuch Religion 2000, 5/6, LHB, S. 109.
159 Jeremias, Gleichnisse, S.171.

184 *Zu neuen Erfahrungen herausgefordert*

Julius Schnorr v. Carolsfeld

feld[160] oder das weniger bekannte Bild von Georges Rouault[161] an. Die Schüler können herausfinden, was vor der dargestellten Geschichte kommt und was nachher. Wichtig ist, dass das besondere Verhältnis von Juden und Samaritanern geklärt wird.

In einem zweiten Schritt gliedern die Schülerinnen und Schüler den Text im Klassengespräch in Szenen. Zu jeder Szene der Geschichte erstellen sie einen Teil einer Comic-Reihe. Im Anschluss daran werden die Comics präsentiert; die Schüler erzählen mit ihrer Hilfe die Beispielgeschichte nach. Geklärt wird dabei, was das für Menschen sind, die am unter die Räuber Gekommen vorübergehen.

Im nächsten Unterrichtsschritt schreiben die Schülerinnen die Geschichte aus der Perspektive des unter die Räuber Gefallenen. Dabei geht es nicht um die Repetition des äußeren Geschehensablaufs, sondern um die Verbalisierung von Gefühlen, Ängsten und Hoffnungen. Die Schüler lesen ihre Geschichten vor und überlegen gemeinsam,

---

160 Schnorr von Carolsfeld, Bibel, S. 211 – Zum ganzen Unterrichtsvorschlag vgl. Baur u. a., Kursbuch Religion 2000, 5/6, LHB, S. 109f.
161 Baur, u. a., Kursbuch Religion 2000, 5/6, S. 161.

Georges Rouault, Der barmherzige Samariter

was Nächstenliebe ist. Das Lied »Zwischen Jericho und Jerusalem liegt der Weg der Barmherzigkeit«[162] kann die Einheit abschließen.

(2) Im 9./10. Schuljahr legen sich folgende unterrichtliche Schritte nahe: Zunächst sind auch hier eine Bildbetrachtung und das Lesen des Textes denkbar. Danach geht es vor allem um die unterschiedlichen Fragerichtungen in V. 29 und 36. Sie werden anhand zweier Schaubilder verdeutlicht:

Im Unterrichtsgespräch kann die »doppelte Nächstenschaft« herausgestellt werden. In einem weiteren Schritt klären die Schüler im Klassengespräch, was »ewiges Leben« für sie bedeutet und wie der Zusammenhang zwischen der Frage in V. 25 und dem Gleichnis zu sehen ist. Auch die christologische Spur der Erzählung kann hier angesprochen werden, vor allem unter Hinweis auf den Text vom Weltgericht in Mt 25,31ff und besonders V. 40: »Was ihr getan habt einem von diesen meinen geringsten

---

[162] Baur, u. a., Kursbuch Religion 2000, 5/6, LHB, M 87.

186 *Zu neuen Erfahrungen herausgefordert*

Wer ist mein Nächster? **Wem bin ich der Nächste?**

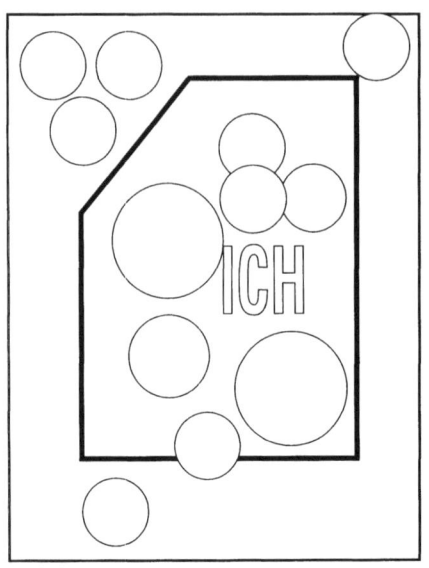
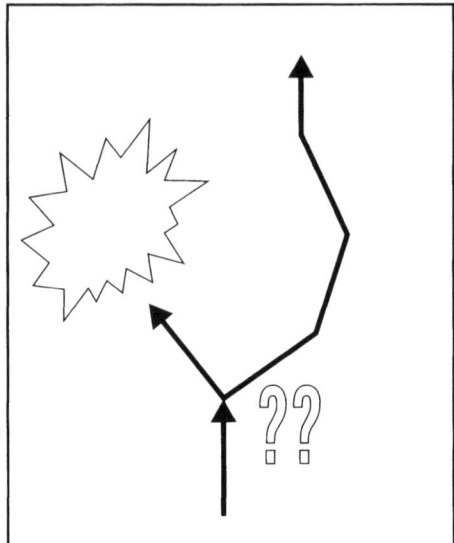

Brüdern, das habt ihr mir getan.« Dazu kann ein Auszug aus Helmut Gollwitzers Predigt über Mt 25,31ff hilfreich sein.[163]

(3) In der Sekundarstufe II können sowohl die christologische Interpretation als auch verschiedene Konzeptionen helfenden Handelns auf einer höheren Komplexitätsstufe erarbeitet werden. Die christologische Interpretation lässt sich gut an einer Inschrift festmachen, die in einem alten Wirtshaus »Herberge zum barmherzigen Samariter« an der Straße zwischen Jericho und Jerusalem zu finden ist. Sie lautet übersetzt: »Wenn selbst Priester und Levit an deiner Lebensnot vorübergehen, so wisse, dass Christus dein barmherziger Samariter ist, der sich stets deiner erbarmen wird und in der Sterbestunde dich in die ewige Herberge bringen wird«[164]. In Verbindung mit einem vergleichbaren Bild nehmen die Schüler Stellung zu dieser Auslegung.

Kritik am helfenden Handeln aus unterschiedlichen Perspektiven wird ihrerseits kritisch betrachtet: Hilfe als psychische Selbstausbeutung mit dem »Helfersyndrom« als Konsequenz; in soziologischer Sicht Hilfe als kaschierte Herrschaft, die die Mehrung eigenen Einflusses zum Ziel hat; in biologischer Sicht Hilfe als Scheinaltruismus, die der Stärkung des eigenen Genmaterials dient. Angesichts solcher grundlegender Kritik ist deutlich zu machen, dass der Samariter »begrenzte Teilnahme«[165] praktiziert.

---

163 Schmidt u. a., Das neue Kursbuch 9/10, S. 188.
164 Wilken, Erleben, Bd. 2, S. 133.
165 Theißen, Bibel, S. 384.

Der Helfer bleibt nicht isoliert, sondern engagiert einen zweiten Helfer. Die Liebe zu Gott soll uneingeschränkt gelten, die zum Nächsten nennt »dagegen einen endlichen Maßstab für die Liebe: ... wie dich selbst«[166]. Hilfe ist in der Beispielerzählung zudem nicht Ausdruck eines überlegenen Status. Hier hilft »einer, der auf Grund seiner sozialen Rolle Außenseiter ist, einem anderen Außenseiter, der es durch ein böses Geschick wurde. Hilfe ist hier ein Geschehen zwischen zwei Menschen, die beide marginalisiert wurden«.[167] Gleichwohl bleibt diese Hilfe nicht auf die Angehörigen der eigenen Gruppe beschränkt, sondern überschreitet diese Grenze im Blick auf den anderen und auf sich selbst.

Die Parabel vom betrügerischen Verwalter (Lk 16,1–9)

Die Parabel sprengt unsere Moralvorstellungen. Der Verwalter ist in der Tat ein »unmoralischer Held«[168]: Er verschleudert das Vermögen seines Herrn und macht sich der Veruntreuung schuldig. Als er zur Rechenschaft gezogen wird, überlegt er listig, wie er den Folgen seiner kriminellen Taten entgehen kann. Eigenmächtig reduziert er die Schulden der Schuldner seines Herrn, um sich deren Wohlwollen zu erschleichen. Er hofft, von ihnen aufgenommen zu werden, wenn er seine Arbeit verliert. Völlig überraschend wird er für diesen zweiten kriminellen Akt nun auch von seinem Herrn gelobt. Offensichtlich zählt Klugheit, oder eher freche Schlauheit, mehr als die ehrliche Ausübung des Berufs. Jeden ehrlichen Leser muss das Gleichnis provozieren, vor allem, wenn das Verhalten des Verwalters auch noch lobend herausgestellt wird. Der erhobene Zeigefinger Jesu auf dem Bild von Marinus van Reymerswaele[169] unterstreicht diese fragwürdige Pointe.

Folgende Literatur wird im Folgenden vor allem herangezogen:
– Weder, Die Gleichnisse Jesu als Metaphern
– Sorger, Gleichnisse im Unterricht
– Kaspar, ... wie auch wir vergeben unseren Schuldigern.

Elementare Strukturen

Nach der Exposition (16,1) baut sich die Parabel in vier Szenen auf. Die erste beschreibt die Ausgangslage: Der untreue Verwalter wird zur Rede gestellt und bei erwiesener Schuld entlassen (16,2). In der 2. Szene überlegt er in einem Selbstgespräch (V. 3–4), was zu tun sei, um den Folgen seiner Tat zu entgehen. In der 3. Szene führt er seinen Plan aus, der mit zwei knappen Dialogen (16,5–7) beschrieben wird. Die überraschende Wende folgt in der 4. Szene (16,8a): Der Arbeitgeber lobt seinen doppelt untreuen Verwalter für seine Klugheit. Die Verse 8b und 9 sind allgemeiner Art; sie be-

---

166 Ebd.
167 Ebd., S. 388.
168 Vgl. Schramm / Löwenstein, Helden.
169 In: Neumann, Lehre, S. 61.

Marinus van Reymerswaele, Das Gleichnis vom ungerechten Verwalter (um 1540)

ziehen sich nicht mehr nur auf den Verwalter, sondern bilden in zwei Sentenzen die weitergehende Anwendung der Parabel. Die erste und die dritte Szene werden von Rymerswaele gut ins Bild gesetzt.

(1) Die Handlung setzt damit ein, dass ein Verwalter[170] bei seinem Herrn verklagt wird, er habe anvertrautes Vermögen veruntreut. Der Herr stellt seinen Verwalter zur Rede und verlangt Einblick in die Buchhaltung. Da über die tatsächliche Schuld noch nicht entschieden ist, kann man 16,2 konditional verstehen: Sollte sich die Schuld erweisen, muss der Verwalter entlassen werden. Dieser zweifelt allerdings nicht daran, dass es soweit kommen wird, und er überlegt, wie er mit der drohenden Arbeitslosigkeit umgehen wird. Da Handarbeit und Betteln für ihn nicht in Frage kommen, begeht er eine weitere kriminelle Tat, um die Gastfreundschaft anderer zu

---

170 Der Verwalter führt das Gut in alleiniger Verantwortung, während der Besitzer nur zeitweilig anwesend ist. Die freie Verfügung über Schuldscheine unterstreicht seine Handlungsvollmacht. In dem Verwalter begegnen wir einem Repräsentanten der Oberschicht Palästinas. Harte körperliche Arbeit erscheint ihm undenkbar.

erlangen. Dies wird in zwei knappen Sätzen angedeutet: Der Verwalter erlässt verschiedenen Schuldnern jeweils einen beträchtlichen Teilbetrag der Schuld.[171] Deren Reaktion wird nicht erzählt, aber die Parabel setzt den Erfolg der Strategie voraus, denn sonst hätte der reiche Mann keine Veranlassung, die Klugheit des Verwalters zu loben.

Diese Reaktion des Besitzers, der gerade noch seinen Verwalter entlassen wollte, ist psychologisch und sachlich kaum nachvollziehbar. Mit dem bewusst eingesetzten Bruch will die Parabel den Blick auf das Entscheidende der Erzählung lenken: Es geht allein um Klugheit und Konsequenz des Handelns im Kontext der Lebenswirklichkeit des Verwalters. Nicht sein moralisches Fehlverhalten, sondern seine Klugheit wird herausgestellt. Sie ist der Grund des Lobes. Dies bedeutet allerdings keine Rechtfertigung von Unmoral. Der Verwalter verdient Lob und Bewunderung, weil er in einer bedrohlichen Situation tatkräftig handelt. Er resigniert nicht und versinkt nicht in Apathie. Er plant und setzt seinen Plan konsequent in die Tat um. Im Kontext der Verkündigung Jesu zeigt die Parabel, was Jesus von seinen Jüngern erwartet. Angesichts des kommenden Gottesreiches gilt es entschlossen und klug zu handeln. Damit ist ein eschatologischer Horizont eröffnet. Unter dieser Perspektive ist es wichtig, sein Leben in die Hand zu nehmen, es zu verändern. Jesus würde sagen: umzukehren.

(2) Die ursprüngliche Parabel schließt mit V. 8a. Die beiden folgenden Sätze verallgemeinern und fügen die Parabel in den Kontext des Lukasevangeliums ein. Unmittelbar voran stehen drei Gleichnisse »Vom Verlorenen«, in denen es im lukanischen Kontext[172] besonders um die Freude über neu hinzugekommene Gemeindemitglieder geht. Ein direkter Anknüpfungspunkt zu 16,1–9 findet sich nicht; allerdings könnte das Verhalten der Gemeinde als umfassendes Thema die vier Parabeln miteinander verbinden. Der nachfolgende Text 16,8b–13 ist durch die Stichworte »klug« und »Mammon« inhaltlich eng mit der Parabel verbunden. Die beiden abschließenden Sentenzen (16,8b–9) nehmen zwei unterschiedliche Aspekte aus der Gleichniswelt auf und wenden sie auf die Situation der lukanischen Gemeinde an:

1. Anwendung
Lernt von der Klugheit der Weltmenschen! V. 8b vergleicht komparativisch die »Kinder dieser Welt« mit den »Kindern des Lichts«.[173] Die Menschen der Umwelt sind klüger als die Mitglieder der lukanischen Gemeinde. Der Verwalter ist der Typus des Weltmenschen, von dem die »Kinder des Lichts« (die Christen) kluges, d.h. konsequentes und zielgerichtetes Verhalten lernen können. Die Klugheit des Verwalters angesichts einer nahenden Katastrophe ist hier der auf die Gemeinde angewendete Vergleichspunkt.

---

171 Die im Originaltext genannt Einheit 100 Bat Öl entspricht etwa 36 Hektolitern. 100 Kor Weizen entsprechen 550 Zentnern,
172 Vgl. hierzu oben, S. 102f.
173 Dieser Gegensatz dient im Frühjudentum dazu, die Trennung von »der Welt« und die Zugehörigkeit zum göttlichen Bereich zu unterstreichen (vgl. TestLev 19,1; in Qumran vor allem 1QM; 1QS).

190 *Zu neuen Erfahrungen herausgefordert*

2. Anwendung
Macht euch mit Besitz Freunde! Dieser weisheitliche Spruch spiegelt in seiner ersten Hälfte die Erfahrung des Gleichnisses: Auch mit ungerecht erworbenem Reichtum kann man sich Freunde machen. Innerhalb des Gleichnisses würde »ungerecht« darauf anspielen, dass der Verwalter Schulden erlässt, also Geld verschenkt, das ihm gar nicht gehört. In der Spruchweisheit Lk 16,9 ist die Rede vom »ungerechten Mammon« weiter zu verstehen. Offenbar ist hier gemeint, dass am Besitz gewöhnlich Unrecht hängt.[174] Es geht hier jedoch weniger um die Herkunft als um die Verwendung des Besitzes: Zukunft sichert man sich, indem man sich mit seinem Geld Freunde macht.

In 16,10–12 folgen Logien, in denen es ebenfalls um den Umgang mit Besitz geht. Sie sind durch das in der Parabel nicht vorkommende Stichwort treu/zuverlässig verbunden. Aber auch der Verwalter ist in dem Sinne »treu«, dass er mit Besitz versucht, konsequent seine Zukunft abzusichern. Die abschließende Sentenz stellt eine klare Alternative auf: Entweder dient man Gott oder dem Mammon. Dient man Gott, so hat dies auch Auswirkungen auf den Umgang mit dem Geld. »Treu sein bezüglich des Besitzes« kann dabei nur auf die richtige Verwendung des Besitzes zielen. »Das Thema des Kontextes ist der rechte Umgang mit irdischem Besitz. Das bestätigt auch ein Blick auf den nachfolgenden Abschnitt V. 14–31. Hier wird der Besitzverzicht als Gebot des mosaischen Gesetzes herausgestellt.«[175] Die Beispielgeschichte »vom Reichen und vom armen Lazarus« verdeutlicht dieses lukanische Thema plastisch: Wer sich in dieser Welt mit seinem Besitz nicht um die Armen kümmert, hat auch nach dem Tod keine Fürsprecher. Klug ist deshalb, wer jetzt seinen Besitz teilt und Werke der Barmherzigkeit tut.

(3) Die Erzählung sprengt den üblichen Erwartungshorizont mit »unmoralischen« Zügen. Insofern ist sie extravagant. Das kritische Potenzial der Parabel liegt nicht darin, dass der Erwerb und Besitz grundsätzlich verurteilt werden. Der Text zielt vielmehr auf den Umgang damit. Angesichts der klaren Alternative zwischen Gott und Mammon kann der Besitz nur dazu dienen, durch Werke der Barmherzigkeit die Forderungen Gottes anzuerkennen. Dieses Verhalten ist aber durchaus nicht als Selbstlosigkeit gewertet, sondern als kluges Verhalten, mit dem man sich angesichts des Gerichtes Heil verschaffen kann. Vor diesem Motivationshintergrund überfordert der Besitzverzicht den Menschen durchaus nicht in unrealistischer Weise. Die eigene Klugheit gebietet ein solches Tun. Lukas geht es im Blick auf das konkrete Verhalten der Gemeinden darum, Barmherzigkeit gegenüber den armen Gemeindegliedern als Zeichen einer christlichen Gemeinde einzuschärfen – und zwar als notwendiges Zeichen der Klugheit angesichts des Kommens Gottes. Hierin besteht allerdings auch die

---

174 Vgl. Jesus Sirach 26,28–27,1: »Ein Kaufmann kann sich schwer hüten vor Unrecht und ein Händler frei bleiben von Sünden. Wegen eines Vorteils tun viele Unrecht; und die reich werden wollen, nehmen es nicht immer genau.«
175 Erlemann, Bild Gottes, S. 157.

Fremdheit, mit der uns die Erzählung heute gegenübertritt. Das den Sündern rechtfertigende Handeln Gottes ist in der Parabel nicht im Blick.

Elementare Erfahrungen

Dass die Parabel vom betrügerischen Verwalter für heutige Leserinnen und Leser anstößig wirkt, liegt an dem unterschiedlichen Erfahrungshorizont der frühen Christen und der heutigen Rezipienten.

(1) In der Parabel kommen zwei Grunderfahrungen der frühen Christen zum Vorschein. Zunächst ist die Erwartung des nahenden Gottesreiches zu nennen. Ob man das Kommen der Gottesherrschaft als unmittelbar bevorstehend oder in einem zeitlich etwas weiter gefassten Sinn verstand, spielte dabei keine vorrangige Rolle. Wichtig und den frühen Christen gemeinsam war die Überzeugung, dass die kommende Herrschaft Gottes bereits die Gegenwart beeinflusst. Umgekehrt war man sich auch darin sicher, dass das Verhalten in der Gegenwart Auswirkungen zeitigen wird beim Kommen des Gottesreiches. Von daher spielen in der Parabel das erwartete Kommen Gottes mit seinem Gericht und das darauf hinzielende, in sich folgerichtige Verhalten eine zentrale Rolle.

Daneben war im frühen Christentum die Frage nach dem Umgang mit dem Besitz wichtig. In der Zeit seiner öffentlichen Wirksamkeit zog Jesus mit seinen Jüngern als besitzloser Wanderprediger umher. Daraus konnte man einen Lebensentwurf ableiten, in dem die eigene Mittellosigkeit und das Vertrauen auf Gott im Zentrum standen. Diese Existenz war andererseits aber nur denkbar, solange Menschen mit ihrem Besitz die Wandernden unterstützen. Vor diesem Hintergrund ist verständlich, dass die Problematik des Besitzes im frühen Christentum eine nicht unwesentliche Rolle spielte und sich in der Frage nach dem rechten Umgang mit dem Besitz konzentrierte. Gerade bei Lukas, der den Verachteten und Armen in seinem Doppelwerk eine herausgehobene Bedeutung zuschreibt, spielt diese Frage eine wichtige Rolle. Verbindet man nun die grundlegende Erwartung des Kommens Gottes mit der zielgerichteten Verwendung von Besitz miteinander, kann man die Botschaft der Parabel nachvollziehen.

(2) Heutige Leserinnen und Leser haben einen anderen Erfahrungshorizont. Besitzlosigkeit als Lebensentwurf ist heute auf christliche Sondergruppen beschränkt. Beruflicher Erfolg und gutes Einkommen sind für die Mehrheit der Christen durchaus erstrebenswerte Lebensziele. Wegen umfangreicher sozialer Verpflichtungen kommen auch die Kirchen ohne eigene Finanzstrategie nicht aus. Hinzu kommt, dass die Erwartung der Gottesherrschaft für das gegenwärtige Christentum zwar eine generelle, jedoch keine durch ihre Nähe das Handeln unmittelbar beeinflussende Größe ist. Schließlich ist der christliche Glaube im »christlichen Abendland« zur Grundlage von Rechts- und Moralauffassungen geworden, die auch den Umgang mit dem Geld einschließen. Gerade unter dieser Perspektive muss aber die Parabel unmoralisch wirken. Denn der Verwalter handelt in einer Weise, die unserer Rechtsauffassung nach als kriminell bezeichnet werden muss. Wer sich heute so verhält, hat mit Prozess und Bestrafung zu rechnen. Gerade der Umgang mit dem Geld unterliegt dieser rechtlich-moralischen Bewertung. Das heißt: Der Erfahrungshorizont damaliger und heutiger Rezi-

pienten des Textes ist grundlegend verschieden. Angesichts dieser Tatsache ist damit zu rechnen, dass sich dem Verstehen der ursprünglichen Intention der Parabel heute erhebliche Hindernisse in den Weg stellen, die nicht in erster Linie kognitiver Art sind, sondern allgemein kulturell-gesellschaftlicher Art. Aus diesem Grund ist auch nicht zu erwarten, dass sich die Fremdheit der Parabel bei zunehmendem Alter der Rezipienten verringert.

(3) Robert Kaspar untersuchte die Rezeption der Parabel bei zehn Kindern, Jugendlichen und jungen Erwachsenen.[176]

Die 8-jährige Lisa verstand die Parabel als eine negative Beispielerzählung. Jesus habe an einem Beispiel zeigen wollen, wie man es nicht machen soll. Sie kann das Lob des Herrn überhaupt nicht verstehen. Als das Wichtigste bezeichnete sie, »dass es den Leuten wieder gut gegangen ist, so dass sie nicht mehr so viele Schulden gehabt haben«[177]. Der gleichaltrige Michael brachte Verständnis für den Verwalter auf, hielt freilich dessen Verhalten nicht »für so gut«: »Naja, wenn sein Herr das bemerkt, dann wird er ja vielleicht noch zorniger«[178]. Auch Michael kann das Lob des Verwalters nicht verstehen. Lernen möchte er aus der Geschichte, dass man sich so nicht verhält, und wenn, dann eben den Schuldnern weniger nachlässt: »Vielleicht, dass man sich nicht so verhält, und vielleicht nur ... zehn weniger, also zehn Prozent weniger«[179]. Auch der 12-jährige Thomas will aus der Geschichte lernen, »dass man seinen Herrn eben nicht betrügen soll«[180]. Der Verwalter, so Thomas, »hätte es zwar anders machen sollen; er war nicht gut, aber er war klug, so wie er es gemacht hat.« Thomas argumentiert ähnlich wie in Vers 8b, obwohl dieser Halbvers im Gespräch gar nicht zur Sprache gekommen war.[181] Für den 15-jährigen Erwin ist die Herabsetzung der Schuldscheine eigentlich nicht realistisch. Möglicherweise stehe die Parabel bei Jesus im Zusammenhang mit dem, »wie er [Jesus] über das ewige Leben im Himmel geredet hat, dass man einen Rückhalt nach dem Tod hat, indem man halt etwas Gutes tut. Weil das ist ja auch beim Jüngsten Gericht, dass da abgewogen wird, was größer ist: ob wer eher gut oder böse ist.«[182] Diese Deutung, die Vers 9 entspricht, hat Erwin möglicherweise schon einmal in einer Predigt gehört. Die 27-jährige Ursula entnahm der Parabel die Erkenntnis: »Man soll nicht irgendwem etwas nehmen und anderen geben, damit man selber gut dasteht.« Im Grunde sei die Geschichte eine Illustration des 7. Gebots. Ausdrücklich wollte Ursula das Lob in Vers 8a streichen. Der Verwalter sei ein Egoist und »im Prinzip ein fauler Hund«. Er müsse für den angerichteten Schaden »geradestehen« und »die Schulden abarbeiten und zurückzahlen«, wenn seine Schuld erwiesen sei. Ganz klar ist für Ursula: »Ich kann nicht jemanden loben, der jemand anderen einen Schaden zufügt«[183]. Die 21-jährige Annemarie will ebenso wie Ursula Vers 8a streichen. Die Parabel bekommt dann für sie den Sinn einer negativen Beispielerzählung.[184]

---

176 Kaspar, Rezeption.
177 Kaspar, Rezeption, S. 70.
178 Ebd., S. 76.
179 Ebd., S. 77.
180 Ebd., S. 87.
181 Ebd., S. 88.
182 Ebd., S. 102.
183 Ebd., S.109f.
184 Ebd., S. 124.

Für den 28-jährigen Martin schließlich ergibt sich die Frage, ob Jesus die Parabel nicht in einer »satirischen Absicht« erzählt habe: »Ich glaube, dass die Welt so funktioniert. Ich glaube aber, dass Jesus, indem er ... sozusagen die Realität beschreibt, mit dem letzten Satz, mit der Bewertung, das alles auf den Kopf stellt. Also: ›Seht, die alle bescheißen, das sind die Gescheitesten!‹ ... Meint er das wirklich? Und wenn du jetzt die Welt umdrehst, dann merkst du erst, wie es sein sollte. Also, er zeichnet dir unter Umständen die Realität so, wie sie ist, in der Absicht, dass du sagst: ›Eigentlich ist sie pervers, die Welt‹.«[185]

Mit diesen Auffassungen äußern die Rezipienten eine Reihe kreativer und interessanter Auslegungsvorschläge, die zum Teil mit exegetischen Auslegungsoptionen korrelieren. Doch die von den meisten heutigen Gleichnisauslegern formulierte Pointe der Parabel wird faktisch von allen verfehlt. Wir haben dieses Ergebnis zum Anlass genommen, die Parabel in einer Seminarsitzung mit Lehramtsstudierenden der Theologie (ohne vorgängige Beschäftigung mit dem Text) zu diskutieren.[186] Dabei haben sich zwei Grundtendenzen ergeben. Auf der inhaltlichen Ebene dominiert der Wunsch, sich mit dem Verwalter des Gleichnisses zu identifizieren und in dessen Handeln eine irgendwie zu rechtfertigende Tat des sozialen Ausgleichs festzumachen. Am deutlichsten wird dies bei Martin:

»Martin: ... Weil ich immer noch aufgrund der vorherigen Überlegungen ... im Gefühl hab, dass der reiche Mann ... offenbar sehr gut drauf verzichten kann auf diese kleinen Teile, die da der Verwalter den anderen Leuten gibt ...
L: Und würden Sie dann auch sagen, dass das, was der Verwalter tut, eigentlich so schlimm gar nicht ist?
Martin: ... dann kriegt er nicht mehr 100 Eimer wieder, sondern nur 80 Eimer, aber da nun davon zu reden, dass sein gesamter Besitz verschleudert wird, das ist ja so nun wirklich nicht unbedingt. ...
Claudia: Ich find's aber trotzdem schwierig, weil der Verwalter, er geht ja mit fremden Gut ... um, also wenn jetzt ... dieser Hofherr selbst jetzt so gehandelt hätte und diesen Schuldnern einfach ... ein bisschen was erlassen, dann würde ich das eher verstehen, wenn man sagen würde: Ja er soll nicht so kleinlich sein, oder die reichen Leute sollen nicht so kleinlich sein beim Eintreiben ihrer Schulden. Aber ich find's schon ein bisschen ein Problem, dass eben der Verwalter dies über dessen ... Kappe einfach hinweg tut, ohne den davon zu verständigen.
Martin: (Vielleicht ist das Problem) bei dem Verwalter jetzt speziell, dass er auf der einen Seite sagt, die Leute sind wirklich bedürftig, die haben extrem viel Mühe und Not, hier diese 80 bzw. 100 Eimer zurückzuzahlen, während mein Chef hat haufenweise von dem Geld und wenn er von diesen 100 achtzig zurück bekommt, ... dann bekommt er schon noch 'ne ganze Menge und hat immer noch sehr, sehr viel und so kann ich das mit meinem Gewissen sehr gut vereinbaren, wenn ich meinem Chef gegenüber untreu bin, aber diesen Leuten ... ein bisschen was erlasse.
Bettina: ... aber der Vorwurf muss ja auf jeden Fall kommen, dass er das eigennützig gemacht hat, also nicht nur, dass er den Besitz verschleudert hat von jemand anders, sondern dass ihm, dass er das nur gemacht hat, weil er daraus Nutzen gezogen hat ...«

---

185 Ebd., S. 132.
186 Wir danken unserer Kollegin Hanna Roose für das Gespräch, ebenso den Studierenden, die sich dazu bereit fanden.

Zwei weitere Aspekte im gleichen Gespräch sind ebenfalls erwähnenswert. Zum einen geht es um die Unmöglichkeit, sich mit Geld Freunde zu kaufen, zum anderen wird die schwierige Verknüpfung der Parabel mit dem nachfolgenden Kontext thematisiert:

> Claudia: Vielleicht, dass er jedem diese Schulden erlassen hat und nicht nur einem, sondern jedem hat er ja einen Teil seiner Schulden erlassen. Das ist ja dann diesen Schuldnern gegenüber wieder gerecht.
> L: Ja, warum erlässt er denn die Schulden, oder einen Teil der Schulden?
> Claudia: Um sich bei denjenigen gut zu stellen also, damit sie seine Freunde sind.
> L: Finden Sie das gerecht?
> Claudia: Nö. Man kann sich ja keine Freunde kaufen. Also ... er kauft sich die Freunde ja praktisch. ...
> Bettina: Das ist unlogisch ..., weil den Hausherrn stört, dass der Haushälter das Geld verschleudert hat ... und unmöglich gewirtschaftet hat, das ist schon sehr unlogisch, dass er jetzt halt sich darüber freut, dass er's trotzdem verschleudert hat auf 'ne andere Art und Weise halt. ...
> Bettina [sieht einen Widerspruch zwischen dem Gleichnis und der Aussage V. 10f.]: Also ..., dass man, wenn man im Kleinsten treu ist auch dann beim Größten treu ist oder so und wenn man im Kleinsten ungerecht ist, ist man auch im Größten ungerecht. Das kommt ja bei dem Gleichnis nicht so raus, also da könnt man schon ein Beispiel nehmen, wo das deutlicher rauskommt.

Überblickt man das ganze Gespräch, so zeigt sich als hermeneutische Grundlinie dieser Auslegungsbemühungen, dass es in der Bibel gerecht zugehen möge.[187] Deshalb sollen biblische Handlungsträger, insbesondere dann, wenn Jesus sie lobt, positiv identifizierbar sein. Dies wird bei der Parabel gewiss noch verstärkt durch die ab V. 8b folgenden Paränesen. Hier wird insbesondere durch das Stichwort »treu/zuverlässig« die Komponente zuverlässiger Gerechtigkeit in die Parabel hinein interpretiert. Gegenüber diesem Gerechtigkeitspostulat hat die Frage der Klugheit (angesichts der drohenden Katastrophe) einen schweren Stand.

Der ungerechte Verwalter Lk 16,1–9

- Die Parabel provoziert mit ihrem Lob für unmoralisches Verhalten.
- Das Lob wird nur verständlich, wenn man die Parabel nicht moralisch auslegt. Ihre Pointe ist das innerhalb seines Lebenskontextes konsequente Verhalten des Verwalters.
- Eine vergleichbare Konsequenz wird angemahnt im Blick auf den Lebenskontext und die Erwartungen der Adressaten.
- Der Erfahrungs- und Erwartungshorizont heutiger Leser weicht hiervon deutlich ab. Deshalb ist bei dieser Parabel von vorn herein mit Verstehensschwierigkeiten zu rechnen.

---

187 Vgl. hierzu oben S. 162f zu den »Arbeitern im Weinberg«.

Elementare Zugänge

Bei der Behandlung dieser Parabel ist der Akzent auf den *elementaren* Zugängen besonders wichtig. Die Studierenden haben im Sinne der kognitiven Entwicklungstheorie die Fähigkeit zur formalen Operation erreicht[188] und sind prinzipiell in der Lage, einen Text sowohl immanent zu analysieren als auch ihn von einer Metaebene her zu betrachten. Ohne Zweifel hätten sie auch der Analyse eines Kommentars folgen können. Gleichwohl finden sie selbst eine entsprechende Analyse allenfalls in Ansätzen. Offensichtlich besteht ein erheblicher Unterschied zwischen einer sachlich zutreffenden Reproduktion und einer eigenständigen Herleitung. Zugleich erweist sich im vorliegenden Fall das Vorverständnis der Studierenden als hinderlich. Ihre Hermeneutik ist bestimmt von einem Umgang mit der Bibel, der von einem Vorschuss im Blick auf Sinnhaftigkeit ausgeht. Dies führt zu einer Interpretation, die primär, wenn nicht gar allein an Inhalten interessiert ist. Die durchaus vorhandene Kenntnis exegetischer Methoden hätte in diesem Fall zur Unterscheidung verschiedener Textebenen mit unterschiedlichen Sinngefügen führen können. Die eigenständige Anwendung exegetischer Methodik hätte aber einen Grad der Habitualisierung erfordert, der bei den Studierenden noch nicht erreicht war. Ein eher lebensweltlich geprägter Zugang war offenbar noch nicht hinreichend durch den professionalisierten Zugang der Wissenschaftsmethodik ergänzt.[189] Eine spontane Auslegung neigt demgegenüber dazu, sich an Einzelaussagen zu orientieren und andere zu vernachlässigen.

Die erhebliche Differenz zwischen dem Erfahrungshorizont des Textes und dem heutiger Rezeption macht unübersehbar, dass die Behandlung der Parabel im Religionsunterricht einer Fülle von Vermittlungshilfen bedarf. Exegetische Grundkenntnisse sind als Voraussetzung zum Verstehen dieser Parabel nahezu unverzichtbar, da erst sie eine konstruktive Interpretation auf der Textbasis von Lk 16,1–8b ermöglichen. Eine Interpretation ohne diese Grundkenntnisse, nur vom eigenen Verstehenshorizont ausgehend, wird in der Regel den Text nicht sachgemäß erfassen können. Nur wenn man sich dieser erheblichen Vermittlungsaufgabe bewusst ist, kann das Beispiel dieses »unmoralischen Helden« eine interessante Herausforderung für Schülerinnen und Schüler werden.[190]

---

188 Kohlberg/Gilligan, Adolescent, S. 150, unterscheiden drei Unterstufen der formalen Operation: Die Fähigkeit das Gegenteil des Gegenteils zu rekonstruieren, die logische Konstruktionen in Triaden und die Fähigkeit alle möglichen Beziehungskombinationen zu denken.

189 In der Terminologie von Fowler könnte man sagen: Der »selbstverständliche« kritische Zugang zu Texten der Tradition setzt die Entwicklungsstufe des individuierend-reflexiven Glaubens voraus, die hier noch nicht mit einem gewissen Grad an Sicherheit erreicht war (Fowler, Stufen, S. 200).

190 Sorger, Gleichnisse, S. 148ff nennt zwei unterrichtliche Möglichkeiten für die Parabel. Sie könne eingesetzt werden in einer Unterrichtseinheit über die Verkündigung Jesu und zeigen, dass es Jesus darum geht, den Kairos der anbrechenden Gottesherrschaft auch wirklich wahrzunehmen. Eine andere Möglichkeit bestehe darin, am Beispiel dieses »anstößigen« Gleichnisses exemplarisch in das Problem der neutestamentlichen Überlieferungsgeschichte einzuführen. Diese Möglichkeit bietet sich freilich wohl eher für die Sekundarstufe II an. Vgl. auch Baudler, Verwalter.

Elementare Wahrheit

Man kann den Mittelpunkt dieser Perikope unterschiedlich beschreiben. Drei Möglichkeiten bieten sich an: die Ethisierung des Gleichnisses als konstruktive Möglichkeit, der Ernst der Entscheidung oder der weisheitliche Weg in der Frage nach dem klugen Handeln der Glaubenden können hervorgehoben werden.

Beim ersten Weg wird man fragen müssen, warum die Parabel überhaupt herangezogen werden soll, wenn sie die einigermaßen nachvollziehbaren Paränesen V. 9ff nur verunklart. Will man die Entscheidungssituation thematisieren, scheint es sinnvoll, das Lied »Jetzt ist der Tag, jetzt ist die Stunde« mit heranzuziehen. Hier wird textlich (teilweise in Anlehnung an Mt 25,31ff)[191] versucht, in einer aktualisierten Form der Gedanken des überraschend wiederkommenden Herrn ins Spiel zu bringen, wie es der Parabel entspricht. Der dritte Weg knüpft an bei der Frage nach der Klugheit. Neben der pragmatischen Bedeutung scheint hier auch die Frage nach dem Sinn generell aufzutreten. Ein zielgerichtetes Handeln setzt ja eine Sicherheit der Richtung voraus. Hier dürfte die anthropologische Wurzel der Klugheitsthematik überhaupt liegen.

Will man die Parabel nicht zugunsten ihrer Auslegung aufgeben, dann scheint hier der ideale Anknüpfungspunkt zu sein. Im Blick auf die Klugheit überschneiden sich lebenspraktische Erfahrungen und thematische Überlegungen in eigenständiger Weise. Über die Parabel wäre es dann immerhin möglich, die von Jesus hier ins Spiel gebrachte Aufforderung zur Entschiedenheit als Möglichkeit zu bedenken. Das genannte Lied könnte dabei eine Hilfe sein. Interessanterweise wird ein Gespräch über die Frage nach Entschiedenheit heute selbst ethische Implikationen mit ins Spiel bringen, die im Einzelnen vielleicht gar nicht so weit weg liegen von dem, was die lukanischen Paränesen bieten.

Unterrichtliche Konkretionen

Das im Folgenden entwickelte Schaubild nimmt die Diskussion zur elementaren Wahrheit auf und skizziert eine Möglichkeit des Durchgangs:

Seid klug wie die Schlangen und ohne Falsch wie die Tauben.
– Geht das? Geht beides zusammen?
– Lehre uns bedenken, dass wir sterben müssen, auf dass wir klug werden.

Was heißt klug?	*Lk 16,1b–8a*	*Jetzt ist der Tag ...*	*Entschiedenes Handeln*
– nachdenklich – clever – listig – weise – gezielt – Konsequenzen bedenken – etc.	Der Verwalter setzt in der für ihn bedrängenden Situation alles auf eine Karte und handelt so *klug*.	Jetzt und heute gilt die Entscheidung gegenüber dem Angebot Jesu.	Das kann auch heißen: – sich an »himmlischen Zielen« orientieren – treu im Kleinen und Großen sein – Gott statt Mammon.

---

191 Text von Alois Albrecht, Musik von Ludger Edelkötter.

Die Gleichnisse – schön und anspruchsvoll

Bei den Gleichnissen Jesu handelt es sich um schöne und anspruchsvolle Texte, zum Teil auch um schwierige, widerständige Texte. Wer meint, sie problemlos als eingängigen Unterrichtsstoff präsentieren zu können, kann schnell enttäuscht werden. Die unmittelbare Anschaulichkeit der Geschichten und Bilder hat für uns Heutige ihre Grenzen – und hatte sie schon für die damaligen Hörerinnen und Hörer; denn die Gleichnisse erzählen nicht lediglich plausible Geschichten. Sie gehen an vielen Stellen über das hinaus, was alle kennen und erwarten. Das hängt mit ihrem zentralen Gegenstand zusammen, dem Reich Gottes. Über das Gottesreich kann niemand definierend reden, genau eingrenzend. Erklärung ist ihre Sache nicht. Sie weisen hin, deuten an, lassen das Gottesreich ahnen. Sie erzählen Geschichten und öffnen damit Verstehenswege, ohne sie genau zu kartographieren. Erzählung, Bild, Metapher sind deshalb keine zufälligen, sondern dem Gleichnis angemessene Ausdrucksformen. Wer sich auf die Gleichnisse einlässt[1], wird nie mit ihnen fertig werden, weil wir in diesen Texten »uns selbst als Geheimnis begegnen. Dies ist wohl die intensivste Form und Kraft metaphorischer Rede. In der Metapher begegnen wir dem Grund und Geheimnis aller Wirklichkeit. Deshalb ist die Philosophie und die Theologie auf metaphorische Rede angewiesen, wenn beide vermeiden wollen, das Vorhandene immer nur positivistisch abzubilden, und wenn sie das Interesse haben an entdeckender Erkundung der uns bestimmenden Wirklichkeit.«

Aus diesem Grund ist es nicht verwunderlich, dass zu den Gleichnissen von Anfang an das Bemühen um das Verstehen wesentlich hinzugehört. »Wie man alle Gleichnisse verstehen kann« (Mk 4,13), ist nicht erst eine Frage moderner Exegese. Schon in Mk 4, der ersten uns überlieferten kleinen Gleichnissammlung, wird dies deutlich. Dieses Gleichniskapitel ist durchzogen von Aufforderungen zum Sehen, zum Hören und zum Verstehen. »Wer Ohren hat, zu hören, der höre« zielt dabei nicht auf das akustische Hören, sondern auf ein wahrnehmendes, verständiges, verstehendes Hören, gewissermaßen auf ein »Hören mit dem Herzen«.

Im Laufe der langen Auslegungsgeschichte hat man dieses verstehende Hören mit Hilfe der Allegorese versucht. Die bleibende Bedeutung dieser Auslegungsmethode liegt zum einen darin, dass man den Texten über den Zusammenhang der Worte hinaus eine anspruchsvolle Botschaft zutraute. Zum anderen besteht sie auch darin, dass sie dem vielfältigen menschlichen Versuch, Gott und sein Reich zu verstehen, entgegenkommt. Die Gleichnis-Allegorese setzt ein Geheimnis voraus und lüftet es zugleich.

---

1 Grözinger, Sprache, S. 108f, von dem das folgende Zitat stammt, bezieht sich hier nicht direkt auf die Gleichnisse Jesu, sondern auf das bekannte kleine Stück von Kafka »Von den Gleichnissen«. Grözinger möchte das Gesagte aber tatsächlich auch für die neutestamentlichen Gleichnisse gelten lassen.

Und wer die richtige Deutung kennt, kennt sich aus in der Welt und bei Gott. Erst seit Jülichers epochalem Gleichnisbuch hat man gelernt, die eingefahrenen allegorischen Auslegungsgeleise zu verlassen und sich (in verschiedenen Annäherungen) stärker den Texten und den in sie eingegangenen Erfahrungen zuzuwenden.

Problematisch war an der Allegorese auf jeden Fall, dass man sie an das kirchliche Lehramt band, mit verschiedenen methodischen Schritten genau zu definieren versuchte – und damit dem Anliegen der Gleichnisse geradezu widersprach. Gleichwohl übt die allegorische Deutung erhebliche Faszination aus und stellt bis heute die in der »Laienexegese« übliche Weise der Gleichnisauslegung dar. Zugleich lässt sich nachvollziehen, dass Kinder für die allegorische Deutung besonders aufgeschlossen sind. Rätsel zu lösen, hinter die Dinge zu sehen und dann zu wissen, »wie etwas funktioniert«, gehört zu dem Prozess hinzu, in dessen Verlauf sie die Welt mehr und mehr begreifen. Nicht zuletzt deshalb sind die Gleichnisse als Unterrichtsstoff auch so beliebt: Man kann mit Hilfe dieser Texte etwas scheinbar leicht erklären – und meint dann, es verstanden zu haben. Aber auch in der Religionspädagogik hat ein Umdenken eingesetzt. Die Gleichnisse als Rätsel zu lesen und im Unterricht zu behandeln, wird ihnen nicht gerecht. Denn wenn ein Rätsel gelöst ist, wird es uninteressant. Gleichnisse dagegen behalten ihre verweisende Kraft, weil sie sich gerade nicht einlinig auflösen lassen.

Vielfach hat man diesen Sachverhalt als Grund dafür angeführt, Gleichnisse erst ab einer bestimmten Entwicklungsphase zu behandeln. Dabei beruft man sich auf Erkenntnisse, die die Entwicklungspsychologie zur kognitiven Entwicklung bei Kindern gesammelt hat. Das tun wir auch in diesem Buch. Manche Gleichnisse und Parabeln, vor allem diejenigen, die die Welt »auf den Kopf stellen«, eignen sich in der Tat nicht für die Grundschule. Das ist nicht verwunderlich, denn sie stellen gerade die Erwachsenenwelt auf den Kopf, wie etwa die Parabel von den Arbeitern im Weinberg oder vom ungerechten Verwalter. Unsere Unterrichtserfahrungen belegen sehr deutlich die Verstehensschwierigkeiten vieler Erwachsener mit diesen Texten. Gerade weil sie einen neuen Blick provozieren, erschließen sich diese Texte nicht sofort.

Aber diese Erkenntnis ist kein generelles Verdikt. Entwicklungspsychologische Stufentheorien haben ebenso wenig dogmatischen Rang wie allegorische Deutungen. Auch wenn kindliches Denken von Konkretem ausgeht und sich daran orientiert, so heißt dies keineswegs, dass Kinder dieses Konkrete nicht übersteigen können. Sie tun dies nur anders, eben nicht begrifflich oder »formal-operational«, sondern indem sie (für Erwachsene scheinbar) Unvereinbares miteinander verknüpfen. Auf diese Weise können sie Worte aus verschiedenen Domänen der Wirklichkeit zusammen denken, die nach der Erwachsenen-Logik nicht zusammen gehören. Sie fügen Fragmente ihrer Erlebnisse, Geschichten und Bilder zu eigenen, bedeutungsvollen Kombinationen zusammen. Aus diesem Grund halten wir es prinzipiell für möglich, Gleichnisse bereits in der Grundschule zu behandeln. Und zwar nicht deshalb, weil wir die kognitiven Fähigkeiten der Kinder überschätzen. Wir versuchen sie allerdings auch nicht zu unterschätzen und tragen ebenso der Erkenntnis Rechnung, dass Verstehen sich nicht allein auf kognitive Fähigkeiten (so wie Erwachsene sie definieren) reduzieren lässt. Die religionspädagogische Aufgabe lautet dementsprechend, Kindern Stoffe zum Nachdenken und Erfahrungen-Sammeln anzubieten und sie beim Sortieren und Verstehen helfend zu begleiten.

Wer sich in die Gleichnisse einliest, sich mit ihnen auf den Weg des Verstehens macht, wer sich durch manche Schwierigkeiten, die sich bieten, hindurchfragt, gewinnt gute Geschichten für Gegenwart und Zukunft, für die eigene wie für die der Kinder und Jugendlichen in der Schule. Auf diesem Verstehensweg gibt es zweifellos verschiedene Stationen. Eine eindeutige Alternative zwischen »Richtig« und »Falsch« ist diesen Texten nicht angemessen. Manchmal führt der Weg ans Zentrum der Gleichnisse heran, manchmal scheint er sich davon zu entfernen, manchmal mögen Grundschüler mit ihrem Gespür für erzählte Wahrheit näher an den Gleichnissen sein als ihre Lehrerin mit dem geschulten historisch-kritischen Blick, ein anderes Mal wiederum eröffnet gerade eine historische Erkenntnis ein neues Verständnis. So versteht sich denn dieses Buch als Einladung und Ermutigung, mit den Schülerinnen, den Schülern und den Gleichnissen einen Verstehensweg zu beginnen. Wir als Autoren sehen in diesem Buch einen Begleiter auf diesem Weg, den man da und dort befragen und von dem man sich Anleitung geben lassen kann auf dem Weg zu einem eigenen Verstehen.

Glossar

Akkomodation → Assimilation

Allegorese
Jede Deutung eines Textes, die diesen als verhüllende Darstellung eines ›eigentlich‹ gemeinten Sinnes auffasst (vgl. Mt 13,36ff). Im Christentum bildete vor allem die durch Origenes eingeführte Lehre vom drei- bzw. vierfachen Schriftsinn die Grundlage der allegorischen Schriftauslegung, die in Antike und Mittelalter bis ins 19. Jahrhundert die Gleichnisdeutung bestimmte.

Allegorie
Eine Allegorie ist ein Text, der einzelne → Metaphern aneinander reiht, die jeweils unterschiedliche Symbole und Bildmotive enthalten. Sie wird erst verständlich, wenn die einzelnen Metaphern durch das Gemeinte ersetzt werden. Aus diesem Grund erschließt sich die Allegorie nur ›Eingeweihten‹ auf einer Metaebene.

Anthropomorph
Anthropomorph bedeutet »menschlicher Gestalt entsprechend«. Gemeint ist die Übertragung menschlicher Eigenschaften oder menschlichen Aussehens auf Nichtmenschliches, im religiösen Bereich besonders auf Gott (z.B. die Vorstellung von der Hand oder dem Herzen Gottes). Im Rahmen der Entwicklung religiöser Vorstellungen im Kindesalter spielen anthropomorphe Gottesbilder eine wichtige Rolle.

Assimilation
Nach dem Schweizer Entwicklungspsychologen Jean Piaget beruht die kognitive Entwicklung auf einem Prozess der Gleichgewichtsbildung (Äquilibration). Einerseits passt sich unsere Wahrnehmung dem Objekt an (→ Akkomodation), andererseits werden neue Wahrnehmungsinhalte in bereits vorhandene Verstehensmuster eingeordnet (Assimilation).

Basileia → Reich Gottes

Bedeutungsüberschuss
Metaphern stellen Dinge nebeneinander, die nicht zusammengehören. Auf diese Weise ermöglichen sie einen neuen Blick auf die Dinge. Sie entfalten schöpferische Kraft (Ricœur). Aus diesem Grund lassen sich mit Hilfe von Metaphern Aussagen machen, die über das unmittelbar Vorfindliche hinausgehen. Darin liegt ihr Bedeutungsüberschuss. Aus diesem Grund ist die Metapher mehr als nur Ausschmückung der Rede.

Beispielgeschichte
Als Beispielgeschichte bezeichnet man eine → Parabel, die mit einer Aufforderung zum Handeln verbunden ist (z.B. Lk 10,29–37). Beispielgeschichten finden sich im NT nur bei Lukas.

Bibliodrama, bibliodramatisch
Ein neuerer, unterschiedlich akzentuierter Zugang zu Bibeltexten, der spielerische Elemente, Interaktion und Identifikation mit der Textauslegung verbindet.

Bild- und Sachhälfte
Nach Jülicher besteht die Grundstruktur des Gleichnisses in einem Nebeneinander zweier in einem Analogieverhältnis zueinander stehender Sätze. Einer stellt das Bild, der andere die Sache dar, das so genannte → Tertium comparationis bietet den verbindenden, statischen Vergleichspunkt. Die rhetorische Funktion des Gleichnisses ist eigentliche, lehrhafte Rede, indem durch den Vergleichspunkt Licht vom Bild auf die Sache fällt und eine diese Sache betreffende Wahrheit hervorgehoben wird. Heute spricht man eher von → Bildspender und Bildempfänger.

Bildempfänger und Bildspender
Die sprachliche Grundform der Metapher ist die eines aus Subjekt (= Bildempfänger), Prädikat (= Bildspender) und Kopula bestehenden Satzes. Der Unterschied zu → Bild- und Sachhälfte besteht darin, dass Bildspender und Bildempfänger keine statischen, sondern dynamische Größen sind, die eigene Wirkung entfalten. Deshalb ist auch das eine, statisch gedachte → tertium comparationis dem Gleichnis nicht angemessen.

Bukolik
Antike Textgattung, die das Leben von Hirten oder Schäfern in seinen verschiedenen Facetten thematisiert. Im griechischen Bereich findet die Bukolik ihren Höhepunkt in hellenistischer Zeit, in Rom sind vor allem die Dichtungen Vergils von Bedeutung.

Dativanfang
Etliche Gleichnisse (z. B. »Schatz im Acker«) vergleichen das → Reich Gottes mit einer Geschehensfolge, die teilweise in einem einzigen Satz dargestellt wird. Es geht also nicht um eine Gleichung Himmelreich = Schatz; das Himmelreich wird vielmehr mit dem erzählten Geschehen insgesamt in Beziehung gesetzt. Da dies im Griechischen mit einem Dativ eingeleitet wird, auf den sich das folgende Geschehen grammatikalisch bezieht, spricht man vom Dativanfang. Als Übersetzung ist angemessen: »Es verhält sich mit dem Himmelreich wie ...«

Disclosure
Die disclosure-Theorie von I. T. Ramsey geht davon aus, dass die religiöse Sprache keine rein deskriptive, sondern eine → evokative Sprache ist: Sie ruft etwas hervor, sie erschließt etwas, sie führt zu einem »Aha-Erlebnis«, zum Fallen des sprichwörtlichen Groschens, zu Einsicht und Engagement (dies alles ist in dem Begriff disclosure zusammen gefasst). T. Aurelio hat diese Theorie zur Interpretation der Gleichnisse aufgegriffen.

Drama in Kleinstform
Die → Parabeln Jesu lassen sich in verschiedene Szenen gliedern, in denen jeweils bestimmte Personen auftreten und handeln. Sie stellen kein statisches Bild dar, sondern erzählen Geschichten. Aus diesem Grund hat Eichholz die Gleichnisse als ›Spiel‹ charakterisiert, Harnisch spricht von der Miniaturausgabe eines in Erzählung gefassten Bühnenstücks.

Elementarisierung
Von der geisteswissenschaftlichen Pädagogik angeregte Frage nach dem, was angesichts der Stofffülle repräsentativ und exemplarisch gelehrt werden soll. Karl Ernst Nipkow hat die Problemstellung für die Religionspädagogik übernommen und schlägt vier Fragerichtungen vor: die nach der elementaren → Struktur, den elementaren → Erfahrungen, den elementaren → Zugängen und der elementaren → Wahrheit.

Erfahrung, elementar

Hinter der Produktion und der Rezeption von Texten steht jeweils Erfahrung. So sind in die Gleichnisse Erfahrungen bezüglich Landwirtschaft, Pachtverhältnissen, Hochzeitssitten etc. eingegangen, die Sprecher und Hörer miteinander teilten. Diese bewirken auch bestimmte Reaktionen wie Zustimmung, Empörung, Schmunzeln etc. Die redaktionsgeschichtliche Forschung macht nun allerdings darauf aufmerksam, dass sich bereits in der neutestamentlichen Zeit die Erfahrungshorizonte z.T. verschoben haben, etwa zwischen dem ländlichen Galiläa und Jerusalem, zwischen jüdischen Wandercharismatikern und frühchristlichen Gemeinden in Kleinasien, zwischen Minderheit und Mehrheit oder unterschiedlichen Vorstellungen zur Naherwartung (Wiederkunft Christi). Hinzu kommen Veränderungen des Erfahrungshorizontes im Laufe der Auslegungsgeschichte bis hin zu heutigen Rezipienten. Die Schlüsselfrage lautet, ob bzw. wie es gelingen kann, Elemente damaliger und heutiger Erfahrung zu verknüpfen. Bedenken muss man jedoch auch die Möglichkeit, dass der biblische Text eine »fremde Welt« vor Augen stellt, die sich gerade durch ihre Andersartigkeit auszeichnet.

Erfahrungshintergrund → Erfahrung, elementare

Erfahrungshorizont → Erfahrung, elementare

Evangelische Unterweisung

Nach dem Zweiten Weltkrieg entwickelte Helmuth Kittel (in Reaktion auf das »Dritte Reich«) das Programm der Evangelischen Unterweisung. Im Umfeld der durch dialektische Theologie und Lutherrenaissance geprägten Autoren Gerhard Bohne, Martin Rang, Oskar Hammelsbeck, Martin Albertz und Bernhard Forck stellte Kittel sein Konzept programmatisch unter den Stichworten »Bibel«, »Gesangbuch«, »Katechismus«, »Kirchengeschichte«, »Gottesdienst in der Schule« und »Heiligung« vor. Die Sonderstellung der Evangelischen Unterweisung als Kirche in der Schule begründe sich daher, dass sie selbst den anderen Fächern ihren Platz zuweise. Adressat der Unterweisung bzw. der Verkündigung waren die getauften Kinder, ohne dass Lernorte und didaktische Konzepte genügend berücksichtigt wurden.

Evokative Sprache

Mit der Sprache kann man Dinge benennen und definieren. Man kann mit Hilfe der Sprache aber auch Dinge erschließen, ahnen lassen, »hervorrufen«, persönlich werden lassen. Diese evokative Funktion der Sprache wird besonders in der → disclosure-Theorie aufgenommen. Ein wesentliches Element der so verstandenen Sprache ist die → Metapher.

Exercitive Sprache → Sprechakttheorie

Gleichnis

Die Gleichnisse gehören zum Kernbestand der Jesusüberlieferung. In ihnen spricht Jesus andeutend von der → Gottesherrschaft und fordert zum – keineswegs selbstverständlichen – Einverständnis mit ihr auf. Die neuere Gleichnisforschung betont (aufgrund der → Metaphernforschung) die Dynamik der Erzählungen, die nicht auf einen statischen Vergleichspunkt, sondern auf eine → Pointe hinzielen. In einem weiteren Sinn dient »Gleichnis« als umfassende Bezeichnung für alle Formen gleichnishafter Texte (und schließt dann Parabeln und Beispielgeschichten ein). Im engeren Sinn bezeichnet Gleichnis nur die vergleichende Rede, die einen immer wiederkehrenden, alltäglichen Vorgang als Bildspender verwendet.

Gottesherrschaft → Reich Gottes

Hermeneutischer Religionsunterricht

Aufbauend auf der hermeneutischen Theologie (Bultmann in Anlehnung an Heideggers Bestimmung des hermeneutischen Wesens des Menschen), deren Anliegen es ist, »echtes Verstehen« des »im Werk begegnenden Anspruchs« zu ermöglichen, unternahm der hermeneutische Religionsunterricht in den 60er Jahren den Versuch, die »existentiale Interpretation« biblischer Texte zum bestimmenden Merkmal des Religionsunterrichts zu erheben, die durch die → Evangelische Unterweisung herbeigeführte Isolation im Fächerkanon zu überwinden und die wissenschaftliche Anschlussfähigkeit des Religionsunterrichts zu dokumentieren. Hauptvertreter waren Martin Stallmann, Hans Stock und Gert Otto.

Hermeneutisches Modell

Im hermeneutischen Auslegungsmodell von Fuchs und Jüngel geht es nicht um die historische Rekonstruktion von Gleichnissen, sondern um deren die Hörer ansprechendes und zum Verstehen anreizendes Potenzial. Gleichnisse werden als → Sprachereignisse verstanden. Sie belehren nicht über das Gottesreich, sondern sprechen es zu, eröffnen damit einen Verstehensprozess und fordern so zu einer Stellungnahme heraus. Im Sprachgeschehen liegt ein → Bedeutungsüberschuss. Deshalb können Gleichnisse über ihre ursprüngliche Situation hinaus Menschen ansprechen.

Himmelreich (Reich der Himmel) → Reich Gottes

Hörerperspektive

In Literaturwissenschaft und Exegese hat man lange Zeit die Autorperspektive vertreten, d.h. die Auslegung der Texte vom Blickwinkel des Autors aus. Seit den 60er Jahren bezieht man in den Verstehensprozess von Texten jedoch in zunehmendem Maß die Perspektive der Rezipienten mit ein (→ Rezeptionsästhetik). Da in der Antike Texte üblicherweise vorgelesen wurden, muss man hier sachgemäß von der Hörerperspektive sprechen.

Ipsissima Vox – (Jesu) ureigenste Stimme

J. Jeremias vertrat die Auffassung, dass in den Gleichnissen die Verkündigung Jesu selbst zum Vorschein komme und dass darin die Besonderheit der Gleichnisse liege. Vor allem die über die jüdische »Normalfrömmigkeit« hinausgehenden Aussagen Jesu erkannte er als Kern der Lehre Jesu. Bei diesem Vorgehen muss man sich der latenten Gefahr eines antijudaistischen Jesusbildes bewusst sein.

Kontrastgleichnisse

Kontrastgleichnisse bauen bei der erzählten Ereignisfolge zwischen Anfangs- und Endstadium einen Kontrast auf (z. B. kleiner Same – großer Senfstrauch). Jeremias verwendet den Begriff bisweilen auch in dem Sinn, dass er die Gleichnisse als »Streitwaffe« Jesu angesichts der bevorstehenden endzeitlichen Entscheidung ansieht. In einem weiteren Sinn sind für H. Weder eigentlich alle Gleichnisse Kontrastgleichnisse, da in ihrem Wechselspiel von Verbergen und Entbergen die Differenz zwischen Gott und Welt gewahrt werde.

Korrelation

Der Begriff bezeichnet zunächst die Entsprechung zwischen Phänomenen der Lebenswelt und der biblischen Offenbarung. Vor allem in der katholischen Religionspädagogik wurde daraus ein didaktisches Prinzip. Fragestellungen aus der Welt der Schüler/innen sollen in Bezug gesetzt werden zur biblisch-theologischen Tradition. So gesehen ergibt sich eine gewisse Verwandtschaft zum Konzept des → thematisch-problemorientierten Religionsunterrichts.

Metapher (Übertragung)
Die Metapher ist ein sprachliches Ausdrucksmittel, in dem die Sprache von einem Vorstellungsbereich in einen anderen springt. Sie ist ein bewusst und absichtsvoll vollzogener Vergleich, in dem die Verschmelzung von Bild und Sache stattgefunden hat (z. B. »Ihr seid das Salz der Erde« Mt 5,13). Vielfach werden in der Bibel konventionelle Metaphern verwendet (z. B. verweisen Hirte und Schafe auf das Verhältnis von Gott und Israel). Aber es gibt auch unkonventionelle Metaphern (z. B. Mk 4,30–32), die von gängigen Vorstellungen provokant abweichen. Vgl. auch → Metaphernforschung

Metaphernforschung
Lange Zeit galt die → Metapher als bloßer (uneigentlicher) Schmuck der Rede mit der Absicht, einen Gedanken gefälliger zu formulieren. In der neueren Metaphernforschung (angestoßen vor allem durch Paul Ricœur) hat man die besondere Qualität der Metapher als »eigentliche« Rede herausgearbeitet. Mit Hilfe eines Bildes sagt sie Dinge, die man ohne Bild nicht sagen könnte. Eine Reihe von Neutestamentlern (H.-J. Klauck, G. Sellin, H. Weder) bemühten sich auf dieser Grundlage um eine Widerlegung von Jülichers These (der die Gleichnisse in strengem Gegensatz zu Metapher und → Allegorie interpretiert) und zeigten: Jesu Gleichnisse sind vom Wesen der Metapher her zu verstehen.

Ontisch
Die Ontologie ist die Lehre vom Seienden. Im Blick auf das menschliche Sein kann man einerseits dem Menschen grundsätzlich gegebene Möglichkeiten nennen; hierauf bezogene Aussagen bezeichnet man als ontologisch. Andererseits weist die menschliche Existenz immer auch spezifische, einer bestimmten Existenz zukommende Möglichkeiten auf, die man als ontisch bezeichnet.

Parabel
In der Tradition Jülichers und Bultmanns versteht man unter einer Parabel eine Gleichniserzählung, in der ein einmaliger, durch Umstände und Handlungsweisen der beteiligten Personen aus dem Rahmen fallender Vorgang erzählt wird. Durch die Ungewöhnlichkeit der »erzählten Welt« zieht die Parabel die Hörer in Bann und provoziert diese zur Identifikation.

Paränese
Mahnrede oder Texte mit ermahnendem Charakter (z.B. Röm 12–15 oder der Jakobusbrief).

Philosophieren mit Kindern
Kinder sind neugierig, sie staunen über die Welt und versuchen sie fragend zu verstehen. Im Staunen und Fragen erkennt man heute zunehmend philosophische Erkenntniswege. Das (von den USA ausgehende und inzwischen in Deutschland breit rezipierte) Philosophieren mit Kindern bedient sich dieser Erkenntniswege und fördert sie. Für die Religionspädagogik stellt sich die Frage, ob und wie ein ähnliches Programm »Theologie mit Kindern« aussehen kann.

Pointe
Bewegung, die im Gleichnis vom → Bildspender in Richtung auf den Bildempfänger ausgeht. Sie kommt durch Zusammenwirken des inneren Gefälles (Verhältnis von Anfang und Ende), der spezifischen Metaphorik und des vorausgesetzten geschichtlichen Problemhorizontes zustande. Anders als das → tertium comparationis ist die Pointe keine statische Größe, sondern hat dynamischen Charakter.

Problemorientierter Religionsunterricht
Um die Engführungen der → Evangelischen Unterweisung (alleinige Konzentration auf die Bibel, keine Berücksichtigung der Adressaten) zu überwinden, wurde zu Beginn der 70er Jahre das Konzept des thematisch-problemorientierten Religionsunterrichts diskutiert. Situations- und Schülerbezug wurden in den Vordergrund gerückt sowie die Pädagogik als gleichberechtigte Bezugsgröße neben der Theologie hervorgehoben. Die Neukonzeption war vornehmlich der zeitgenössischen curricularen Reformwelle und zugleich der Praxis der Fort- und Weiterbildung von schulischen Religionspädagogen zu verdanken. Die theologische Neubegründung (etwa durch Hans Bernhard Kaufmann) bewirkte eine weitgehende Abkehr von der »Wort-Gottes-Theologie«.

Rabbinisches Judentum
Zu Beginn der christlichen Zeitrechnung (70 bis 640 n. Chr.) lebte die Mehrheit der Juden innerhalb des Römischen Reiches (Palästina, hellenistische Diaspora), eine ansehnliche Minderheit in Babylonien und den angrenzenden Gebieten. Am Ende dieser Epoche unterstanden die bedeutenden Zentren jüdischen Lebens der Herrschaft der Araber (Hauptzentrum Babylonien). In dem nach der Zerstörung des Zweiten Tempels (70. n. Chr.) gebildeten Sanhedrin (Hoher Rat) ersetzten die Rabbinen die alten Eliten (Sadduzäer, Pharisäer). Sie überwachten nun die Zusammensetzung und Tätigkeit der öffentlichen Institutionen, einschließlich der Bildungs- und Wohltätigkeitseinrichtungen. In dieser Zeit entstanden Mischna und Talmud. Da die Bindungen zwischen jüdischer Diaspora und dem palästinischen Mutterland sehr eng blieben, bestimmten die rabbinischen Maximen auch weitgehend die Entwicklungen des gesamten Judentums der Zeit.

Radikaler Konstruktivismus
Nach dieser philosophisch-wissenschaftstheoretischen Richtung ist eine »objektive Wirklichkeit« nicht zu erheben. Wirklichkeit wird vom je Einzelnen auf der Basis seiner Sinneseindrücke »konstruiert«. Im Umgang mit anderen und der Umwelt wird dann jeweils getestet, ob dieses Konstrukt »passend« ist. Solange dies der Fall ist, gilt es als »richtig«, da es ein objektives Wahrheitskriterium im strengen Sinne nicht geben kann.

Reich Gottes → Herrschaft Gottes → Basileia
Die Gleichnisse umkreisen als ihr zentrales Thema die Gottesherrschaft (gr. *basileia tou theou*). In vielen Gleichnissen ist sie sogar die → Sachhälfte bzw. der Bildempfänger selbst. Um das Reich Gottes – selbst Metapher – zu deuten, wird die mit ihm gemeinte Sache gleichnishaft, d.h. durch Korrelation mit anderen Metaphern ausgelegt. »Die Basileia kommt *im* Gleichnis als Gleichnis zur Sprache« (Jüngel). Aus alttestamentlichen Traditionen stammend, wurde die Erwartung der Königsherrschaft Gottes vornehmlich in der nachexilischen Prophetie artikuliert. Die Gottesherrschaft ist eschatologisches Geschehen: Gott wird Israel auf dem Zion – dem Tempelberg (dem Ort seiner heilvollen und heilbringenden Präsenz) – sammeln sowie die Heiden zur Anerkennung seiner Herrschaft heranführen. Für Jesus ist das Reich Gottes die endzeitliche Selbstdurchsetzung Gottes, deren sichtbare Verwirklichung zwar erst in naher Zukunft erfolgen wird, aber schon gegenwärtig im Reden und Handeln Jesu Platz greift. Der Begriff »Himmelreich« hat sachlich dieselbe Bedeutung. Matthäus, der in jüdischer Tradition den Gottesnamen vermeidet, verwendet deshalb gerne den Begriff Himmelreich.

Rezeptionsästhetik
Aus der Literaturwissenschaft kommende Forschungsrichtung, die danach fragt, wie ein literarischer Text rezipiert, d.h. betrachtet (= Ästhetik) und verstanden wird. Die Rezeptionsästhetik hat deutlich gemacht, dass Leser oder Hörerin sich einen Text in je eigener Weise zu eigen machen. Diese Rezeption kann dabei von der ursprünglichen Absicht des Verfassers oder von der

Interpretation der Wissenschaft erheblich abweichen. Neben die Produktion eines Textes gehört für die Vertreter dieser Richtung die Rezeption zum gesamten literarischen Prozess hinzu.

Semantisch
Die Semantik ist das Teilgebiet der Linguistik, das sich mit der Analyse und Beschreibung der Bedeutung sprachlicher Ausdrücke befasst. Das Adjektiv semantisch bezieht sich auf die Bedeutung eines sprachlichen Ausdrucks.

Sitz im Leben
Die formgeschichtliche Methode sucht die literarische Gattung eines Textes oder Textabschnitts zu bestimmen. Als ein Element der Gattungsbestimmung zählt der »Sitz im Leben«, d.h. der »historische Ort« der Gattung. Damit ist aber nicht eine historisch einmalige Situation, sondern eine gesellschaftliche, verfassungsmäßige, kulturgeschichtliche oder kultische Konstellation oder Verwendungssituation gemeint (so kann z. B. ein Text seinen »Sitz im Leben« in der Missionspredigt der frühen Gemeinden oder in der Taufunterweisung gehabt haben).

Spielraum
Die Vorstellung vom Spielraum kommt vom Verständnis der → Gleichnisse als → Metaphern her. Die Metapher gehört in einen Kontext hinein, in dem das Gesagte sich erschließt und Eindeutigkeit gewinnt. Mit diesem Kontext eröffnet die Metapher gewissermaßen einen Spielraum, in dem sie um das Einverständnis der Hörer wirbt. Die Vorstellung vom Spielraum führt dann dazu, dass man das Gleichnis als Spiel und als → Drama (Harnisch) verstehen kann.

Sprachereignis
Sprache bildet die Wirklichkeit nicht einfach ab. Sie ist in der Lage, Wirklichkeit anzusagen (Fuchs, Jüngel) und damit zu schaffen (vgl. → Sprechakttheorie). Gleichnisse als Sprachereignis belehren nicht über das Gottesreich, sondern lassen es in der Sprache aufscheinen, sprechen es zu und fordern damit zur Stellungnahme heraus. Darin liegt ihre Bedeutung und ihre Wahrheit.

Sprachgeschehen → Sprachereignis

Sprechakttheorie
Die von Austin und Searle aufgestellte Theorie besagt, dass mit sprachlichen Äußerungen nicht nur Sachverhalte beschrieben, sondern auch Handlungen initiiert und sogar durchgeführt werden (z. B. »ich verspreche dir«, »ich warne dich«, »ich lobe dich«). Gleichnisse sind in dieser Perspektive als → »exercitive Sprechakte« zu verstehen, in denen ein Sprecher einen Hörer das Reich Gottes sehen lässt, indem er davon spricht.

Struktur, elementar
Mit diesem Begriff wird beschrieben, was traditionellerweise den Kern der Sachanalyse bei der Unterrichtsplanung ausmacht. Es geht dabei neben der Klärung des Sachverhaltes vor allem darum, die Logik und innere Struktur des Unterrichtsgegenstandes herauszuarbeiten. Im Blick auf die Gleichnisse sind dies die grundlegenden Aussagelinien der Texte. Im weiteren Fortgang der Planung kann dann geprüft werden, welche Elemente des Unterrichtsgegenstandes geeignet sind, weil sie sich voraussichtlich mit den anderen Elementarisierungsdimensionen verbinden lassen.

Talmud-Traktat
Talmud bedeutet Lernen der Tradition bzw. traditionelle (mündliche) Lehre (von hebr. *lamad*). Ausgehend von der Mischna (von hebr. *schana* = wiederholen), einer jüdischen Lehrsammlung aus der Zeit um 200, kommt es zu zwei Talmud-Rezensionen, der palästinischen und der babylonischen. Der Talmud folgt in der Reihenfolge den Mischna-Traktaten, entfaltet aber das reli-

giöse Gesetz der Mischna (= die Halacha) in oft unerwarteter Weise und ergänzt sie durch verschiedenste haggadische (= nicht gesetzliche) Stoffe und Bibelauslegungen. Mischna und Talmud bestehen aus jeweils sechs Hauptabteilungen die wiederum thematisch in massekhet (= Gewebe), also Traktate untergliedert sind. Diese werden nochmals in Kapitel und einzelne Lehrsätze unterteilt.

Tertium comparationis
Nach Jülicher – und danach über Jahrzehnte unangefochten anerkannt – wird die → Bild- und Sachhälfte des Gleichnisses durch einen Vergleichspunkt verbunden, das so genannte tertium comparationis. Damit wird die Botschaft des Gleichnisses in Form einer mehr oder weniger abstrakten theologischen Aussage oder eines allgemein gültigen Lehrsatzes fixiert. Da der statische Vergleichspunkt der Dynamik der → Gleichnisse nicht wirklich gerecht wird, spricht man heute zutreffender von der → Pointe der Gleichnisse.

Thematisch-problemorientierter Religionsunterricht → Problemorientierter RU

Umformungsgesetze
Für Jeremias stellen die Gleichnisse als → ipsissima vox den Kern der Verkündigung Jesu dar. Mit ihrer Hilfe habe Jesus seine frohe Botschaft gegenüber Kritikern verteidigt, weshalb die Gleichnisse zum großen Teil »Streitwaffe« seien. Die frühe Christenheit habe die Gleichnisse weitergegeben, sie dabei aber im Rahmen des Lebens der Urkirche zugleich verändert. Aus diesem Grund spricht er von einem zweifachen historischen Ort der Gleichnisse (in der Wirksamkeit Jesu und dem Leben der Urkirche). Diese Veränderung kann man mit Hilfe bestimmter Umformungsgesetze nachvollziehen.

Unähnlichkeitskriterium
Jülicher und Bultmann fragen nach dem → Sitz im Leben der Gleichnisse zurück. Nach Bultmann muss man dabei das Unähnlichkeitskriterium anwenden: »Wo der Gegensatz zur jüdischen Moral und Frömmigkeit und die spezifisch eschatologische Stimmung, die das Charakteristikum der Verkündigung Jesu bilden, zum Ausdruck kommt, und wo sich andererseits keine spezifisch christlichen Züge finden, darf man am ehesten urteilen, ein echtes Gleichnis Jesu zu besitzen« (Geschichte, S. 222). Das Kriterium wird heute in der Jesusforschung nur insoweit eingeschränkt verwendet, als es allenfalls zu negativen Aussagen führen kann und zudem eine sehr eingeschränkte Sicht des Judentums voraussetzt.

Verfremdung
Von Verfremdung spricht man im Blick auf die → Gleichnisse, wenn eine → Metapher einem konventionellen sprachlichen Ausdruck eine überraschende Wendung verleiht und dadurch Spannung erzeugt.

Verschränkung
Linnemann geht mit ihrer Verschränkungstheorie davon aus, dass zur Ursprungssituation eines Gleichnisses nicht nur der Sprecher, sondern auch die Hörer gehören. Sie versteht das Gleichnis als Gespräch, dessen Ziel es ist, dass sich das Urteil der Hörenden mit dem des Sprechers verschränkt; das Einverständnis der Hörer soll gewonnen und ihr Verstehen geöffnet werden. Mit dieser Theorie ebnet Linnemann den Weg der Gleichnisexegese hin zum → hermeneutischen Modell.

Wahrheit, elementare
Mit diesem Begriff ist die existenzielle Dimension eines Textes angesprochen: Ist er für mich, ist er für die Schülerinnen und Schüler wichtig? In welcher Weise kann er mich bestärken

oder verunsichern? Die Frage nach der elementaren Wahrheit bedeutet letztlich, ob der Text für die möglichen Leser oder Hörer Relevanz haben kann.

Weltwissen
Damit sind hier die Kenntnisse gemeint, die jeder gemeinhin vom Funktionieren von Welt und Natur hat (z. B. dass die Sonne im Osten aufgeht). Für die Auslegung antiker Texte ist es wichtig, vom damaligen Weltwissen auszugehen.

Wirkungsgeschichte
Die → Gleichnisse sind im Lauf der Zeit immer wieder ausgelegt und auf neue Situationen hin interpretiert worden. Insofern haben sie in vielfältigen Formen Wirkung entfaltet. Dieser von den Texten ausgehenden Wirkung geht die Wirkungsgeschichte nach. Der Begriff geht zurück auf das hermeneutische Konzept von Hans-Georg Gadamer. Seine Hermeneutik hat ihren Grund in der Sprachlichkeit des Verstehens: »Sein, das verstanden werden kann, ist Sprache.« Das »wirkungsgeschichtliche Bewusstsein« ist die philosophisch-methodische Ausführung der Hermeneutik und zugleich wahrer Ausdruck der hermeneutischen Erfahrung.

Zugänge, elementare
Um einen Text zu verstehen, bedarf es bestimmter kognitiver Voraussetzungen. Verschiedene Untersuchungen des Entwicklungspsychologen Jean Piaget und seiner Schüler konnten bestimmte Stufen des kognitiven, religiösen oder moralischen Erkenntnisvermögens ausmachen. Da davon auszugehen ist, dass die neuen Informationen z. B. über Gleichnisse im bereits ausgebildeten Verstehenshorizont erfolgt (→ Assimilation), sollte dieser bei der Planung von Unterricht mitbedacht werden.

Zweigipfeligkeit
Von Zweigipfeligkeit spricht man, wenn eine → Parabel zwei zentrale Aussagen macht, wie beispielsweise die Parabel vom »Vater mit den beiden Söhnen«.

Literaturverzeichnis

Albrecht, A. / Edelkötter, L., Jetzt ist die Zeit, jetzt ist die Stunde, aus: »Worauf es ankommt, wenn er kommt«, LP JMP 1011, Drensteinfurt 1980
Arens, E., Kommunikative Handlungen, Düsseldorf 1982
Artemidor, Traumbuch, Basel/Stuttgart 1965
Augustin, Bekenntnisse und Gottesstaat (Kröners Taschenausgabe 80), Stuttgart [7]1965
Aurelio, T., Disclosures in den Gleichnissen Jesu (Regensburger Studien zur Theologie 8), Regensburg 1977
Austin, J.L., Zur Theorie der Sprechakte (Reclam-UB 9396), Stuttgart [3]1968

Bailer, A., Profile des Religionsunterrichts, Stuttgart 1980
Baldermann, I., Gottes Reich. Hoffnung für Kinder (WdL 8), Neukirchen-Vluyn 1991
Baldermann, I., Wer hört mein Weinen? Kinder entdecken sich selbst in den Psalmen (WdL 4), Neukirchen-Vluyn 1986
Baldermann, I. / Nipkow, K. E. / Stock, H., Bibel und Elementarisierung, Aachen 1979
Balz, H., Artikel *peináo*, in: EWNT III, Sp.146f
Barz, H., Religion ohne Institution (Jugend und Religion 1), Opladen, 1992
Baudler, G., Jesus im Spiegel seiner Gleichnisse. Das erzählerische Lebenswerk Jesu – ein Zugang zum Glauben, Stuttgart/München 1988
Baudler, G./Sorger, K., Der »ungetreue Verwalter«, Lk 16,1–13). Ein schwieriges Gleichnis von 2 verschiedenen exegetischen und didaktischen Positionen aus interpretiert, in: ru 15 (1985), Heft 3, S. 82ff
Bauer, W., Wörterbuch zum Neuen Testament, hrsg. von K. und B. Aland, Berlin/New York [6]1988
Baur, K. u. a., Kursbuch Religion 2000, 5/6, Stuttgart/Frankfurt 1997
Baur, K. u. a., Kursbuch Religion 2000, 5/6 Lehrerhandbuch, Stuttgart/Frankfurt 1997
Becker, U. / Scheilke, C., Aneignung und Vermittlung. Beiträge zu einer religionspädagogischen Hermeneutik, Gütersloh 1995
Becker, U. u.a. (Hrsg.), Orientierung Religion, Frankfurt/Main [3]1975
Bee-Schroedter, H., Neutestamentliche Wundergeschichten im Spiegel vergangener und gegenwärtiger Rezeption (SBS 39), Stuttgart 1998
Berg, H. K., Grundriss der Bibeldidaktik. Konzepte. Modelle. Methoden, München/Stuttgart 1993
Berg, H. K. / Doedens, F., Globalziel im Wandel, in: dies., Unterrichtsmodelle im Religionsunterricht. Zur Praxis und Theorie, Frankfurt/München 1974, S. 208–211
Berg, H. K. / Doedens, F., Gesichtspunkte zur Didaktik des problemorientierten Religionsunterrichtes, in: dies., Unterrichtsmodelle im Religionsunterricht. Zur Praxis und Theorie, Frankfurt/München 1974, S. 73–105
Berg, H. K. / Berg, S., Himmel auf Erden. Wunder und Gleichnisse (Biblische Texte verfremdet, Band 11), München/Stuttgart 1989
Berger, K., Materialien zur Form- und Überlieferungsgeschichte neutestamentlicher Gleichnisse, in: NovTest 15, 1973, S. 1–37
Berryman, J.W., Being in Parables with Children, in: Religious Education 74/ 1979, S. 271–285
Die Bibel. Mit Bildern von Sieger Köder, Ostfildern [2]1993
Bill, R. / Schmidt, V., Gleichnisse, Handlungen, Hoheitstitel Jesu. Theologischer Grundkurs für das 4.–6. Schuljahr. Analyse und Planung, Frankfurt/Berlin/ München 1974

Bochinger, E., Distanz und Nähe. Beiträge zur Didaktik des Religionsunterrichts, Stuttgart 1968
Bornkamm, G., Jesus von Nazareth (Urban-TB 19), Stuttgart, ⁶1963
Bösen, W., Galiläa als Lebensraum und Wirkungsfeld Jesu. Eine zeitgeschichtliche und theologische Untersuchung, Freiburg 1990
Brunner, J., »Der Jesus kann gut mit Kindern umgehen«. Christologie der Vorschulkinder, in: Büttner, G. / Thierfelder, J., Trug Jesus Sandalen? Kinder und Jugendliche sehen Jesus Christus, Göttingen 2001, S. 27–71
Bubenheimer, U., Spielen im Religionsunterricht. Zu einem Unterrichtsprojekt und einem Unterrichts-Mitschaufilm, in: entwurf 1/81, S. 6–19.
Bucher, A., Gleichnisse verstehen lernen (Praktische Theologie im Dialog 5), Freiburg 1990
Bucher, A./ Oser, F., Wenn zwei das gleiche Gleichnis hören, in: ZfP 33, 1987, S. 167–183
Bultmann, R., Die Geschichte der synoptischen Tradition (FRLANT 29), Göttingen ⁷1967
Büttner, G., Werden Gebete erhört? Ein exemplarischer Elementarisierungsprozess für den Unterricht in Klasse 5, in: KatBl 119/1994, S. 312–317
Büttner, G., »Meine Oma hat zu mir gesagt, dass ich ein Schatz bin«. Gleichnisverstehen von Kindern und Jugendlichen, in: GlLe 13/1998, S. 152f
Büttner, G., Seelsorge im Religionsunterricht. Pastoralpsychologische Untersuchungen zum Zusammenhang von Thema und Interaktion in der Schulklasse, Stuttgart 1991
Büttner, G. / Schellhase, B.: Nicht alles ist gleich zu verstehen, denn Worte sind doppelbödig, in: Religion heute 3/1986 S. 186–190
Büttner, G., u. a., SpurenLesen. Religionsbuch für die 5./6. Klasse, Stuttgart 1996
Büttner, G., u. a., Spuren Lesen. Religionsbuch für die 7./8. Klasse. Werkbuch, Stuttgart 1998
Büttner, G., u. a., Spuren Lesen. Religionsbuch für die 7./8. Klasse, Stuttgart 1998

Calvin, J., Johannes Calvins Auslegung der Heiligen Schriften, Neue Reihe, 12. Band, Neukirchen-Vluyn 1966
Chrysostomus, Homilie zum Matthäuskommentar (Bibliothek der Kirchenväter 26), Kempten/München 1948
Crossan, D., In Parables, New York 1973

Dalman, G., Viererlei Acker, in: Palästina-Jahrbuch 22/1926, S. 120–132
Daniélou, J., Le bon Samaritain, in: Mélanges Bibliques, rédigés en l'honneur de Robert, A., 1955
Debot-Sevrin, M.R., An Attempt in Experimental Teaching. The Assimilation of a Parable by Normal an Maladjusted Children of 6–7 Age Group, in: Godin, A. (Hrsg.). From Cry to word. Contributions to a Psychology of Prayer, Brüssel, 1968, S. 135–158
Debuyst, F., Das Fest als Zeichen und Vorwegnahme der endzeitlichen Gemeinschaft, in: Conc 4/1968, S. 646–650
Dessecker, K. / Martin, G. / Meyer zu Uptrup, K., Religionspädagogische Projektforschung, Stuttgart / München 1970
Die Neue Illustrierte Familien Bibel für Häusliche Erbauung und Belehrung enthaltend das Alte und Neue Testament mit den Apokryphen und der Concordanz,..., Philadelphia/Pa. o.J. (um 1900)
Dietermann, J., Materialhefte, Heft 69, hrsg. von der Beratungsstelle für Gottesdienste und andere Gemeindeveranstaltungen, Frankfurt/M. 1993
Dodd, C. H., The Parables of the Kingdom, London 1935

Ebeling, G., Evangelische Evangelienauslegung. Eine Untersuchung zu Luthers Hermeneutik, Tübingen ³1991
Eichholz, G., Das Gleichnis als Spiel, in: EvTh 21, 1961, S. 57–77
Eichholz, G., Gleichnisse der Evangelien. Form, Überlieferung, Auslegung, Neukirchen-Vluyn ⁴1984

Engemann, J., Die bukolischen Darstellungen, in: Spätantike und frühes Christentum. Ausstellungskatalog Liebighaus, Frankfurt/M. 1983
Erb, J. (Hrsg.), Schild des Glaubens. Mit Bildern versehen von Paula Jordan, Kassel ⁵1949
Erlemann, K., Das Bild Gottes in den synoptischen Gleichnissen (BWANT 126), Stuttgart 1988
Erlemann, K., Gleichnisauslegung. Ein Lehr- und Arbeitsbuch (UTB 2093), Tübingen/Basel 1999

Faust-Siehl, G. u.a. (Hrsg.), 24 Stunden Religionsunterricht, Münster, o.J.
Fetz, R.L., Die Entwicklung der Himmelssymbolik. Ein Beispiel genetischer Semiologie, in: JRP 2, 1985, S. 206f
Fiebig, P., Die Gleichnisreden Jesu im Lichte der rabbinischen Gleichnisse des neutestamentlichen Zeitalters, Tübingen 1912
Fichtl, F., (Hrsg.), Bilder zum Kirchenjahr 6, Freiburg 1978
Flusser, D., Die rabbinischen Gleichnisse und der Gleichniserzähler Jesus, Teil 1, Bern/Frankfurt/Las Vegas 1981
Fowler, J., Stufen des Glaubens, Gütersloh 1991
Freese, H.-L., Kinder sind Philosophen, Berlin ³1990
Freudenberg, H., Religionsunterricht praktisch 3–4. Folien. Arbeitshilfe für die Grundschule, Göttingen 1992
Freudenberger-Lötz, P., Gleichnisse neu sehen: Ein entwicklungsbegleitender Ansatz, dargestellt am Beispiel des Gleichnisses vom Senfkorn (Mk 4,30–32 parr), Diplomarbeit PH Heidelberg 1998 (unveröffentlicht)
Freudenberger-Lötz, P., »Wo bist du, Gott?« Eine Unterrichtseinheit zur Gottesfrage für die Klassen 3–6, Stuttgart 2001
Frör, K., Die kirchliche Unterweisung an Volksschulen, I./II. Jahrgang, München ⁴1965
Frör, K., Artikel Gleichnis und Parabel III, in: RGG³, Bd.2, Sp. 1619–1621
Frör, K., Wege zur Schriftauslegung. Biblische Hermeneutik für Unterricht und Predigt, Düsseldorf 1961
Fuchs, E., Hermeneutik, Bad Cannstadt 1958
Fuchs, E., Zur Frage nach dem historischen Jesus, Tübingen 1965
Funk, R., Language, Hermeneutic and the Word of God, New York 1966

Gerhardsson, B., The Good Samaritan. The Good Shepherd? (CN 16), Lund 1958
Gengnagel, L., Mein kirchlicher Lehrauftrag im vierten Schuljahr. Unterrichtshilfe für den kirchlichen Unterricht in der Volksschule, Stuttgart ²1960
Gnilka, J., Das Matthäusevangelium II (HThK I/II), Freiburg/Basel/Wien ²1992
Goßmann, K. / Mette, N., Lebensweltliche Erfahrung und religiöse Deutung. Ein religionspädagogisch-hermeneutischer Zugang, in: Comenius-Institut (Hrsg.), Religion in der Lebensgeschichte. Interpretative Zugänge am Beispiel der Margret E., Gütersloh 1993, S. 163–175
Grözinger, A., Die Sprache des Menschen. Ein Handbuch. Grundwissen für Theologinnen und Theologen, München 1991
Grundmann, W., Das Evangelium nach Lukas (ThHK 3), Berlin ⁶1971
Gutschera, H./Thierfelder, J., Brennpunkte der Kirchengeschichte, Paderborn 1976

Habbe, J., Palästina zur Zeit Jesu. Die Landwirtschaft in Galiläa als Hintergrund der synoptischen Evangelien (Neukirchener Theologische Dissertationen und Habilitationen 6), Neukirchen-Vluyn 1996
Hainz, J. (Hrsg.), Münchener Neues Testament. Studienübersetzung, Düsseldorf ²1989
Halbfas, H., Das dritte Auge. Religionsdidaktische Anstöße, Düsseldorf 1995
Halbfas, H., Religionsunterricht in der Grundschule. Lehrerhandbuch 1, Köln/ Düsseldorf 1983
Halbfas, H., Religionsbuch für das dritte Schuljahr, Düsseldorf 1998
Halbfas, H., Religionsunterricht in der Grundschule. Band 3, Zürich/ Köln 1985

Hammerstiel, R. / Willand, D., Holzschnitte zur Bibel, Bietigheim-Bissingen 1992 (Evangelisches Dekanatsamt Ludwigsburg. Schuldekan)
Hanisch, H., »Wenn eine Wolke vorbeizieht, könnte ich mir vorstellen, dass er da auf die Erde guckt und sich denkt: ›Nanu, was ist denn da los ...‹«. Die schöpferische Kraft der Phantasie von Kindern, ru 28, S. 86–89
Hanisch, H., Die zeichnerische Entwicklung des Gottesbildes bei Kindern und Jugendlichen, Stuttgart/Leipzig 1996.
Hanisch, H. / Haas, D., Unterrichtseinheiten für den Religionsunterricht. 5./6. Schuljahr. Hauptschule, Stuttgart 1986
Harnisch, W., Die Gleichniserzählungen Jesu (UTB 1343), Göttingen ^{3}1995
Harnisch, W., Die Sprachkraft der Analogie, in: ders., Die Gleichniserzählungen Jesu, Göttingen ^{2}1990
Heilmann, A., Texte der Kirchenväter III. München 1964
Heller, H., »... und so haben wir dann im Weinberg gearbeitet«, in: G. Büttner u.a., SpurenLesen 7/8. Werkbuch. Stuttgart 1998 S. 43ff
Hermanns, C., Wie werdet ihr die Gleichnisse verstehen. Empirisch-theologische Forschung zur Gleichnisdidaktik, Kampen/Weinheim 1990
Hermans, C., Sprachkompetenz in bezug auf Metaphern und Gleichnisdidaktik, in: Religionspädagogische Beiträge 26/1990, S. 96–114
Hilger, G., Langsamer ist mehr. Vorschläge für eine produktive Verlangsamung des Lernens im Religionsunterricht, in: Schweitzer, F. / Faust-Siehl, G. (Hrsg.), Religion in der Grundschule, Frankfurt 1994, S. 215–220.
Hiller-Ketterer, I. / Thierfelder, J., Leistung und Gerechtigkeit. Vier Modelle für einen bibelorientierten Religionsunterricht in der Grundschule, Stuttgart 1972
Hofmeier, J., Fachdidaktik katholische Religion, München 1994
Horaz, Q.F., Sämtliche Gedichte. Lateinisch-Deutsch, Stuttgart 1992

Jeanrond, W.G., Text und Interpretation als Kategorien theologischen Denkens (HUTh 23), Tübingen 1986
Jeremias, J., Die Gleichnisse Jesu, Göttingen ^{10}1984
Jeremias, J., Jerusalem zur Zeit Jesu, Göttingen ^{3}1969
Johannsen, F., Gleichnisse im Unterricht. Anregungen und Modelle für die Grundschule (GTB Siebenstern 757), Gütersloh 1986
Josephus: Des Flavius Josephus Jüdische Altertümer (übersetzt v. H. Clementz), Wiesbaden ^{10}1990
Jülicher, A., Die Gleichnisreden Jesu. Band I und II, Darmstadt 1976
Jüngel, E., Paulus und Jesus. Eine Untersuchung zur Präzisierung der Frage nach dem Ursprung der Christologie (HUTh 2), Tübingen ^{3}1967

Kähler, C., Jesu Gleichnisse als Poesie und Therapie. Versuch eines integrativen Zugangs zum kommunikativen Aspekt von Gleichnissen Jesu (WUNT 78), Tübingen 1995
Kaspar, R., » ... Wie auch wir vergeben unseren Schuldigern.« Zur Rezeption der Parabeln vom unbarmherzigen Gläubiger und vom klugen Verwalter (Mt 18, 23–34 und Lk 16, 1–8a) bei zehn Kindern, Jugendlichen und jungen Erwachsenen (Maschinenschriftliche Magisterarbeit der Katholisch-Theologischen Fakultät der Universität Salzburg), Salzburg 1996
Kaufmann, H.-B., Muß die Bibel im Mittelpunkt des Religionsunterrichts stehen?, in: ders., Streit um den problemorientierten Unterricht in Schule und Kirche, Frankfurt/Berlin/München 1973, S. 23–27
Kautzsch, E., Die Apokryphen und Pseudepigraphen des Alten Testaments, Band 1 und 2, Darmstadt 1975
Klauck, H.J., Allegorie und Allegorese in synoptischen Gleichnistexten (NTA. NF 13), Münster 1978

Klein, H., Barmherzigkeit gegenüber Elenden und Geächteten. Studien zur Botschaft des lukanischen Sonderguts (BThSt 10), Neukirchen-Vluyn 1987
Knoch, O., Wer Ohren hat, der höre. Die Botschaft der Gleichnisse Jesu. Ein Werkbuch zur Bibel, Stuttgart, 1983
Kohlberg, L./ Gilligan, C., The Adolescent as a Philosopher. The Discovery of the Self in a Postconventual World, in: Kagan, J./ Coles, R. (Hrsg.): Twelve to Seventeen. Early Adolescense, New York, 1971/72, S. ...
Kraus, K., Die Massai-Bibel. Bilder zum Alten und Neuen Testament, Stuttgart 1985
Kübler, A. / Bödingmeier, F., Arbeitshilfen für einen ganzheitlichen Religionsunterricht an Förderschulen, Rottenburg 1996
Künneth, W., Artikel Kanon. In: Theologische Realenzyklopädie 17, S.562–570

Leiner, M., Psychologie und Exegese. Grundfragen einer textpsychologischen Exegese des Neuen Testaments, Gütersloh 1995
Lessing, E. (Hrsg.), Der Mann aus Galiläa. In Bildern dargestellt, Freiburg / Basel/Wien 1972
Ley, S., Unterrichtliche Elementarisierung biblischer Texte, in: Deutsches Institut für Fernstudien an der Universität Tübingen (Hrsg.), Fernstudienlehrgang für evangelische Religionslehrer, Studienbrief I/4, Umgang mit der Bibel, Tübingen, 1978, S. 25–42
Lindemann, A., Artikel Herrschaft Gottes / Reich Gottes IV. Neues Testament und spätantikes Judentum, in: TRE 15, S. 196–218
Linnemann, Eta: Gleichnisse Jesu. Einführung und Auslegung, Göttingen ⁴1966
Lionni, L., Fisch ist Fisch, Köln 1970
Lionni, L., Frederick, Köln ⁹1975
Luhmann, N.: Religion als System. Thesen, in: Dahm, K.W. / Luhmann, N. / Stoodt, D.: Religion. System. Sozialisation, Darmstadt/Neuwied, 1972, S. 11–13
Lüpke, R.: Erzählend die Gottesherrschaft entdecken lassen, in: Informationen. Evangelischer Religionsunterricht in Berlin, 3–4/1987, S. 3–19
Luther, M., Weimarer Ausgabe (WA)
Luz, U., Das Evangelium nach Matthäus (EKK I/2) Neukirchen-Vluyn 1990

Madsen, I.K., Die Parabeln der Evangelien und die heutige Psychologie, Kopenhagen/Leipzig 1936
Massa, D., Verstehensbedingungen von Gleichnissen. Probleme und Voraussetzungen der Rezeption aus kognitiver Sicht (TANZ 31), Tübingen/Basel 2000
Matthews, G., Denkproben. Philosophische Ideen jüngerer Kinder, Berlin 1991
Matthews, G., Philosophische Gespräche mit Kindern, Berlin 1998
Meister Eckehart, Schriften, Jena 1934
Mell, U., Die Zeit der Gottesherrschaft. Zur Allegorie und zum Gleichnis von Markus 4,1–9 (BWANT II. 144), Stuttgart/Berlin/Köln 1998
Mello, A. de, Der Dieb im Wahrheitsladen. Die schönsten Weisheitsgeschichten, Freiburg/ Basel/Wien ²1998
Monselewski, W., Der barmherzige Samariter. Eine auslegungsgeschichtliche Untersuchung zu Lukas 10, 25–37 (BGBE 5), Tübingen 1967
Müller, P., Wie werdet ihr alle Gleichnisse verstehen? Die Gleichnisse vom Säen, Wachsen und Fruchtbringen in Markus 4, in: Huizing, K. / Körtner, U. / Müller, P., Lesen und Leben. Drei Essays zur Grundlegung einer Lesetheologie, Bielefeld 1997, S. 53–97
Müller, P., In der Mitte der Gemeinde. Kinder im Neuen Testament, Neukirchen-Vluyn 1992
Müller, P., Schätze entdecken, in: G. Büttner / D. Petri / E. Röhm (Hrsg.), Wegstrecken. Beiträge zur Religionspädagogik und Zeitgeschichte. Festschrift für Jörg Thierfelder zum 60. Geburtstag, Stuttgart 1998, S. 230–244
Müller-Bardoff, H., Meditation in der Grundschule (Arbeitshilfe 17), Regensburg 1994

Murphy, R., Does Children's Understanding of Parables Develop in Stages? (Learning for Living 16/1977), S. 168–172

Neidhart, W. / Eggenberger, H.: Erzählbuch zur Bibel, Zürich 1975
Neumann, J. (Hrsg.), Lehre Jesu in Wort und Bild, zusammengestellt und mit Erläuterungen versehen, Tübingen 1999
Nipkow, K.E., Bildung als Lebensbegleitung und Erneuerung, Gütersloh [2]1992
Nipkow, K.E., Elementarisierung als Kern der Unterrichtsvorbereitung am Beispiel der Elia-Überlieferung, in: KatBl 111 S. 600–608
Nipkow, K.E., Erwachsenwerden ohne Gott? Gotteserfahrung im Lebenslauf, Gütersloh, 1987
Nipkow, K.E., Grundfragen der Religionspädagogik. Band 3, Gütersloh 1982
Novalis, Schriften, Band 2, Darmstadt 1999

Oberthür, R., Kinder und die großen Fragen, München 1995
Oberthür, »... wer nicht fragt, bleibt dumm«. »Philosophieren mit Kindern« als Impuls für den Religionsunterricht, in: KatBl 117/1992, S. 783–792
Origenes: Görgemann, H. / Karpp, H., Origenes. Vier Bücher von den Prinzipien, Darmstadt 1976
Origenes, Homilien zum Lukasevangelium II. Lateinisch, Griechisch, Deutsch (Fontes Christiani), Freiburg/Basel/Wien 1992
Oser, F. / Gmünder, P., Der Mensch. Stufen seiner religiösen Entwicklung. Ein strukturgenetischer Ansatz, Zürich/Köln 1984
Otto, E. / Schramm, T., Fest und Freude (Kohlhammer-TB 1003), Stuttgart 1977

Pedersen, S., Artikel *euphraino*, in: EWNT II, Sp. 217–219
Peisker, C.H., Züricher Evangelien-Synopse, Kassel 1964
Pesch, R., Zur Exegese Gottes durch Jesus von Nazareth. Eine Auslegung des Gleichnisses vom Vater und den beiden Söhnen, in: Jesus, Ort der Erfahrung Gottes, Freiburg [2]1977, S. 140–189
Philo von Alexandrien, Werke, hrsg. v. L. Cohn, Berlin 1896 ff
Philostrat, Das Leben des Apollonius von Tyana. Griechisch-Deutsch, hrsg., übersetzt und erläutert von V. Mumprecht, München/Zürich 1983
Physiologus. Frühchristliche Tiersymbolik, übersetzt und hrsg. von U. Treu, Berlin [2]1981
Pithan, A., Differenz als hermeneutische Kategorie im Vermittlungs- und Aneignungsprozess, in: Becker, U. / Scheilke, Ch. (Hrsg.), Aneignung und Vermittlung, Gütersloh 1995, S. 94–104
Piaget, J., Das moralische Urteil beim Kinde, Frankfurt [2]1983
Piaget, J., Das Weltbild des Kindes, München [4]1994
Plinius, C. S., Naturkunde. Lateinisch-Deutsch, hrsg. und übersetzt von R. König, Darmstadt 1973 ff

Quintilian, M.F., Ausbildung des Redners. Zwölf Bücher, hrsg. und übersetzt von H. Rahn, Darmstadt [2]1995

Ragaz, L., Die Gleichnisse Jesu. Seine soziale Botschaft (GTB 1428), Gütersloh 1991
Rau, E., Reden in Vollmacht. Hintergrund, Form und Anliegen der Gleichnisse Jesu (FRLANT 149), Göttingen 1990
Rengstorf, K. H., Das Evangelium nach Lukas (NTD 3), Göttingen [14]1969
Richter, J., Himmel, Hölle, Fegefeuer. Versuch einer Befreiung, Weinheim 1982
Ricœur, P., Stellung und Funktion der Metapher in der biblischen Sprache, in: Metapher (EvTh Sonderheft) 1974, S. 45–70

Ritz-Fröhlich, G., Kinderfragen im Unterricht, Bad Heilbrunn 1992
Ritz-Fröhlich, G., Lasst die Kinder fragen! Ergebnisse eines Forschungsprojektes, in: Grundschule 4/1991, S. 67–69
Rupp, H., Gleichnisse im Unterricht – Schön! Aber wie?, in: entwurf 1/91, S. 39–41

Schapp, W., In Geschichten verstrickt. Zum Sein von Mensch und Ding, Wiesbaden [3]1985
Scharfenberg, J. / Kämpfer, H., Mit Symbolen leben. Psychologische, soziologische und religiöse Konfliktverständigung, Freiburg/Olten 1980
Schenke, L., Die Urgemeinde. Geschichtliche und theologische Entwicklung, Stuttgart/Berlin/Köln 1990
Schmidt, H. u. a. (Hrsg.), Das neue Kursbuch 9/10, Stuttgart/Frankfurt 1988
Schmidt, H. / Thierfelder, J., 28 Unterrichtseinheiten für den Religionsunterricht im 5./6. Schuljahr, Stuttgart 1976
Schmithals, W., Das Evangelium nach Markus (ÖTK 2/1), Gütersloh/Würzburg 1979
Schniewind, J., Das Evangelium nach Markus (Siebenstern-TB 107) München/Hamburg 1968
Schnorr, Julius v. Carolsfeld, Die Bibel in Bildern, Stuttgart-Neuhausen [3]1997
Schottroff, L., Das Gleichnis vom verlorenen Sohn, in: ZThK 68/1971, S. 27–52
Schramm, T. / Löwenstein, K., Unmoralische Helden. Anstößige Gleichnisse Jesu, Göttingen 1986
Schreiner, M., Lohnt der Aufwand? Mt 20,1–15 und die Frage nach dem Ertrag entwicklungspsychologischer Erkenntnisse in der Praxis des Religionsunterrichts, in: ru 26/1996, S. 46–49
Schwanitz, D., Bildung. Alles, was man wissen muss, Frankfurt 1999
Schweitzer, F., Lebensgeschichte und Religion. Religiöse Entwicklung und Erziehung im Kindes- und Jugendalter, Gütersloh 1994
Schweitzer, F. / Nipkow, K.E. / Faust-Siehl, G. / Krupka, B., Religionsunterricht und Entwicklungspsychologie (KT 138), Gütersloh 1995
Schweizer, E., Das Markusevangelium (NTD 1), Göttingen [6]1984
Searle, J. R., Sprechakte. Ein Sprachphilosophischer Essay, Frankfurt [13]1979
Sellin, G., Jesus als Gleichniserzähler. Die Erzählung vom barmherzigen Samariter (Lk 10,25–37), in: ZNW 65/1974, S. 166–189
Selman, R., Die Entwicklung des sozialen Verstehens. Entwicklungspsychologische und klinische Untersuchungen, Frankfurt 1984
Sendak, M., Higgelti Piggelti Pop! Oder: Es muss im Leben mehr als alles geben (Diogenes Kinder TB 25041), Zürich 1980
Deutsche Shell (Hrsg.), Jugend 2000. 13. Shell Jugendstudie, Band 1 und 2, Opladen 2000 (= Shell-Studie)
Simon, W., Gleichnisse, in: Schweitzer, F. / Faust-Siehl, G. (Hrsg.), Religion in der Grundschule. Religiöse und moralische Entwicklung, Frankfurt [2]1995
Sorger, K., Gleichnisse im Unterricht. Grundsätzliche Überlegungen – Hilfen für die Praxis, Düsseldorf 1980
Spilling-Nöker, C., Möglichkeiten und Grenzen des biblischen Rollenspiels. Das Gleichnis vom verlorenen Sohn, Sekundarstufe II, in: Religion heute 1/1985, S. 33–35
Stallmann, M., Die biblische Geschichte im Unterricht. Katechetische Beiträge I, Göttingen 1963
Stauffer, E., Christus und die Cäsaren, München/Hamburg [4]1954
Stegemann, E./ Stegemann W., Urchristliche Sozialgeschichte, Stuttgart 1995
Strack, H., Den Schatz heben. Gottesdienste nach biblischen Texten, München 1992
Strack, H.L. / Billerbeck, P., Kommentar zum Neuen Testament aus Talmud und Midrasch, Band 1, München [5]1926
Suetonius, Die Kaiserviten. Lateinisch/deutsch, Düsseldorf/Zürich 1997

Tamminen, K., Religiöse Entwicklung in Kindheit und Jugend, Frankfurt 1993
Theißen, G., Die Bibel diakonisch lesen. Die Legitimationskrise des Helfens und der barmherzige Samariter, in: Röckle, G. (Hrsg.), Diakonische Kirche. Sendung, Dienst, Leitung. Versuch einer theologischen Orientierung, Neukirchen-Vluyn 1990, S. 46–76 und in: Schäfer, G. K./Strohm, T. (Hrsg.), Diakonie-biblische Grundlagen sind Orientierungen. Ein Arbeitsbuch zur theologischen Verständigung über den diakonischen Auftrag, Heidelberg ³1998, S. 376–401
Theißen, G., Soziologie der Jesusbewegung. Ein Beitrag zur Entstehungsgeschichte des Urchristentums (ThE 194), München 1977
Theißen, G., Zeichensprache des Glaubens. Chancen der Predigt heute, Gütersloh 1994
Theißen, G. / Merz, A., Der historische Jesus. Ein Lehrbuch, Göttingen 1996
Thoma, C. / Lauer, S., Die Gleichnisse der Rabbinen I (Judaica et Christiana 10), Bern/Frankfurt/New York 1986
Traudisch, F., Die Botschaft der Bibel. Aus dem Neuen Testament. Teil 2: Gleichnisse Jesu – Reden gegen die Sinnlosigkeit, Offenbach/Frankfurt 1987
Treu, U. (Hrsg.), Physiologus. Frühchristliche Tiersymbolik, Berlin ²1981

Venetz, H.-J., Von Klugen und Dummen, Waghalsigen und Feigen und von einem beispielhaften Gauner. Gleichnisse Jesu für heute, Düsseldorf ²1991
Via, D.O., Die Gleichnisse Jesu. Ihre literarische und existentiale Dimension (BevTh 57), München 1970
Vierzig, S., Das Markusevangelium im Unterricht. Einführung in das historisch-kritische Bibelverständnis, Kassel 1968
Vierzig, S., Religion und Emanzipation, in: IZRU H. 3–4/1970, S. 260–279

Weder, H., Die Gleichnisse Jesu als Metaphern. Traditions- und redaktionsgeschichtliche Analysen und Interpretationen (FRLANT 120), Göttingen 1984
Wegenast, K., Der biblische Unterricht zwischen Theologie und Didaktik, Gütersloh, ² 1966
Wegenast, K., Herkömmliche und gegenwärtige Grundtypen einer Theorie, in: Handbuch der Religionspädagogik, Band 1, Gütersloh/Zürich 1973
Weigel, V., Sämtliche Schriften. Bd. 7, Bad Cannstatt 1978
Weinrich, H., Semantik der kühnen Metapher, in: A. Haverkamp (Hrsg.), Theorie der Metapher, Darmstadt ²1996, S. 316–339; zuerst erschienen in: Deutsche Vierteljahrsschrift für Literaturwissenschaft und Geistesgeschichte 37/1963
Weinrich, H., Tempus. Besprochene und erzählte Welt (Sprache und Literatur 16), Stuttgart ²1964
Weiß, J., Die Schriften des Neuen Testaments ³1916
Westermann, C., Vergleiche und Gleichnisse im Alten und Neuen Testament (Calwer Theologische Monographien 14), Stuttgart 1984
Widmann, G. (Hrsg.), Die Bilder der Bibel von Sieger Köder, Ostfildern ⁴1998
Wilken, K.E., Biblisches Erleben im Heiligen Land. Bd. 2, Lahr 1954
Winnewisser, A., Die Gaben Gottes. Biblische Geschichten in einfacher Gegenwartssprache, Kassel, 1967
Wölfel, K., Lessings Werke. Erster Band. Frankfurt 1967
Wullschleger, O., Anschauliche Christologie, Aarau u.a. 1977

Zangenberg, W., Samaria. Antike Quellen zur Geschichte und Kultur der Samaritaner in deutscher Übersetzung (TANZ 15), Tübingen/Basel 1994
Zimbardo, P.G. / Ruch, F.L., Lehrbuch der Psychologie. Eine Einführung für Studenten der Psychologie, Medizin und Pädagogik, Berlin ³1978

Stellenverzeichnis

Antike Autoren
Aristoteles, Rhetorik III,4	21
Artemidor, Traumbuch IV, 59	129
Horaz, Satiren II 6,10–13	129
Philostrat, VitApol II 3,8; II, 39	129f
Platon, Nom XI, 913f	130
Plinius d. Ä., HistNat IX, 106	130
Seneca, Briefe 38,2	121
Sueton, De vita Caesarum 50	131
Varro, De rerum rusticarum 1,17,2	159

Jüdische Schriften außerhalb der Bibel
syrBar 29,5	89
äthHen 10,19	89
JosAs 8,9	148
JosAs 29,3f	179
Josephus, Ant XX 6,1	178
Josephus, Ant XIV,28 u.ö.	142
Jub 11,11	87
Philo, Unveränderlichkeit	100, 121, 129
Test Lev 19,1	190

Qumran
1 QM	190
1 QM VI,6	111
1 QM XII,7	111
1 QS	190

Rabbinische Schriften
AgBer 68	131
BM 42a	129
BQ 82b	142
DtnR III, 3	130
LevRaba 35	142
HldR 7,3	89
MidrHld zu 4,12	129, 130
PesK 11,7	130, 131
Schab	87, 131

Altes Testament (mit Septuaginta)
Gen 1,11	89
Gen 8,22	89
Gen 24,36	138
Lev 5,2f	177
Lev 19,18	174, 178
Lev 19,19	175
Lev 21,1	178, 179
Num 5,2	177
Num 6,6-8	177
Num 15, 37-41	88
Dtn 5,1	88
Dtn 6,4-9	88
Dtn 6,5	174, 177
Dtn 11,13-21	88
Dtn 21,17	138
Dtn 29,3	88
1Sam 12,1ff	166
1Kön 3,9	88
Esr 4,1ff	178
Esr 7,6	177
1Makk 6,15	143
Ps 23	105
Ps 24,1	111
Ps 47,7–9	111
Ps 77,21	105
Ps 78,52	105
Ps 80,2	105
Ps 80.9ff	159
Ps 91,3	111
Ps 95,7	105
Ps 103,19	110
Ps 104, 11f	121
Ps 119	177
Ps 119,176	104
Ps 145,10–13	110
Sir 26,28–27,1	190
Jes 5,1ff	159
Jes 6,9f	88
Jes 9,6	111
Jes 11,1f	111
Jes 11,6–9	126
Jes 24,23	111
Jes 25,6ff	151
Jes 28,24-26	87
Jes 65.25	114
Jer 4,2	87
Jer 5,21	88
Jer 10,7	111
Jer 12,10	159
Jer 23,2	105
Jer 31,10	105

Hes 17,23	121	Mk 4,13	197
Hes 31,6	121	Mk 4, 26	90, 91, 110
Hes 34,11f	105	Mk 4,26–29	92, 93
Dan 4,8f.17f	121	Mk 4,28	121
Dan 7,13	111	Mk 4,30	90, 110
Sach 14,9	111	Mk 4,30–32	59, 80, 92, 93, 114, 118ff. 205

Neues Testament

		Mk 9,47	111
Mt 5,6	152	Mk 10,14	111
Mt 5,13	205	Mk 12,28–34	174
Mt 5,20	131	Mk 14,25	111
Mt 6,10	111	Mk 16,20	94
Mt 6,19	129, 131	Lk 1,2	20
Mt 6,21	127, 131	Lk 5,32	147
Mt 6,31–33	131, 131	Lk 6,23	152
Mt 8,11f	111	Lk 9,52f	178
Mt 10,5	178	Lk 10,21–24	176
Mt 11,11	111	Lk 10,25–37	49, 80, 172ff
Mt 11,12	111	Lk 10,25	175, 183, 185
Mt 11,19	151	Lk 10,29ff	80, 201
Mt 13,24	110	Lk 11,5–8	52
Mt 13,31–33	119	Lk 11,20	111
Mt 13,36ff	201	Lk 13,18–21	119
Mt 13,44	110, 128	Lk 13,20	110
Mt 13,44–46	49, 127ff	Lk 14,15ff	144
Mt 13,47	110	Lk 14,45ff	80
Mt 14,13–21	126	Lk 15,1–3	105, 106, 144
Mt 16,24f	104	Lk 15,1–7	100ff
Mt 18,3f	160	Lk 15,1–10	49, 51, 147
Mt 18,6–9	102	Lk 15,8–10	100
Mt 18,10–14	100ff	Lk 15,11–32	11, 49, 69, 80, 137ff
Mt 18, 21–35	102	Lk 16,1–9	187ff
Mt 18,23–25	12, 52	Lk 16,14–31	189f
Mt 19,30	161	Lk 16,19ff	170
Mt 20,1–16	11, 30, 55, 80, 155ff, 175	Lk 18,1–8	52, 80
Mt 21,45f	51	Lk 18,15–17	126
Mt 22,34–40	174	Lk 19,1–10	126
Mt 23,12	160	Lk 19,10	104
Mt 25,18.25	129	Joh 4,9	178
Mt 25,31–46	176, 186, 196	Joh 8,48	176
Mt 25,40	187	Joh 10,11ff	104, 105
Mk 1,14f	90, 111	Apg 4,4	94
Mk 2,13–17	147	Röm 6,1–14	146
Mk 2,19	151	Gal 6,6	94
Mk 4,1f	124	Kol 4,3	94
Mk 4,1–34	93		
Mk 4,3–9	13, 82ff	**Christliche Schriften außerhalb des Neuen Testaments**	
Mk 4,11f	88, 90		
Mk 4,13–20	13, 82, 83, 85, 93ff	1Klem 43,2	143
		Origenes, MtEv XV 36	168

Abkürzungen

Antike Autoren
Aristoteles, Rhetorik   Aristoteles, Rhetorische Schriften
Artemidor, Traumbuch   Artemidor, Traumbuch
Horaz, Satiren II   Horaz, Die zwei Bücher der Satiren
Philostrat, VitApol   Philostrat, Das Leben des Apollonios von Tyana
Platon, Nom   Platon, Gesetze
Plinius d. Ä., HistNat   Plinius der Ältere, Naturkunde
Seneca, Briefe   Seneca, Briefe an Lucilius über Ethik
Sueton, De vita Caesarum   Sueton, Über das Leben der Kaiser
Varro, De rerum rusticarum   Varro, Über die Landwirtschaft

Jüdische Schriften außerhalb des Alten Testaments
syrBar   syrisches Baruchbuch
äthHen   äthiopisches Henochbuch
JosAs   Joseph und Aseneth
Josephus, Ant   Josephus, Jüdische Altertümer
Jub   Buch der Jubiläen
Philo, Unveränderlichkeit   Philo v. Alexandrien, Über die Unveränderlichkeit Gottes
Test Lev   Testament des Levi (= Testamente der 12 Patriarchen)

Qumran
1 QM   Kriegsrolle
1 QS   Gemeinderegel

Rabbinische Schriften (Mischna- und Talmudtraktate, Kommentare)
AgBer   Aggadat Bereshit
BM   Baba Mezia
BQ   Baba Qamma
DtnR   Deuteronomium Raba
LevR   Leviticus Raba
HldR   Hoheslied Raba
MidrHld   Midrasch zum Hohenlied
PesK   Pesiqta de Rav Kahana
Schab   Schabbat

Altes Testament (mit Septuaginta)
Gen   Genesis (1. Buch Mose)
Ex   Exodus (2. Buch Mose)
Lev   Leviticus (3. Buch Mose)
Num   Numeri (4. Buch Mose)
Dtn   Deuteronomium (5. Buch Mose)
Jos   Josua
Ri   Richter
Ruth   Ruth
1,2 Sam   1. und 2. Samuelbuch
1, 2 Kön   1. und 2. Königsbuch
1,2 Chr   1. und 2. Chronikbuch
Esr   Esra
Neh   Nehemia
Est   Esther
1, 2 Makk   1. und 2. Makkabäerbuch
Hi   Hiob
Ps   Psalm(en)
Spr   Sprüche
Pred   Prediger (Kohelet)
Hhld   Hoheslied
Weish   Weisheit Salomos
Jes   Jesaja
Jer   Jeremia
Klgl   Klagelieder Jeremias (Threni)
Hes   Hesekiel
Dan   Daniel
Hos   Hosea
Joel   Joel
Am   Amos
Ob   Obadja
Jon   Jona

Mi	Micha	Phil	Philipperbrief
Nah	Nahum	Kol	Kolosserbrief
Hab	Habakuk	1, 2 Thess	1. und 2. Thessalonicherbrief
Zeph	Zephania	1, 2 Tim	1. und 2. Timotheusbrief
Hag	Haggai	Tit	Titusbrief
Sach	Sacharja	Phlm	Philemonbrief
Mal	Maleachi	Hebr	Hebräerbrief
		Jak	Jakobusbrief

Neues Testament

Mt	Matthäusevangelium	1, 2 Petr	1. und 2. Petrusbrief
Mk	Markusevangelium	1-3 Joh	1., 2. und 3. Johannesbrief
Lk	Lukasevangelium	Jud	Judasbrief
Joh	Johannesevangelium	Offb	Johannesoffenbarung
Apg	Apostelgeschichte		
Röm	Römerbrief		

Christliche Schriften außerhalb des Neuen Testaments

1, 2Kor	1. und 2. Korintherbrief	1Klem	1. Klemensbrief
Gal	Galaterbrief	Origenes, MtEv	Origenes, Kommentar zum Matthäusevangelium
Eph	Epheserbrief		

Autorenregister

Albertz, M. 203
Arens, E. 36, 37, 41, 44
Aristoteles 19, 21
Aurelio, T. 35, 41, 44, 202
Austin, J. L. 35, 207

Baldermann, I. 69, 93, 112, 150, 170
Baudler, G. 57, 195
Bauer, W. 131
Baur, K. 184, 185
Balz, H. 150
Barz, H. 133
Becker 69
Becker, U. 51, 60
Bee-Schroedter, H. 67
Berg, H.K. 52, 53, 69, 70, 82, 169
Berryman, J. W. 101, 109
Bill, R. 53
Billerbeck, P. 131, 142, 175
Bochinger, E. 54, 55, 60, 62
Bödingmeier, F. 126
Bohne, G. 202
Bornkamm, G. 180
Bösen, W. 178
Brunner, J. 106
Bubenheimer, U. 147, 148
Bucher A. 61, 62, 64, 65, 66, 67, 91, 115, 156, 164, 165, 182
Bultmann, R. 19, 21, 22, 23, 25, 26, 205, 208
Büttner, G. 62, 66, 70, 155, 171

Calvin, J. 134
Crossan, D. 30, 31, 36

Dalman, G. 86
Daniélou, 176
Debot-Sevrin, M.-R. 100, 101, 106
Debuyst, F. 151, 153
Dietermann, J. 135
Dodd, C. H. 23
Doedens, F. 52, 53

Ebeling, G. 177
Eggenberger, H. 98
Eichholz, G. 38, 39, 85, 127, 138, 139, 141, 183, 202
Engemann, J. 105
Erb, J. 135
Erlemann, K. 16, 17, 41, 42, 46, 190

Faust-Siehl, G. 70, 83, 91, 92, 139, 148, 149, 156, 162f, 165f, 167
Fetz, R. L. 116, 181
Feuerstein, V. 127, 128
Fiebig, P. 21, 42
Forck, B. 203
Fowler, J. 113, 195
Freese, L. 14, 62
Freudenberger-Lötz, P. 104, 108, 114, 125
Frör, K. 48, 50, 60
Fuchs, E. 13, 25, 26, 27, 29, 36, 54, 204, 207
Funk, R. W. 30

Gadamer, H.-G. 209
Gengnagel, L. 49, 50, 60
Gerharsson, B. 176
Gilligan, C. 195
Gloy, H. 53
Gmünder, P. 113
Gnilka, J. 158
Grözinger, A. 197
Grundmann, W. 138
Gutschera, H. 171

Habbe, J. 87, 88
Habermas, J. 36
Halbfas, H. 58, 59
Hammelsbeck, O. 203
Hammerstiel, R. 140
Hanisch, H. 68, 112, 113, 116, 117
Harnisch, W. 38, 39, 41, 138, 139, 140, 142, 143, 159, 169, 173, 207
Heidegger, M. 204
Heller, H. 172
Hermanns, C. 60, 67, 77, 91
Hilger, G. 122

Hiller-Ketterer, I. 55
Hofmeier, J. 69

Jeremias, J. 23, 24, 25, 28, 41, 42, 49, 51, 54, 55, 56, 57, 83, 85, 86, 87, 88, 91, 119, 122, 131, 134, 160, 161, 168, 177, 183, 204, 208
Johannsen, F. 48, 85
Jülicher, A. 13, 19, 20, 21, 22, 23, 25, 26, 31, 34, 35, 41, 42,44, 49, 50, 56, 67, 97, 137, 138, 168, 198, 202, 205, 208
Jüngel, E. 26, 27, 28, 29, 41, 58, 132, 204, 206, 207

Kähler, C. 16, 17, 40, 41, 118, 120
Kämpfer, H. 180
Kaspar, R. 187, 192f
Kaufmann, H.-B. 52, 206
Kittel, H. 203
Klauck, J. 87, 88, 205
Klein, H. 174
Köder, S. 100, 125f
Kohlberg, L. 182, 195
Kraus, K. 152
Krupka, B. 70, 83, 91, 93, 162, 163, 166
Kübler, A. 126

Lauer, S. 130
Leiner, M. 40
Ley, S. 164
Lindemann, A. 112
Linnemann, E. 25, 34, 36, 42, 51, 54, 55, 56, 85, 102, 134, 138, 208
Löwenstein, K. 11, 187
Luhmann, N. 72
Luther, M. 134
Luz, U. 130, 134, 159, 160

Madsen, I.K. 138
Marinus v. Reymerswaele 187f
Massa, D. 42
Matthews, G. 14, 63, 165
Mell, U. 83
Mello, A. 124
Merz, A. 16, 112, 146, 177
Monselewski, W. 173, 175, 176
Montessori, M. 109
Müller, P. 83, 118, 127
Müller, R. 120
Murphy. R. 181

Neidhart, W. 97, 98
Neumann, J. 127, 187
Nipkow, K. E. 63, 68, 69, 70, 71, 72, 73, 83, 91, 92, 93, 162, 166, 167, 169, 202
Novalis 127

Oberthür, R. 62, 73, 112, 116
Origenes 17, 18
Oser, F. 64, 65, 113, 164
Otto, E. 151
Otto, G. 204

Pedersen, S. 151
Pesch, R. 143
Philo 17, 124
Piaget, J. 64, 66, 67, 68, 91, 162, 163, 165, 182, 202, 209
Pithan, A. 72

Ramsey, I. T. 35, 202
Rang, M. 204
Rau, E. 41, 42, 44, 158, 159
Rembrandt 157
Rengstorf, K. H. 138
Richter, J. 116
Ricoeur, P. 29, 30, 31, 32, 58, 59, 205
Ritz-Fröhlich, G. 62
Roose, H. 193
Ruch, F. L. 71
Rutkowski, R. 104

Schapp, W. 12
Scharfenberg, J. 180
Scheilke, C. 69
Schellhase, B. 152
Schenke, L. 177
Schmidt, H. 56, 171, 186
Schmidt, V. 53
Schmithals, W. 88, 138
Schniewind, J. 86, 87
Schnorr v. Carolsfeld 184
Schottroff, L. 145
Schramm. T. 11, 151, 187
Schreiner, M. 165
Schwanitz, D. 77
Schweitzer, F. 70, 71, 72, 83, 91, 93, 112, 113, 114, 147, 162, 166
Schweizer, E. 91, 138
Searle, J.R. 35, 207
Sellin, G. 140, 205

Selman, R. L. 173, 182
Sendak, M. 62
Seneca 124
Simon, W. 61
Soelle, D. 169
Sorger, K. 16, 48, 52, 54, 55, 62, 187, 195
Spilling-Nöker, C. 148
Stallmann, M. 50, 51, 52, 204
Stegemann, E. und W. 143, 151, 159
Strack, H. 135
Strack, H.L. 69, 141, 175

Tamminen, K. 61, 149, 150, 181
Theißen, G. 16, 71, 112, 146, 173, 175, 177, 179, 183, 186
Thierfelder, J. 55, 56, 171
Thoma, C. 130
Traudisch, F. 96

Venetz, H.-J. 139
Via, D. O. 33, 34, 41, 58, 59, 138
Vierzig, S. 52

Weder, H. 13, 16, 31, 32, 41, 58, 59, 83, 85, 101, 161, 171, 187, 205
Wegenast, K. 50, 54, 181
Weigel, V. 134
Weinrich, H. 35, 159
Westermann, C. 85
Widmann, G. 100
Wilken, K.. 186
Willand, D. 140ff. 154, 155
Wolff, K. 82
Wullschleger, O., 101, 106

Zangenberg, W. 178
Zenetti, L. 171
Zimbardo, P. G. 71